FALSAS MEMÓRIAS

F197 Falsas memórias : fundamentos científicos e suas aplicações clínicas e jurídicas / Lilian Milnitsky Stein ... [et al.]. – Porto Alegre : Artmed, 2010.
264 p. ; 23 cm.

ISBN 978-85-363-2086-1

1. Psicologia cognitiva – Memória. 2. Falsas memórias. I. Stein, Lilian Milnitsky.

CDU 159.953.3

Catalogação na publicação: Renata de Souza Borges CRB-10/1922

LILIAN MILNITSKY STEIN
E COLABORADORES

FALSAS MEMÓRIAS

FUNDAMENTOS CIENTÍFICOS E SUAS APLICAÇÕES CLÍNICAS E JURÍDICAS

2010

© Artmed Editora S.A., 2010

Capa
Paola Manica

Imagem da capa
© *istockphoto.com/ferrantraite (Phototrolley)*

Preparação do original
Marcelo Viana Soares

Leitura final
Rafael Padilha Ferreira

Editora sênior – Saúde Mental
Mônica Ballejo Canto

Editora responsável por esta obra
Carla Rosa Araujo

Projeto e editoração
Armazém Digital® Editoração Eletrônica – Roberto Carlos Moreira Vieira

Reservados todos os direitos de publicação, em língua portuguesa, à
ARTMED® EDITORA S.A.
Av. Jerônimo de Ornelas, 670 - Santana
90040-340 Porto Alegre RS
Fone (51) 3027-7000 Fax (51) 3027-7070

É proibida a duplicação ou reprodução deste volume, no todo ou em parte, sob quaisquer formas ou por quaisquer meios (eletrônico, mecânico, gravação, fotocópia, distribuição na Web e outros), sem permissão expressa da Editora.

SÃO PAULO
Av. Angélica, 1091 - Higienópolis
01227-100 São Paulo SP
Fone (11) 3665-1100 Fax (11) 3667-1333

SAC 0800 703-3444

IMPRESSO NO BRASIL
PRINTED IN BRAZIL
Impresso sob demanda na Meta Brasil a pedido de Grupo A Educação.

A todas as pessoas que ajudaram a construir
esses 10 anos de história do nosso Grupo de Pesquisa.

AUTORES

Lilian Milnitsky Stein (org.)
Ph.D. em Cognitive Psychology pela University of Arizona, EUA. Mestre em Applied Cognitive Psychology pela University of Toronto, Canadá. Psicóloga graduada pela Universidade Federal do Rio Grande do Sul. Professora adjunta da Pontifícia Universidade Católica do Rio Grande do Sul e Coordenadora do Grupo de Pesquisa em Processos Cognitivos do Programa de Pós-Graduação em Psicologia da PUCRS. Bolsista produtividade em pesquisa do CNPq. Atua nas áreas de falsas memórias, emoção e memória e Psicologia do Testemunho.

Anna Virginia Williams
Doutoranda e pesquisadora associada do Institute of Psychiatry - King's College London (Inglaterra). Mestre em Psiquiatria pela Universidade Federal do Rio Grande do Sul. Psicóloga graduada pela Pontifícia Universidade Católica do Rio Grande do Sul.

Carlos Falcão de Azevedo Gomes
Graduando em Psicologia pela Pontifícia Universidade Católica do Rio Grande do Sul, onde é bolsista de iniciação científica do CNPq no Grupo de Pesquisa em Processos Cognitivos do Programa de Pós-Graduação em Psicologia.

Carmem Beatriz Neufeld
Doutora e Mestre em Psicologia pela Pontifícia Universidade Católica do Rio Grande do Sul. Psicóloga graduada pela Universidade da Região da Campanha. Professora Doutora do Departamento de Psicologia e Educação da Faculdade de Filosofia, Ciências e Letras de Ribeirão Preto da Universidade de São Paulo. Psicoterapeuta Cognitiva.

Carmen Lisbôa Weingärtner Welter
Doutoranda em Psicologia Forense pela Universidade de Coimbra, Portugal. Especialista em Psicoterapia de Crianças e Adolescentes pelo CEAPIA. Psicóloga graduada pela Universidade Federal do Rio Grande do Sul. Psicóloga do Ministério Público do Rio Grande do Sul.

Giovanni Kuckartz Pergher
Mestre em Psicologia Social e da Personalidade. Psicólogo graduado pela Pontifícia Universidade Católica do Rio Grande do Sul. Professor das Faculdades Integradas de Taquara. Diretor da WP - Centro de Psicoterapia Cognitivo-Comportamental. Psicoterapeuta Cognitivo-Comportamental.

Gustavo Rohenkohl
Doutorando no Departamento de Psicologia Experimental da University of Oxford, Inglaterra. Psicólogo graduado pela Pontifícia Universidade Católica do Rio Grande do Sul.

Juliana da Rosa Pureza
Graduanda em Psicologia pela Pontifícia Universidade Católica do Rio Grande do Sul, onde é bolsista de iniciação científica do CNPq no Grupo de Pesquisa em Processos Cognitivos do Programa de Pós-Graduação em Psicologia.

Leandro da Fonte Feix
Mestre em Psicologia Social pela Pontifícia Universidade Católica. Psicólogo graduado pela Pontifícia Universidade Católica do Rio Grande do Sul. Professor do curso de Psicologia do Centro Universitário Metodista IPA e coordenador do curso de Noções de Terapia Cognitivo-Comportamental com Indivíduos e Casais do Centro de Estudos da Família e do Indivíduo. Psicoterapeuta Cognitivo-Comportamental.

Luciana Moreira de Ávila
Mestre em Psicologia Social e da Personalidade pela Pontifícia Universidade Católica do Rio Grande do Sul. Psicóloga graduada pela Universidade Católica de Pelotas. Professora da Universidade da Região da Campanha.

Luciano Haussen Pinto
Mestre em Cognição Humana pela Pontifícia Universidade Católica do Rio Grande do Sul. Psicólogo graduado pela Pontifícia Universidade Católica do Rio Grande do Sul. Especialista em Terapia Cognitivo-Comportamental pela WP – Centro de Psicoterapia Cognitivo-Comportamental. Psicólogo clínico.

Luiza Ramos Feijó
Graduanda em Psicologia pela Pontifícia Universidade Católica do Rio Grande do Sul, onde é bolsista de iniciação científica do CNPq no Grupo de Pesquisa em Processos Cognitivos do Programa de Pós-Graduação em Psicologia.

Márcio Englert Barbosa
Mestre em Cognição Humana pela Pontifícia Universidade Católica do Rio Grande do Sul. Psicólogo graduado pela Pontifícia Universidade Católica do Rio Grande do Sul. Especialista em Terapia Cognitivo-Comportamental pela WP - Centro de Psicoterapia Cognitivo-Comportamental. Psicólogo clínico e consultor em Psicologia do Esporte.

Priscila Goergen Brust
Mestranda em Cognição Humana pela Pontifícia Universidade Católica do Rio Grande do Sul. Psicóloga graduada pela Pontifícia Universidade Católica do Rio Grande do Sul.

Renato Favarin dos Santos
Mestre em Psicologia Social e da Personalidade pela Pontifícia Universidade Católica do Rio Grande do Sul. Psicólogo graduado pela Universidade Federal de Santa Maria. Psicólogo da Universidade Federal de Roraima e professor da Faculdade Cathedral de Boa Vista/RR.

Rodrigo Grassi-Oliveira
Doutor e Mestre em Psicologia pela Pontifícia Universidade Católica do Rio Grande do Sul. Médico psiquiatra graduado pela Universidade Federal de Ciências da Saúde de Porto Alegre. Research Fellow do Departamento de Psiquiatria da Harvard Medical School (EUA). Professor adjunto da Faculdade de Psicologia e do Programa de Pós-Graduação em Psicologia da Pontifícia Universidade Católica do Rio Grande do Sul. Coordenador do Grupo de Pesquisa Neurociência Cognitiva do Desenvolvimento.

Ronie Alexsandro Teles da Silveira
Doutor em Psicologia pela Pontifícia Universidade Católica do Rio Grande do Sul. Mestre em Filosofia Transcendental e Dialética pela Universidade Federal do Rio Grande do Sul. Bacharel em Filosofia pela Universidade Federal de Goiás. Professor adjunto da Universidade Federal do Recôncavo da Bahia, onde desenvolve investigações sobre a memória e suas implicações filosóficas.

Rosa Helena Delgado Busnello
Doutoranda e Mestre em Psicologia pela Pontifícia Universidade Católica do Rio Grande do Sul. Especialista em Psicologia das Organizações e em Teoria da Literatura pela Pontifícia Universidade Católica do Rio Grande do Sul. Licenciada em Letras (Português/Francês) pela Pontifícia Universidade Católica do Rio Grande do Sul.

SUMÁRIO

APRESENTAÇÃO 13
PREFÁCIO 15
C. J. Brainerd

PARTE I
Fundamentos científicos

1 COMPREENDENDO O FENÔMENO DAS FALSAS MEMÓRIAS 21
Carmem Beatriz Neufeld, Priscila Goergen Brust e Lilian Milnitsky Stein

2 PROCEDIMENTOS EXPERIMENTAIS NA INVESTIGAÇÃO
DAS FALSAS MEMÓRIAS 42
*Priscila Goergen Brust, Carmem Beatriz Neufeld, Luciana Moreira de Ávila,
Anna Virginia Williams e Lilian Milnitsky Stein*

3 NEUROCIÊNCIA COGNITIVA DAS FALSAS MEMÓRIAS 69
Rodrigo Grassi-Oliveira e Gustavo Rohenkohl

PARTE II
Tópicos especiais

4 EMOÇÃO E FALSAS MEMÓRIAS 87
*Gustavo Rohenkohl, Carlos Falcão de Azevedo Gomes, Ronie Alexsandro Teles da Silveira,
Luciano Haussen Pinto e Renato Favarin dos Santos*

5 FALSAS MEMÓRIAS AUTOBIOGRÁFICAS 101
Giovanni Kuckartz Pergher

6 MEMÓRIA IMPLÍCITA, *PRIMING* E FALSAS MEMÓRIAS 117
Rosa Helena Delgado Busnello

7 FALSAS MEMÓRIAS E DIFERENÇAS INDIVIDUAIS 133
*Márcio Englert Barbosa, Luciana Moreira de Ávila,
Leandro da Fonte Feix e Rodrigo Grassi-Oliveira*

PARTE III
Aplicações clínicas e jurídicas

8 FALSAS MEMÓRIAS, SUGESTIONABILIDADE E TESTEMUNHO INFANTIL 157
Carmen Lisbôa Weingärtner Welter e Leandro da Fonte Feix

9 RECORDAÇÃO DE EVENTOS EMOCIONAIS REPETITIVOS: MEMÓRIA,
SUGESTIONABILIDADE E FALSAS MEMÓRIAS 186
Carmen Lisbôa Weingärtner Welter

10 MEMÓRIA EM JULGAMENTO: TÉCNICAS DE ENTREVISTA PARA MINIMIZAR
AS FALSAS MEMÓRIAS 209
Leandro da Fonte Feix e Giovanni Kuckartz Pergher

11 IMPLICAÇÕES CLÍNICAS DAS FALSAS MEMÓRIAS 228
Giovanni Kuckartz Pergher e Rodrigo Grassi-Oliveira

12 SÍNDROME DAS FALSAS MEMÓRIAS 240
Luciano Haussen Pinto, Juliana da Rosa Pureza e Luiza Ramos Feijó

ÍNDICE 260

APRESENTAÇÃO

*E*sta obra é fruto do trabalho do Grupo de Pesquisa em Processos Cognitivos (Pós-Graduação em Psicologia, PUCRS). Há dez anos, iniciamos pesquisas pioneiras no país, no campo das falsas memórias, buscando trazer para nossa realidade um conhecimento científico consolidado em nível internacional e que, por alguma razão, ainda não havia chegado ao nosso continente. No mundo afora, principalmente na América do Norte e na Europa, por quase três décadas os psicólogos e neurocientistas têm buscado decifrar este fenômeno do funcionamento normal da memória humana, que são as falsas memórias, ou seja, as lembranças de eventos específicos como se tivessem realmente ocorrido, quando, de fato, não ocorreram.

Hoje o tema das falsas memórias já é bem mais conhecido na América Latina, em especial por suas implicações no campo forense. Todavia, ainda existe um longo caminho a percorrer, se compararmos com os avanços das pesquisas sobre falsas memórias em diversos países europeus, norte-americanos e da Oceania. Nesses países, os avanços científicos também têm impactado áreas aplicadas, como a da Psicologia do Testemunho, por exemplo, nas práticas de entrevistas para obtenção de testemunhos e nas técnicas de reconhecimento de suspeitos. Tais impactos levaram a mudanças na legislação desses países, tanto em relação a essas práticas quanto a outras questões acerca da apreciação dos depoimentos de testemunhas. Além disso, várias técnicas psicoterapêuticas estão sendo revistas em função do que se sabe hoje sobre os mecanismos que podem reduzir ou aumentar as falsas memórias.

A proposta deste livro está sintonizada com o objetivo, perseguido desde o início dos nossos trabalhos como Grupo de Pesquisas, de disponibilizar à comunidade científica e profissional, tanto da Psicologia e Psiquiatria quanto do Direito, o acesso a uma literatura, atualizada e em língua portuguesa, sobre as falsas memórias e seus desdobramentos para áreas aplicadas. Assim nasceu o projeto deste livro, alicerçado por nossa consolidada experiência de estudos e pesquisas com falsas memórias. Engendrado e desenvolvido de forma colaborativa pelos seus autores, para que com nossas diferentes trajetórias profissionais e conhecimentos pudéssemos levar adiante o desafio de tornar o texto ao mesmo tempo acessível e completo para alunos de graduação e para o público em geral, este livro, quanto aprofundado, é interessante para pós-graduandos e profissionais experientes.

Esta obra está organizada em três partes. Na primeira, intitulada **Fundamentos Científicos**, no Capítulo 1, apresentam-se conceitos e teorias explicativas das falsas memórias que servirão de base para a compreensão dos temas desenvolvidos nos demais capítulos do livro. Ainda nessa primeira parte, são introduzidos os principais métodos de investigação experimental que norteiam as pesquisas nesta área (Capítulo 2), bem como os avanços que as neurociências têm propiciado para o estudo desse fenômeno (Capítulo 3). Os outros dois grandes focos do livro alimentam-se desses fundamentos para apontar como o conhecimento científico sobre as falsas memórias tem sido direcionado, tanto para alguns **Tópicos Especiais** quanto para **Aplicações Clínicas e Jurídicas**.

Com relação aos Tópicos Especiais, destacamos o campo da emoção e falsas memórias (Capítulo 4) e de como a memória autobiográfica pode não estar imune a elas (Capítulo 5), além do fato de que as falsas memórias podem ser influenciadas por nossos processos cognitivos não conscientes ou implícitos (Capítulo 6), ou por fatores relativos às diferenças individuais (Capítulo 7). Na terceira parte do livro, as aplicações dos estudos das falsas memórias na esfera jurídica são tratadas com ênfase especial para a Psicologia do Testemunho, tanto no que tange ao depoimento infantil (Capítulos 8) e à recordação de eventos emocionais repetitivos (Capítulo 9), quanto sobre técnicas para oitiva de testemunhas e vítimas que buscam minimizar as falsas memórias (Capítulo 10). Além das questões jurídicas, discutem-se as implicações das falsas memórias para as psicoterapias (Capítulo 11) e os desafios impostos à prática clínica pela chamada Síndrome das Falsas Memórias (Capítulo 12).

A partir desta obra, esperamos que estudantes e profissionais das mais diversas áreas possam se beneficiar dos conhecimentos científicos acerca das falsas memórias, aprimorando suas pesquisas e práticas profissionais.

Lilian Milnitsky Stein

PREFÁCIO

*H*á pouco menos de duas décadas, no começo da década de 1990, houve um notável crescimento das pesquisas sobre a memória humana falsa, ou seja, pesquisas sobre as circunstâncias em que pessoas normais lembram de fatos específicos como se tivessem ocorrido durante determinados episódios de suas vidas quando, de fato, não ocorreram naquele momento – ou jamais ocorreram. Até então, o estudo das falsas memórias estava restrito principalmente a duas áreas da Psicologia Forense (identificação de suspeitos por testemunhas e entrevistas sugestivas de testemunhas e suspeitos). Isso se deu porque, embora as falsas memórias que ocorrem no dia a dia sejam inofensivas, o mesmo não se aplica ao campo jurídico. De fato, talvez seja nesta arena jurídica em que os efeitos das falsas memórias podem ser verdadeiramente danosos. Em um julgamento civil ou penal, a maioria das evidências apresentadas são testemunhos juramentados, de modo que as evidências somente são verdadeiras até o momento em que as recordações da testemunha estiverem corretas. Todavia, quando as recordações da testemunha são incorretas, é difícil refutar os erros da memória com base em evidências forenses inquestionáveis (p. ex., impressões digitais, testes de DNA, recibos financeiros e outros documentos físicos), pois, apenas em uma porcentagem mínima dos casos (menos de 10% dos delitos graves nos Estados Unidos) podem ser obtidas evidências forenses desse tipo.

O rápido aumento das pesquisas sobre as falsas memórias no começo da década de 1990 originou-se de outra fonte dentro do campo forense: falsas memórias em testemunhos de crianças. As memórias das crianças testemunhas têm sido o foco de interesse científico desde os primórdios do século XX. Os trabalhos pioneiros de pesquisadores como Binet, Small, Stern, Varendonck e Whipple levaram à conclusão de que as memórias de crianças pequenas são tão frágeis e pouco confiáveis, mesmo para acontecimentos de grande significado pessoal, que o testemunho infantil é definitivamente prejudicial, consequentemente, nos Estados Unidos o testemunho de crianças foi banido por lei. Essa situação mudou radicalmente nas décadas de 1970 e 1980, quando antigos obstáculos legais a testemunhos de crianças começaram a ser derrubados, e evidências obtidas através deles se tornaram frequentes em alguns tipos de casos. As *Federal Rules of Evidence 601*, por exemplo, ampliaram a admissibilidade do testemunho de crianças e permitiram que os jurados decidissem quanto peso deviam dar a ele. Os tipos mais comuns de casos em que crianças se tornaram testemunhas frequentes são crimes domésticos em que elas são normalmente as vítimas (p. ex., abuso e negligência) e crimes domésticos em que são testemunhas (p. ex., violência conjugal, produção de substâncias ilegais).

O uso crescente de evidências fornecidas por crianças, nesses casos, levou a algumas consequências problemáticas que levantaram antigas preocupações sobre a confiabilidade das memórias delas. Especificamente durante o final da década de 1980 e início da de 1990, houve uma série de crimes muito sérios, nos quais os réus foram julgados por várias acusações de abuso sexual de crianças, consistindo, às vezes, de atos bizarros e exóticos, levantando-se sérias questões sobre a fidedignidade das memórias em que foram baseados os testemunhos das vítimas. Um exemplo típico desses casos foi o do *Estado de Nova Jersey* versus *Michaels*. Na posição de réu, estava uma atriz de 26 anos, que trabalhava como professora de uma pré-escola. Com base no testemunho das crianças da pré-escola, ela foi condenada por 115 acusações de abuso sexual envolvendo 20 vítimas e foi sentenciada a 47 anos de prisão. Todavia, as alegações de muitas das crianças pareciam bastante improváveis, diziam que a professora Michaels tocava piano nua, inseria facas e garfos nas cavidades do corpo das crianças e fazia com que elas comessem fezes. Houve uma apelação da sentença e um grupo de 46 cientistas, do qual participei, apresentou voluntariamente um relatório que mostrava que as crianças haviam sido submetidas a procedimentos de entrevista altamente sugestivos, concluindo que seus relatos de abuso podiam ter sido contaminados por falsas memórias criadas por esse processo. Embora a condenação de Michaels tenha sido revertida pela Suprema Corte de Nova Jersey, ela já havia passado quatro anos na prisão quando a decisão saiu.

Como não é de surpreender, casos desse tipo estimularam pesquisas sobre as falsas memórias de crianças, que resultaram na produção de uma literatura muito expressiva – literalmente centenas de experimentos foram publicados. Como essas pesquisas surgiram a partir de casos de grande repercussão, suas descobertas receberam bastante atenção fora da comunidade científica. Ao final da década de 1990, a pesquisa sobre as falsas memórias havia se alastrado para além da Psicologia Forense, para a Psicologia Experimental e a Psicologia Clínica, e uma expressiva literatura, descrevendo novos procedimentos experimentais, foi se acumulando rapidamente. Em meados desta década, a pesquisa sistemática sobre as falsas memórias havia se disseminado na Neurociência Cognitiva e na Psicologia do Envelhecimento. Mais uma vez uma vasta literatura começou a se acumular com o emprego de procedimentos experimentais que são específicos desses domínios. Portanto, nos dias de hoje, a ciência das falsas memórias é um vasto campo de pesquisas, englobando em grandes subliteraturas sobre tópicos como as falsas memórias das crianças, falsas memórias na psicoterapia, falsas memórias em populações especiais (como idosos e pacientes neurológicos) e os lócus cerebrais das falsas memórias.

Embora a literatura sobre as falsas memórias seja vasta, ela tem uma limitação crucial: praticamente todas as pesquisas foram realizadas nos Estados Unidos, em inglês, e publicadas em periódicos e livros de língua inglesa. Existem poucas pesquisas de países europeus como a França, a Alemanha e Portugal. Para que a ciência das falsas memórias alcance todo seu potencial, obviamente é essencial que se realizem estudos sistemáticos em países além dos Estados Unidos e em idiomas que não o inglês.

Neste contexto, esta obra da Dra. Lilian M. Stein e colaboradores é bastante bem-vinda e oportuna. O grupo de pesquisas da Dra. Stein é o único em uma universidade sul-americana que realiza estudos sistemáticos sobre falsas memórias, sendo todas essas pesquisas feitas em português. Além disso, as pesquisas no laboratório da Dra. Stein tem um alcance bastante amplo, enfocando crianças, adultos, questões aplicadas e básicas e falsas memórias emocionais e não emocionais. Deste modo, ela e seus colaboradores estão na posição singular de terem produzido um livro excelente, abrangendo vários temas importantes na pesquisa contemporânea das falsas memórias.

Embora, como falei, a pesquisa sobre as falsas memórias tenha sido identificada por muito tempo como uma área da Psicologia Aplicada, a pesquisa moderna sobre as falsas memórias tem sido fortemente motivada por questões teóricas e tem produzido distinções cruciais entre diferentes tipos de falsas memórias. Assim, é muito acertado que este livro comece com uma síntese das principais teorias sobre as falsas memórias (Construtivismo, Teoria do Traço Difuso e o Modelo do Monitoramento da Fonte) e com a distinção entre falsas memórias espontâneas e sugeridas. O restante da primeira parte do livro (Fundamentos Científicos) trata das metodologias comportamentais básicas que tem sido empregadas para colocar o estudo das falsas memórias sob o rigor do controle experimental (Capítulo 2), e também das técnicas básicas da neurociência (p. ex., IRMf, EEG) que são usadas para identificar os mecanismos cerebrais associados a distorções da memória (Capítulo 3). Na Parte II (Tópicos Especiais), os capítulos cobrem quatro dos tópicos mais importantes no estudo das falsas memórias: o papel da emoção (Capítulo 4), falsas memórias autobiográficas (Capítulo 5), falsas memórias implícitas (Capítulo 6) e diferenças individuais (Capítulo 7). O Capítulo 4 discute a questão de estar correta ou não a visão tradicional de que as memórias acerca de eventos emocionais seriam altamente resistentes à distorção. O Capítulo 5 explora como as falsas memórias autobiográficas, dominadas por abordagens como a Teoria dos Esquemas e o Modelo do Monitoramento da Fonte, podem se beneficiar com a aplicação das ideias de processos oponentes que evoluíram a partir da experimentação no laboratório. O Capítulo 6 considera o fato das falsas memórias também poderem ser detectadas com os tipos de procedimentos que têm sido utilizados há alguns anos para estudar a memória implícita. Finalmente, o Capítulo 7 analisa a questão fundamental de se existirem diferenças individuais estáveis na susceptibilidade à distorção da memória, concluindo que a resposta é sim para sujeitos de diferentes idades (p.ex., crianças vs. adultos jovens, idosos vs. adultos jovens) e para sujeitos que possuem certos traços de personalidade (p.ex., ansiedade, neuroticismo).

A Parte III (Aplicações Clínicas e Jurídicas) retoma as raízes da pesquisa sobre as falsas memórias na Psicologia Aplicada, abordando o testemunho infantil (Capítulo 8), as formas em que a repetição pode proteger as memórias das crianças da distorção (Capítulo 9), a questão de como as falsas memórias podem ser minimizadas em casos legais (Capítulo 10), a maneira como as memórias dos pacientes podem ser distorcidas durante a psicoterapia (Capítulo 11) e a chamada síndrome da falsa memória que é associada à terapia com memórias recuperadas (Capítulo 12). Os autores do Capítulo 8 enfatizam que é preciso entender as características singulares da memória das crianças para avaliar a potencial vulnerabilidade delas como testemunhas à distorção da memória. A autora do Capítulo 9 relata que a repetição pode ter efeitos diferentes sobre a distorção da memória, podendo reduzi-la para certos aspectos dos acontecimentos enquanto, simultaneamente, aumentar a distorção para outros. No Capítulo 10, discute-se uma das técnicas para reduzir erros na investigação de crimes, a Entrevista Cognitiva de Fisher e colaboradores, e analisa-se o potencial para introduzir essa técnica investigativa no Brasil. Por fim, no Capítulo 12, são revisadas pesquisas sobre a controversa síndrome da falsa memória – uma condição clínica em que pacientes adultos em psicoterapia lembram de incidentes de abuso sexual em sua infância que antes não haviam sido recordados.

Enfim, este livro deve ser reconhecido como uma importante contribuição à literatura psicológica em língua portuguesa. Apresenta uma abordagem esclarecedora de muitos dos temas centrais da ciência moderna das falsas memórias, juntamente com discussões criteriosas sobre como os resultados das pesquisas sobre as falsas memórias podem ser aplicados nas esferas clínica e jurídica.

C. J. Brainerd
Professor of Human Development and Law, Cornell University

PARTE I
Fundamentos científicos

COMPREENDENDO O FENÔMENO DAS FALSAS MEMÓRIAS

Carmem Beatriz Neufeld
Priscila Goergen Brust
Lilian Milnitsky Stein

> A diferença entre as falsas memórias e as verdadeiras é a mesma das jóias: são sempre as falsas que parecem ser as mais reais, as mais brilhantes.
>
> Salvador Dalí comentando sua obra *A persistência da memória*, de 1931, em seu livro *Secret Life* (citado por Cockburn, 1998).

Quão confiável é a memória humana? Você julgaria possível que a memória sobre alguns fatos relevantes da sua história seja falsa?

Uma jovem americana perde sua mãe afogada na piscina de casa aos 14 anos. Passados 30 anos, um tio comenta em uma reunião de família que a jovem foi a primeira a encontrar a mãe boiando na piscina. A partir deste momento, ela passa a lembrar vividamente a impactante cena que teria presenciado. Alguns dias depois, ela recebe um telefonema do irmão, desculpando-se pelo tio, informando que ele havia se confundido e que na realidade quem encontrou a mãe na piscina fora sua tia.

A jovem em questão é hoje uma renomada pesquisadora na área de falsas memórias (FM) chamada Elisabeth Loftus. Em uma entrevista à revista *Psychology Today* (Neimark, 1996), Loftus comenta que "a ideia mais assustadora é que aquilo em que nós acreditamos com todo nosso coração pode não ser necessariamente a verdade".

O fato de podermos lembrar eventos que na realidade não ocorreram, as FM, motivou um crescimento da literatura internacional sobre esse tópico nas últimas décadas, buscando explicar como se dá esse processo de distorção da memória. Em especial as questões relacionadas à habilidade de crianças em relatar fidedignamente os fatos testemunhados, tanto como vítimas de abusos físicos ou sexuais, quanto como testemunhas oculares de contravenções em geral, influenciaram e incentivaram os estudos científicos na área das FM, principalmente nos Estados Unidos (Stein e Neufeld, 2001). Os relatos sobre a recuperação de FM traumáticas (ver Capítulo 5), como o evento ocorrido com Loftus, ilustram a frase mencionada por Salvador Dalí, no que tange a vividez das falsas lembranças. As FM podem parecer muito *brilhantes*, contendo mais detalhes, ou até mesmo mais

> As falsas memórias podem parecer muito *brilhantes*, contendo mais detalhes, ou até mesmo mais vívidas do que as memórias verdadeiras.

vívidas do que as memórias verdadeiras (MV). Além disso, as implicações de tais estudos na Psicologia Clínica e na Psicologia Jurídica têm levado a um expressivo avanço das pesquisas sobre FM (p. ex., Nygaard, Feix e Stein, 2006; Pergher, Stein e Wainer, 2004, ver também os capítulos da Parte III deste livro).

As FM podem apresentar consequências decisivas na vida dos indivíduos. Loftus (1997) relata alguns exemplos de casos de recuperação de recordações de abusos infantis. Nesses casos, os acusados de abusos foram julgados e condenados, no entanto, posteriormente, outras evidências apontaram que as acusações eram baseadas em falsas recordações (ver Capítulo 12). Portanto, a mesma memória que é responsável pela nossa qualidade de vida, uma vez que é a partir dela que nos constituímos como indivíduos, sabemos nossa história, reconhecemos nossos amigos, apresenta erros e distorções que podem mudar o curso de nossas ações e reações, e até mesmo ter implicações sobre a vida de outras pessoas. Vejamos um exemplo baseado em um caso real.

Chamado para fazer uma corrida, um taxista foi vítima de um assalto, no qual sofreu ferimentos, e foi levado ao hospital. O investigador do caso mostrou ao taxista, que ainda estava em fase de recuperação, duas fotografias de suspeitos. O taxista não reconheceu os homens apresentados nas fotos como sendo algum dos assaltantes. Passados alguns dias, quando foi à delegacia para realizar o reconhecimento dos suspeitos, ele identificou dois deles como sendo os autores do assalto. Os homens identificados positivamente eram aqueles mesmos das fotos mostradas no hospital. Os suspeitos foram presos e acusados pelo assalto. Ao ser questionado em juízo sobre seu grau de certeza de que os acusados eram mesmo os assaltantes, o taxista declarou: "eu tenho mais certeza que foram eles, do que meus filhos são meus filhos!". Todavia, alguns meses depois, dois rapazes foram presos por assalto em uma cidade vizinha, quando interrogados, confessaram diversos delitos, incluindo o assalto ao taxista.

Como isso é possível? O que ocorre na memória que motiva essas distorções? O presente capítulo visa a responder essas questões por meio da apresentação de um breve histórico e do panorama geral dos estudos sobre as FM. Além disso, este capítulo se propõe a familiarizar o leitor com os diferentes tipos de FM e com as principais teorias científicas que têm sido utilizadas para explicar esse fenômeno.

Cabe ressaltar que as FM não são mentiras ou fantasias das pessoas, elas são semelhantes às MV, tanto no que tange a sua base cognitiva quanto neurofisiológica (ver Capítulo 3). No entanto, diferenciam-se das verdadeiras, pelo fato de as FM serem compostas no todo ou em parte por lembranças de informações ou eventos que não ocorreram na realidade. As FM são frutos do funcionamento normal, não patológico, de nossa memória.

HISTÓRICO DOS ESTUDOS SOBRE FALSAS MEMÓRIAS

O conceito de FM foi sendo construído desde o final do século XIX e início do século XX, a partir de pesquisas pioneiras realizadas em alguns países europeus. Quando surgiu em Paris o caso de um homem de 34 anos, chamado Louis, com lembranças de acontecimentos que nunca haviam ocorrido, os cientistas ficaram intrigados. O caso de Louis passou a ser de grande interesse para psicólogos e psiquiatras levando Theodule Ribot, em 1881, a utilizar pela primeira vez o termo *falsas lembranças* (conforme citado por Schacter, 2003).

Já no início do século XX, os erros de memória foram estudados também por Freud (1910/1969), ao revisar sua teoria da repressão. Segundo essa teoria, as memórias de eventos traumáticos da infância seriam esquecidas (isto é, reprimidas), podendo emergir em algum momento da vida adulta, através de sonhos ou sintomas psicopatológicos. No entanto, Freud abandona a ideia de que as memórias para eventos traumáticos seriam necessariamente verdadeiras. Em uma carta a Fliess, em 21 de setembro de 1897, Freud descreve sua descoberta de que as lembranças de suas pacientes poderiam ser recordações não de um evento, mas de um desejo primitivo ou de uma fantasia da infância e, portanto, seriam falsas recordações (Masson, 1986).

Os primeiros estudos específicos sobre as FM versavam sobre as características de sugestionabilidade da memória, ou seja, a incorporação e a recordação de informações falsas, sejam de origem interna ou externa, que o indivíduo lembra como sendo verdadeiras. Essas pesquisas sobre a sugestão na memória foram conduzidas por Alfred Binet (1900), na França. Uma das importantes contribuições deste pesquisador foi categorizar a sugestão na memória em dois tipos: autossugerida (isto é, aquela que é fruto dos processos internos do indivíduo) e deliberadamente sugerida (isto é, aquela que provém do ambiente). As distorções mnemônicas advindas desses dois processos foram posteriormente denominadas de FM espontâneas e sugeridas (Loftus, Miller e Burns, 1978).

Em uma de suas pesquisas com crianças, Binet investigou os efeitos de uma entrevista nas respostas de crianças para seis objetos apresentados por dez segundos. As memórias das crianças foram acessadas comparando recordação livre, perguntas diretas, perguntas fechadas (*sim* ou *não*) ou perguntas sugestivas. Os resultados da pesquisa indicaram que as recordações livres produziram o mais alto índice de respostas corretas, enquanto as perguntas sugestivas foram responsáveis pelos mais altos índices de erros.

Os estudos de Binet foram replicados por Stern (1910) na Alemanha. Em uma de suas primeiras pesquisas sobre memória, mostrou aos participantes uma figura por um certo tempo e, logo após, a memória para esta figura foi testada por meio de recordação livre. Então foi solicitado aos participantes que respondessem perguntas sobre informações que estavam na figura e sobre outras que não estavam. Os resultados do estudo corroboraram aqueles obtidos por Binet, mostrando que os participantes de 7 a 18 anos, que tiveram suas memórias acessadas por recordação livre, foram os que produziram menos erros. Já as perguntas com sugestão de falsa informação produziram mais erros.

Em relação a estudos sobre as FM com adultos, cabe destacar as pesquisas pioneiras de Bartlett (1932), na Inglaterra. Ele foi o primeiro a estudar as FM utilizando materiais com maior grau de complexidade para memorização. Seus estudos foram precursores da Teoria dos Esquemas (discutida mais adiante neste capítulo). Bartlett descreveu a recordação como sendo um processo reconstrutivo, baseado em esquemas mentais e no conhecimento geral prévio da pessoa, salientando o papel da compreensão e a influência da cultura nas lembranças. Ele ressaltou a importância das expectativas individuais para o entendimento dos fatos e como as lembranças poderiam ser afetadas por essas expectativas. No seu clássico experimento, Bartlett (1932) apresentou a um grupo de universitários ingleses uma lenda dos índios norte-americanos ("A Guerra dos Fantasmas", do inglês *The War of the Ghosts*), contendo fatos não familiares à cultura inglesa. Os alunos foram solicitados a ler duas vezes o material. Em um teste 15 minutos após a leitura da lenda ou em testes posteriores que variaram de algumas horas e dias até anos, os participantes foram solicitados a reproduzir por escrito a lenda que haviam lido anteriormente. Bartlett constatou que os alunos reconstruíram a história com base em expectativas e suposições, frutos de sua experiência de vida, adicionando à história original fatos inexistentes, mas que eram relacionados à sua própria cultura, ao invés de lembrá-la literalmente como havia sido apresentada. Por exemplo, ainda que na lenda original o texto relatasse que "dois jovens tinham ido caçar focas", no teste de memória muitos alunos lembravam ter lido que "dois jovens tinham ido pescar".

Em 1959, Deese ofereceu uma importante contribuição ao estudo das FM, ao propor um procedimento com uma série de listas com palavras semanticamente associadas a uma palavra que não era incluída no material de estudo (p. ex., para a palavra dormir, a lista de palavras apresentadas para estudo incluía cama, descanso, acordar, sonho, noite, etc.). O objetivo era verificar se a associação entre as palavras estudadas produzia efeitos diferentes na sua recuperação e em possíveis intrusões (isto é, recordar informações novas que não estavam nas listas originais). Ao testar a memória dos participantes para as listas, Deese constatou que muitas delas produziam altos índices de falsa recordação da palavra associada, mas não apresentada na lista original (p. ex., dormir). Anos mais tarde, Roediger e McDermott (1995) retomaram o trabalho de Deese e adaptaram 24 listas com o objetivo de verificar a criação de FM. Este procedimento experimental é atualmente conhecido pelas iniciais dos três autores como Paradigma DRM (Stein, Feix e Rohenkohl, 2006; ver Capítulo 2).

Retomando os estudos sobre sugestão inicialmente propostos por Binet, no final da década de 1970, um novo procedimento foi introduzido para o estudo das FM em adultos, chamado de Procedimento de Sugestão de Falsa Informação ou Sugestão (Loftus, 1979; Loftus et al., 1978; Loftus e Palmer, 1974). Esse procedimento foi uma adaptação do clássico paradigma da interferência (Müller e Schumann, 1894; Underwood, 1957), em que uma informação interfere ou atrapalha a codificação e posterior recuperação de outra. O experimento constituía-se de uma cena original apresentada aos participantes, em que ocorria um acidente de carro devido ao avanço inapropriado de um dos motoristas, que não obedecia a uma placa de "parada obrigatória". Numa segunda etapa, o experimentador sugeria alterações quanto ao que havia sido visto na cena original (p. ex., dizer ao participante que havia sido apresentada uma placa de "dê a preferência", ao invés de "parada obrigatória"). Em um terceiro momento, quando questionados quanto à cena original, os participantes respondiam de acordo com a sugestão da informação falsa, ou seja, afirmavam terem visto a placa de "dê a preferência", apesar de terem sido instruídos a responderem com base na cena original. As autoras observaram que a memória poderia ser distorcida quando uma informação semelhante à informação original era apresentada posteriormente. Mais detalhes sobre esse procedimento podem ser encontrados no Capítulo 2.

Embora as primeiras pesquisas sobre FM datem do final do século XIX, muito dos avanços na área ocorreram somente entre os anos de 1970 e 1990. As contribuições desses pesquisadores pioneiros foram as de lançar as bases para a diferenciação entre os tipos de FM e suas teorias explicativas.

TAXONOMIA DAS FALSAS MEMÓRIAS

As FM podem ocorrer tanto devido a uma distorção endógena, quanto por uma falsa informação oferecida pelo ambiente externo. Loftus e Binet, por exemplo, realizaram estudos em que apresentaram deliberadamente uma informação falsa, após a apresentação do evento original. Estudos como esses levaram a conclusão que a memória pode sofrer distorções, tanto fruto de processos internos quanto externos. Assim, as FM passaram a ser classificadas conforme a origem do processo de falsificação da memória, sendo denominadas FM espontâneas e FM sugeridas.

> A memória pode sofrer distorções, tanto fruto de processos internos quanto externos.

As FM espontâneas são resultantes de distorções endógenas, ou seja, internas ao sujeito. Essas distorções, também denominadas de autossugeridas, ocorrem quando a lembrança é alterada internamente, fruto do próprio funcionamento da memória, sem a interferência de uma fonte externa à pessoa. Neste caso, uma inferência ou interpretação pode passar a ser lembrada como parte da informação original e comprometer a fidedignidade do que é recuperado. Um exemplo baseado em uma situação real aconteceu com uma colega de trabalho que tinha certeza de ter trazido seus óculos de grau presos a um cordão no pescoço, já que lembrava vividamente ter ajeitado os óculos no cordão, quando saía do seu carro ao chegar à universidade. Não conseguindo encontrar seus óculos, depois de frustradas buscas pelos caminhos que teria passado naquele dia, ela resolveu arcar com o prejuízo e comprar óculos novos. Alguns dias depois, um outro professor encontrou os óculos *perdidos* em sua sala, onde a colega havia estado para uma reunião alguns dias antes. Neste exemplo, a colega falsamente lembrou que estaria com os óculos ao chegar naquele dia na universidade, uma vez que tinha certeza de tê-lo ajeitado no cordão ao sair do carro.

Outra distorção endógena comum é recordar de uma informação que se refere a um determinado evento como pertencente a outro. Por exemplo, lembrar que um amigo contou uma história quando, na verdade, as informações são provenientes de um programa de televisão que você assistiu, ou então lembrar que colocou um objeto em determinada gaveta na segunda-feira quando na verdade você guardou outro objeto naquela mesma gaveta no dia anterior.

No que tange as FM sugeridas, elas advêm da sugestão de falsa informação externa ao sujeito, ocorrendo devido à aceitação de uma falsa informação posterior ao evento ocorrido e a subsequente incorporação na memória original (Loftus, 2004). Esse fenômeno, denominado *efeito da sugestão de falsa informação*, pode ocorrer tanto de forma acidental quanto de forma deliberada. Nas FM sugeridas, após presenciar um evento, transcorre-se um período de tempo no qual uma nova informação é apresentada como fazendo parte do evento original, quando na realidade não faz. Essa informação sugerida pode ou não ser apresentada deliberadamente com o intuito de falsificar a memória. O efeito da falsa informação tende a produzir uma redução das lembranças verdadeiras e um aumento das FM (Brainerd e Reyna, 2005).

Uma situação que ilustra bem o efeito da sugestão de falsa informação ocorreu com uma amiga quando ela ainda estava na faculdade. Certa noite, chegando de uma festa, esta amiga esbarrou em um vaso de bronze que ficava em cima de uma mesinha no *hall* do apartamento, desta forma arranhando a parede. Alguns dias depois, sua mãe lhe perguntou se foi ela a responsável pelo arranhão. Ela negou, dizendo que a mãe estava equivocada e que foi a própria mãe a responsável pelo arranhão quando, na semana anterior, deixou ali as compras do supermercado, antes de irem à missa, para a qual já estavam atrasadas. A mãe reluta em acreditar, mas lembra-se de que realmente um dia saíram apressadas para a missa e que quando voltaram lembrou que algumas compras realmente estavam no chão, supondo então que tivessem caído e arranhado a parede. Semanas depois, a mãe recebe uma prima para um chá e fala de sua tristeza por ter arranhado a parede do apartamento recentemente reformado. Neste caso, a filha sugeriu deliberadamente a sua mãe uma falsa informação que era condizente com outras lembranças que a mãe mantinha em sua memória, tornando a falsa informação plausível. Desta forma, a falsa informação foi incorporada à memória da mãe que passou a lembrar ter arranhado a parede do apartamento.

Isto significa dizer então que nossas memórias são passíveis de serem influenciadas pelas outras pessoas? Informações que recebemos depois do evento que vivenciamos podem interferir na nossa memória? As respostas para estas perguntas são afirmativas. Nossa memória é suscetível à distorção mediante sugestões de informações posteriores aos eventos. Além disso, outras pessoas, suas percepções e interpretações podem, sim, influenciar a forma como recordamos dos fatos.

> A memória é suscetível à distorção mediante sugestões de informações posteriores aos eventos.

Portanto, o efeito da sugestionabilidade na memória pode ser definido como uma aceitação e subsequente incorporação na memória de falsa informação posterior a ocorrência do evento original (Gudjonson, 1986). Essa definição implica alguns pressupostos quanto à sugestão, tais como: a não consciência do processo, bem como o fato de ela ser resultado de uma informação apresentada posteriormente ao evento em questão (ver Capítulo 2).

Assim, a FM, sugerida ou espontânea, é um fenômeno de base mnemônica, ou seja, uma lembrança, e não de base social, como uma mentira ou simulação por pressão social. Mas como isso é possível? Como podemos distorcer nossas lembranças espontaneamente de forma a se tornarem muitas vezes quantitativa e qualitativamente diferentes do que realmente experienciamos? Como podemos incorporar à nossa memória informações recebidas do meio e que não correspondem ao evento vivido? A seguir serão apresentadas as principais teorias que buscam explicar como isso é possível.

TEORIAS EXPLICATIVAS DAS FALSAS MEMÓRIAS

Ao estudar um fenômeno, é necessário explicar como este ocorre na busca por fazer novas predições a respeito dele (Brainerd e Reyna, 2005). Três modelos teóricos têm sido utilizados para elucidar os mecanismos responsáveis pelas FM:

1. Paradigma Construtivista, que compreende a memória como um sistema unitário por meio de duas abordagens explicativas: Construtivista e dos Esquemas.
2. Teoria do Monitoramento da Fonte, que enfatiza o julgamento da fonte de informação de uma memória.
3. Teoria do Traço Difuso, que considera a memória como sendo constituída por dois sistemas independentes de armazenamento e recuperação da informação.

Para uma visão geral acerca dos fundamentos teóricos que compõem esses três modelos, o Quadro 1.1 apresenta uma comparação geral das principais teorias que buscam explicar as FM.

Paradigma Construtivista

O Paradigma Construtivista concebe a memória como um sistema único que vai sendo construído a partir da interpretação que as pessoas fazem dos eventos. Assim, a memória resultante do processo de construção seria aquilo que as pessoas entendem sobre experiência, seu significado, e não a experiência propriamente dita (Bransford e Franks, 1971). Segundo esse Paradigma, a memória é construtiva: cada nova informação é compreendida e reescrita (ou reconstruída) com base em experiências prévias. A partir desses pressupostos, duas teorias procuram dar conta do fenômeno das FM: a Teoria Construtivista e a Teoria dos Esquemas. A Teoria Construtivista entende que uma informação nova é integrada a informações prévias que o indivíduo

> O Paradigma Construtivista concebe a memória como um sistema único que vai sendo construído a partir da interpretação que as pessoas fazem dos eventos.

QUADRO 1.1
Comparação entre as principais teorias explicativas das falsas memórias

Teorias	Pressupostos teóricos	Limitações
Construtivista	• Há um único sistema de memória • Memória é construída com base no significado • FM são frutos do processo de interpretação da informação	• Somente uma memória é construída sobre a experiência • Informações literais são perdidas no processo de interpretação da informação
Monitoramento da Fonte	• FM são atribuições errôneas da fonte da informação lembrada por erro de julgamento e não fruto de uma distorção da memória	• É uma teoria de julgamento e tomada de decisão sobre a fonte da memória recuperada. • FM somente para informações sobre a fonte
Teoria do Traço Difuso	• Modelo dos Múltiplos Traços • Mais de um sistema de memória • Memórias literal e de essência armazenadas em traços independentes e em paralelo.	• Teoria mais complexa • Não explica os erros de julgamento da fonte de experiências diferentes

possui, podendo distorcer ou sobrepor-se à memória inicial e assim gerar uma FM. Seguindo os mesmos pressupostos, a Teoria dos Esquemas explica as FM como resultado do processo de compreensão de uma nova informação, conforme os esquemas mentais pré-existentes em cada indivíduo. Esses esquemas funcionam como *pacotes de informação* sobre temas genéricos, que podem ser generalizados, buscando adaptar e compreender o significado da experiência.

Teoria Construtivista

Para esta Teoria, o indivíduo incorpora na memória a compreensão de novas informações extraindo o seu significado e reestruturando-as de forma coerente com seu entendimento (Bransford e Franks, 1971). Na tentativa constante de entender o que é visto, ouvido e sentido, os indivíduos reconstroem o significado de suas vivências. A memória, portanto, passa a ser uma única interpretação da experiência vivida, reunindo informações que realmente estavam presentes no evento original e interpretações feitas a partir deles. A construção de uma única memória é o fundamento da Teoria Construtivista (Gallo e Roediger, 2003; Loftus, 1995).

Segundo esse modelo, a memória deve ser entendida como inacurada por natureza, estando constantemente suscetível a interferências (Alba e Hasher, 1983). As FM, tanto as espontâneas quanto as sugeridas, ocorreriam devido ao fato de eventos realmente vividos serem influenciados pelas inferências de cada indivíduo, ou seja, interpretações baseadas em experiências e conhecimentos prévios. As inferências, que vão além da experiência, integram-se à memória sobre o evento vivido, podendo modificá-lo. Portanto, a memória específica e literal sobre a experiência vivenciada já não existe mais, apenas o entendimento e a interpretação que foi feita dela (Bartlett, 1932; Gallo, Weiss e Schacter, 2004).

Pode-se citar um exemplo aplicado ao contexto clínico. Se um paciente relata uma experiência que é desgastante ou estressante na interpretação do terapeuta, mesmo que ele não tenha se referido à experiência de tal forma, o terapeuta pode passar a lembrar e relatar essa experiência como estressante. Para o Construtivismo, o que fica registrado na memória do terapeuta é sua interpretação do que o paciente falou, sendo que o que foi falado exatamente pelo paciente se perderá. As implicações para prática clínica desse tipo de situação na recuperação de falsa informação serão discutidas nos Capítulos 11 e 12.

A Teoria Construtivista recebeu uma série de críticas em função de sua concepção de que somente o significado de uma experiência seria armazenado na memória, e as informações específicas dessa experiência não seriam memorizadas. Muitas dessas informações referiam-se a detalhes que não eram imprescindíveis para a extração do significado da situação (isto é, superficiais). Alguns estudos subsequentes, no entanto, demonstraram que, embora a informação exatamente como foi experienciada é mais facilmente esquecida, ela pode ser mantida na memória, ou seja, ela pode ser recuperada um longo tempo após ter ocorrido. Já a memória para informações a respeito do significado da experiência como um todo tende a ficar acessível, mesmo com o passar do tempo (Reyna e Kiernan, 1994). Essa natureza dual da memória, em traços específicos e outros da essência da experiência, contradiz a Teoria Construtivista, que pressupõe uma memória única – construída e assim recuperada.

Teoria dos Esquemas

A Teoria dos Esquemas partilha com a Teoria Construtivista seus pressupostos fundamentais, no entanto, ela preconiza que a memória é construída com base em esquemas mentais. Os esquemas são representações mentais que reúnem conceitos gerais sobre o que esperar em cada situação (Bartlett, 1932; Pozo, 1998). Uma nova informação é classificada e enquadrada em um determinado esquema para ser armazenada conforme as experiências prévias relativas a essa situação (Chi e Glaser, 1992). Portanto, a memória passa a representar o conhecimento adquirido, organizando-o de forma significativa em unidades relacionadas que são os esquemas mentais (Sternberg, 2000), formando categorias semânticas que auxiliam a diminuir a complexidade do mundo e fazem com que saibamos o que esperar de diferentes ambientes e situações.

Para a Teoria dos Esquemas, as FM, tanto espontâneas quanto sugeridas, ocorrem devido a um processo de construção: informações novas vão sendo interpretadas à luz dos esquemas já existentes e integradas aos mesmos conforme a categoria a qual pertencem. Portanto, nas FM espontâneas, o próprio processo de interpretação, em que inferências são geradas com base em informações do evento, podem gerar distorções internas. Retomando o exemplo da colega que lembrava ter trazido os óculos à universidade, levar os óculos todos os dias era consistente com seu esquema de ir à universidade. Sendo assim, lembrava-se com elevado grau de certeza de que havia levado seus óculos para o trabalho naquele dia. Já nas FM sugeridas, como no estudo sobre a cena com o acidente de carro, informações que não estavam presentes no momento da codificação do evento (a falsa informação da placa de "dê a preferência"), mas que são consistentes com o esquema do evento, no caso placas de trânsito, podem gerar lembranças falsas a partir da sugestão externa ao indivíduo (Paris e Carter, 1973).

A principal crítica à Teoria dos Esquemas também se refere à concepção unitária da memória, ou seja, tanto as informações verdadeiras como as falsas têm a mesma base representativa e, portanto, seriam armazenadas e recuperadas como uma única informação (Reyna e Lloyd, 1997). Esse caráter construtivo da memória pressupõe que as informações específicas dos eventos não existiriam mais, apenas o entendimento e a interpretação que foi feita dela tendo por base os esquemas mentais. Todavia, resultados de diversos estudos, como o aumento das FM e a recuperação das MV dias após o evento, não corroboram este pressuposto. Por exemplo, Reyna e Kiernan (1994) compararam a recuperação de duas frases relacionadas (p. ex., "o pássaro está dentro da gaiola" e "a gaiola está sobre a mesa"), com uma inferência que pode ser extraída do contexto (p. ex., "o pássaro está sobre a mesa"). Os resultados mostraram que as informações, tanto literais como as geradas a partir de inferências, foram recuperadas separadamente, evidenciando a dissociação entre os diferentes tipos de memória que estariam envolvidos nas lembranças das inferências e das informações literais. Resultados como esses não corroboram a hipótese de um sistema de memória unitário.

Como consequência dessas críticas, alguns artigos foram publicados ressaltando que a memória pode ser construída com base em inferências, mas, às vezes, não é assim que ocorre (Loftus, 1995). Todavia, o poder explanatório de uma teoria deve dar conta de predições mais precisas do que essas. Portanto, destaca-se a fragilidade de ambas as teorias do Paradigma Construtivista em explicar o fenômeno das FM.

Neste sentido, duas outras teorias tentaram esclarecer as FM, buscando ultrapassar essa fragilidade explicativa do Paradigma Construtivista. A primeira teoria refere-se ao Monitoramento da Fonte de informação, que enfatiza que as falhas da memória seriam consequência de um julgamento errôneo da fonte da informação lembrada. Portanto, tanto a memória para as informações originais, quanto para as advindas dos processos de integração na memória poderiam manter-se intactas e separadas e ser igualmente recuperadas (Johnson, Hashtroudi e Lindsay, 1993). A segunda teoria, denominada Teoria do Traço Difuso (TTD), é uma teoria que destaca justamente que a memória não é um sistema unitário, mas sim de múltiplos traços (sistemas). A TTD ressalta o caráter independente do armazenamento e recuperação de representações mentais acerca da mesma experiência, sejam de seus aspectos literais ou de essência. Para esta Teoria, os erros de memória estariam vinculados à falha de recuperação de memórias precisas e literais acerca de um evento, sendo as FM baseadas em traços que traduzem somente a essência semântica do que foi vivido (Brainerd e Reyna, 1995).

Teoria do Monitoramento da Fonte

A partir dos anos de 1970, Marcia Johnson e alguns colegas iniciaram uma série de pesquisas sobre a confiabilidade da memória para estímulos advindos de diferentes fontes sensoriais (p. ex., visual, auditivo, gustativo). O intuito principal dessas pesquisas era estudar a influência da fonte de uma informação na probabilidade de recuperação da memória acerca dessa informação. Esses estudos serviram como base para o desenvolvimento de uma teoria, a qual chamaram de Monitoramento da Fonte (Johnson et al., 1993).

A fonte refere-se ao local, pessoa ou situação de onde uma informação é advinda. Segundo a Teoria do Monitoramento da Fonte, distinguir a fonte de uma informação implica processos de monitoramento da realidade vivenciada. Portanto, as FM ocorrem quando cometemos erros no monitoramento ou quando são realizadas atribuições equivocadas de fontes que podem ser resultado da interferência de pensamentos, imagens ou sentimentos que são erroneamente atribuídos à experiência original.

A ênfase dessa Teoria centra-se no julgamento da diferenciação entre a fonte verdadeira da memória recuperada e outras fontes, que podem ser internas (isto é, pensamentos, imagens e sentimentos) ou externas (isto é, outros eventos vivenciados; Mitchell e Johnson, 2000). Um exemplo de FM provocada por um erro de monitoramento da fonte pode ser exemplificado no caso do taxista relatado na introdução do presente capítulo. Ele passou a lembrar os homens das fotos apresentadas no hospital como sendo os assaltantes. Isso pode ter ocorrido devido a uma falha no monitoramento da fonte da informação. Nesse caso, embora o taxista tenha provavelmente armazenado na memória informações sobre os distintos eventos por ele vividos, ou seja, sobre os assaltantes e os homens das fotos, no momento de fazer sua identificação na delegacia ou em juízo, ele falhou em monitorar a fonte de suas lembranças, passando a lembrar-se dos homens das fotos como sendo os verdadeiros assaltantes.

> Para a Teoria do Monitoramento da Fonte, as falsas memórias ocorrem quando há falhas no monitoramento da fonte de nossas memórias.

Embora as pessoas estejam algumas vezes conscientes dos processos de monitoramento da fonte que deu origem a suas memórias, a maior parte das atribuições da fonte de nossas memórias é feita rápida e automaticamente. De acordo com a Teoria do Monitoramento da Fonte (Lindsay e Johnson, 2000), as FM ocorrem quando pensamentos, imagens e sentimentos oriundos de uma fonte são atribuídos erroneamente a outra fonte. Isso pode ocorrer devido a dois fatores principais. Primeiro, porque um evento recordado possui características semelhantes a outro (no exemplo do taxista, os assaltantes e os homens das fotos possuíam características similares). O segundo diz respeito a quanto uma situação demanda um cuidadoso monitoramento da fonte das lembranças recuperadas.

Assim, é mais provável que as FM ocorram em situações em que a atribuição da fonte de uma informação deve ser feita rapidamente, já que a atenção está focada em outros aspectos da tarefa que está sendo executada. Situações em que se realizam simultaneamente duas ou mais tarefas prejudicam o armazenamento e, consequentemente, a recuperação de uma informação específica. A atenção do indivíduo está focada em diversos aspectos de ambas as tarefas, impedindo uma identificação confiável da origem da informação. Um julgamento rápido da fonte da informação contribui para um erro de atribuição, ou seja, para a formação de FM. O taxista provavelmente esteve submetido a tarefas de atenção dividida durante o assalto, já que enquanto ouvia as ameaças, continuava dirigindo e prestando atenção no caminho que estava fazendo. Assim, o julgamento da fonte de suas memórias sobre quem eram os assaltantes também pode ter ficado prejudicado. Mesmo em situações que exigem uma criteriosa discriminação da fonte da memória, como no caso do taxista de prestar um depoimento em juízo, podem existir fatores que enviesem essa atribuição, de tal modo que qualquer pensamento ou imagem que venha a cabeça é atribuído a uma fonte equivocada (p. ex., suspeitos da foto são erroneamente relacionados ao assalto).

A possibilidade de discriminar a fonte da informação lembrada também é suscetível à interferência da sugestão de falsa informação, tanto acidental como deliberada. Nesses casos, a recuperação precisa da informação é influenciada por informações geradas antes, durante ou após este evento. A recuperação errônea da fonte da informação está vinculada à incorporação de múltiplas fontes (Johnson et al., 1993) que distorcem e atualizam a memória para a informação original.

Quando um evento acontece repetidas vezes, como na maioria dos casos de abuso sexual (ver Capítulo 9), as informações para a experiência são generalizadas e, a cada nova repetição, comparadas com as representações já armazenadas sobre o que esperar em cada situação. Essas experiências podem ser unidas em uma única memória a respeito dos eventos, por meio da elaboração de imagens mentais familiares. Nesse caso, distinguir informações específicas sobre um determinado evento torna-se mais difícil. Detalhes específicos, não familiares, são muitas vezes esquecidos ou atribuídos falsamente a experiências reais quando, na verdade, resultam da imaginação (Johnson et al., 1993).

Algumas críticas são feitas à Teoria do Monitoramento da Fonte baseadas em resultados de pesquisa sobre as FM que não podem ser explicados pelos pressupostos aqui descritos. A principal crítica deve-se à noção geral de monitoramento que está fundamentado na decisão a respeito da fonte de origem de uma determinada informação que é lembrada pela pessoa, ou seja, o monitoramento da fonte seria um processo de julgamento que envolve a avaliação de características da informação e não uma distorção da memória (Brainerd e Reyna, 2005). Outra crítica está relacionada à concepção da memória como dependente da fonte, já que respostas a respeito da fonte real ou imaginária da informação estão associadas a um único julgamento de memória. Nesse sentido, há uma aproximação da compreensão unitária do Paradigma Construtivista, nesse caso, através de um único sistema de julgamento da fonte da informação. No entanto, como discutido anteriormente, pesquisas experimentais têm mostrado haver uma dissociação entre a recuperação de MV e FM, como sendo dois tipos de memórias com características distintas (Reyna, 2000; Reyna e Lloyd, 1997).

A Teoria do Traço Difuso, que compreende a memória por meio de múltiplos traços, pretende dar conta dessas críticas feitas à Teoria do Monitoramento da Fonte na explicação das FM, principalmente por considerar as memórias verdadeira e falsa para a mesma experiência como codificadas em paralelo e armazenadas em separado (Reyna e Lloyd, 1997).

Teoria do Traço Difuso

A explicação do fenômeno da falsificação da memória toma novos contornos a partir de pressupostos de múltiplos traços de memória. As diversas teorias dessa abordagem oferecem explicações contemporâneas e consistentes para a investigação das FM (ver Brainerd e Reyna, 2005). Uma teoria explicativa das FM, com traços oponentes, foi proposta por Reyna e Brainerd (1995): a Teoria do Traço Difuso – TTD (no original em inglês, *Fuzzy Trace Theory*). A TTD busca responder algumas das críticas e lacunas identificadas nos modelos do Construtivismo e do Monitoramento da Fonte. Duas considerações foram importantes para expandir o campo explicativo da TTD: a primeira refere-se à relação entre aspectos semânticos e processos de memória; e a segunda surgiu em função da base consistente de resultados de pesquisas sobre o desenvolvimento do raciocínio humano e as diferenças nas habilidades de memória.

O modelo de memória da TTD formou-se a partir da década de 1980. Embora tenha sido inicialmente desenvolvida para dar conta de processos de raciocínio e de julgamento e tomada de decisão, também direcionou seus estudos para o desenvolvimento das FM e do esquecimento (Reyna e Brainerd, 1995). Em contraste com o ponto de vista sobre o pensamento computacional (visão formalista) ou com operações lógicas (visão logicista), a TTD traz o intuitivo como metáfora principal para o funcionamento cognitivo (Brainerd e Reyna, 1990). Como intuicionismo os autores entendem que, ao contrário do que teorias tradicionais preconizavam, o nosso processamento cognitivo busca caminhos que facilitem e agilizem a compreensão. Dessa forma, as pessoas preferem a simplificação de trabalhar com o que é essencial da experiência, o significado por traz do fato, em vez de ter de processar informações específicas e detalhadas. Segundo esta Teoria, como o próprio nome *difuso* sugere, o intuitivo, o não delimitado especificamente, o não lógico, é a base do raciocínio (Reyna e Brainerd, 1992).

A TTD propõe que a memória é composta por dois sistemas distintos – a memória de essência e a memória literal. Segundo essa Teoria, as pessoas armazenam separadamente representações literais e de essência de uma mesma experiência, as literais capturam os detalhes específicos e superficiais

> A Teoria do Traço Difuso propõe que a memória é composta por dois sistemas distintos – a memória de essência e a memória literal.

(p. ex., "bebeu um guaraná", "comeu um hambúrguer com queijo"), e as de essência registram a compreensão do significado da experiência, que pode variar em nível de generalidade (p. ex., "bebeu um refrigerante", "comeu um sanduíche"; "comeu um lanche"). As taxas de esquecimento são diferentes para cada tipo de representação, sendo as memórias de essência mais estáveis ao longo do tempo do que as literais (Brainerd e Reyna, 2005). Portanto, diferentemente das outras teorias abordadas até agora, para a TTD a memória não é um sistema unitário e sim composta por dois sistemas, nos quais o armazenamento e a recuperação das duas memórias são dissociados.

As FM espontâneas referem-se a um erro de lembrar algo que é consistente com a essência do que foi vivido, mas que na verdade não ocorreu. Já as FM sugeridas são erros de memória que surgem a partir de uma falsa informação que é apresentada após o evento. Assim, adultos e crianças podem lembrar coisas que de fato não ocorreram baseados na recuperação de uma FM espontânea ou sugerida.

No que tange as FM sugeridas, a TTD (p. ex., Brainerd e Reyna, 1993, 1998; Reyna e Brainerd, 1995) propõe que a sugestão de uma falsa informação gera efeitos diferentes nas MV e FM. A sugestão (p. ex., placa de "dê a preferência") interfere e enfraquece a MV (placa de "parada obrigatória"), podendo também dificultar sua recuperação. Assim, a recuperação de traços literais das falsas informações sugeridas pode produzir dois efeitos: tanto a redução das MV quanto o aumento das FM sugeridas. Por outro lado, somente a lembrança de traços de essência do que foi sugerido (p. ex., "placa de trânsito") levaria somente ao segundo efeito, ou seja, um aumento das FM, já que esses traços de essência são consistentes tanto com o significado geral da experiência vivida quanto com a essência da falsa informação.

Para ilustrar esses efeitos, no caso da parede arranhada, no dia em que mãe e filha chegaram em casa vindas do supermercado e saíram logo depois para a missa, a mãe deve ter armazenado dois traços de memória distintos. Um traço literal armazenou o local exato onde as compras foram deixadas no *hall* de entrada. No retorno da missa também foram armazenadas, em sua memória literal, quais compras haviam caído no chão. Ao mesmo tempo, em outra memória estavam sendo armazenados os traços de essência sobre o quanto essa experiência foi uma correria para não se atrasarem para a missa, e ainda, que ao voltarem para casa, ainda havia compras a organizar. Portanto, a mãe armazenou, ao mesmo tempo, informações distintas de um mesmo evento em duas memórias independentes: literal e de essência.

> As memórias literal e de essência se originam do mesmo evento e são processadas em paralelo e independentemente.

A situação acima pode também exemplificar os cinco princípios básicos da TTD. Brainerd e Reyna (2005) postulam como o primeiro princípio o caráter paralelo de armazenamento da informação. Portanto, ambas as memórias (literal e de essência) se originam do mesmo evento e são processadas ao mesmo tempo, diferente do que propõem as teorias do Paradigma Construtivista em que a memória é vista como unitária.

O segundo princípio está ancorado no primeiro, visto que um armazenamento separado leva a uma recuperação independente do que foi registrado na memória. Nesse caso, é plausível compreender que um detalhe literal não leva a recuperação de um aspecto de essência e vice-versa, mas que são memórias recuperadas de forma independente (Reyna e Kiernan, 1994). Sendo assim, se a mãe armazenou informações diferentes sobre o evento em memórias separadas, quando ela recuperar informações sobre a essência da experiência daquele dia, não necessariamente recuperará os detalhes sobre o que exatamente havia ocorrido com as compras e a parede, por exemplo.

Brainerd e Reyna (2002) colocam ainda que as FM, tanto espontâneas quanto sugeridas, podem ocorrer por dois motivos distintos, que tem como base os dois primeiros princípios, ou seja, o armazenamento e a recuperação independente e paralela dos traços literais e de essência. No caso acima, ocorreu uma distorção exógena, já que a mãe recebeu a informação falsa de que ela é que havia arranhado a parede, apresentada pela filha após o evento. Na visão da TTD, duas explicações são possíveis para as FM sugeridas. A primeira delas é que a mãe manteve acesso apenas ao traço de essência, que era a confusão e a correria do dia do evento. No momento em que ela recebe a sugestão de falsa informação de sua filha, a informação é condizente com a essência e como ela já havia esquecido os detalhes precisos do que havia ocorrido, passa a lembrar que foi ela quem arranhou a parede com as compras. A outra explicação das FM sugeridas decorre da lembrança literal da sugestão de falsa informação, ou seja, como a informação falsa sugerida (isto é, a mãe arranhou a parede com as compras) é congruente com a memória essência do evento, além de mais recente e talvez até mais impactante, a memória literal da falsa sugestão é lembrada pela mãe ao contar para a prima o que havia ocorrido.

Mas no caso da professora da universidade que não foi sugerido nenhuma falsa informação, e mesmo assim, ela passou a lembrar que tinha trazido os seus óculos naquele dia? Se a distorção tivesse ocorrido de forma endógena, qual seria a explicação da TTD para tal fenômeno? As FM espontâneas ocorrem devido à inacessibilidade ou perda da informação literal sobre os eventos sucedidos (Brainerd e Reyna, 2002). A professora provavelmente tinha uma memória genérica de que sempre levava seus óculos para o trabalho. Devido a interferências de novas informações que ela mesma produziu, por exemplo, de que ela não sairia de casa sem levar seus óculos para o trabalho, ela passou a lembrar-se de tê-los trazido, pois a informação é condizente com a memória de essência que ela mantinha.

Já o terceiro princípio da TTD refere-se ao julgamento das informações quando expostos a tarefa de recordação ou reconhecimento. Brainerd, Reyna, Wright e Mojardin (2003) preconizam que haveria um julgamento da veracidade do traço de memória recuperado de tal forma que traços literais são recuperados corretamente por um processo de julgamento da identidade da informação, induzindo a uma rejeição da informação de essência (p. ex., lembro que comi um hambúrguer com queijo e não um cachorro quente, ainda que ambos sejam essencialmente lanches). No entanto, em alguns casos, a informação literal pode levar a uma recuperação de essência, especialmente quando há uma semelhança ou familiaridade entre as informações. A recuperação da essência das informações originais em função da familiaridade ou da associação semântica ocorre por meio de um processo de julgamento de semelhança. Parece que foi exatamente o que ocorreu com a mãe de minha amiga quando esta lhe ofereceu a sugestão de falsa informação. A mãe já mantinha na memória apenas a informação de essência, ou seja, lembrava a correria e a confusão gerada pelas compras que caíram. Sendo assim, a informação de que fora ela que arranhara a parede com as compras era plausível e fez com que ela recuperasse pelo traço literal das compras espalhadas pelo chão, ou seja, uma informação de essência auxiliou, por familiaridade, no equivocado julgamento da veracidade do traço literal da falsa informação sugerida.

A quarta premissa versa sobre a comparação entre traços literais e traços de essência em termos da sua manutenção na memória ao longo do tempo, ou seja, que representações literais e de essência diferem em durabilidade. A memória literal é mais suscetível a efeitos de interferência do que a memória de essência, sendo que esta última é mais robusta, mantendo-se na memória mesmo com a passagem do tempo. Esse princípio explica porque a mãe, apenas algumas semanas depois do evento, já não lembrava mais os detalhes daquele dia. Além disso, explica igualmente porque a base de memória se torna mais rapidamente inacessível para a MV do que para as FM com o passar do tempo (Brainerd e Reyna, 2002). Neste caso, o caráter instável das representações literais de uma experiência se caracteriza pela desintegração ou gradual fragmentação dos traços, levando ao esquecimento. E, como aspectos de uma mesma experiência podem ficar dissociados uns dos outros, a estabilidade das representações de essência é responsável pela persistência das FM (Reyna e Titcomb, 1996), já que estas são, em sua maioria, embasadas em memórias de essência.

O quinto e último princípio refere-se à habilidade dos indivíduos de recuperar os traços de memória. Segundo a TTD, as memórias, tanto para traços literais como para traços de essência, são aperfeiçoadas ao longo do desenvolvimento. Assim, crianças pequenas apresentam maior dificuldade de trabalhar com traços de essência do que com traços literais. No entanto, à medida que crescemos nos tornamos mais eficientes em utilizar estratégias de memória e, portanto, há um aumento na habilidade de lembrarmos uma informação tanto em termos de memória literal quanto em termos de memória de essência. Alguns estudos (Brainerd e Reyna, 1998) sugerem que a habilidade de recuperar traços literais decai com o avanço da idade (ver Capítulo 7).

Apesar da consistência dos resultados experimentais com os pressupostos teóricos da TTD, três críticas foram feitas. A primeira delas diz respeito à dificuldade de avaliar casos em que as FM são resultado de processos mais abstratos e reflexivos que seriam explicadas pelo caráter difuso do traço de essência. Nesse mesmo sentido, a segunda crítica refere que pouco se explora à respeito dos erros subjacentes à confusão de memória para detalhes superficiais de duas fontes de informação.

A terceira e mais importante crítica questiona a divisão da memória em traços, ressaltando estudos em que há recuperação de detalhes perceptuais duradouros, fato esse que vai de encontro ao princípio de durabilidade dos traços literais, e de falsas recordações baseadas em aspectos semânticos e perceptualmente vívidos, fato que vai de encontro com o caráter difuso da teoria (Lindsay e Johnson, 2000). A respeito da última crítica, cabe ressaltar que o caráter extraordinário dos exemplos, é, portanto, uma exceção à regra básica de durabilidade dos traços de memória. Como esse fato também não foi explicado pelo Paradigma Construtivista ou pela Teoria do Monitoramento da Fonte, uma explicação alternativa foi encontrada na literatura sobre FM e é utilizada para explicar esse fenômeno pelos três paradigmas teóricos, qual seja, a Heurística da Distintividade, que é a tendência de recordar mais facilmente informações extraordinárias e rejeitar FM (Schacter, Israel e Racine, 1999). Segundo essa visão, a memória é recuperada com mais precisão quando um detalhe inesperado é observado em uma situação comum. Por exemplo, se no caso do taxista um dos assaltantes tivesse um sotaque inglês muito acentuado, provavelmente esse detalhe seria lembrado pelo fato de ser muito distinto para tal situação.

CONSIDERAÇÕES FINAIS

Com frequência utilizamos o fato de lembrarmos algo com vividez e certeza de ter ocorrido como um argumento ou até mesmo uma indicação inexorável de que nossa memória retrata um fato que realmente aconteceu dessa forma. Dificilmente contra-argumentamos com alguém que lembra de um evento *com certeza absoluta* e com riqueza de detalhes. Todavia, o avanço das pesquisas sobre FM demonstra que o ser humano é capaz de lembrar, de forma espontânea ou sugerida, eventos que nunca aconteceram, instiga a questionarmos sobre os limites entre o falso e o verdadeiro. No entanto, não é intenção desta obra dar a impressão ao leitor de que todas as nossas memórias são falsas. Apesar da nossa memória ser passível de ser distorcida, há uma gama de lembranças que retratam fatos realmente ocorridos. Porém, nem tudo que lembramos ocorreu necessariamente da forma como lembramos e é possível sim apresentar erros de memória.

> Apesar de a nossa memória ser passível de ser distorcida, há uma gama de lembranças que retratam fielmente fatos realmente ocorridos.

As FM são hoje reconhecidas como um fenômeno que se materializa no dia a dia das pessoas, têm sua base no funcionamento saudável da memória e não são a expressão de patologia ou distúrbio. Pensando nisso, os estudos têm avançado no sentido de explicar as bases cognitivas e neurofuncionais desse fenômeno. Não obstante, ainda há um longo caminho a ser percorrido, pois alguns mecanismos das FM permanecem como um campo a ser explorado.

O fenômeno das FM tem provocado o interesse da comunidade científica desde o início do século passado. A trajetória dessas pesquisas foi sendo ampliada para dar conta da realidade de suas implicações nas mais diversas áreas da Psicologia, como a Jurídica e a Clínica, bem como em outras disciplinas das áreas humanas e da saúde.

No meio jurídico, os estudos de FM obtiveram destaque, principalmente relacionados à fidedignidade no relato de testemunhas de contravenções em geral (Stein e Nygaard, 2003; ver Capítulos 8, 9 e 10). Considerando o exemplo do taxista, aumenta a preocupação com a confiabilidade do relato de testemunhas, uma vez que com base em FM dois indivíduos inocentes foram acusados de um crime que não cometeram.

Já na clínica, as sessões terapêuticas normalmente giram em torno de experiências emocionalmente significativas para o paciente e que geralmente partilham de uma mesma essência (p. ex., brigas com a mãe). Diversos casos relatados na literatura (Andrews et al., 1999; Loftus, 1997) de recuperação de lembranças falsas, fruto de procedimentos utilizados por terapeutas, que parecem desconhecer como a memória humana funciona, têm preocupado os pesquisadores. Os terapeutas podem ter lembranças falsas sobre o relato de seus pacientes ou, até mesmo, baseados em suas interpretações do que está ocorrendo com o paciente, podem prover sugestão de falsa informação ao longo das sessões psicoterápicas (ver Capítulos 11 e 12). O estudo dos mecanismos envolvidos nesse processo pode auxiliar no desenvolvimento e aprimoramento de técnicas de entrevista e de intervenção terapêutica que minimizem a ocorrência ou o impacto dos erros de memória.

Na atualidade, os estudos sobre a memória têm se voltado cada vez mais a buscar elucidar a interação das FM com outros fenômenos, como, por exemplo, as diferenças individuais (Capítulo 7), as variáveis emocionais (Capítulo 4) ou até mesmo questões neurológicas (Capítulo 3) ou psicopatológicas (Capítulo 11). Além disso, parece já existirem evidências de que as FM podem ser influenciadas por nossos processos cognitivos mesmo de maneira não consciente, ou seja, de forma implícita (Capítulo 6) e que as memórias sobre nossa história pessoal não estão imunes às FM (Capítulo 5). Tais conhecimentos sobre as FM têm contribuído para o aprimoramento de técnicas de trabalho para as mais diversas áreas, tanto na Psicologia quanto fora dela (Capítulo 10).

REFERÊNCIAS

Alba, J. W., & Hasher, L. (1983). Is memory schematic? *Psychological Bulletin, 93*, 203-231.

Andrews, B., Brewin, C. R., Ochera, J., Morton, J., Bekerian, D. A., Davis, G. M., & Mollon, P. (1999). Characteristics, context and consequences of memory recovery among adults in therapy. *The British Journal of Psychiatry, 175*(2), 141-146.

Bartlett, F. C. (1932). *Remembering: A study in experimental and social psychology.* New York: Cambridge University Press.

Binet, A. (1900). *La suggestibilite*. Paris: Schleicher.

Brainerd, C. J., & Reyna, V. F. (1990). Gist is the grist: Fuzzy-trace theory and the new intuitionism. *Developmental Review, 10*(1), 3-47.

Brainerd, C. J., & Reyna, V. F. (1993). Memory independence and memory interference in cognitive development. *Psychological Review, 100*(1), 42-67.

Brainerd, C. J., & Reyna, V. F. (1995). Fuzzy-trace theory: Some foundational issues. *Learning and Individual Differences, 7*(2), 145-162.

Brainerd, C. J., & Reyna, V. F. (1998). Fuzzy-trace theory and children's false memories. *Journal of Experimental Child Psychology, 71*, 81-129.

Brainerd, C. J., & Reyna, V. F. (2002). Fuzzy-trace theory and false memory. *Current Directions in Psychological Science, 11*(5), 164-169.

Brainerd, C. J., & Reyna, V. F. (2005). *The science of false memory*. New York: Oxford University Press.

Brainerd, C. J., Reyna, V. F., Wright, R., & Morjardin, A. H. (2003). Recollection rejection: False-memory editing in children and adults. *Psychological Review, 110*(4), 762-784.

Bransford, J. D., & Franks, J. J. (1971). The abstraction of linguistic ideas. *Cognitive Psychology, 2*, 331-380.

Chi, M. T. H., & Glaser, R. (1992). A capacidade para a solução de problemas. In R Sternberg (Ed.), *As capacidades intelectuais humanas: Uma abordagem em processamento de informações* (pp. 25-275). Porto Alegre: Artmed.

Cockburn, J. (1998). Shorter reviews. *Art History, 21*(1), 155-160.

Deese, J. (1959). On the prediction of occurrence of particular verbal intrusions in immediate recall. *Journal of Experimental Psychology, 58*(1), 17-22.

Freud, S. (1970). Leonardo Da Vinci e uma lembrança da sua infância. In S. Freud, *Edição standard brasileira das obras completas de Sigmund Freud: Vol. 11. Cinco lições de psicanálise, Leonardo Da Vinci e outros trabalhos* (pp. 59-124). Rio de Janeiro: Imago. Trabalho original publicado em 1910.

Gallo, D. A., & Roediger, H. L. III. (2003). The effects of associations and aging on illusory recollection. *Memory & Cognition, 31*, 1036-1044.

Gallo, D. A., Weiss, J. A., & Schacter, D. L. (2004). Reducing false recognition with criterial recollection tests: Distinctiveness heuristic versus criterion shifts. *Journal of Memory and Language, 51*, 473-493.

Gudjonson, G. H. (1986). The relationship between interrogative suggestibility and acquiescence: Empirical findings and theoretical implications. *Personality and Individual Differences, 7*(2), 195-199.

Johnson, M. K., Hashtroudi, S., & Lindsay, D. S. (1993). Source monitoring. *Psychological Bulletin, 114*, 3-28.

Lindsay, D. S., & Johnson, M. K. (2000). False memories and the source monitoring framework: Reply to Reyna and Lloyd (1997). *Learning and Individual Differences, 12*, 145-161.

Loftus, E. F. (1979). *Eyewitness testimony*. Cambridge, MA: Harvard University Press.

Loftus, E. F. (1995). Memory malleability: Constructivist and Fuzzy-trace explanations. *Learning and Individual Differences, 7*(2), 133-137.

Loftus, E. F. (1997). Creating false memories. *Scientific American, 277*(3), 70-75.

Loftus, E. F. (2004). Memories of things unseen. *Current Directions in Psychological Science, 13*(4), 145-147.

Loftus, E. F., Miller, D. G., & Burns, H. J. (1978). Semantic integration of verbal information into visual memory. *Journal of Experimental Psychology: Human Learning and Memory, 4,* 19-31.

Loftus, E. F., & Palmer, J. C. (1974). Reconstruction of automobile destruction: An example of the interaction between language and memory. *Journal of Verbal Learning and Verbal Behavior, 13*(5), 585-589.

Masson, J. M. (1986). *A correspondência completa de Sigmund Freud para Wilhelm Fliess (1887-1904)*. Rio de Janeiro: Imago.

Mitchell, K. J., & Johnson, M. K. (2000). Source monitoring: Attributing memories to sources. In E. Tulving & F. I. M. Craik (Eds.), *The Oxford handbook of memory* (pp. 179-185). Oxford: Oxford University.

Müller, G. E., & Schumann, F. (1894). Experimentelle Beiträge zur Untersuchungen des Gedächtnisses. *Zeitschrift fur Psychologie und Physiologie der Sinnesorgane, 6*(2), 81-190 e 257-339.

Neimark, J. (1996). The Diva of Disclosure, memory researcher Elizabeth Loftus. *Psychology Today, 29*(1), 48.

Nygaard, M. L. C., Feix, L. F., & Stein, L. M. (2006). Contribuições da psicologia cognitiva para a oitiva da testemunha: Avaliando a eficácia da entrevista cognitiva. *Revista do Instituto Brasileiro de Ciências Criminais, 61,* 147-180.

Paris, S. G., & Carter, A. Y. (1973). Semantic and constructive aspects of sentence memory in children. *Developmental Psychology, 9,* 109-113.

Pergher, G. K., Stein, L. M., & Wainer, R. (2004). Estudos sobre a memória na depressão: Achados e implicações para a terapia cognitiva. *Revista de Psiquiatria Clínica, 31*(2), 82-90.

Pozo, J. I. (1998). Formação de conceitos artificiais. In J. I. Pozo, *Teorias cognitivas da aprendizagem* (pp. 61-89). Porto Alegre: Artmed.

Reyna, V. F. (2000). Fuzzy-trace theory and source monitoring: An evaluation of theory and false-memory data. *Learning and Individual Differences, 12,* 163-175.

Reyna, V. F., & Brainerd, C. J. (1992). A fuzzy-trace theory of reasoning and remembering: Patterns, paradoxes, and parallelism. In A. Healy, S. Kosslyn & R. Shiffrin (Eds.), *From learning processes to cognitive processes: Essays in honor of William K. Estes* (pp. 235-259). Hillsdale, NJ: Erlbaum.

Reyna, V. F., & Brainerd, C. J. (1995). Fuzzy-trace theory: An interim synthesis. *Learning and Individual Differences, 7*(1), 1-75.

Reyna, V. F., & Kiernan, B. (1994). The development of gist versus verbatim memory in sentence recognition: Effects of lexical familiarity, semantic content, encoding instructions, and retention interval. *Developmental Psychology, 30,* 178–191.

Reyna, V. F., & Lloyd, F. (1997). Theories of false memories in children and adults. *Learning and Individual Differences, 9*(2), 95-123.

Reyna, V. F., & Titcomb, A. L. (1996). Constraints on the suggestibility of eyewitness testimony: A fuzzy-trace theory analysis. In D. G. Payne & F. G. Conrad (Eds.), *A synthesis of basic and applied approaches to human memory*. Hillsdale, NJ: Lawrence Erlbaum.

Roediger, H. L., III, & McDermott, K. T. (1995). Creating false memories: Remembering words not present in lists. *Journal of Experimental Psychology: Learning Memory, and Cognition, 21,* 803-814.

Schacter, D. L. (2003). *Os sete pecados da memória: Como a mente esquece e lembra.* Rio de Janeiro: Rocco.

Schacter, D. L., Israel, L., & Racine, C. A. (1999). Suppressing false recognition in younger and older adults: The distinctiveness heuristic. *Journal of Memory and Language, 40,* 1-24.

Stein, L. M., Feix, L. F., & Rohenkohl, G. (2006). Avanços metodológicos no estudo das falsas memórias: Construção e normatização do procedimento de palavras associadas. *Psicologia: Reflexão e Crítica, 19*(2), 166-176.

Stein, L. M., & Neufeld, C. B. (2001). Falsas memórias: Porque lembramos de coisas que não aconteceram? *Arquivos de Ciências da Saúde Unipar, 5*(2), 179-186.

Stein, L. M., & Nygaard, M. L. C. (2003). A memória em julgamento: Uma análise cognitiva dos depoimentos testemunhais. *Revista Brasileira de Ciências Criminais, 11*(43), 151-164.

Stern, W. (1910). Abstracts of lectures on the psychology of testimony and on the study of individuality. *American Journal of Psychology, 21,* 270-282.

Sternberg, R. J. (2000). *Psicologia cognitiva.* Porto Alegre: Artmed.

Underwood, B. J. (1957). Interference and forgetting. *Psychological Review, 64*(1), 49-60.

2
PROCEDIMENTOS EXPERIMENTAIS NA INVESTIGAÇÃO DAS FALSAS MEMÓRIAS

Priscila Goergen Brust
Carmem Beatriz Neufeld
Luciana Moreira de Ávila
Anna Virginia Williams
Lilian Milnitsky Stein

O estudo das falsas memórias (FM) tem evoluído consideravelmente, principalmente a partir da década de 1970 (Brainerd e Reyna, 2005). Ao longo do desenvolvimento dos estudos sobre FM, os pesquisadores perceberam que alguns elementos influenciavam as lembranças de fatos que nunca ocorreram (Stein e Neufeld, 2001). A partir dessas observações surgiram pesquisas sobre as diferentes formas de se avaliar a produção de FM e seus efeitos.

Inicialmente os estudos sobre FM eram realizados buscando o máximo controle sobre o ambiente (p. ex., temperatura, luminosidade e ruído) e sobre o material apresentado (p. ex., imagens e sons) e, por isso, foram chamados de estudos de laboratório. Esses fatores de um experimento que podem ser manipulados ou mantidos sob o controle do pesquisador são chamados variáveis (Kantowitz, Roediger e Elmes, 2006). O controle experimental visa a impedir que variáveis não relacionadas ao objetivo da pesquisa interfiram ou influenciem os resultados.

Um exemplo de controle experimental no estudo das FM pode ser observado nos estudos que utilizam o Procedimento de Palavras Associadas (Stein, Feix e Rohenkohl, 2006) que envolve a apresentação de listas de palavras semanticamente associadas a um mesmo tema (p. ex., dedos, sapato, unha). Quando a memória é testada, solicita-se que os participantes recuperem exatamente essas palavras estudadas. Caso os participantes lembrem equivocadamente a palavra-tema à qual a lista se refere (p. ex., pé), como tendo sido apresentada no material original, considera-se que essa resposta é baseada em uma FM. Pesquisas desse tipo, também denominadas básicas ou de laboratório, possibilitam a identificação da causa de um determinado efeito, porque apresentam condições para avaliar cada variável isoladamente, ou seja, comparam situações que diferem apenas pela manipulação da variável que se quer estudar. Nesse exemplo, é possível controlar a quantidade de palavras apresentadas e a frequência que essas palavras são utilizadas na língua materna dos participantes. Em suma, conhecer as variáveis que podem interferir no resultado do experimento permite que o pesquisador possa estabelecer uma relação de causa e efeito (Kantowitz et al., 2006).

Contudo, os fatores explicados pelas pesquisas básicas raramente ocorrem na prática de forma isolada. A partir das dificuldades de aplicação dos resultados na prática, alguns pesquisadores passaram a estudar situações reais, solicitando aos participantes que lembrassem informações autobiográficas, ou seja, eventos relacionados à sua própria experiência de vida. Esse tipo de pesquisa, denominada naturalística ou ecológica, busca estabelecer uma relação mais direta dos resultados com o que realmente ocorre no cotidiano (Loftus, 1983; Woll, 2002). Por exemplo, estuda-se a recuperação de uma experiência que já foi vivenciada pelo participante da pesquisa ao invés de informações fornecidas pelo pesquisador como na pesquisa básica. No entanto, uma série de críticas podem ser levantadas, como o pesquisador não ter certeza da veracidade dos fatos recuperados, pois não possui registro e não estava presente quando da vivência desse evento original (ver Capítulo 5). Além disso, pesquisas naturalísticas não permitem a determinação específica da causalidade devido a possíveis interações entre variáveis que não foram controladas, como a quantidade de vezes que o evento ocorreu ou que o participante já lembrou e relatou esse mesmo evento.

As abordagens básica e naturalística trazem contribuições relevantes ao estudo das FM: enquanto as pesquisas básicas permitem a observação mais controlada dos efeitos de manipulações de variáveis, as naturalísticas possibilitam a confirmação em situações mais próximas da vida real dos resultados obtidos em laboratório. Contudo, para que seja possível compreender melhor as técnicas de pesquisa naturalística, é necessário conhecer alguns pressupostos para o estudo das FM que foram estabelecidos pela pesquisa básica.

> As pesquisas básicas possibilitam a identificação da causa de um determinado efeito.

Neste capítulo, serão explorados os principais métodos de investigação experimental das FM tendo como referência a pesquisa básica. Para tanto, serão apresentadas as possíveis manipulações das variáveis em cada etapa de um experimento sobre FM, bem como os principais efeitos decorrentes de tais manipulações. Outros procedimentos serão discutidos mais adiante neste livro: as contribuições da neurociência cognitiva, incluindo investigações de neuroimagem e psicobiologia, no Capítulo 3, e pesquisas naturalísticas na Parte III.

MÉTODO EXPERIMENTAL PARA INVESTIGAÇÃO DAS FALSAS MEMÓRIAS

Um experimento para a investigação da memória e suas distorções pode ser dividido em três etapas: primeiro a informação é adquirida, em seguida deve ser armazenada, para posteriormente ser recuperada (Lockhart, 2000; Neufeld e Stein, 2001). Conforme apresentado na Figura 2.1, na primeira etapa, denominada fase de estudo, ocorre a aquisição da informação que deve ser memorizada (isto é, material-alvo). A segunda etapa envolve um intervalo de retenção ou de armazenamento dessa informação. Nesse intervalo, o participante pode ou não realizar algumas tarefas. Algumas dessas tarefas têm a função de incentivar o esquecimento da informação do material-alvo, enquanto outras visam a induzir o participante a armazenar informações falsas por meio da apresentação de um material de sugestão. Para finalizar, há a fase de teste, na qual a informação original apresentada na fase de estudo, que não foi esquecida, é recuperada pelo participante por meio da realização de um teste de memória. O teste é o que possibilita ao pesquisador observar a qualidade da memória que foi recuperada, se verdadeira ou falsa.

Esse procedimento experimental é utilizado em pesquisas sobre FM tanto espontâneas quanto sugeridas. As FM espontâneas ocorrem de maneira interna à pessoa, por meio de autossugestão, e as sugeridas são produzidas quando uma informação falsa é acrescentada ao procedimento, levando o participante a acreditar que a falsa informação estava presente no material-alvo. Neste caso, a implantação de falsa informação ocorre de maneira externa à pessoa durante o intervalo de retenção (ver Capítulo 1).

As três etapas de um experimento para o estudo das FM espontâneas podem ser observadas no trabalho de Stein e colaboradores (2006). Com o objetivo de estudar a criação de FM, os pesquisadores adaptaram para a realidade brasileira o Procedimento de Palavras Associadas, desenvolvido originalmente por Deese em 1959, e aperfeiçoado por Roediger e McDermott (1995). Esse procedimento é muito utilizado para o estudo das FM e ficou conhecido na literatura estrangeira como Paradigma DRM (devido às iniciais dos três autores: Deese, Roediger e McDermott). O procedimento consiste na apresentação de listas de palavras semanticamente associadas como a da Figura 2.2(a) para avaliação das FM. Na fase de estudo, os participantes escutam uma série de palavras (material-alvo; dedos, sapato, unha, etc.), todas estão associadas a uma palavra não apresentada (distrator crítico; nesse caso, pé). No intervalo de retenção, os participantes rea-

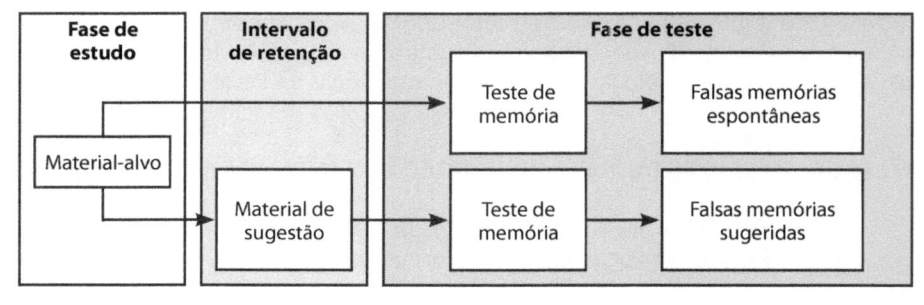

FIGURA 2.1
Procedimento básico utilizado no estudo experimental das falsas memórias.

lizam uma tarefa de distração, composta por exercícios matemáticos simples, que visa a impedir que o participante mantenha as palavras-alvo ativas na memória, gerando esquecimento. Por fim, na fase de teste os participantes devem tentar recuperar todas as palavras que lembram ter escutado na fase de estudo. Quando uma palavra do material-alvo (p. ex., dedos) é corretamente lembrada no teste de memória, considera-se uma resposta baseada em uma memória verdadeira. Já uma FM espontânea ocorre quando o participante lembra ter escutado uma palavra que não foi apresentada na fase de estudo (p. ex., pé), ainda que esta possua uma relação semântica com palavras do material-alvo.

> Uma falsa memória espontânea ocorre quando o participante lembra ter escutado uma palavra que não foi apresentada na fase de estudo.

O estudo das FM sugeridas pode ser ilustrado pelo Procedimento de Sugestão de Falsa Informação introduzido por Loftus, Miller e Burns (1978), ilustrado na Figura 2.2(b). Na fase de estudo os participantes assistem a uma sequência de *slides* sobre um acidente de carro ocorrido devido ao avanço inapropriado de um dos motoristas ante uma placa de "parada obrigatória". Para observar o efeito da sugestão de falsa informação na memória, durante o intervalo de retenção da informação o experimentador faz algumas perguntas a respeito da história para o participante, introduzindo informações falsas que não estavam presentes na história original (isto é, sugerindo que a placa seria de "dê a preferência"). Na fase de teste os participantes são instruídos a responder com base na história apresentada na fase de estudo. Os resultados de pesquisas com o Procedimento de Sugestão de Falsa Informação revelam que muitos participantes respondem de acordo com a sugestão, lembrando efetivamente ter visto, na fase de estudo, a placa de "dê a preferência" (isto é, uma FM sugerida), e não a placa de "parada obrigatória" (isto é, memória verdadeira).

Embora seja possível compreender grande parte dos estudos sobre FM a partir das Figuras 2.1 e 2.2, cada fase de um experimento apresenta algumas características específicas que podem impactar de maneira distinta na memória (Richardson-Klavehn e Bjork, 1988). Essas características estão vinculadas a manipulações de variáveis como as sintetizadas no Quadro 2.1, que serão apresentadas a seguir conforme as fases do procedimento experimental de investigação das FM em que se encontram.

Fase de estudo

A fase de estudo é a primeira etapa de um experimento de FM (Figura 2.1). Nesta fase é apresentada a informação a ser memorizada pelos participantes – o material-alvo ou material-original. A informação do material-alvo deve ser compreendida pelo participante por meio de um processo de codificação. Esse processo depende de algumas variáveis, como características do material, formas de apresentação e instruções sobre a aquisição das informações.

(a)

Fase de estudo	Intervalo de retenção	Fase de teste	
Dedos, Sapato, Unha, Chulé, Meia, Calçado, Tênis, Sustentação, Chinelo, Calo, Base, Calcanhar, Corpo, Chute, Pisar	Tarefa de distração — Exercícios matemáticos	**Distrator crítico (PÉ)** — Não é apresentado na fase de estudo.	Falsas memórias espontâneas
		Itens-alvo — São apresentados na fase de estudo.	Memória verdadeira

(b)

Fase de estudo	Intervalo de retenção	Fase de teste	
Placa "parada obrigatória"	Placa "dê a preferência"	**Falsa informação sugerida** — É apresentada entre a fase de estudo e a fase de teste.	Falsas memórias sugeridas
		Item-alvo — É apresentado na fase de estudo.	Memória verdadeira

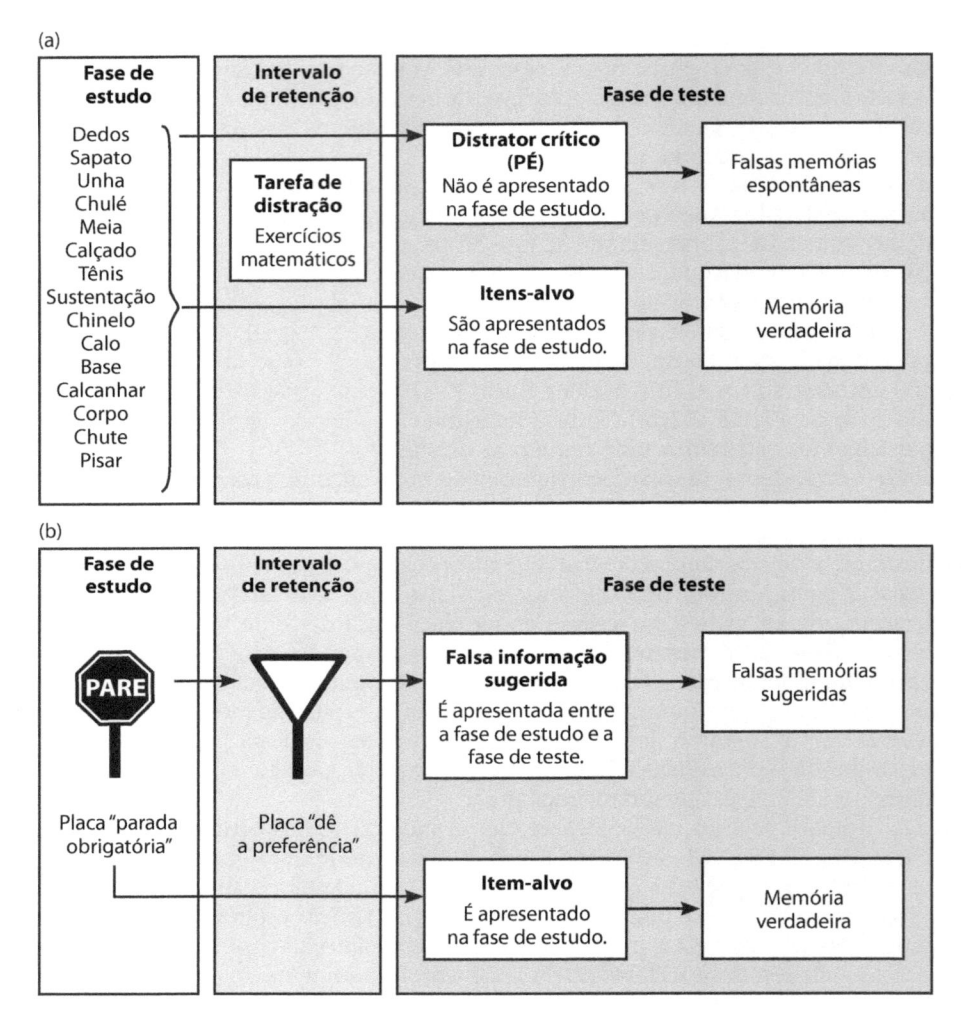

FIGURA 2.2
Exemplos de procedimentos utilizados no estudo experimental das falsas memórias (a) espontâneas (Stein et al., 2006) e (b) sugeridas (Loftus et al., 1978).

Características do material-alvo

Dois tipos de material-alvo são empregados em estudos sobre FM: verbais e não verbais. Por exemplo, na Figura 2.2(a), o material é constituído por palavras que são informações verbais. As informações verbais também podem ser pseudopalavras, frases, passagens mais longas como histórias (ver respectivamente Zeelenberg, Boot e Pecher, 2005; Reyna e Kiernan, 1994; Feix, 2008), ou sequência de números (Pesta, Sanders e Murphy, 2001). Já o material-alvo não verbal pode ser apresentado sob a forma de fotos, como na Figura 2.2(b), figuras abstratas, alimentos ou até encenações de situações (ver respectivamente Slotnick e Schacter, 2004; Morris et al., 2006; Geddie, Fradin e Beer, 2000).

O material-alvo verbal do Procedimento de Palavras Associadas, apresentado na Figura 2.2(a), é um dos mais utilizados em estudos de pesquisa básica sobre FM por gerar efeitos robustos. Neste caso, o material-alvo é constituído pelas listas de palavras associadas, e os experimentos têm utilizado características dessas listas, tais como: associação semântica, emocionalidade, concretude e frequência de uso na língua do participante, características que já possuem normas estabelecidas no Brasil (Stein e Gomes, no prelo). Essas características do material-alvo verbal e não verbal podem ser manipuladas experimentalmente no estudo das FM de acordo com os objetivos do pesquisador.

A associação semântica é o grau de aproximação do significado das palavras que compõem

> As características do material-alvo podem ser manipuladas experimentalmente no estudo das falsas memórias de acordo com os objetivos do pesquisador.

QUADRO 2.1
Variáveis relacionadas a cada fase de um experimento sobre falsas memórias

Fase de estudo	Intervalo de retenção	Fase de teste
Características do material-alvo • Natureza da informação **Apresentação do material-alvo** • Modalidade de apresentação da informação • Tempo de exposição da informação • Quantidade de informação **Instruções sobre o material-alvo** • Nível de aprendizagem	**Tarefa de distração** • Não tem ligação com material-alvo • Natureza e apresentação diferentes do material-alvo **Sugestão de falsa informação** • Natureza e apresentação similares ao material-alvo • Instruções sobre o material de sugestão	**Tipos de teste de memória** • Recordação • Reconhecimento **Apresentação do teste de memória** • Modalidade de apresentação do teste • Momento da testagem • Repetição da testagem **Instruções sobre o teste de memória** • Instrução geral • Esquecimento dirigido **Medidas do teste de memória** • Avaliação do teste • Tempo de reação • Grau de certeza • Vividez

a lista-alvo (p. ex., dedos, sapato, unha) e o distrator crítico (p. ex., pé). Várias pesquisas têm mostrado que quanto mais as palavras *dedos* e *sapato* estão associadas à palavra não apresentada na fase de estudo, no caso *pé*, mais falsamente esta palavra será lembrada no teste de memória (Roediger et al., 2001).

Outra característica do material-alvo verbal é a emoção. No Procedimento de Palavras Associadas desenvolvido no Brasil (Stein et al., 2006), as listas de palavras foram avaliadas quanto ao seu grau de emocionalidade, nas dimensões valência e alerta (Santos et al., no prelo). A valência se refere à quão agradável (positivo) ou desagradável (negativo) um material é percebido pela pessoa. Por exemplo, uma das listas de palavras com conteúdo desagradável como *escuro*, *morte* e *solidão* está associada ao distrator crítico *medo*. Já o alerta se refere à intensidade de excitação que cada palavra da lista desperta, que varia de estimulante à relaxante. As palavras da lista semanticamente associada à palavra *medo* foram avaliadas como estimulantes. Listas de palavras com conteúdo emocional desagradável e estimulante têm produzido taxas de FM mais altas em comparação a listas agradáveis e relaxantes (Brainerd et al., 2008). Os efeitos da emoção na produção de FM serão mais explorados no Capítulo 4.

Também têm merecido a atenção dos pesquisadores de FM as características relativas ao grau de concretude e à frequência de uso das palavras que compõem o material-alvo. A concretude é a correspondência de uma palavra com sua representação material ou sensorial (Janczura et al., 2007). Algumas pesquisas que se valem do Procedimento de Palavras Associadas mostram que listas de palavras mais concretas, como *dedos* e *sapato*, produzem menos FM do que listas de palavras mais abstratas (Pérez-Mata, Read e Diges, 2002). Com relação à frequência de uso das palavras na língua materna do participante, diversos estudos destacam que quanto menor a frequência de uso das palavras do material-alvo como *dedos* e *sapato*, mais falsamente o distrator crítico *pé* será lembrado em um teste de memória (Monaco, Abbott e Kahana, 2007).

O efeito de outras características do material-alvo verbal tem sido investigado no desempenho da memória, como a associação fonológica e a ortográfica. A associação fonológica refere-se ao grau de semelhança do som das palavras que compõem o material-alvo (p. ex., cão e pão). As pesquisas sugerem que palavras não apresentadas na fase de estudo, mas fonologicamente relacionadas ao material-alvo (p. ex., mão), são falsamente lembradas na fase de teste (Sommers e Lewis, 1999). Já a associação ortográfica se refere à semelhança na escrita das palavras. Neste caso, palavras não apresentadas no material-alvo (p. ex., fase) serão falsamente lembradas no teste de memória quando associadas a palavras cuja grafia é parecida (p. ex., face e fale; Masson e MacLeod, 2002).

Semelhanças ortográficas e fonológicas também estão presentes no estudo de pseudopalavras ou não palavras que são estímulos caracterizados pela ausência de significado (p. ex., mada), embora possam assemelhar-se a uma palavra (p. ex., mata). Nestes casos, as FM são fruto da recuperação da palavra real *mata* à qual as pseudopalavras estão associadas (Zeelenberg et al., 2005).

Ainda que todos os exemplos citados utilizem listas de palavras como material-alvo verbal, o que se procurou destacar até aqui é que elas possuem características que podem impactar de maneira distinta no desempenho da memória. As diferentes características das palavras podem ser, portanto, controladas e manipuladas, mesmo quando o material-alvo é composto por passagens mais longas, como frases e histórias.

O mesmo rigor no controle das manipulações experimentais deve ser considerado quando o material-alvo não é verbal, como no exemplo da Figura 2.2(b). Neste caso, o material-alvo é constituído pelas fotografias do acidente de carro e da placa de sinalização de trânsito "parada obrigatória" (Loftus et al., 1978). Os experimentos com material-alvo não verbal têm investigado características das imagens, como significado, familiaridade, complexidade e emocionalidade.

As FM podem ser produzidas quando duas informações são semelhantes em conteúdo ou significado, como as placas de "parada obrigatória" e "dê a preferência" da Figura 2.2(b) que se referem à regulamentação de trânsito. Alguns estudos têm mostrado que a semelhança de significado entre as imagens (ambas são placas de sinalização de trânsito) pode levar à falsa lembrança da placa de "dê a preferência" como tendo sido apresentada na fase de estudo (Koutstaal e Schacter, 1997). Da mesma forma, o desempenho da memória é suscetível a quão familiar uma imagem é para os participantes do estudo (Seamon et al., 2000). Neste caso, imagens não apresentadas no material-alvo (p. ex., a placa de "dê a preferência") serão falsamente lembradas na fase de teste por participantes familiarizados com a sinalização de trânsito.

> As falsas memórias podem ser produzidas quando duas informações são semelhantes em conteúdo ou significado.

Outra característica que influencia o desempenho da memória é a complexidade das imagens que compõe o material-alvo. A complexidade se refere à quantidade de elementos interligados de uma imagem. Por exemplo, na Figura 2.2(b), quanto mais elementos forem inseridos junto à imagem da placa de "parada obrigatória", como carros e pessoas, mais falsamente algum detalhe da imagem será recuperado (Seamon et al., 2002). Em alguns casos, pode ser apresentada apenas parte das imagens, como o formato da placa de "parada obrigatória" sem a inscrição "pare". Resultados de pesquisas sugerem que imagens parciais não apresentadas na fase de estudo são falsamente lembradas na fase de teste (Foley et al., 2007).

O efeito do caráter emocional do material-alvo não verbal também tem sido investigado no desempenho da memória. Um dos instrumentos mais utilizados para avaliação do desempenho da memória emocional é o *International Affective Picture System* (IAPS; Lang, Bradley e Cuthbert, 1999; Lang e Ohman, 1988). O IAPS é um banco de imagens como armas, bebês e paisagens, combinando diferentes níveis de alerta e valência. Várias pesquisas têm mostrado que imagens estimulantes com conteúdo emocional desagradável, como armas, têm produzido taxas de FM mais altas em comparação a imagens relaxantes com conteúdo emocional agradável, como bebês (Fernández-Rey e Redondo, 2007). Recentemente foram desenvolvidas normas brasileiras do IAPS para valência e alerta (Ribeiro, Pompéia e Bueno, 2004). Embora ainda sejam escassos os estudos que utilizem imagens do IAPS para testar FM, resultados de pesquisas mostraram que as imagens não apresentadas na fase de estudo são falsamente lembradas na fase de teste (Pinto, 2008).

Outras formas de apresentação do material-alvo não verbal também podem incluir estímulos gustativos e olfativos. Por exemplo, alguns pesquisadores observaram a produção de FM para o gosto de alimentos ingeridos antes dos 10 anos (Morris et al., 2006).

Ainda que tanto o material-alvo verbal como o não verbal permitam um controle experimental das variáveis em foco, a utilização de estímulos não verbais torna o material-alvo mais verossímil e, por isso, mais próximo de pesquisas naturalísticas.

Apresentação do material-alvo

Basicamente duas formas de apresentação do material-alvo são utilizadas em estudos sobre FM: visual e auditiva. A escolha da forma de apresentação depende da natureza do material-alvo: quando ele é verbal, como na Figura 2.2(a), os participantes podem ler ou escutar a lista de palavras; quando o material-alvo é não verbal, como na Figura 2.2(b), os participantes apenas visualizam as imagens. Os estudos que apresentam visualmente a informação podem ser feitos em uma tela de computador, em uma folha de papel ou projetada por meio da utilização de recursos multimídia.

O desempenho da memória para o material-alvo verbal pode ser influenciado por características específicas da forma de apresentação visual, como a formatação da letra em função da fonte ou da cor. Estudos nessa área destacam que quando cada palavra de uma lista é apresentada em um formato diferente, diminui a probabilidade da produção de FM (Israel e Schacter, 1997). Quando a informação verbal é auditiva, os estudos podem utilizar um ou mais narradores durante as fases de estudo e de teste. As pesquisas têm mostrado que mais FM são produzidas quando um narrador lê as palavras na fase de estudo, e outro, na fase de teste (Geiselman e Glenny, 1977). Quando comparadas as duas modalidades de apresentação (visual e auditiva), alguns estudos têm destacado que a apresentação auditiva do material-alvo tende a produzir mais FM que a apresentação visual do mesmo material (Smith e Hunt, 1998).

> A apresentação auditiva do material-alvo tende a produzir mais falsas memórias que a apresentação visual do mesmo material.

A apresentação do material-alvo não verbal pode ser associada a informações verbais. O experimento da Figura 2.2(b) ilustra essa combinação ao vincular as imagens de placas de sinalização de trânsito com a narrativa do acidente. Algumas pesquisas têm mostrado que a combinação de estímulos verbais e não verbais no material-alvo pode levar ao aumento da produção de FM (Bloem e La Heij, 2002). Esses experimentos que combinam a apresentação de imagens e narrativas aproximam-se mais de pesquisas naturalísticas, visto que se assemelham às experiências de vida das pessoas (Kensinger e Schacter, 2008; Neufeld, Brust e Stein, 2008).

Existem outras variáveis que podem afetar a codificação da informação durante a fase de estudo, como o tempo de apresentação do material-alvo (Huang e Janczura, 2008). O tempo de apresentação se refere à quantidade de tempo que uma informação é exposta ao participante para codificação e interpretação durante a fase de estudo. Esse tempo pode variar de alguns segundos a apenas milissegundos. Algumas pesquisas, utilizando o Procedimento de Palavras Associadas, têm mostrado que, quando o tempo de exposição de cada palavra de uma lista é rápido (p. ex., 20ms e 250ms), mais FM são produzidas para listas apresentadas a 250ms do que a 20ms (McDermott e Watson, 2001). Contudo, a partir de certo ponto, quando o tempo de exposição de cada palavra passa a ser relativamente mais longo (p. ex., 1000ms e 5000ms), menos FM são produzidas para listas apresentadas a 5000ms do que a 1000ms.

Outra característica que tem merecido a atenção dos pesquisadores de FM é a quantidade de informação incluída no material-alvo (também chamada de volume de retenção). A versão brasileira do Procedimento de Palavras Associadas, por exemplo, contém 44 listas com 15 palavras cada, mas nem todas as listas ou palavras são apresentadas em um mesmo experimento. A quantidade de listas depende do objetivo do estudo: caso o interesse seja estudar a diferença do conteúdo emocional das listas, um experimento poderia contar com três listas agradáveis, três neutras e três desagradáveis. Quando Roediger e McDermott (1995) compararam a apresentação de 6 e 16 listas de palavras semanticamente associadas, os resultados do teste de memória indicaram que a apresentação de mais listas leva ao aumento da produção de FM.

A quantidade de palavras por lista também pode ser diferente. Por exemplo, um estudo poderia utilizar oito listas de sete ou de 14 palavras semanticamente associadas a um distrator crítico. Neste caso, quanto maior a quantidade de palavras em uma lista (p. ex., 14 palavras), mais FM são produzidas (Sugrue e Hayne, 2006). Quando a informação é não verbal a variação da quantidade de imagens que compõem o material-alvo também deve ser controlada em função das características das imagens. Neste caso, quanto mais imagens de uma mesma categoria são apresentadas na fase de estudo, mais FM são produzidas (Koutstaal e Schacter, 1997).

Em suma, o que se procurou destacar nesta seção é que a forma de apresentação do material-alvo, tanto verbal como não verbal, podem impactar de maneira distinta no desempenho da memória. Em função das especificidades de cada tipo de material, suas formas de apresentação devem ser levadas em consideração na fase de estudo.

Instruções sobre o material-alvo

As instruções que acompanham o material-alvo indicam aos participantes como esta informação deve ser estudada. Existem diferentes tipos de instruções para a apresentação do material-alvo que têm sido empregadas em estudos sobre FM. Essas instruções podem ser manipuladas experimentalmente em função do nível de aprendizagem da informação do material-alvo, que pode ser intencional, acidental ou com advertência.

A apresentação do material-alvo em procedimentos experimentais para investigação das FM geralmente envolve a instrução para uma aprendizagem intencional, ou seja, para que o participante preste atenção na informação na fase de estudo, pois sua memória será testada posteriormente. No entanto, em alguns casos o teste de memória é *surpresa*, e o participante não sabe que sua memória será testada. A instrução para uma aprendizagem acidental ou não intencional envolve o desenvolvimento de alguma atividade com a informação do material-alvo, como identificar a cor com a qual a palavra está escrita ou nomear os objetos presentes na imagem. As pesquisas utilizando palavras semanticamente associadas têm mostrado que uma aprendizagem intencional da informação do material-alvo produz mais FM que uma aprendizagem acidental (Lampinen, Copeland e Neuschatz, 2001). Os estudos sobre aprendizagem acidental têm uma implicação importante para as pesquisas naturalísticas, uma vez que em situações reais as pessoas não sabem que sua memória será avaliada posteriormente para uma situação específica.

Uma tarefa muito utilizada para avaliação da aprendizagem acidental ou não intencional é a de gerar informação, ou seja, de produzir a informação a ser memorizada. Os estudos com material-alvo verbal que utilizam palavras são os mais utilizados em estudos sobre o chamado efeito de geração (McCabe e Smith, 2006). Neste caso, o processo de aquisição da informação do material-alvo requer um envolvimento ativo do participante que deve formar as palavras a serem memorizadas, como *sapato*, seja completando as lacunas em *sap_to* ou organizando letras do anagrama *stapao*. As pesquisas têm destacado que gerar a informação do material-alvo produz menos falsas lembranças na fase de teste.

O efeito da inclusão de uma advertência acerca das possíveis distorções da memória para a informação do material-alvo durante a fase de estudo tem sido investigado como uma forma de diminuir as FM. Na instrução de advertência, o participante é estimulado a desenvolver estratégias visando a uma codificação fidedigna do material a ser armazenado durante o processo de aquisição da informação. Quando a instrução tem um caráter preventivo, no sentido de advertir o participante sobre as possibilidades de distorção da memória, as FM tendem a diminuir, embora não desapareçam (Eakin, Schreiber e Sergent-Marshall, 2003).

> Quando a instrução da fase de estudo tem um caráter preventivo, as falsas memórias tendem a diminuir.

O estudo das FM também pode ser observado em tarefas em que o participante deve prestar atenção em duas atividades simultaneamente. Por exemplo, durante a visualização das listas de palavras do Procedimento de Palavras Associadas, o participante pode ser instruído a diferenciar entre letras e números apresentados auditivamente. Esse estudo foi desenvolvido por Pérez-Mata e colaboradores (2002) e mostrou que, quando a atenção está dividida na fase de estudo, os participantes produzem mais FM.

Ainda, as instruções que introduzem o material-alvo podem impactar de maneira distinta no desempenho da memória, dependendo do nível de envolvimento do participante na tarefa. Alguns autores associam a aprendizagem ao nível de processamento da informação durante a fase de estudo (Craik e Lockhart, 1972): as informações adquiridas em um nível de processamento profundo envolvem mais esforço cognitivo em tarefas de nomear uma categoria semântica (p. ex., partes do corpo humano) em comparação a informações adquiridas em um nível superficial, sem elaboração da informação, como em tarefas de contar as vogais de uma palavra (p. ex., a palavra "dedos" tem duas vogais). As pesquisas têm mostrado que instruções que induzem um nível profundo de processamento produzem mais FM em comparação a instruções que induzem um nível superficial (Rhodes e Anastasi, 2000).

A primeira etapa do procedimento experimental para avaliação das FM, portanto, envolve uma série de variáveis que podem impactar na aquisição da informação a ser memorizada. O controle das variáveis durante a fase de estudo permite que o pesquisador observe os efeitos da manipulação experimental das características do material-alvo, de suas formas de apresentação ou instruções.

Intervalo de retenção

O intervalo de retenção é a segunda etapa do procedimento experimental de investigação das FM (Figura 2.1). Nesta etapa a informação do material-alvo deve ser armazenada. Durante esse período de tempo, duas tarefas podem ser realizadas pelos participantes visando ou não a interferir no armazenamento da informação: a tarefa de distração e a sugestão de falsa informação. O intervalo de retenção da informação do material-alvo pode variar de uma fração de segundo a 50 anos (Lockhart, 2000).

Tarefa de distração

A tarefa de distração tem o objetivo de impedir que as informações do material-alvo mantenham-se facilmente acessíveis à memória (Brown e Gorfein, 2004). Ela consiste numa atividade que não possui relação com o material-alvo, tanto em termos de forma de apresentação, como de conteúdo: por exemplo, se o material-alvo é constituído por listas de palavras, o material de distração pode envolver atividades com imagens, resolução de problemas matemáticos ou testes psicométricos.

A instrução que geralmente acompanha a apresentação da tarefa de distração busca envolver o participante para que desenvolva a atividade da melhor forma possível, a fim de não perceber que esta é uma mera tarefa interpolada entre as fases de estudo e de teste. O envolvimento do participante nessa tarefa desvia a atenção do material-alvo e leva ao esquecimento da informação que foi codificada (Brown, 1958; Peterson e Peterson, 1959). A realização de uma tarefa de distração permite ao pesquisador observar o efeito produzido pela manipulação de uma variável específica sem a interferência de outros fatores como a manutenção ativa das informações do material-alvo na memória, geraria os efeitos de primazia e recência (Atkinson e Shiffrin, 1968). Estudos que utilizam uma tarefa de distração geralmente têm um intervalo de retenção da informação relativamente curto, pois quando o teste de memória é realizado dias após a apresentação do material--alvo, as atividades diárias do participante servem como *atividades distratoras*.

Um exemplo de tarefa de distração que pode ser utilizada quando o material-alvo envolve palavras ou imagens é o *span* de dígitos, subteste da escala Wechsler de inteligência para adultos, 3ª edição (WAIS-III; Nascimento, 2004). A atividade consiste em que o participante repita uma sequência de números aleatórios apresentados pelo experimentador. Os números podem ser repetidos verbalmente ou escritos em uma folha de papel na mesma ordem (ou na ordem inversa) em que foram escutados. A quantidade de números aumenta gradativamente até atingir oito ou 10 dígitos. O *span* de dígitos pode ser aplicado em experimentos com material-alvo tanto verbal como não verbal, desde que este não envolva números.

Sugestão de falsa informação

Quando o objetivo da pesquisa envolve a avaliação das FM sugeridas, um material de sugestão de falsa informação geralmente é apresentado durante o intervalo de retenção da informação. A sugestão de falsa informação pode ocorrer imediatamente após uma tarefa de distração ou dias e até meses após a apresentação do material-alvo. As pesquisas têm mostrado que quanto maior é o intervalo entre a fase de estudo e a de sugestão, mais as informações sugeridas serão falsamente lembradas na fase de teste (Warren e Lane, 1995).

O material de sugestão tem o objetivo de interferir no armazenamento correto da informação do material-alvo (isto é, memória verdadeira). O impacto da sugestão de falsa informação depende de algumas variáveis, como as características do material, sua forma de apresentação e suas instruções.

> A apresentação da sugestão de falsa informação produz maiores taxas de falsas memórias sugeridas do que de falsas memórias espontâneas no teste de memória.

As características do material de sugestão são manipuladas com o intuito de deliberadamente distorcer o armazenamento da informação do material-alvo. O material de sugestão, portanto, pode apresentar características semelhantes ao material-alvo em conteúdo e forma. Um grande progresso dos estudos sobre FM sugeridas ocorreu na década de 1970, com a introdução do Procedimento de Sugestão de Falsa Informação apresentado na Figura 2.2(b) (Loftus, 1975; Loftus et al., 1978). Esse procedimento representa bem a relação entre as características do material-alvo e de sugestão: as duas placas são de regulamentação do trânsito. Neste caso, a placa de "dê a preferência" (isto é, informação sugerida) é falsamente lembrada no teste de memória como sendo verdadeira. Algumas pesquisas têm mostrado que apresentação da sugestão de falsa informação produz maiores taxas de FM sugeridas do que de FM espontâneas no teste de memória (Pezdek e Roe, 1995).

Outra característica que tem merecido a atenção nos estudos de FM sugeridas é a modificação ou distorção da informação do material-alvo durante a repetição do mesmo. As repetições do material-alvo, no entanto, não são sempre exatamente iguais, embora a essência permaneça a mesma. Quando é apresentada uma lista de palavras semanticamente associadas como a da Figura 2.2(a), por exemplo, o material de sugestão pode ser introduzido durante a repetição da apresentação da lista por meio da inserção de novos itens, como a palavra *pegada*. Quando o desempenho da memória é avaliado somente para a primeira das apresentações, a recuperação da palavra *pegada* representa uma FM sugerida. Embora a repetição da lista fortaleça a memória para as palavras do material-alvo que permanecem iguais, as pesquisas têm mostrado que as palavras sugeridas durante a repetição são falsamente lembradas na fase de teste (Loehr e Marche, 2006). O Capítulo 9 discute os efeitos da repetição e suas implicações jurídicas.

Outra variável que envolve a implantação de falsa informação para encorajar uma recordação equivocada sobre o evento original é a imaginação. Imaginar é produzir uma representação mental de uma informação. Por exemplo, durante a fase de estudo, os participantes podem imaginar detalhadamente cenas para situações como quebrar um palito de dente. Várias pesquisas têm mostrado que, quando os participantes tentam recuperar informações sobre a situação original, lembram falsamente as informações imaginadas como tendo sido vivenciadas (Goff e Roediger, 1998).

A sugestão de falsa informação também pode ser introduzida no experimento em função do contato com o pesquisador. Especialmente com crianças, as pesquisas têm mostrado que o pesquisador exerce um papel de autoridade semelhante ao papel dos pais ou professores, e afirmações ou perguntas sugestivas feitas por ele podem levar à distorção da informação verdadeira (Ceci, Huffman e Smith, 1994). Os efeitos dessas manipulações podem ser observados em contextos naturalísticos, quando o papel de autoridade é exercido pelo terapeuta que pode distorcer a informação para o evento original. Um dos métodos muitas vezes utilizado na clínica psicoterápica, e que pode ser sugestivo, é a interpretação dos sonhos. Algumas pesquisas indicam que interpretar sonhos pode ser uma maneira de direcionar a criação de lembranças sobre eventos que não aconteceram, ou seja, de FM (Mazzoni et al., 1999). Outros capítulos deste livro discutem o impacto das técnicas sugestivas e do papel do terapeuta na recuperação de falsa informação (Capítulos 11 e 12).

Quando o material-alvo é autobiográfico, a sugestão de falsa informação geralmente envolve o preenchimento de um inventário de cenas da vida em que são inseridas informações falsas (Garry et al., 1996). Por exemplo, em um experimento de sugestão de falsa informação a fase de estudo era a própria experiência prévia do participante (Wade et al., 2002). Durante a fase de teste, era solicitado que o participante relatasse lembranças de sua história de vida correspondentes a situações apresentadas por meio de fotografias. Algumas fotografias foram fornecidas pelos pais dos participantes, enquanto uma imagem foi produzida por meio de um programa de edição de imagens, representando um evento que não havia acontecido – passear em um balão de ar. Para que a descrição fosse considerada uma FM, não bastava que os participantes dissessem que se lembravam do acontecimento, era necessário que descrevessem o evento que nunca havia ocorrido com informações que não constavam na fotografia (p. ex., descrever ações ou sensações sobre a situação). Os resultados indicaram que 50% dos participantes recordaram ter passeado em um balão de ar com grande riqueza de detalhes, apesar de isso nunca ter acontecido.

As pesquisas destacadas nesta seção ilustram como a influência dos eventos ocorridos entre a etapa de aquisição e a de recuperação da informação pode afetar o desempenho da memória (Loftus, 1979). A sugestão de falsa informação é um procedimento muito utilizado para estudar experimentalmente o que ocorre, por vezes, dentro de delegacias de polícia, tribunais e inclusive dentro de consultórios psicoterápicos. As implicações práticas desse efeito de sugestão serão discutidas na última parte deste livro.

Em suma, é durante o intervalo de tempo para retenção da informação do material-alvo que a informação é distorcida, armazenada ou esquecida, dependendo do objetivo das tarefas realizadas no estudo das FM: enquanto a tarefa de distração permite o controle sobre o armazenamento da informação, desviando a atenção do material-alvo e buscando produzir algum esquecimento, a sugestão de falsa informação visa a distorcer a informação originalmente estudada.

Fase de teste

A testagem da memória é a última etapa de um experimento de investigação das FM. Nesta fase, é avaliado o desempenho da memória para as informações adquiridas durante a fase de estudo e armazenadas durante o intervalo de retenção. A avaliação é feita por meio da realização de um teste de memória. No teste, a informação do material-alvo deve ser recuperada. A recuperação da informação depende de algumas variáveis, como os diferentes tipos de teste de memória, suas formas de apresentação, de instrução e de mensuração.

> **No teste de memória, a informação do material-alvo deve ser recuperada.**

Tipos de teste de memória

Dois tipos de teste são utilizados para avaliação do desempenho da memória: recordação e reconhecimento (Brainerd e Reyna, 2002; Lockhart, 2000). No teste de recordação o participante deve relatar todas as informações que consegue lembrar sobre o material-alvo; já no teste de reconhecimento, alguns itens são apresentados ao participante que deve decidir quais correspondem ao material-alvo estudado anteriormente. Cada tipo de teste possui algumas características específicas que influenciam o desempenho da memória.

O teste de memória de recordação pode ser de dois tipos: livre ou com pistas. O teste de recordação livre envolve a reprodução da informação do material-alvo conforme o participante consegue lembrar. Assim, as lembranças vão sendo relatadas à medida que são recuperadas, independente da ordem em que foram apresentadas na fase de estudo. Por exemplo, para o material-alvo da Figura 2.2(b), um teste de recordação livre envolve a descrição de todas as informações que são lembradas. Já no teste de recordação com pistas, são oferecidas pistas para auxiliar o participante na recuperação das informações do material-alvo. Uma pista para o exemplo da Figura 2.2(a) pode ser, por exemplo, uma indicação de que as palavras remetem a partes do corpo humano. Para a recordação do material-alvo não verbal, uma pista pode ser a visualização parcial da imagem. As pesquisas têm destacado que um teste de recordação livre produz mais FM do que um teste de recordação com pistas (Reysen e Nairne, 2002).

O teste de memória de reconhecimento também pode ser apresentado de duas maneiras, dependendo da forma de escolha da resposta: simples ou múltipla. Em ambos os casos, o participante recebe uma lista de informações em forma de itens e deve decidir se cada item foi ou não apresentado na fase de estudo. Quando o teste é de escolha simples, os itens são compostos por palavras ou afirmativas, como a palavra *dedos* para da figura 2.2(a) para o material-alvo verbal, ou por uma sequência de imagens para o material-alvo não verbal. Quando o teste é de reconhecimento de múltipla escolha, diversas alternativas respondem a pergunta sobre qual a placa de sinalização de trânsito apresentada no experimento da Figura 2.2(b) (p. ex., "parada obrigatória", "dê a preferência", ou "pista irregular"), e o participante deve assinalar apenas aquele item que corresponde à placa que viu na fase de estudo. Um teste de memória de múltipla escolha muito conhecido é a prova de vestibular realizada nas universidades brasileiras. Quando comparadas as duas formas de teste de reconhecimento, alguns estudos têm destacado que os testes de múltipla escolha produzem menos FM que os de escolha simples (Bastin e Van der Linden, 2003).

Em síntese, os dois tipos de teste de memória são utilizados para investigações experimentais das FM. Os tipos de itens do teste de memória e como é feita a aferição das FM serão discutidos na seção medidas do teste de memória. Existem algumas vantagens na utilização de um ou de outro: o teste de reconhecimento destaca-se na rapidez de aplicação e na facilidade de correção dos dados, pois o participante deve apenas decidir se uma informação do teste foi ou não apresentada na fase de estudo do experimento, enquanto o teste de recordação envolve um processo mais complexo de recuperação da informação, pois o participante deve lembrar a informação, decidir sobre a veracidade desta, e ainda reproduzi-la, seja por escrito ou oralmente (Watkins e Gardiner, 1979). As pesquisas têm mostrado que testes de recordação produzem menos FM do que testes de reconhecimento (Meode e Roediger, 2006).

Apresentação do teste de memória

Os testes de memória podem ser realizados de forma oral ou escrita. Quando o teste é de recordação livre ou com pistas, em uma apresentação oral, o participante deve narrar uma história ou responder a perguntas que serão gravadas em áudio ou vídeo. Já em uma apresentação escrita, o participante escreve suas respostas em uma folha de papel. Recentes estudos destacam que o teste de recordação oral tende a produzir mais falsas lembranças do que o escrito (Kellogg, 2007).

Quando o teste é de reconhecimento, em uma apresentação oral, o participante indica verbalmente se uma informação apresentada como um dos itens do teste corresponde ao material-alvo, por exemplo, falando sim ou não, e sua resposta é anotada pelo pesquisador. Na apresentação escrita, o participante assinala a resposta desejada em uma folha de papel. Os testes de reconhecimento escritos tendem a produzir mais FM do que os orais (Maylor e Mo, 1999). Pesquisas têm sugerido uma relação entre as modalidades de apresentação do teste de memória e do material-alvo, de forma que quando os materiais são apresentados na mesma modalidade (p. ex., material-alvo auditivo e teste oral), menos FM são produzidas (Nelson, Balass e Perfetti, 2005).

Existem outras variáveis que podem afetar a recuperação da informação durante a fase de teste, como o momento da testagem e a repetição do teste. A primeira dessas variáveis se refere ao momento em que o teste de memória é realizado que pode ser imediatamente após a apresentação do material-alvo (isto é, teste imediato), ou horas, dias e até meses ou anos depois (isto é, teste posterior). Quando o teste de memória é imediato, geralmente ele é precedido de uma tarefa de distração. Alguns estudos têm destacado que quando o teste é posterior, as informações não apresentadas no material-alvo serão mais falsamente lembradas (Roediger e McDermott, 1995), isso porque as FM são mais estáveis com o passar do tempo e se mantém com maior facilidade do que as memórias verdadeiras (MV) que são mais facilmente esquecidas (Brainerd e Reyna, 2005).

> As falsas memórias são mais estáveis com o passar do tempo e se mantém com maior facilidade do que as memórias verdadeiras.

A outra variável que interfere na recuperação da informação do material-alvo é a repetição da testagem da memória. Neste caso, o objetivo do estudo pode ser a investigação do desempenho da memória ao longo do tempo, e o mesmo participante responde a dois ou mais testes de memória. Quando a memória é avaliada duas vezes para a mesma informação, as informações não apresentadas na fase de estudo têm mais probabilidade de serem falsamente lembradas no segundo teste, especialmente se foram lembradas no primeiro (Brainerd e Reyna, 1996). As pesquisas têm mostrado que quando ocorre esse efeito da mera testagem, as FM se tornam mais consistentes ao longo dos testes (Reyna et al., 2006).

Em suma, as formas de apresentação do teste de memória tanto de recordação como de reconhecimento influenciam de maneira distinta no desempenho da memória. A decisão sobre qual modalidade do teste de memória deve ser apresentada em um experimento para investigação das FM depende de algumas variáveis do próprio experimento, como diferenças individuais dos participantes. Por exemplo, um teste de memória oral é preferível no caso de um estudo com crianças pequenas ou participantes impossibilitados de escrever. Outras variáveis relativas ao impacto das diferenças individuais nas FM serão discutidas no Capítulo 7.

Instruções sobre o teste de memória

As instruções que acompanham o teste de memória envolvem orientações diretas do pesquisador sobre o que deve ser feito durante a fase de teste. Em procedimentos experimentais para investigação das FM, os testes de recordação e de reconhecimento diferem quanto à instrução geral devido às suas características específicas, mas usualmente envolvem instruções para que o participante recupere somente informações que realmente estavam presentes no material-alvo (Brainerd, Reyna e Ceci, 2008). Quando o teste é de recordação livre, o participante deve relatar todas as informações que conseguir lembrar a respeito do material-alvo. Quando é de recordação com pistas, podem ser feitas perguntas abertas sobre detalhes específicos do material-alvo. Por exemplo, uma pergunta do teste para a história da Figura 2.2(b) poderia indicar que havia uma placa de regulamentação de trânsito quando o carro estava dobrando a esquina e solicitar que o participante lembrasse que placa era essa.

Quando o teste é de reconhecimento de escolha simples, o participante deve marcar *sim* para aqueles itens que estavam presentes no material-alvo e *não* para os itens que não estavam presentes. Acrescenta-se ainda à instrução para que o participante não faça uma escolha aleatória, ao acaso, ou seja, não tente adivinhar ("chutar") uma resposta, mas sim responder com base no que lembra que foi apresentado na fase de estudo. Já quando o teste é de múltipla escolha, uma pergunta referente ao material-alvo é feita e diversas alternativas são apresentadas como possíveis respostas para cada item. Neste caso, o participante deve decidir qual o item que responde à pergunta. Ambos os testes de reconhecimento, seja de escolha simples ou múltipla, apresentam itens com informações que estavam presentes no material-alvo (isto é, verdadeiras) e outras que não foram apresentadas (isto é, falsas).

Outra forma de testar o desempenho da memória é o método de esquecimento dirigido (do inglês, *direct forgetting*). Neste caso, o participante é instruído a recuperar apenas parte da informação, esquecendo o restante. Por exemplo, quando são apresentadas duas listas de palavras semanticamente associadas, como a da Figura 2.2(a), os participantes podem ser instruídos a esquecer a primeira e lembrar apenas a segunda lista de palavras. Resultados de pesquisas têm destacado que as palavras que deveriam ser esquecidas (lista 1) são falsamente lembradas na fase de teste (Bjork e Bjork, 1996). As implicações desses estudos podem ser observadas na tentativa de esquecer uma informação autobiográfica aversiva (ver Capítulo 5).

Em síntese, as instruções sobre o teste de memória buscam respostas baseadas em lembranças da informação do material-alvo. No entanto, não necessariamente é sempre isso que ocorre; muitas vezes as pessoas recuperam informações que não estavam presentes na fase de estudo, mas que acreditam ser verdadeiras – as FM.

Medidas do teste de memória

As respostas do teste de memória podem ser de três tipos: verdadeiras, falsas ou de viés. A recuperação de cada um dos tipos de informação serve de base para a avaliação do desempenho da memória. Outras medidas também podem ser avaliadas na recuperação da informação do material-alvo, tais como: o tempo de reação do participante para responder a um item do teste de memória, o grau de certeza da resposta, bem como a avaliação da qualidade da memória (isto é, vividez) com base na qual está sendo emitida a resposta.

A avaliação das respostas do teste de memória depende da relação com o material-alvo. Quando o teste de memória é de recordação livre ou com pistas, as informações recordadas são agrupadas conforme seu grau de relação com o material-alvo: as verdadeiras se referem às informações recuperadas que são exatamente iguais ao material-alvo; as FM se referem às informações relacionadas de alguma forma ao material-alvo, semântica, fonológica, ortográfica ou visualmente; e as intrusões (ou respostas de viés) são informações inconsistentes com o material-alvo e, portanto, sem base na memória.

Quando o teste é de reconhecimento, as respostas verdadeiras referem-se a aceitação correta dos itens-alvo, como reconhecer as palavras *dedos* e *sapato* do exemplo da Figura 2.2(a) e da placa de "parada obrigatória" da Figura 2.2(b). As FM são avaliadas pelo falso reconhecimento dos itens distratores críticos ou distratores relacionados, representados pela palavra *pé* no exemplo da Figura 2.2(a), quando são FM espontâneas e pela placa de "dê a preferência" no exemplo da Figura 2.2(b), quando são FM sugeridas. Já as respostas de viés são a aceitação, no teste, de itens que não possuem relação com o material-alvo, como a palavra *mesa* para o exemplo da Figura 2.2(a), e uma placa que indica o nome de uma cidade, para o exemplo da Figura 2.2(b).

O desempenho da memória para o teste de recordação é avaliado por meio da quantidade de informações corretas que o participante lembra a respeito do material-alvo para o cálculo de memória verdadeira, e da quantidade de informações relacionadas para o cálculo de FM (Brainerd et al., 2008). No teste de reconhecimento, esse desempenho é avaliado por meio do cálculo da média das respostas de cada um dos tipos de informação recuperados: quanto mais itens--alvo os participantes lembram, maior o índice de memória verdadeira, e quanto mais distratores relacionados ou informações sugeridas, maior o índice de FM (Roediger e McDermott, 1995). Em experimentos de memória espera-se baixos índices de respostas de viés, pois são respostas sem base mnemônica, e sua recuperação geralmente deve-se à falta de motivação do participante ou à falha em compreender as instruções do teste. As pesquisas destacam que a memória dos participantes é mais precisa quando altos índices de MV são recuperados associados a baixos índices de FM (Coane e McBride, 2006).

Outra medida do teste de memória que pode ser considerada para a avaliação das FM é o tempo de reação que se refere à quantidade de tempo que o participante leva para responder às perguntas do teste de recordação ou assinalar uma alternativa do teste de reconhecimento. Pesquisas utilizando o Procedimento de Palavras Associadas, como a de Coane e colaboradores (2007), têm mostrado que, no teste de reconhecimento, os participantes levam mais tempo para reagir frente a distratores relacionados em comparação a itens-alvos.

A avaliação do desempenho da memória também pode considerar o grau de certeza que os participantes têm em suas respostas. O grau de certeza pode ser avaliado em uma escala contínua que varia de *nenhuma certeza* a *absoluta certeza*. Para cada item do teste de memória, o participante deve optar pela alternativa que melhor qualifica a recuperação de uma informação, seja ela apenas resultado de uma simples lembrança (isto é, nível baixo de certeza) seja de uma sensação de o item realmente ter sido apresentado durante a fase de estudo (isto é, nível alto de certeza). As pesquisas têm mostrado que as FM são recuperadas com altos índices de certeza (Lampinen et al., 2005).

> **As falsas memórias são recuperadas com altos índices de certeza.**

Alguns estudos solicitam que o participante avalie as características da qualidade de sua memória ao responder o teste, utilizando as opções de lembrar / saber (do inglês, *remember / know*; Tulving, 1985). No Procedimento de Palavras Associadas, por exemplo, *lembrar* uma palavra significa mentalmente reviver o momento de codificação (lembrando outras palavras que foram apresentadas juntamente com a palavra recuperada ou o que se estava fazendo quando leu ou ouviu a palavra), e *saber* envolve uma sensação de confiança que determinada palavra foi apresentada no material-alvo, embora seja impossível reexperienciar (lembrar) o momento de codificação. Os estudos que utilizam esse paradigma destacam que as FM são geralmente resultado de julgamentos de lembrar (Roediger e McDermott, 1995).

Em suma, a avaliação do desempenho da memória permite ao pesquisador observar o impacto da manipulação de cada variável do estudo no desempenho da memória. Para que esse impacto seja compreendido é necessário conhecer as medidas do teste de memória tanto de recordação como de reconhecimento. A fase de teste, portanto, envolve informações imprescindíveis para a compreensão dos efeitos de cada manipulação do procedimento experimental para investigação das FM, uma vez que permite ao pesquisador medir as diferenças de recuperação da informação tanto verdadeiras quando falsas.

CONSIDERAÇÕES FINAIS

No presente capítulo, descreveu-se os elementos essenciais do procedimento experimental de investigação das FM, bem como algumas variáveis que podem estar envolvidas nesse procedimento. A investigação do fenômeno das FM é constituída essencialmente por três fases igualmente importantes: a fase de estudo, na qual o material-alvo é apresentado para o participante; o intervalo para retenção ou armazenamento da informação; e a fase de teste, na qual a informação estudada deve ser recuperada. Em cada fase, variáveis específicas podem ser manipuladas, considerando os efeitos de cada uma sobre o desempenho da memória. Buscou-se ilustrar os avanços mais representativos de cada aspecto da manipulação experimental no estudo das FM, ainda que esses dados não esgotem todas as manipulações possíveis. É necessário, portanto, considerar as possíveis interações que possam existir entre as variáveis descritas no Quadro 2.1, bem como entre outras variáveis específicas.

Conforme foi destacado ao longo do capítulo, a escolha das variáveis depende do objetivo de cada estudo e deve estar apoiada em informações já existentes na literatura. Porque o propósito de uma pesquisa básica sobre FM é observar o efeito de uma variável na produção de distorções da memória, a escolha de qual variável será manipulada é fundamental para o experimento (Martin, 2000). Por exemplo, se o interesse é observar o efeito da variável emoção na produção de FM, é fundamental considerar seus dois aspectos: valência e alerta. Um pesquisador pode escolher manipular apenas um desses aspectos, como a valência, apresentando estímulos desagradáveis, neutros e agradáveis. Para que os resultados do experimento sejam mais fidedignos, deve-se controlar o nível de alerta dos estímulos – utilizando apenas informações estimulantes, por exemplo. Nesse caso, pode-se inferir uma relação de causalidade da dimensão emocional valência no desempenho da memória independentemente da dimensão alerta (Kensinger, 2009; Capítulo 4).

O controle experimental no estudo das FM em pesquisa básica estende-se a outras variáveis que podem interferir diretamente nos resultados, como as diferenças individuais dos participantes. Esse tema será foco da discussão do Capítulo 7. Uma característica que distingue um participante de outro é a idade, por exemplo. As pesquisas que se valem do Procedimento de Palavras Associadas têm mostrado que adolescentes produzem mais FM e são mais suscetíveis à sugestão de falsa informação em comparação a crianças (Brainerd, Reyna e Forrest, 2002). O resultado sugere que a faixa etária interfere na produção de FM. Um exemplo de estudo que visou a destacar as características para um material-alvo gerar FM proporcionalmente em crianças e adolescentes foi a adaptação do Procedimento de Palavras Associadas conforme a idade dos participantes por Carneiro, Albuquerque, Fernandez e Esteves (2007). Neste estudo, foram elaboradas listas com diferentes quantidades de palavras semanticamente associadas para testar a memória de crianças em idade pré-escolar e de adolescentes. A pesquisa mostrou que os participantes produziam mais FM quando as listas eram específicas para sua idade.

O controle e as manipulações experimentais permitem o estabelecimento de parâmetros para o desempenho da memória, possibilitando a generalização dos efeitos desse estudo para situações reais, como a capacidade da criança e do adolescente de armazenar informações aprendidas em sala de aula. As possibilidades de aplicação das pesquisas básicas sobre FM em diferentes áreas da Psicologia, como a Clínica e a Forense, apóiam a relevância dos estudos em laboratório, com o intuito de fornecer continuamente subsídios para as investigações naturalísticas. No âmbito da Psicologia Clínica, normalmente as sessões terapêuticas desenvolvem-se em torno de uma temática central (p. ex., um trauma emocional ou físico), em que as experiências trazidas pelo paciente são exploradas em relação ao tema principal. As perguntas do terapeuta podem servir como sugestão de falsa informação, e a repetição da discussão sobre o mesmo tema em sessões diferentes pode produzir um efeito de mera testagem. Esse tema será retomado nos Capítulos 11 e 12. No que concerne a situações forenses, também os procedimentos de perícia psicológica e os questionamentos feitos a testemunhas versam sobre um tópico central (p. ex., situação que está sendo investigada). Em ambos os casos, a forma como é feita a entrevista com vítimas ou testemunhas oculares pode ser responsável pela falsificação da memória para o evento original, por sugestão de falsa informação ou viés na testagem. Tais implicações serão mais exploradas nos Capítulos 8, 9 e 10.

> O controle e as manipulações experimentais permitem o estabelecimento de parâmetros para o desempenho da memória, possibilitando a generalização dos efeitos para situações reais.

Considerando a diversidade de variáveis que podem ser investigadas e a relevância dos estudos básicos para contextos aplicados, ainda há várias questões a serem exploradas. Espera-se, portanto, que este capítulo possa incentivar o desenvolvimento de pesquisas experimentais para investigação das FM. Alguns procedimentos de pesquisa sobre as FM já foram adaptados para a língua portuguesa (Feix, 2008; Neufeld et al., 2008; Neufeld e Stein, 2003; Nygaard, Feix e Stein, 2006; Pinto, 2008; Stein et al., 2006). Investigações futuras podem propiciar o desenvolvimento de outros instrumentos e procedimentos experimentais a fim de elucidar os processos responsáveis pela produção de FM e seu desenvolvimento.

REFERÊNCIAS

Atkinson, R. C., & Shiffrin, R. M. (1968). Human memory: A proposed system and its control processes. In K. W. Spence & J. T. Spence (Eds.), *The Psychology of learning and motivation: Advances in research and theory* (vol. 2, pp. 89-195). New York: Academic Press.

Bastin, C., & Van der Linden, M. (2003). The contribution of recollection and familiarity to recognition memory: A study of the effects of test format and aging. *Neuropsychology, 17*(1), 14-24.

Bjork, E. L., & Bjork, R. A. (1996). Continuing influences of to-be-forgotten information. *Consciousness and Cognition, 5*(1-2), 176-196.

Bloem, I., & La Heij, W. (2002). Semantic facilitation and semantic interference in word translation: Implications for models of lexical access in language production. *Journal of Memory and Language, 48*(3), 468-488.

Brainerd, C. J., & Reyna, V. F. (1996). Mere memory testing creates false memories in children. *Developmental Psychology, 32*(3), 467-478.

Brainerd, C. J., & Reyna, V. F. (2002). Fuzzy-trace theory and false memory. *Current Directions in Psychological Science, 11*(5), 164-169.

Brainerd, C. J., & Reyna, V. F. (2005). *The science of false memory*. New York: Oxford University Press.

Brainerd, C. J., Reyna, V. F., & Ceci, S. J. (2008). Developmental reversals in false memory: A review of data and theory. *Psychological Bulletin, 134*(3), 343-382.

Brainerd, C. J., Reyna, V. F., & Forrest, T. J. (2002). Are young children susceptible to the false-memory illusion? *Child Development, 73*(5), 1363-1377.

Brainerd, C. J., Stein, L. M., Silveira, R. A., Rohenkohl, G., & Reyna, V. F. (2008). How does negative emotion cause false memories? *Psychological Science, 19*(9), 919-925.

Brown, J. (1958). Some tests of the decay theory of immediate memory. *Quarterly Journal of Experimental Psychology, 10*(1), 12-21.

Brown, V. R., & Gorfein, D. S. (2004). A new look at recognition in the Brown-Peterson distractor paradigm: Toward the application of new methodology to unsolved problems of recognition memory. *Memory & Cognition, 32*(4), 674-685.

Carneiro, P., Albuquerque, P., Fernandez, A., & Esteves, F. (2007). Analyzing false memories in children with associative lists specific for their age. *Child Development, 78*(4), 1171-1185.

Ceci, S. J., Huffman, M. L., & Smith, E. (1994) Repeatedly thinking about a non-event: Source misattributions among preschoolers. *Consciousness and Cognition, 3*(4), 388-407.

Coane, J. H., & McBride, D. M. (2006). The role of test structure in creating false memories. *Memory & Cognition, 34*(5), 1026-1036.

Coane, J. H., McBride, D. M., Raulerson, B. A., III, & Jordan, J. S. (2007). False memory in a short-term memory task. *Experimental Psychology, 54*(1), 62-70.

Craik, F. I. M., & Lockhart, R. S. (1972). Levels of processing: A framework for memory research. *Journal of Verbal Learning and Verbal Behavior, 11*(6), 671-684.

Deese, J. (1959). On the prediction of occurrence of particular verbal intrusions in immediate recall. *Journal of Experimental Psychology, 58*(1), 17-22.

Eakin, D. K., Schreiber, T. A., & Sergent-Marshall, S. (2003). Misinformation effects in eyewitness memory: The presence and absence of memory impairment as a function of warning and misinformation accessibility. *Journal of Experimental Psychology: Learning, Memory, and Cognition, 29*(5), 813-825.

Feix, L. F. (2008). *Efeito da emoção na memória de crianças*. Dissertação de mestrado. Manuscrito não publicado. Pontifícia Universidade Católica do Rio Grande do Sul, Porto Alegre.

Fernández-Rey, J., & Redondo, J. (2007). Recognition memory for pictorial stimuli: Biasing effects of stimulus emotionality. *Psicothema, 19*(3), 375-380.

Foley, M. A., Foley, H. J., Scheye, R., & Bonacci, A. M. (2007). Remembering more than meets the eye: A study of memory confusions about incomplete visual information. *Memory, 15*(6), 616-633.

Garry, M., Manning, C. G., Loftus, E. F., & Sherman, S. J. (1996). Imagination inflation: Imagining a childhood event inflates confidence that it occurred. *Psychonomic Bulletin & Review, 3*(2), 208-214.

Goff, L. M., & Roediger, H. L., III. (1998). Imagination inflation for action events: Repeated imaginings lead to illusory recollections. *Memory & Cognition, 26*(1), 20-33.

Geddie, L., Fradin, S., & Beer, J. (2000). Child characteristics which impact accuracy of recall and suggestibility in preschoolers: Is age the best predictor? *Child Abuse & Neglect, 24*(2), 223-235.

Geiselman, R. E., & Glenny, J. (1977). Effects of imagining speakers' voice on the retention of words presented visually. *Memory & Cognition, 5*(5), 499-504.

Huang, T. P., & Janczura, G. A. (2008). Processos conscientes e inconscientes na produção de falsas memórias. *Psicologia: Teoria e Pesquisa, 24*(3), 347-354.

Israel, L. & Schacter, D. L. (1997). Pictorial encoding reduces false recognition of semantic associates. *Psychonomic Bulletin & Review, 4*(4), 577-581.

Janczura, G. A., Castilho, G. M., Rocha, N. O., van Erven, T. J. C., & Huang, T. P. (2007). Normas de concretude para 909 palavras da língua portuguesa. *Psicologia: Teoria e Pesquisa, 23*(2), 195-204.

Kantowitz, B. H., Roediger, H. L., III, & Elmes, D. G. (2006). *Psicologia experimental: Psicologia para compreender a pesquisa em psicologia*. São Paulo: Thomson Learning.

Kellogg, R. T. (2007). Are written and spoken recall of text equivalent? *American Journal of Psychology, 120*(3), 415-428.

Kensinger, E. A. (2009). Remembering the details: Effects on emotion. *Emotion Review, 1*(2), 99-113.

Kensinger, E. A., & Schacter D. L. (2008). Memory and emotion. In M. Lewis, J. M. Haviland-Jones & L. F. Barrett (Eds.), *Handbook of emotions* (3rd ed, pp. 601-617). New York: Guilford.

Koutstaal, W., & Schacter, D. L. (1997). Gist-based false recognition of pictures in older and younger adults. *Journal of Memory and Language, 37*(4), 555-583.

Lampinen, J. M., Copeland, S. M,. Neuschatz, J. S. (2001). Recollection of things schematic: Room schemas revisited. *Journal of Experimental Psychology: Learning, Memory and Cognition, 27*(5), 1211-1222.

Lampinen, J. M., Meier, C. R., Arnal, J. D., & Leding, J. K. (2005). Compelling untruths: Content borrowing and vivid false memories. *Journal of Experimental Psychology: Learning, Memory, and Cognition, 31*(5), 954-963.

Lang, P. J., Bradley, M. M., & Cuthbert, B. N. (1999). *The International Affective Picture System (IAPS): Technical manual and affective ratings*. Gainsville, FL: University of Florida

Lang, P. J., & Ohman, A. (1988). *The International Affective Picture System* [imagens fotográficas]. Gainsville, FL: University of Florida, The Center for Research in Psychophysiology.

Lockhart, R. S. (2000). Methods of memory research. In E. Tulving & F. I. M. Craik (Eds.), *The Oxford handbook of memory* (pp. 45-57). Oxford, England: Oxford University.

Loehr, J. D., & Marche, T. A. (2006). Omitting details from post-event information: Are true and false memory affected in the same way? *Memory, 14*(1), 17-26.

Loftus, E. F. (1975). Leading questions and the eyewitness report. *Cognitive Psychology, 7*(4), 560-572.

Loftus, E. F. (1979). *Eyewitness testimony*. Cambridge, MA: Harvard University Press.

Loftus, E. F. (1983). Misfortunes of memory. *Philosophical Transactions of the Royal Society of London, 302*(1110, Série B), 413-421.

Loftus, E. F., Miller, D. G., & Burns, H. J. (1978). Semantic integration of verbal information into a visual memory. *Journal of Experimental Psychology: Human Learning and Memory, 4*(1), 19-31.

Martin, D. W. (2000). How to decide which variables to manipulate and measure. In D. W. Martin, *Doing Psychology Experiments* (5th ed, pp. 132-149). Belmont, CA: Wadsworth.

Masson, M. E. J., & MacLeod, C. M. (2002). Covert operations: Orthographic recoding as a basis for repetition priming in word identification. *Journal of Experimental Psychology: Learning, Memory, and Cognition, 28*(5), 858-871.

Maylor, E. A., & Mo, A. (1999). Effects of study-test modality on false recognition. *British Journal of Psychology, 90*(4), 477-493.

Mazzoni, G. A. L., Lombardo, P., Malvagia, S., & Loftus, E. F. (1999). Dream interpretation and false beliefs. *Professional Psychology: Research and Practice, 30*(1), 45-50.

Meade, M.L., & Roediger, H.L., III. (2006). The effect of forced recall on illusory recollection in younger and older adults. *American Journal of Psychology, 119*(3), 433-462.

McCabe, D. P., & Smith, A. D. (2006). The distinctiveness heuristic in false recognition and false recall. *Memory, 14*(5), 570-583.

McDermott, K. B., & Watson, J. M. (2001). The rise and fall of false recall: The impact of presentation duration. *Journal of Memory and Language, 45*(5), 160-176.

Monaco, J.D., Abbott, L.F., & Kahana, M.K. (2007). Lexico-semantic structure and the word-frequency effect in recognition memory. *Learning & Memory, 14* (3), 204-213.

Morris, E. K., Laney, C., Bernstein, D. M., & Loftus, E. F. (2006). Susceptibility to memory distortion: How do we decide it has occurred? *American Journal of Psychology, 119*(2), 255-276.

Nascimento, E. (2004). Adaptação, validação e normatização do WAIS-III para uma amostra brasileira. In D. Wechsler, *WAIS-III: Manual para administração e avaliação*. São Paulo: Casa do Psicólogo.

Nelson, J. R., Balass, M., & Perfetti, C. A. (2005). Differences between written and spoken input in learning new words. *Written Language & Literacy, 8*(2), 25-44.

Neufeld, C. B., Brust, P. G., & Stein, L. M. (2008). Adaptação de um método de investigação do impacto da emoção na memória. *Psico-USF, 13*(1), 21-29.

Neufeld, C. B., & Stein, L. M. (2001). A compreensão da memória segundo diferentes perspectivas teóricas. *Revista Estudos de Psicologia, 18*(2), 50-63.

Neufeld, C. B., & Stein, L. M. (2003). Falsas memórias em pré-escolares: Uma investigação experimental e suas implicações clínicas. In M. Z. S. Brandão, F. C. S. Conte, F. S. Brandão, Y. K. Ingermann, C. B. Moura, V. M. Silva & S. M. Oliane (Eds.), *Sobre comportamento e cognição: Clínica, pesquisa e aplicação* (Vol. 12, pp. 453-468). Santo André, SP: ESETec.

Nygaard, M. L. C., Feix, L. F., & Stein, L. M. (2006). Contribuições da psicologia cognitiva para a oitiva da testemunha: Avaliando a eficácia da entrevista cognitiva. *Revista do Instituto Brasileiro de Ciências Criminais, 61*, 147-180.

Pérez-Mata, M. N., Read, J. D., & Diges, M. (2002). Effects of divided attention and word concreteness on correct recall and false memory reports. *Memory, 10*(3), 161-177.

Pesta, B. J., Sanders, R. E., & Murphy, M. D. (2001). Misguided multiplication: Creating false memories with numbers rather than words. *Memory & Cognition, 29*(3), 478-483.

Peterson, L., & Peterson, M. J. (1959). Short-term retention of individual verbal items. *Journal of Experimental Psychology: General, 58*(3), 193-198.

Pezdek, K., & Roe, C. (1995). The effect of memory trace strength on suggestibility. *Journal of Experimental Child Psychology, 60*(1), 116-128.

Pinto, L. H. (2008). *Construção de categorias de fotos emocionais associadas e a investigação de falsas memórias*. Dissertação de mestrado não publicada, Pontifícia Universidade Católica do Rio Grande do Sul, Porto Alegre, Brasil.

Reyna, V. F., & Kiernan, B. (1994). Development of gist versus verbatim memory in sentence recognition: Effects of lexical familiarity, semantic content, encoding instructions, and retention interval. *Developmental Psychology, 30*(2), 178-191.

Reyna, V. F., Mills, B., Estrada, S., & Brainerd, C. J. (2006). False memory in children: Data, theory, and legal implications. In M. P. Toglia, J. D. Read, D. F. Ross & R. C. L. Lindsay (Eds.), *Handbook of eyewitness psychology: Memory for events* (pp. 479-507). Mahwah, NJ: Lawrence Erlbaum.

Reysen, M. B., & Nairne, J. S. (2002). Part-set cuing false memories. *Psychonomic Bulletin & Review, 9*(2), 389-393.

Ribeiro, R. L., Pompéia, S., & Bueno, O. F. A. (2004). Normas brasileiras para o International Affective Picture System (IAPS): Comunicação breve. *Revista de Psiquiatria do Rio Grande do Sul, 26*(2), 190-194.

Richardson-Klavehn, A., & Bjork, R. A. (1988). Measures of memory. *Annual Review of Psychology, 39*, 475-543.

Rhodes, M. G., & Anastasi, J. S. (2000). The effects of a levels-of-processing manipulation on false recall. *Psychonomic Bulletin & Review, 7*(1), 758-162.

Roediger, H. L., III, & McDermott, K. B. (1995). Creating false memories: Remembering words not presented in lists. *Journal of Experimental Psychology: Learning, Memory and Cognition, 21*(4), 803-814.

Roediger, H. L., III, Watson, J. M., McDemott, K. B., & Gallo, D. A. (2001). Factors that determine false recall: A multiple regression analysis. *Psychonomic Bulletin & Review 8* (3), 385-407.

Santos, R.F., Silveira, R.A.T. & Stein, L.M. (no prelo). Normas de emocionalidade para a versão brasileira do paradigma Desse-Roediger-McDermot (DRM). *Psicologia: teoria e pesquisa*.

Seamon, J. G., Luo, C. R., Schlegel, S. E., Greene, S. E., & Goldenberg, A. B. (2000). False memory for categorized pictures and words: The category associates procedure for studying memory errors in children and adults. *Journal of Memory and Language, 42*(1), 120-146.

Seamon, J. G., Schlegel, S. E., Hiester, P. M., Landau, S. M., & Blumenthal, B. F. (2002). Misremembering pictured objects: People of all ages demonstrate the boundary extension illusion. *The American Journal of Psychology, 115*(2), 151-167.

Slotnick, S. D., & Schacter, D. L. (2004). A sensory signature that distinguishes true from false memories. *Nature Neuroscience, 7*(6), 664-672.

Smith, R. E., & Hunt, R. R. (1998). Presentation modality affects false memory. *Psychonomic Bulletin & Review, 5*(4), 710-715.

Sommers, M. S., & Lewis, B. P. (1999). Who really lives next door: Creating false memories with phonological neighbors. *Journal of Memory and Language, 40*(1), 83-108.

Stein, L. M., Feix, L. F., & Rohenkohl, G. (2006). Avanços metodológicos no estudo das falsas memórias: Construção e normatização do procedimento de palavras associadas. *Psicologia: Reflexão e Crítica, 19*(2), 166-176.

Stein, L. M., & Gomes, C. F. A. (no prelo). Normas brasileiras para listas de palavras associadas: Associação semântica, concretude, freqüência e emocionalidade. *Psicologia: Teoria e Pesquisa*.

Stein, L. M., & Neufeld, C. B. (2001). Falsas memórias: Porque lembramos de coisas que não aconteceram? *Arquivos de Ciência Saúde Unipar, 5*(2), 179-186.

Sugrue, K., & Hayne, H. (2006). False memories produced by children and adults in the DRM Paradigm. *Applied Cognitive Psychology, 20*(5), 625-631.

Tulving, E. (1985). Memory and Consciousness. *Canadian Psychology, 26*(1), 1-12.

Wade, K. A., Garry, M., Read, J. D., & Lindsay, D. S. (2002). A picture is worth a thousand lies: Using false photographs to create false childhood memories. *Psychonomic Bulletin & Review, 9*(3), 597-603.

Warren, A. R., & Lane, P. (1995). Effects of timing and type of questioning on eyewitness accuracy and suggestibility. In M. S. Zaragoza, J. R. Graham, G. C. Hall, R. Hirschman & Y. S. Ben-Porath (Eds.), *Memory and testimony in the child witness* (pp. 44-60). Thousand Oaks, CA: Sage.

Watkins, M. J., & Gardiner, J. M. (1979). An appreciation of generate-recognize theory of recall. *Journal of Verbal Learning and Verbal Behavior, 18*(6), 687-704.

Woll, S. (2002). *Everyday thinking: Memory, reasoning, and judgment in the real world*. Mahwah, NJ: Lawrence Erlbaum.

Zeelenberg, R., Boot, I., & Pecher, D. (2005). Activating the critical lure during study is unnecessary for false recognition. *Consciousness and Cognition, 14*(2), 316-326.

3
NEUROCIÊNCIA COGNITIVA DAS FALSAS MEMÓRIAS

Rodrigo Grassi-Oliveira
Gustavo Rohenkohl

A neurociência cognitiva estuda as bases neurais da cognição. Ela consiste numa área acadêmica que tem como objetivo investigar os mecanismos biológicos subjacentes da cognição, com um enfoque específico para os substratos neurais dos processos mentais e de suas manifestações comportamentais. A neurociência cognitiva tenta responder como as funções psicológicas e cognitivas são produzidas por circuitos neurais. Seus métodos de investigação se dão por meio de instrumentos não invasivos, principalmente métodos de imagem cerebral funcional (registro de imagens da atividade do cérebro em funcionamento) empregados durante atividades cognitivas.

> A Neurociência Cognitiva consiste no campo de estudo que tem como objetivo investigar os mecanismos biológicos subjacentes da cognição, com um enfoque específico para os substratos neurais dos processos mentais e de suas manifestações comportamentais

Processos psicológicos básicos, como percepção e memória, já foram considerados localizados em regiões cerebrais específicas. Neste sentido, uma das contribuições mais importantes dos estudos de neuroimagem diz respeito ao fato de claramente indicarem que tais processos psicológicos e comportamentais não podem ser mapeados em centros específicos e identificáveis (Schacter e Slotnick, 2004). Pelo contrário, cada processo parece estar associado a uma série de regiões cerebrais bem distribuídas e interconectadas. Isso implica no fato de os processos psicológicos básicos parecerem ser, agora, entendidos como produtos de atividades de redes neurais amplamente distribuídas. O que parecia, anteriormente, ser um conceito delimitado e singular (p. ex., memória), quando examinado em conjunto com evidências neurológicas (estudos de lesão cerebral ou neuroimagem) revela uma organização mais complexa e diversificada (p. ex., processos de memória declarativa e procedural). Por outro lado, o que pareciam ser conceitos distintos (p. ex., memória de curto e longo prazo) podem necessitar ser reconsiderados frente às novas evidências neurocientíficas. Desta maneira, a neuroimagem e a neurociência estão remodelando os conceitos que foram utilizados para construir as teorias psicológicas. Uma metáfora para isso seria o fato de na metade do século XVII se acreditar que a célula seria a menor partícula do corpo humano e posteriormente, com a sofisticação das tecnologias, cada vez mais partículas que formavam outras partículas, que formavam outras partículas, e assim por diante foram sendo descobertos átomos, elétrons, prótons, quarks, bósons, leptons...

Outra analogia interessante para explicar como a combinação de diferentes componentes neurais produz diferentes processos psicológicos seria o brinquedo Lego. Nesse brinquedo há varias peças que são fixas (blocos), assim, diferentes peças e configurações desses blocos seriam os diferentes processos psicológicos. Uma explicação alternativa seria a tabela periódica da química, assim, o processo de diferentes componentes neurais poderia ter diferentes propriedades e afinidades cuja função (computação) dependeria da rede de combinação das áreas envolvidas.

O principal objetivo deste capítulo é apresentar os principais achados da neurociência cognitiva relacionados ao fenômeno de falsas memórias (FM). Para que tais resultados sejam compreendidos é necessária uma breve revisão sobre os principais métodos de pesquisa não invasivos usados nos estudos de neurociência cognitiva das FM. Assim, a primeira parte deste capítulo apresenta ao leitor esses métodos. Como os achados desses estudos diferem em relação aos processos de codificação, armazenamento e recuperação da memória (ver Capítulo 2), a segunda parte do capítulo é composta por estudos de FM realizados durante as etapas de codificação e armazenamento e os achados relacionados às etapas de recuperação da informação.

MÉTODOS DE PESQUISA

A Ressonância Magnética (RM) é um exame seguro, pois não utiliza radiação ionizante, que possibilita obter cortes tomográficos em muitos e diferentes planos do cérebro, dando uma visão panorâmica da área cerebral de interesse, além de mostrar características dos diferentes tecidos do corpo. O paciente entra em um campo magnético que vai alinhar os *spins** dos átomos de hidrogênio do seu corpo. Após, ondas de rádio frequência são aplicadas pulsatilmente para desalinhar novamente os *spins*. Um computador cria as imagens a partir do tempo e das coordenadas que foram utilizados no desalinhamento. A RM é uma técnica apropriada para estudar estruturas neurológicas, porém, quando o objetivo é poder estudar a função das estruturas, necessita-se de outros exames de imagem (Attwell e Iadecola, 2002).

A Ressonância Magnética Funcional (RMf) é uma técnica que utiliza a RM associada a percepção de respostas hemodinâmicas relacionados a atividade ce-

---

*Quantidade de energia e de momento que flui de uma partícula em uma determinada direção.

rebral (Logothetis et al., 2001). O método BOLD (*blood-oxygen-level dependent*) permite a observação de quais áreas do cérebro estão ativas em um determinado momento. Em virtude dos neurônios não possuírem uma reserva própria de energia na forma de glicose ou oxigênio, cada vez que eles disparam, ou seja, tornam-se ativos, há uma mobilização rápida de energia.

> O método BOLD (*blood-oxygen-level dependent*) permite a observação indireta de quais áreas do cérebro estão ativas em um determinado momento.

Por meio de um processo chamado resposta hemodinâmica, ocorre um aumento da taxa de disponibilização de oxigênio no sangue nas áreas ativas em relação às áreas inativas. Assim, pode-se observar uma diferença na susceptibilidade magnética entre oxihemoglobina e desoxihemoglobina, ou seja, há uma variação no sinal magnético entre o sangue oxigenado e o desoxigenado, detectável pela ressonância magnética. Por meio da repetição de pensamentos, ações ou experiências, métodos estatísticos podem determinar quais áreas do cérebro manifestaram maior diferença entre as taxas e quais áreas estariam mais ativas durante tal pensamento, ação ou experiência (Bénar, Gross e Wang, 2002).

A Tomografia por Emissão de Pósitron (*positron emission tomography* – PET) avalia o fluxo sanguíneo e o metabolismo cerebral. Nas áreas cerebrais em que existe maior atividade neuronal, identifica-se um maior consumo de glicose e um aumento do fluxo sanguíneo cerebral. Isso faz com que as taxas de glicose sanguínea diminuam nessas áreas, por isso, a PET avalia a função cerebral em tempo real. Durante o exame, injeta-se água radioativa (H2[O-15]) para se avaliar o fluxo sanguíneo e a glicose radioativa ([18F]2 fluoro-2-desoxiglicose ou FDG) para se avaliar o metabolismo cerebral. Essas substâncias emitem pósitrons que colidem com os elétrons do cérebro, criando duas bandas de luz que são emitidas e, assim, captadas por uma câmera. O computador usa essas informações para reconstruir uma imagem do metabolismo cerebral ou dos padrões de perfusão sanguínea.

Potenciais Relacionados a Evento (*event-related potential* – ERP) não é exatamente um exame de imagem, porém serve para localizar regiões cerebrais de maior ou menor atividade e a partir disso gerar uma representação gráfica dessa atividade neural. O ERP consiste em qualquer resposta eletrofisiológica estereotipada frente a um estímulo interno ou externo (pensamento ou percepção). Ele é medido utilizando-se a eletroencefalografia (EEG), um procedimento que detecta a atividade elétrica no cérebro através do couro cabeludo. Em relação a RMf, o ERP possui uma melhor resolução temporal, mas é superado por ela em virtude da pouca resolução espacial.

De modo geral, a RMf vem sendo a técnica mais comumente empregada na neurociência cognitiva. Não há necessidade de se saber exatamente os processos físico-químicos que ocorrem durante tal método, porém a noção de que se constitui em um método capaz de avaliar as mudanças nos gradientes físico-químicos associadas com atividade neural seria o mais importante.

FALSAS MEMÓRIAS E PROCESSOS DE CODIFICAÇÃO E ARMAZENAMENTO

Até recentemente os estudos de neuroimagem das distorções mnemônicas buscavam investigar quase que exclusivamente o processo de recuperação das FM (Cabeza et al., 2001; Okado e Stark, 2003; Schacter et al., 1996; von Zerssen et al., 2001), deixando a codificação e o armazenamento em segundo plano. Essa negligência com a investigação da formação das FM é parcialmente compreendida, uma vez que os resultados de estudos que investigam as bases neurais da falsa recuperação possuem uma aplicabilidade mais direta, como será visto na seção seguinte.

Entretanto, evidências oriundas de pesquisa básica em Psicologia Cognitiva (Gallo, Roediger e McDermott, 2001; Rhodes e Anastasi, 2000) indicam que a codificação de um evento é determinante para a sua posterior recuperação, sendo ela verdadeira ou falsa. Desta forma, o estudo das bases neurais da formação das FM se tornou, mais recentemente, um dos grandes desafios nas neurociências. Esse tipo de pesquisa deverá dar conta de algumas questões fundamentais para a compreensão das FM como, por exemplo, investigar possíveis diferenças de áreas cerebrais envolvidas no processamento de memórias verdadeiras (MV) e FM, e também explorar quais são as áreas responsáveis pela formação das FM.

> A codificação de um evento é determinante para a sua posterior recuperação, sendo ela verdadeira ou falsa.

Um dos primeiros estudos sobre as bases neurais da formação das FM foi realizado por Gonsalves e Paller (2000). Neste estudo os participantes liam uma lista de substantivos (p. ex., gato, chapéu, etc.) na tela de um computador e eram instruídos a imaginar o objeto descrito pela palavra, enquanto a mesma palavra era apresentada na tela. Entretanto, para metade das palavras também era apresentada uma imagem referente ao substantivo (p. ex., a fotografia de um gato), enquanto para outra metade era apresentada apenas uma tela em branco (p. ex., chapéu) (ver Figura 3.1). Posteriormente, já na fase de teste, os participantes ouviam outra lista de palavras e eram instruídos a indicar se eles haviam imaginado ou realmente visto o objeto descrito pela palavra. Desta maneira, foram consideradas FM quando os participantes afirmavam terem visto a fotografia de um objeto que eles anteriormente haviam apenas imaginado. Ou seja, algumas pessoas lembravam de ter visto uma fotografia de um chapéu, enquanto elas haviam apenas imaginado. Todos os participantes tiveram sua atividade cerebral gravada através de EEG durante a apresentação de cada palavra no computador enquanto eles ainda não sabiam se haveria ou não uma fotografia associada. Os autores então compararam o potencial evocado por palavras que não possuíam uma imagem associada (p. ex., chapéu) que produziram FM, com as que não produziram. Os resultados indicaram que as palavras que produziram FM induziram um padrão de ondas cerebrais distintas quando comparadas com as que não produziram, observadas principalmente nas regiões occipital e parietal. Como essas áreas são sabidamente relacionadas a formação de imagens mentais, os autores sugeriram que a ativação encontrada indicava uma maior vividez visual dos obje-

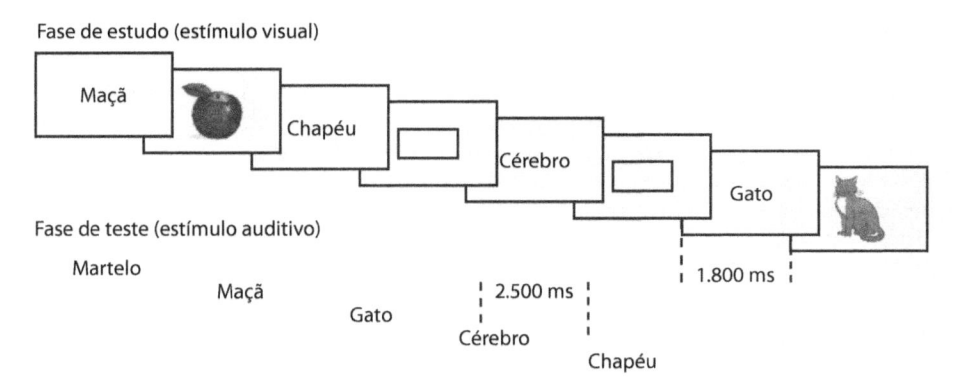

FIGURA 3.1
Procedimento Experimental. Na fase de estudo, palavras, figuras e retângulos apareciam por 300 ms cada, de maneira constante. Foram aplicados quatro testes: palavra + figura, apenas palavra, apenas palavra e palavra + figura. Na fase de teste as palavras foram apresentadas de maneira constante, mas a duração de cada palavra falada variava de 240-690 ms (média, 475 ms) (Gonsalves e Paller, 2000).

tos imaginados, de tal maneira que posteriormente as imagens eram falsamente reconhecidas como tendo sido apresentadas como fotografias.

Entretanto, como visto anteriormente, o ERP é uma técnica que não possui uma boa resolução espacial, tornando muito difícil afirmar quais partes do cérebro estão envolvidas em um determinado fenômeno, neste caso a criação de FM. Desta maneira, em um estudo mais recente, Gonsalves e colaboradores (2004) utilizaram o mesmo procedimento do estudo anterior para investigar, por meio de RMf, quais áreas cerebrais estariam envolvidas na formação de FM. Os resultados indicaram principalmente um aumento na ativação de áreas como o precuneus e o córtex parietal inferior durante a apresentação das palavras que depois seriam falsamente reconhecidas. Novamente, essas regiões são conhecidas por, entre outras funções, serem responsáveis pela imaginabilidade visual. Portanto, os achados corroboram os dados da pesquisa anterior e ambos apontam que os itens que levaram a um maior índice de FM induziram uma maior vividez dos objetos imaginados, dificultando a distinção entre o que foi imaginado e o que foi visto realmente.

Kim e Cabeza (2007a) realizaram um experimento para investigar em que medidas as áreas cerebrais responsáveis pela formação de FM e das MV seriam sobrepostas ou distintas. Para tanto os autores utilizaram uma adaptação do procedimento de palavras associadas (ver Capítulo 2). Nesse experimento a atividade cerebral dos participantes era medida por meio de RMf enquanto eles estudavam 72 listas de quatro palavras associadas (p. ex., cavalo, galinha, ovelha e cabra) pertencentes a uma categoria semântica (p. ex., animais de fazenda), que eram apresentadas simultaneamente. Além disso, também foram incluídas 10 listas com apenas três palavras relacionadas e uma palavra que não apresentava associação semântica com a lista (p. ex., cavalo, galinha, pedra, cabra). O total de 82 listas foi apresentado de forma aleatória, e os participantes deveriam responder se a lista continha três ou quatro palavras associadas. Dez minutos após o término do estudo das listas, os participantes realizavam um teste de reconhecimento. Esse teste era composto de 288 palavras estudadas (p. ex., galinha), 144 palavras novas relacionadas (p. ex., porco), e 144 palavras novas não relacionadas (p. ex., árvore). Os participantes então respondiam se a palavra estava ou não presente nas listas apresentadas na fase anterior, e também deveriam avaliar o quanto tinham certeza de que sua resposta estava correta (grau de confiança em suas respostas). Assim, foi possível estabelecer duas medidas de codificação das listas, baseadas na recuperação e no grau de confiança das palavras estudadas (medida de MV) e palavras novas relacionadas (medida de FM). As medidas de atividade cerebral durante a apresentação das listas possibilitariam a distinção entre ativação do cérebro para MV e FM durante a fase de codificação das listas. O principal resultado encontrado foi uma dissociação entre a ativação de áreas visuais. Enquanto áreas responsáveis pelo processamento visual secundário (p. ex., córtex ocipto-temporal e ocipto-parietal bilateral) aparentaram estar envolvidas tanto na formação de MV quanto de FM, áreas de processamento visual primário (p. ex., pólo ocipital bilateral) foram responsáveis apenas pela formação de MV. Essa dissociação parece indicar que, para a formação de FM, é necessário um processamento perceptual mais elaborativo. Os autores então sugeriram que a formação de FM é uma consequência involuntária resultante da elaboração semântica de processos de codificação dos estímulos visuais.

Levando em conta os estudos apresentados até aqui, pode-se concluir que a atividade cerebral durante o processo de codificação pode ser determinante na produção de FM. Os resultados indicam que as FM podem ser o resultado de um processamento mais elaborativo durante a codificação de eventos quando comparados com MV. Apesar desses estudos terem produzido achados extremamente relevantes, ainda são necessárias mais pesquisas nesta área para que possamos avançar na compreensão do fenômeno da produção de FM.

FALSAS MEMÓRIAS E PROCESSOS DE RECUPERAÇÃO

É possível afirmar se um evento realmente aconteceu por meio da observação da recuperação da memória dele? Certamente essa é uma das questões mais recorrentes no estudo das FM. De imediato, o que podemos afirmar com certeza é que a resposta para essa pergunta não é tão simples quanto possa parecer. Pesquisadores vêm estudando os fenômenos envolvidos na recuperação das FM sob as mais diversas perspectivas, no sentido de elucidar essa questão. Uma das abordagens se dá por meio da observação dos processos neurais subjacentes a recuperação de uma memória.

Resultados de estudos comportamentais (Mather, Henkel e Johnson, 1997; Norman e Schacter, 1997; Schooler, Gerhard e Loftus, 1986) indicam que a recuperação de MV é acompanhada por uma maior quantidade de detalhes perceptuais (sensoriais), quando comparadas às FM. Com base nesses resultados surgiu a hipótese da Reativação Sensorial (ver Schacter e Slotnick, 2004). Essa hipótese sugere que se as MV são acompanhadas de uma maior quantidade de detalhes perceptuais, a sua recuperação deve vir acompanhada de uma maior ativação de áreas cerebrais ligadas ao processamento sensorial quando comparada a recuperação de FM.

As primeiras tentativas de discriminação entre a recuperação verdadeira e falsa por meio da observação de suas bases neurais surgiram na segunda metade da década de 1990 (Düzel et al., 1997; Johnson et al., 1997; Schacter et al., 1996; Schacter, Buckner, Koutstaal, Dale, e Rosen, 1997). Schacter e colaboradores (1996) realizaram o primeiro estudo de neuroimagem comparando reconhecimento verdadeiro e falso. Para tanto, os autores utilizaram uma versão apresentada em áudio do Procedimento de Palavras Associadas (DRM) (ver Capítulo 2), enquanto os participantes tinham sua atividade cerebral medida durante o teste de reconhecimento por meio de PET. Os resultados indicaram que tanto o reconhecimento verdadeiro quanto o falso provocaram um aumento na ativação em várias regiões do cérebro que comumente eram ativadas em experimentos de memória episódica (córtex pré-frontal dorsolateral/anterior, córtex parietal medial e regiões temporais mediais) (Andreasen et al., 1995; Buckner e Tulving, 1995; Nyberg et al., 1995). Além disso, observou-se, apenas durante o falso reconhecimento, a ativação de regiões frontais do cérebro (lobo frontal, córtex órbito-frontal e região frontal anterior direita). Essas áreas têm sido relacionadas com a dificuldade de recuperação de um evento (Kapur et al., 1995; Nyberg et al., 1995; Schacter et al., 1996), portanto, tal atividade deve estar relacionada com o esforço dos participantes em lembrar se uma palavra não estudada anteriormente (distrator crítico) foi ou não apresentada na fase de estudo. Já áreas ligadas ao processamento auditivo, como a região têmporo-parietal esquerda, pareceram ser ativadas somente durante o reconhecimento de itens que haviam sido apresentados, isto é, quando o reconhecimento era verdadeiro. Esse achado indica que apenas o reconhecimento verdadeiro é associado ao processamento sensorial (neste caso auditivo), corroborando a hipótese da Reativação Sensorial. Essa foi a primeira indicação de que talvez fosse possível distinguir a recuperação de MV e FM simplesmente pela observação de atividade neural.

> A hipótese de motivação sensorial postula que se as memórias verdadeiras são acompanhadas de uma maior quantidade de detalhes perceptuais, a sua recuperação deve vir acompanhada de uma maior ativação de áreas cerebrais ligadas ao processamento sensorial quando comparada a recuperação de falsas memórias.

Uma das limitações dos estudos em PET é que os estímulos precisam ser apresentados em blocos agrupados de acordo com a sua condição. No caso do estudo de Schacter e colaboradores (1996), o teste de reconhecimento foi dividido em: só alvos, só distratores críticos e só distratores não relacionados. Cada parte do teste foi apresentada separadamente, com um intervalo de 10 minutos entre elas. Em um estudo similar, Schacter e colaboradores (1997) utilizaram os mesmos procedimentos do estudo anterior (Schacter et al., 1996), porém dessa vez usando RMf em vez de PET. A utilização de RMf permite que os itens do teste de reconhecimento (isto é, Alvos, Distratores Críticos e Distratores não relacionados) sejam apresentados de forma aleatória, ao contrário do PET, aumentando o controle experimental. Os resultados indicaram que o aumento na ativação de áreas relacionadas à memória episódica, tanto para MV quanto para FM, permaneceram significativas. Entretanto, dessa vez não foi observada nenhuma diferença na ativação em áreas auditivas para MV em comparação com as FM, conforme resultados do estudo anterior. Paralelo a isso, Düzel e colaboradores (1997) realizaram um estudo com procedimento de Palavras Associadas e ERP, e seus resultados também foram contrários aos achados de Schacter e colaboradores (1996). De acordo com Düzel e colaboradores (1997), a atividade cerebral durante o reconhecimento verdadeiro e falso segue um padrão altamente similar. Nesse momento, parecia que a diferenciação entre a recuperação verdadeira e falsa por meio da observação de atividade neural era improvável. Porém, como é comum em ciência, não demorou muito para que novas pesquisas surgissem e os achados de Schacter e colaboradores (1997) e Düzel e colaboradores (1997) começassem a ser postos à prova.

Em um estudo mais recente, Fabiani, Stadler e Wessels (2000) realizaram um experimento utilizando ERP e listas de palavras associadas (DRM), porém, com algumas alterações em relação ao estudo de Düzel e colaboradores (1997). Nesse experimento as palavras das listas de palavras associadas foram apresentadas uma a uma, e, enquanto metade das listas tinha suas palavras apresentadas no lado esquerdo da tela do computador, a outra metade foi apresentada no lado direito. As palavras do teste de reconhecimento eram todas apresentadas no centro do monitor. Esse é um procedimento de apresentação de estímulos bastante comum em estudos de ERP, e o resultado observado é o de que quando o estímulo é apresentado no lado esquerdo do monitor, há um aumento da atividade no hemisfério direito do cérebro e vice-versa (Luck, Heinze, Mangun e Hillyard, 1990). Os resultados indicaram que a atividade na região parietal foi maior na recuperação de itens verdadeiros quando comparados aos falsos. Essa região vem sendo associada à memória perceptual (Wilding, 2000). Além disso, a atividade ocorria no hemisfério contralateral à posição das palavras, isto é, se a palavra havia sido apresentada no lado esquerdo do monitor, a atividade era observada no lobo parietal do lado direito e vice-versa. O efeito parietal contralateral indica uma reativação de áreas visuais do cérebro apenas durante o reconhecimento de itens que haviam sido apresentado anteriormente, reforçando novamente a ideia de uma reativação sensorial na MV e não na FM.

Como já foi descrito, regiões como lobo temporal medial (p. ex., hipocampo e giro para-hipocampal) são sistematicamente relacionadas ao processo de recuperação de memórias, tanto verdadeiras quanto falsas (Schacter et al., 1996; Schacter et al., 1997). Porém, de que forma essa região pode estar envolvida na discriminação entre MV e FM é uma questão ainda em aberto. Para tentar responde-la, Cabeza e colaboradores (2001) utilizaram uma versão modificada do procedimento de palavras associadas, aumentando a codificação de detalhes perceptuais das listas. Nesse estudo, as listas eram lidas por locutores (um homem caucasiano ou uma mulher asiática) apresentadas através de uma televisão, em seguida os participantes eram instruídos a lembrar, não apenas das palavras, mas também de qual locutor havia ditado a lista. Posteriormente os participantes realizaram um teste de reconhecimento enquanto era medida sua atividade cerebral por RMf. Os resultados indicaram que regiões anteriores do lobo temporal medial, como o hipocampo, foram mais ativas tanto durante o reconhecimento verdadeiro quanto falso. Por outro lado, regiões posteriores do lobo temporal medial, como o giro parahipocampal, mostraram-se mais ativas apenas durante o reconhecimento verdadeiro, indicando um aumento na recuperação de informações sensoriais. Além disso, uma porção do córtex frontal foi mais ativada apenas durante o falso reconhecimento, sugerindo novamente o envolvimento dessa área no esforço empregado na recuperação da palavra semanticamente associada (Figura 3.2).

Em 2004, Slotnick e Schacter criaram um novo procedimento para investigar as possíveis diferenças da atividade neural no reconhecimento falso e verdadeiro. Nesse experimento os participantes primeiramente estudavam 114 figuras abstratas, e, posteriormente, um teste de reconhecimento era aplicado, constituído de 96 figuras: 32 idênticas às figuras apresentadas anteriormente (MV), 32

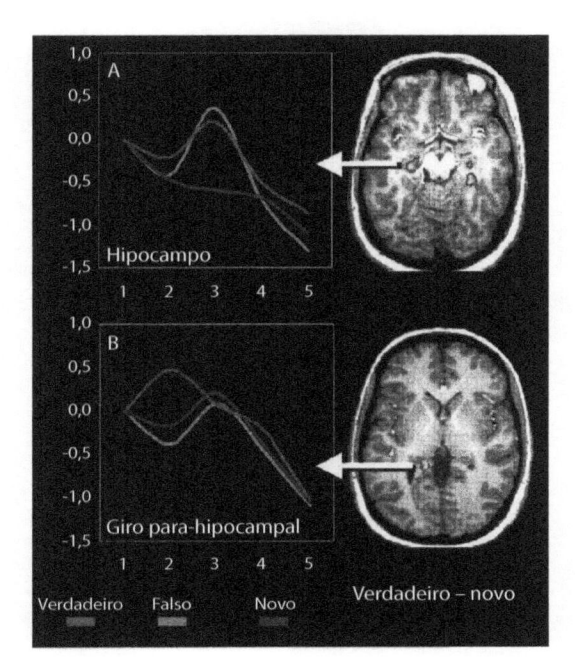

FIGURA 3.2
Dissociação entre duas regiões do lobo temporal medial (Cabeza et al., 2001).

figuras relacionadas às estudadas (FM) e 32 figuras completamente novas (Figura 3.3). No teste de reconhecimento a tarefa dos participantes era de identificar se as imagens já haviam sido apresentadas anteriormente ou eram inéditas enquanto a atividade cerebral era medida por RMf. O fato de terem sido encontrados altos índices de falso reconhecimento de figuras relacionadas indica que o procedimento foi eficiente na produção de FM. Os resultados apontaram que, no reconhecimento de figuras anteriormente apresentadas na fase de estudo (MV), houve um aumento na ativação de áreas visuais ventrais do cérebro quando comparada ao reconhecimento de figuras relacionadas (FM). As áreas cerebrais responsáveis pelo processamento visual secundário foram igualmente ativadas durante

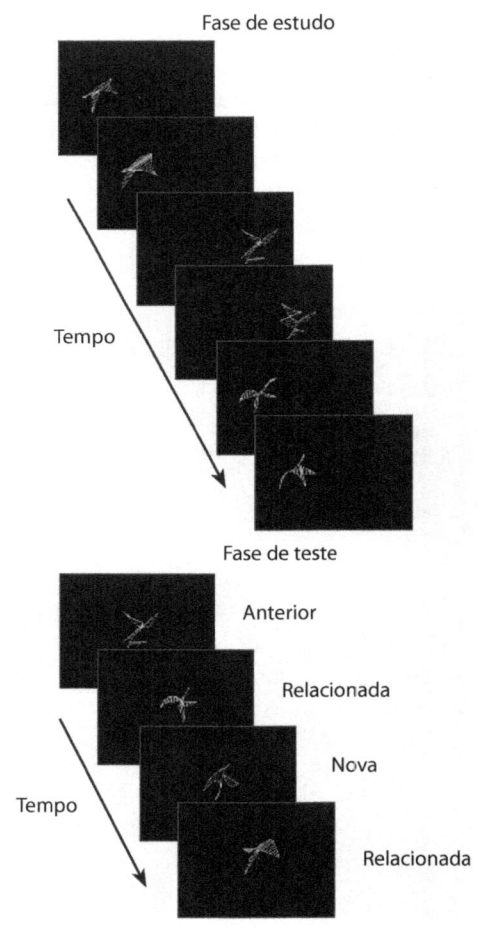

FIGURA 3.3
Figuras do estudo de Slotnick e Shacter (2004).

os reconhecimentos verdadeiro e falso. Novamente os resultados confirmam a predição da hipótese da reativação sensorial na recuperação de MV, uma vez que apenas quando há o reconhecimento de figuras que haviam sido apresentadas observa-se um aumento na ativação da região responsável pelo processamento visual primário, indicando a recuperação de aspectos sensoriais visuais do item.

Um aspecto das FM que ainda não havia sido investigado até pouco tempo atrás é de que, para diferentes tipos de falsos reconhecimentos, houvesse possíveis diferenças entre padrões de ativação de regiões cerebrais específicas. Dentre algumas diferenciações que podem ser feitas, uma delas é a separação de falsos reconhecimentos em conceituais e perceptuais. Os falsos reconhecimentos conceituais podem ser entendidos como aqueles provindos de processos associativos e semânticos, como, por exemplo, o falso reconhecimento de distratores críticos no procedimento DRM. Por falso reconhecimento perceptual pode-se entender aquele resultante de similaridades perceptuais (p. ex., visual, fonológica) entre os itens estudados e os itens testados (Garoff-Eaton, Kensinger e Schacter, 2007).

Garoff-Eaton, Kensinger e Schacter (2007) realizaram um estudo com a intenção de investigar se os dois tipos de falso reconhecimento compartilhavam ou não a mesma base neural. Para tanto os pesquisadores criaram pequenas listas contendo sete palavras. Cada lista consistia em uma palavra crítica (p. ex., pato), três palavras conceitualmentes associadas à palavra crítica (bloco conceitual – p. ex., galinha, ganso, marreco), e três palavras perceptualmente relacionadas a palavra crítica (bloco perceptual – p. ex., fato, chato, jato). A cada participante eram apresentados 42 blocos de três palavras (21 conceituais e 21 perceptuais), de maneira que se um bloco conceitual pertencente a uma lista fosse apresentado, não seria apresentado o bloco perceptual da mesma lista. Após a apresentação dos blocos foi aplicado um teste de reconhecimento enquanto os participantes estavam dentro do escâner de RMf. O principal resultado desse estudo indicou que, apesar de haver similaridades entre o falso reconhecimento conceitual e perceptual, houve um aumento na atividade do córtex frontal, o qual se mostrou mais ativo apenas durante o falso reconhecimento conceitual. O resultado sugere que há um aumento do processamento semântico relacionado ao falso reconhecimento conceitual. Por outro lado, quando o reconhecimento perceptual verdadeiro foi comparado ao falso, não se observou nenhuma diferença de ativação cerebral indicando que o correlato neural do reconhecimento perceptual (tanto falso quanto verdadeiro) deve ser mais similar do que o reconhecimento conceitual verdadeiro e falso.

Como é possível perceber, estabelecer diferenças claras de padrões de atividades neurais que diferenciem o reconhecimento verdadeiro do falso não é uma tarefa tão fácil quanto pode se pensar à primeira vista. Apesar de muitos estudos citados até aqui terem contribuído bastante para a compreensão do falso reconhecimento, ainda não se pode afirmar com segurança a origem de uma memória, se verdadeira ou falsa, apenas observado-se a atividade cerebral durante a recuperação da memória. Todavia, um estudo relevante para avanço nessa direção foi realizado por Kim e Cabeza (2007b). Esses pesquisadores se basearam na ideia de que, embora a confiança (grau de certeza na resposta) e a acurácia (assertividade) de uma memória sejam correlacionadas (Lindsay, Read e Sharma, 1998), em muitas situações podemos nos lembrar com muita confiança de eventos que não ocorreram (Schacter, 2001). Uma das hipóteses levantadas pelos autores é de que a confiança em MV e FM possuem bases neurais distintas. Para investigar tal hipótese, os pesquisadores utilizaram uma adaptação do Procedimento de Palavras Associadas. Durante o teste de reconhecimento os participantes eram instruídos a classificar o quão confiantes eles estavam de que as palavras haviam sido previamente apresentadas ou não. Isso possibilitou aos autores verificassem a atividade cerebral (RMf) apenas dos itens, verdadeiros e falsos, em que os participantes afirmavam com alto grau de certeza que haviam lido aquela palavra. Regiões do lobo temporal medial mostraram um aumento de atividade neural para reconhecimento verdadeiro quando os participantes afirmavam ter certeza da resposta. Por outro lado, quando os participantes afirmavam ter certeza de que uma palavra havia sido apresentada anteriormente, mas, na verdade, não havia (FM), apenas as regiões frontoparietais tiveram sua atividade neural aumentada. Assim, Kim e Cabeza (2007b) demonstraram que, quando analisadas apenas respostas com alta confiança, os correlatos neurais de MV e FM são claramente distintos.

CONSIDERAÇÕES FINAIS

Evidências advindas de estudos em Neuropsicologia indicam que a ação do córtex pré-frontal na fase de recuperação pode limitar a produção de FM. Por exemplo, Melo, Winocur e Moscovitch (1999) demonstraram que pacientes não amnésicos, com lesão nos lobos frontais, produziram mais falsos reconhecimentos do que participantes saudáveis – ambos testados por meio do Procedimento de Palavras Associadas (DRM). Os autores interpretaram esses resultados em termos de defeitos nos processos de monitoramento da fonte nesses pacientes. Norman e Schacter (1997) mostraram que pacientes idosos foram relativamente mais suscetíveis a falsos reconhecimentos do que adultos jovens. Os pesquisadores atribuíram esses resultados a uma diminuição das funções pré-frontais. Estudos recentes, utilizando recursos de neuroimagem com amostras de pacientes com lesões pré-frontais, têm mostrado que o córtex pré-frontal desempenha um papel fundamental para a ocorrência de FM (Dobbins, Simons e Schacter, 2004).

> Evidências advindas de estudos em Neuropsicologia indicam que a ação do córtex pré-frontal na fase de recuperação pode limitar a produção de falsas memórias.

As pesquisas em neurociência cognitiva sugerem alguns mecanismos neurais responsáveis pela produção de FM. A região mais envolvida na elaboração de FM é o lobo temporal medial, em específico, o hipocampo. Inclusive, há alguns estudos relacionando à memória de essência (ver Capítulo 1) a essa região cerebral (Schacter e Slotnick, 2004). No entanto, estudos recentes, que utilizam uma variedade de amostras clínicas (p. ex., pacientes com provável demência do tipo Alzheimer e amnésicos), têm sugerido a participação de outras regiões do cérebro na produção de FM. Um exemplo seria o fato de que os pacientes com a doença de Alzheimer (DA) apresentam prejuízos em tarefas relacionadas à memória de essência em função do comprometimento do lobo temporal medial. Sendo assim, esses pacientes constituem uma interessante amostra para a compreensão do fenômeno das FM, mesmo se considerarmos que o prejuízo anatômico-fisiológico observado nesses pacientes não se limita exclusivamente a essa região neural.

Pacientes com DA e amnésicos tipicamente exibem desempenho similar e apresentam acentuados déficits na produção de FM quando comparados com o grupo-controle de idosos saudáveis (Budson et al., 2003). Isso ocorre porque esses pacientes possuem déficits no armazenamento de memórias de essência (Simons et al., 2005). Assim sendo, seria esperado que eles apresentassem menores índices de FM já que, como é postulado pela Teoria do Traço Difuso (ver Capítulo 1), sua base é precisamente a memória de essência. Há, contudo, algumas condições nas quais amnésicos e pacientes DA mostram mais falsos reconhecimentos do que os controles. Por exemplo, quando as listas de palavras do procedimento DRM são repetidamente apresentadas e testadas, os sujeitos do grupo-controle conseguem construir memórias detalhadas e específicas das palavras apresentadas, assim seus índices de FM diminuem em comparação aos índices dos pacientes amnésicos e DA (Budson et al., 2000). Isso ocorre porque com a repetição os pacientes conseguem construir memórias de essência mais robustas, mas não conseguem obter memórias detalhadas como o grupo-controle. Os achados revelam a participação de outras regiões cerebrais na produção de FM (Verfaelie et al., 2004). Dentre elas, investiga-se a hipótese de regiões adjacentes ao hipocampo e córtex pré-frontal, responsável pelo monitoramento no momento da recuperação.

Em suma, a atividade na cauda esquerda do hipocampo e no córtex peri-rinal está associada com o sucesso na codificação de um item na memória, independente se a memória formada for verdadeira ou falsa. Todavia, naqueles indivíduos que formam FM, há uma diminuição da atividade em áreas pré-frontais. Essa atividade pré-frontal estaria relacionada com a codificação da fonte ou contexto da memória. Assim, tal diminuição pré-frontal durante uma situação favorável a distorções da memória (como o Procedimento de Palavras Associadas) aumentaria a possibilidade de FM ocorrerem. Além disso, outro achado importante seria de que durante a recuperação de uma MV, há uma reativação das áreas sensoriais ativadas durante a codificação (assinatura sensorial), mas isso não aconteceria durante a recuperação de FM.

Por fim, a neuroimagem parece contribuir significativamente no estudo das FM, principalmente nos aspectos de diferenciação dos processos neurofuncionais subjacentes ao processamento de informações verdadeiras e falsas.

REFERÊNCIAS

Andreasen, N. C., O'Leary, D. S., Arndt, S., Cizadlo, T., Hurtig, R., Rezai, K., Watkins, G. L., et al. (1995). Short-term and long-term verbal memory: A positron emission tomography study. *Proceedings of the National Academy of Sciences USA, 92*, 5111-5115.

Attwell, D., & Iadecola, C. (2002) The neural basis of functional brain imaging signals. *Trends in Neurosciences, 25*(12), 621-625

Bénar, C.-G., Gross, D. W., Wang, Y., Petre, V., Pike, B., Dubeau, F., & Gotman, J. (2002). The BOLD response to interictal epileptiform discharges. *Neuroimage, 17*, 1182-1192.

Buckner, R. L., & Tulving, E. (1995). Neuroimaging studies of memory: Theory and recent PET results. In F. Boller & J. Grafman, J. (Eds.), *Handbook of neuropsychology* (pp. 439-466). Amsterdam: Elsevier.

Cabeza, R., Rao, S. M., Wagner, A. D., Mayer, A. R., & Schacter, D. L. (2001). Can medial temporal lobe regions distinguish true from false? An event-related functional RM study of veridical and illusory recognition memory. *Proceedings of the National Academy of Sciences USA, 98*, 4805-4810.

Düzel, E., Yonelinas, A. P., Mangun, G. R., Heinze, H. J., & Tulving, E. (1997). Event-related brain potential correlates of two states of conscious awareness in memory. *Proceedings of the National Academy of Sciences USA, 94*, 5973-5978.

Fabiani, M., Stadler, M. A., & Wessels, P. M. (2000). True but not false memories produce a sensory signature in human lateralized brain potentials. *Journal of Cognitive Neuroscience, 12*(6), 941-949.

Gallo, D. A., Roediger, H. L., III, & McDermott, K. B. (2001). Associative false recognition occurs without strategic criterion shifts. *Psychonomic Bulletin & Review, 8*(3), 579-586.

Garoff-Eaton, R. J., Kensinger, E. A., & Schacter, D. L. (2007). The neural correlates of conceptual and perceptual false recognition. *Learning & Memory, 14*(10), 684-692.

Gonsalves, B., & Paller, K. A. (2000). Neural events that underlie remembering something that never happened. *Nature Neuroscience, 3*(12), 1316-1321.

Gonsalves, B., Reber, P. J., Gitelman, D. R., Parrish, T. B., Mesulam, M. M., & Paller, K. A. (2004). Neural evidence that vivid imagining can lead to false remembering. *Psychological Science, 15*(10), 655-660.

Johnson, M. K., Nolde, S. F., Mather, M., Kounios, J., Schacter, D. L., & Curran, T. (1997). The similarity of brain activity associated with true and false recognition memory depends on test format. *Psychological Science, 8,* 250-257.

Kapur, S., Craik, F. I. M., Jones, C., Brown, G. H., Houles, S., & Tulving, E. (1995). Functional role of prefrontal cortex in retrieval of memories: A PET study. *Neuroreport, 6*(14), 1880-1884.

Kim, H., & Cabeza, R. (2007a). Differential contributions of prefrontal, medial temporal, and sensory-perceptual regions to true and false memory formation. *Cerebral Cortex, 17*(9), 2143-2150.

Kim, H., & Cabeza, R. (2007b) Trusting our memories: Dissociating the neural correlates of confidence in veridical versus illusory memories. *Journal of Neuroscience, 27*(45), 12190-12197.

Lindsay, D. S., Read, J. D., & Sharma, K. (1998) Accuracy and confidence in person identification: The relationship is strong when witnessing conditions vary widely. *Psychological Science, 9,* 215-218.

Logothetis, N. K., Pauls, J., Augath, M., Trinath, T., & Oeltermann, A. (2001). Neurophysiological investigation of the basis of the fMRI signal. *Nature, 412*(6843), 150-157.

Luck, S. J., Heinze, H. J., Mangun, G. R., & Hillyard, S. A. (1990). Visual event-related potentials index focused attention within bilateral stimulus arrays. II. Functional dissociation of P1 and N1 components. *Electroencephalography & Clinical Neurophysiology, 75*(6), 528-542.

Mather, M., Henkel, L. A., & Johnson, M. K. (1997). Evaluating characteristics of false memories: Remember/know judgments and memory characteristics questionnaire compared. *Memory & Cognition, 25*(6), 826-837.

Norman, K. A., & Schacter, D. L. (1997). False recognition in younger and older adults: Exploring the characteristics of illusory memories. *Memory & Cognition, 25*(6), 838-848.

Nyberg, L., Tulving, E., Habib, R., Nilsson, L.-G., Kapur, S., Houle, S., Cabeza, R., et al. (1995). Functional brain maps of retrieval mode and recovery of episodic information. *Neuroreport, 7*(1), 249-252.

Okado, Y., & Stark, C. (2003). Neural processing associated with true and false retrieval. *Cognitive, Affective, & Behavioral Neuroscience, 3*(4), 323-334.

Rhodes, M. G., & Anastasi, J. S. (2000). The effects of a levels-of-processing manipulation on false recall. . *Psychonomic Bulletin & Review, 7*(1), 158-162.

Schacter, D. L. (2001) *The seven sins of memory: How the mind forgets and remembers.* Boston: Houghton Mifflin.

Schacter, D. L., Buckner, R. L., Koutstaal, W., Dale, A. M., & Rosen, B. R. (1997). Late onset of anterior prefrontal activity during true and false recognition: An event-related fMRI study. *Neuroimage, 6*(4), 259-269.

Schacter, D. L., Reiman, E., Curran, T., Yun, L. S., Bandy, D., McDermott, K. B., & Roediger, H. L., III. (1996). Neuroanatomical correlates of veridical and illusory recognition memory: Evidence from positron emission tomography. *Neuron, 17*(2), 267-274.

Schacter, D. L., & Slotnick, D. S. (2004). The cognitive neuroscience of memory distortion. *Neuron, 44*(1), 149-160.

Schooler, J. W., Gerhard, D., & Loftus, E. F. (1986). Qualities of the unreal. *Journal of Experimental Psychology: Learning, Memory, & Cognition, 12(2)*, 171-181.

Slotnick, D. S., & Schacter, D. L. (2004). A sensory signature that distinguishes true from false memories. *Nature Neuroscience, 7*(6), 664-672.

von Zerssen, G. C., Mecklinger, A., Opitz, B., & von Cramon, D. Y. (2001). Conscious recollection and illusory recognition: An event-related fMRI study. *European Journal of Neuroscience, 13*(11), 2148-2156.

Wilding, E. L. (2000). In what way does the parietal ERP old/new effect index recollection? *International Journal of Psychophysiology, 35*(1), 81-87.

PARTE II
Tópicos especiais

4

EMOÇÃO E FALSAS MEMÓRIAS

Gustavo Rohenkohl
Carlos Falcão de Azevedo Gomes
Ronie Alexsandro Teles da Silveira
Luciano Haussen Pinto
Renato Favarin dos Santos

A emoção certamente é um dos temas que mais alimenta debates em diversos campos de conhecimento, das artes às ciências. Entretanto, a sua inclusão como objeto de estudo científico sempre veio acompanhada por muita controvérsia. Possivelmente o primeiro estudo científico das emoções tenha sido realizado por Charles Darwin. Em 1872, Darwin publicou 34 anos de pesquisa sobre o tema em um livro intitulado *A expressão das emoções no homem e nos animais* (Darwin, 1872/2000). Comparando centenas de fotografias de expressões emocionais em humanos e animais, Darwin apresentou evidências de que a emoção não é uma característica exclusiva dos humanos e, mais ainda, a forma com que expressamos algumas emoções são semelhantes à de outras espécies, portanto inata. Na época, Darwin utilizou esses resultados para reforçar sua teoria recém criada de que todos os seres vivos evoluíram de um ancestral comum. Atualmente esse livro é considerado um marco no estudo das emoções, não apenas pelo pioneirismo dos métodos utilizados e pela importância de seus achados, mas também por ser uma das primeiras aproximações feitas entre a Biologia e a Psicologia. Depois de 18 anos, William James (1890), em *Princípios de Psicologia*, escreve sobre a relação da emoção e da memória. Para James, uma experiência emocional, se forte o suficiente, produziria uma espécie de cicatriz no tecido cerebral, tornando-a mais resistente ao esquecimento.

A ideia de que a emoção e a cognição são processos distintos, e de que o estudo científico da interação entre esses dois processos é muito difícil, parece ter dominado a Psicologia durante a maior parte do século XX (Oliva et al., 2006). Para muitos cientistas a inclusão do estudo da emoção era desnecessária e atrapalharia o curso da Psicologia no campo das ciências. Gardner (1985, p. 6) expõe essa ideia de forma bastante clara:

> há a decisão deliberada de diminuir a ênfase de certos fatores que podem ser importantes para o funcionamento cognitivo, mas

cuja inclusão nesse momento complicaria de forma desnecessária o empreendimento científico-cognitivo. Esses fatores incluem a influência de fatores afetivos ou emoções (...).

Desta forma, a relação entre emoção e cognição não constituiu um objeto legítimo das ciências da mente, sob a alegação de que ambas se encontravam em polos opostos da experiência humana (Damásio, 1996). Contudo, recentemente, esse tema tem atraído um crescente interesse da comunidade científica. Influenciados por um novo *Zeitgeist*, psicólogos, psiquiatras, neurologistas e biólogos têm proposto novas linhas de pesquisa que consideram a emoção e a cognição como domínios complementares (Dalgleish, 2004).

> As emoções são definidas como coleções de respostas cognitivas e fisiológicas acionadas pelo sistema nervoso que preparam o organismo para comportar-se frente a determinadas situações.

Atualmente as emoções são definidas como coleções de respostas cognitivas e fisiológicas acionadas pelo sistema nervoso que preparam o organismo para comportar-se frente a determinadas situações (Damásio, 2000; Lang, 1995; Lazarus, 1994). Várias pesquisas vêm sendo desenvolvidas para identificar os padrões das interações entre emoção, cognição e comportamento. Com o surgimento desse interesse, em como a emoção interage com a cognição e o comportamento, emergiram inúmeros estudos relacionando emoção e memória, desde modelos animais até a pesquisa em seres humanos (Adolphs, Tranel e Buchanan, 2005; Cahill et al., 1996; Dolcos, LaBar e Cabeza, 2004; Kensinger e Schacter, 2006a; LaBar e Cabeza, 2006; Sotres-Bayon, Cain e Ledoux, 2006). De uma maneira geral, os resultados indicam que lembramos mais de eventos emocionais do que não emocionais (ver Buchanan e Adolphs, 2002). Esse padrão é consistentemente encontrado em pesquisas utilizando diversos tipos de estímulos, como lista de palavras, frases, fotos e narrativas (p. ex., Bradley et al., 1992; Cahill, Babinsky, Markowitsch e McGaugh, 1995; Kensinger, Brierley, Medford, Growdon e Corkin, 2002). Recentemente, alguns estudos vêm descrevendo o efeito da emoção na falsificação da memória (Kensinger e Corkin, 2004; Kensinger e Schacter, 2006b; Pernot-Marino, Danion e Hedelin, 2004).

Neste momento o leitor poderá estar se perguntando: "por que estudar falsas memórias (FM) para eventos emocionais? Eu sei que quando alguma coisa realmente importante acontecer, como em uma situação emocional, por exemplo, vou lembrar exatamente de tudo o que aconteceu". De fato, acabamos de escrever no parágrafo acima que as pesquisas que estudam a interação entre memória e emoção apontam que nós lembramos mais de eventos emocionais do que não emocionais. Entretanto, estudos mais recentes também vêm indicando que, especialmente em se tratando de eventos emocionais, o aumento no índice de memória verdadeira (MV) pode vir acompanhado por um aumento no índice de FM (Brainerd et al., 2008). Em outras palavras, o fato de lembrarmos mais de eventos emocionais não significa que essas lembranças sejam imunes à distorção.

Imagine a seguinte situação: você e um amigo estão em um ônibus voltando para casa depois do último dia de aula do ano. São duas horas da tarde e, como é comum nesse horário, o movimento é grande e o ônibus está trancado em um engarrafamento. Vocês estão conversando quando seu amigo olha para fora e repara que na frente da porta de um banco há uma pessoa de óculos escuros, boné e jaqueta, na qual ele mantém uma das mãos escondida entre o fecho semiaberto. O homem parece bastante agitado e caminha de um lado para o outro em passos curtos, porém rápidos. Vocês então ficam observando o que está acontecendo. De repente, três homens encapuzados e com armas saem correndo de dentro do banco e entram todos em um carro que estava parado na rua. Como o trânsito está parado, o motorista do carro sobe na calçada e arranca em alta velocidade, atropelando dois pedestres que estavam na parada de ônibus. O carro segue pela calçada e dobra à esquerda na esquina seguinte, fugindo do movimento. Muitas pessoas se agrupam na rua para ver o que aconteceu e para ajudar os dois pedestres que foram atingidos pelo carro. Então o ônibus começa a se movimentar lentamente, até o ponto em que vocês não conseguem mais enxergar a cena na frente do banco. Vocês comentam, quase que ao mesmo tempo, que ainda estão tremendo de assustados pelo que acabaram de presenciar e ficam conversando sobre o que aconteceu durante todo o trajeto, até que você desce do ônibus na sua parada e vai para casa. Depois disso, você viaja para as férias e não conversa mais com seu amigo sobre o acontecido. Passam-se três meses de férias e vocês se reencontram. Na primeira semana de aula, vocês estão com um grupo de colegas e seu amigo está contando a história do que aconteceu. Você estava só ouvindo e concordando com o que estava sendo descrito, até que seu amigo diz: – "então eles entraram num carro branco e sairam dirigindo pela calçada atropelando duas pessoas". Então você interrompe e diz: – "não, tenho certeza de que o carro era azul, um azul bem forte, tipo marinho". Vocês discutem por alguns minutos até que decidem que não terão como chegar a um acordo.

Não há dúvida de que, se fosse realidade, o evento descrito acima seria altamente emocional. No entanto, vocês possuem memórias completamente distintas acerca de um dos aspectos da cena. Como é possível isso acontecer? Afinal de contas vocês estavam juntos, lado a lado quando tudo aconteceu. Obviamente a história descrita acima é fictícia, porém, infelizmente poderia ter acontecido. Esse é apenas um dos tipos de distorção de memórias emocionais dos muitos quem vêm sendo descritos na literatura. Estudos demonstram que esse tipo de distorção é possível de acontecer não apenas em eventos negativos, como descrito acima, ou ainda em casos de abuso sexual (Loftus, 2002), mas também em eventos positivos, como a memória do jogo em que seu time ganhou o campeonato nacional (Kensinger e Schacter, 2006c).

No decorrer deste capítulo, descreveremos aspectos históricos de como a emoção tornou-se objeto de estudo da Psicologia Experimental. Falaremos também do que se entende por emoção atualmente e como ela pode ser estudada. Além disso, descreveremos pesquisas e os principais achados sobre o efeito da emoção nas distorções mnemônicas.

COMO ESTUDAR O EFEITO DA EMOÇÃO NAS FALSAS MEMÓRIAS?

O estudo da emoção nas FM traz consigo muitos obstáculos. Voltando ao exemplo do assalto ao banco visto pela janela de um ônibus. Obviamente o estudo do evento descrito não é viável sob o ponto de vista científico. Principalmente porque seus resultados seriam altamente questionáveis devido à falta de controle das variáveis que podem interagir com a emocionalidade do evento. Por exemplo, a diferença entre as cenas que cada participante presenciou, a distância em que o evento foi observado, o tempo de duração, a quantidade de detalhes em cada cena, o quão emocional realmente foi a cena seriam apenas algumas das críticas apontadas.

Quando um pesquisador planeja um experimento, ele necessita ter claro qual é a variável (ou variáveis) que ele deseja estudar, para assim tentar fazer com que todas as outras variáveis se mantenham constantes. Só assim é possível afirmar que o efeito encontrado é devido à manipulação da variável desejada (ver Capítulo 2). Digamos que um pesquisador queira então investigar o efeito da emoção na memória utilizando uma lista de palavras. Nesse caso, seria preciso que ele tivesse no mínimo duas listas de palavras, por exemplo, uma com carga emocional e outra neutra. Além disso, todas as outras características das listas que pudessem influenciar a memória precisariam ser equilibradas entre as listas emocionais e neutras, como, por exemplo, o número de palavras em cada lista, a frequência de uso das palavras na língua, a associação que as palavras de cada lista possuem entre si, etc. Se o pesquisador fizer isso, poderá afirmar com certo grau de confiabilidade que a diferença observada na memória para as palavras estudadas foi devido apenas à diferença na emocionalidade das listas.

O controle das variáveis em estudos de Psicologia Experimental, porém, nem sempre é tão simples. Uma questão bastante básica nos estudos de emoção é: como sabemos que um estímulo é, de fato, emocional? Mais ainda, como sabemos o quão emocional é um estímulo? Possivelmente todos concordem que existem eventos que são muito negativos e alguns outros que são apenas um pouco negativos. Por exemplo, um jogo em que o time de futebol para o qual você torce perde em casa a final do campeonato para seu principal rival e um jogo perdido no início do campeonato para um time qualquer, certamente possuem níveis diferentes de emocionalidade, apesar de ambos serem negativos. Então, como podemos classificar os níveis de um estímulo emocional? Uma das ideias mais aceitas na literatura atual é a classificação da emoção em duas dimensões (isto é, alerta e valência) e é sobre isso que trataremos no próximo tópico.

Alerta e valência

A emoção pode ser entendida como uma disposição para a ação (Lang, 1995). Embora a discussão sobre o conceito de emoção apresente um enorme espectro de posições diferentes (Ekman e Davidson, 1994; Power e Dalgleish, 1997), essa definição fornece à pesquisa empírica um ganho metodológico fundamental. Com base nessa ideia, Lang, Bradley e Cuthbert (1990) criaram uma escala conhecida como SAM (*Self-Assesment Manikin*), permitindo que qualquer estímulo possa ser classificado quanto a sua emocionalidade. Por meio da escala SAM, a emoção é dividida em duas dimensões principais: valência e alerta. De acordo com esse modelo, a valência constitui-se como uma variável contínua que vai do agradável (valência positiva) ao desagradável (valência negativa), passando por valores intermediários (valência neutra). O alerta refere-se a um espectro que varia de relaxante (baixo alerta) à estimulante (alto alerta) (ver Figura 4.1).

A possibilidade da introdução da variável emoção foi um passo importante na busca de uma maior validade ecológica na investigação em Psicologia Experimental. Desde os primeiros estudos com pseudopalavras de Ebbinghaus (1855), a pesquisa vem se desenvolvendo no sentido de tornar o material utilizado nos testes de memória tão próximo às nossas experiências cotidianas quanto possível. Nessa perspectiva, utilizar material emocional em estudos sobre a memória é um importante avanço, se considerarmos que na vida cotidiana todas as nossas recordações são dotadas de alguma conotação emocional. A introdução da emoção na investigação sobre a memória é o reconhecimento de que ela é um componente essencial da experiência humana em geral e da memória em particular (Dolan, 2002).

FIGURA 4.1
Distribuição de palavras de acordo com sua valência e alerta. Valores aproximados de valência e alerta obtidos da ANEW (Bradley e Lang, 1999).

Entretanto, apenas a classificação de estímulos quanto a sua emocionalidade não é o suficiente para dar conta de todas as possibilidades no estudo de emoção. A escala SAM e a divisão da emoção em valência e alerta, embora tenham permitido um aumento no controle de estímulos emocionais, não dão conta de todo espectro e possibilidades de estudos envolvendo aspectos emocionais.

Emoção, humor e temperamento

Uma das dificuldades básicas da pesquisa sobre a emoção está ligada à distinção entre emoção, humor e temperamento. A emoção, entendida como uma disposição para a ação, consiste em uma reação automática sem a necessidade de um processamento cognitivo mais profundo. O sucesso de uma reação de fuga diante de um predador, por exemplo, pode depender do ganho de tempo em função do automatismo emocional.

> Uma das dificuldades básicas da pesquisa sobre a emoção está ligada à distinção entre emoção, humor e temperamento.

Entretanto, possuímos outras características afetivas. Eventualmente justificamos algumas de nossas ações matinais menos simpáticas pelo fato de termos "acordado de mau humor". Com isso, descrevemos uma disposição afetiva para ter um tipo de reação específica. É como se o mau humor nos inclinasse a um mesmo padrão de ações. A diferença entre o humor e a emoção é que esta última nos predispõe para uma ação específica e instantânea. Já o humor nos torna aptos a um padrão geral de respostas. Portanto, a diferença consiste na duração temporal da disposição subjetiva que adotamos: a emoção é imediata e o humor nos predispõe a uma série de ações ao longo de certo período de tempo (Davidson, 1994).

O que chamamos de temperamento consiste em um traço de personalidade afetivo ainda mais duradouro que o humor e muito mais que a emoção (Kagan, 1994). É como se fosse uma espécie de estilo afetivo que marca um grande conjunto de nossas respostas ao meio externo. O que há de comum entre os três tipos de categorias afetivas é o fato de que elas se constituem como reações ou padrões de reações, como disposições mais ou menos automáticas a situações do meio ambiente. A diferença entre essas categorias afetivas diz respeito à duração de cada uma das disposições que elas geram.

Entretanto, nem sempre podemos demarcar claramente se a reação a um estímulo se deve a nossa emoção, a nosso humor ou ao nosso temperamento. Também não está claro nas pesquisas atuais como esses três construtos afetivos interagem entre si e com os outros processos cognitivos. Aparentemente alguns processos cognitivos ocupam uma dimensão temporal mais ampla e seria de se esperar que fossem mais afetados pelo temperamento e pelo humor do que pela emoção.

Outro tipo de problema ainda em debate é com relação à influência biológica sobre esses três construtos afetivos. Como a emoção possui um claro papel em estratégias de sobrevivência, em função da economia no tempo obtida pelo automatismo da reação, ela parece mais propensa a ter sido moldada pela seleção natural do que o temperamento, embora isso ainda seja objeto de polêmica (Davidson, 1994; Kagan, 1994).

É preciso deixar claro que a diferenciação que estabelecemos aqui entre emoção, humor e temperamento não é consensual na literatura recente. Como a emoção consiste em uma reação a um estímulo específico, ela também pode ser entendida como um "estado intencional da mente" (Frijda, 1994). Isto é, ela possui um conteúdo particular determinado. Por exemplo, digo que "ontem vi uma cobra e tive medo". Nesse caso, o medo possui um objeto específico – uma cobra. Pelo contrário, o humor e o temperamento não possuem um conteúdo determinado e não se constituem como estados intencionais da mente humana. Já que não visam a nada de específico, ambos não se referem a um evento particular. A caracterização alternativa dos construtos afetivos indica a existência de uma discussão ligada à definição do que é estável e instável com relação à emoção humana (Lazarus, 1994). Apesar do debate sobre o que são as emoções ainda estar presente na comunidade científica, no presente capítulo optamos por adotar a definição clássica e mais aceita da emoção como um conjunto de respostas cognitivas e fisiológicas, frente a um estímulo específico. Portanto, é a esse conceito que nos referimos sempre que o termo "emoção" for citado, especialmente na investigação do seu efeito sobre FM.

O QUE SABEMOS SOBRE O EFEITO DA EMOÇÃO NAS FALSAS MEMÓRIAS?

Ao longo deste livro o leitor irá notar que diversas características de uma determinada informação podem influenciar na capacidade de alguém se lembrar posteriormente dela de maneira precisa. Dentre essas características está a emocionalidade da informação a ser recuperada, visto que estímulos emocionais, sejam eles verbais (Brierley et al., 2007) ou não verbais (Harris e Pashler, 2005), são lembrados em maior quantidade do que estímulos neutros (ver Buchanan, 2007). Esse padrão de respostas poderia levar à crença de que eventos emocionais, por serem mais memoráveis do que eventos neutros, também seriam mais resistentes à distorção. Entretanto, os resultados dos estudos que apresentaremos a seguir geralmente apontam para outra direção.

> Diversas características de uma determinada informação podem influenciar na capacidade de alguém se lembrar posteriormente dela de maneira precisa.

Como visto no Capítulo 2, o estudo experimental das FM espontâneas não só permite que o pesquisador controle diversas variáveis que estejam associadas ao fenômeno de interesse, mas que também manipule a influência dessas variáveis em diferentes fases experimentais (isto é, fase de estudo, intervalo e teste). A manipulação dessas variáveis levará a diferentes padrões de resposta, pois envolvem três aspectos distintos do processo de memorização, sendo eles (1) a codificação de um estímulo, (2) a capacidade de reter o estímulo ao longo do tempo e (3) de lembrar se ele foi estudado ou não.

A seguir serão apresentados estudos que investigaram os efeitos da emoção nas FM, bem como seus principais resultados e limitações, o que por vezes pode levar a conclusões equivocadas.

Utilizando um paradigma análogo ao DRM (Deese, 1959; Roediger e McDermott, 1995; ver Capítulo 2), Pesta, Murphy e Sanders (2001) investigaram se os participantes, ao estudarem listas não emocionais de palavras ortograficamente relacionadas (p. ex., luta, bruta, juta e chuta), poderiam falsamente reconhecer uma palavra que não foi estudada, mas de ortografia parecida com a daquelas estudadas e de conotação emocional (p. ex., puta), isto é, reconhecer distratores críticos emocionais (isto é, palavras que não foram estudadas, mas possuem uma associação com a lista apresentada, de maneira que quando incluída no teste de reconhecimento, muitas vezes são recuperadas como se tivessem sido estudadas – ou seja, a medida de FM). Os resultados de Pesta e colaboradores mostraram que esses distratores críticos emocionais foram falsamente reconhecidos em menor proporção do que os distratores críticos não emocionais, sugerindo que a emocionalidade de um estímulo torna-o mais distintivo comparado com neutros, fazendo com que fossem mais facilmente rejeitados durante o teste de reconhecimento, reduzindo os índices de FM.

Posteriormente, Kensinger e Corkin (2004) mostraram que esse resultado não era específico da amostra de adultos utilizados por Pesta e colaboradores, mas que idosos também mostravam o mesmo padrão de resposta. No entanto, os distratores críticos emocionais utilizados por Pesta e colaboradores e Kensinger e Corkin eram, em geral, palavras tabus (p. ex., pênis, vadia, prostituta, cadela, inferno e estupro), o que pode ter aumentado os níveis de discriminação dessas palavras no teste de reconhecimento. Então, Huang e Yeh (2006) verificaram se esses resultados poderiam ser corroborados utilizando palavras emocionais, porém não tabus. Os autores mostraram que distratores críticos emocionais, mas não tabus, foram falsamente reconhecidos em menor proporção do que distratores críticos neutros (experimento 1a), um resultado equivalente àquele reportado por Pesta e colaboradores. Dessa forma, o achado convergente nesses três estudos é de que a emoção poderia servir como fator protetor contra a distorção mnemônica, resultando assim numa diminuição nos índices de FM.

Apesar dos estudos anteriormente citados corroborarem a ideia de que estímulos emocionais são menos suscetíveis a distorção mnemônica, algumas ressalvas devem ser feitas. O principal aspecto a ser salientado é que, nesses estudos, os estímulos emocionais eram incluídos apenas na fase de teste, ou seja, os participantes jamais estudavam estímulos emocionais. Se tentarmos traçar um paralelo com o exemplo do assalto ao banco, seria como se o observador tivesse apenas visto algumas pessoas saindo do banco em uma cena cotidiana e, posteriormente, corretamente não lembrasse que algumas das pessoas carregavam armas. A apresentação de estímulos emocionais somente na fase de teste não investiga os possíveis efeitos da valência na codificação e no armazenamento de um estímulo. Contudo, a investigação dos efeitos da codificação de estímulos emocionais possui relevância tanto para pesquisa básica (p. ex., quais mecanismos de memória estão envolvidos no processamento de informações emocionais?), quanto aplicada (p. ex., o quão preciso é o relato de uma testemunha que presenciou um evento emocional como um assalto?).

Afinal, o que as pesquisas que utilizaram a apresentação de estímulos com carga emocional nas fases de estudo e teste têm apontado sobre a interação entre emoção e FM? Dependendo da valência do estímulo, os resultados têm sugerido um padrão inverso ao anteriormente reportado, ou seja, estímulos emocionais são recuperados em maior quantidade, mas também podem ser mais falsamente reconhecidos.

> Estímulos emocionais são recuperados em maior quantidade, mas também podem ser mais falsamente reconhecidos.

Maratos e colaboradores (2000) realizaram uma pesquisa em que apresentavam 224 palavras aos participantes, das quais metade possuía valência negativa e a outra metade, neutra. Imediatamente após a fase de estudo os participantes realizavam um teste de reconhecimento. Os resultados indicaram que o índice de reconhecimento verdadeiro de itens negativos foi superior ao encontrado para os itens neutros. Além disso, o índice de FM para itens negativos também foi superior ao obtido para itens neutros. Os autores sugeriram que esse resultado poderia ser decorrente da associação semântica (isto é, o quão forte é a associação dos sentidos das palavras em uma lista) compartilhada entre as palavras emocionais e não de sua carga emocional propriamente dita.

Com o objetivo de dissociar o possível efeito da valência e da associação semântica na produção de FM, McNeely e colaboradores (2004, experimento 2) realizaram um experimento em que apresentavam: (a) palavras de valência neutra; (b) palavras de valência neutra e fortemente associadas entre si (associação semântica); (c) palavras de valência negativa.

Posteriormente no teste de reconhecimento, o índice de MV para palavras negativas foi superior àquele encontrado para as neutras. Já a taxa de FM produzida para palavras negativas foi superior tanto à taxa de FM para palavras neutras sem associação semântica, quanto para palavras neutras semanticamente associadas. Com base nesses resultados, os pesquisadores sugeriram que a valência emocional negativa poderia induzir um aumento nas taxas de FM, independentemente da associação semântica.

Entretanto, como visto anteriormente neste capítulo, uma emoção pode ser descrita por meio de um modelo bidimensional de valência (negativa à positiva) e alerta (relaxante à estimulante) (ver Scherer, 2005), porém os estímulos utilizados nas pesquisas anteriores não foram classificados quanto à dimensão de alerta, sendo esta uma possível fonte de viés na interpretação dos resultados. Ao planejar um experimento, se o pesquisador não controlar o maior número de variáveis que podem interagir com a variável de interesse, os resultados desse experimento serão de difícil interpretação. No caso do estudo de McNeely e colaboradores (2004), em que não foi controlado o alerta das listas, não é possível afirmar que as diferenças nos índices de FM ocorreram devido ao fato das listas possuírem conteúdo negativo (valência) ou apenas porque, além de negativas, as listas também eram mais estimulantes (alerta) quando comparadas às listas neutras.

Recentemente, Brainerd e colaboradores (2008) realizaram um estudo em que foram utilizadas listas de palavras associadas (DRM) de valência negativa, neutras e positivas, com os mesmos índices de alerta. Dessa maneira foi possível investigar: (a) o efeito da valência emocional, independente do alerta, na produção de FM; (b) as possíveis diferenças na qualidade da recuperação desses estímulos (p. ex., vívida recuperação do distrator crítico como se tivesse sido apresentado na fase de estudo ou a recuperação de um estímulo baseado apenas na sensação de familiaridade entre ele e os estímulos apresentados na fase de estudo).

No que diz respeito ao item (a), os resultados de Brainerd e colaboradores indicaram um padrão consistente da influência da valência na produção de FM: maiores taxas de FM para itens negativos comparados com os itens neutros e que por sua vez foram maiores do que os itens positivos. Com relação ao item (b) da investigação, foi observado que as FM para itens negativos advêm da sensação de familiaridade entre o distrator crítico e as palavras apresentadas na fase de estudo. De forma geral, os resultados de Brainerd e colaboradores sugerem que as FM para estímulos com valências emocionais distintas apresentam tanto diferenças quantitativas (taxas de falso reconhecimento) quanto qualitativas (vividez) nos padrões de resposta.

Cabe ressaltar que, apesar dos estudos apresentados até o momento utilizarem apenas estímulos verbais, experimentos com diferentes tipos de estímulos corroboram os resultados dos experimentos já apresentados. Pesquisas realizadas com imagens negativas (p. ex., figuras de animais peçonhentos) e neutras (p. ex., figuras de utensílios domésticos), também apontaram um aumento nos índices de falso reconhecimento para imagens negativas em comparação com imagens neutras (Marchewka et al., 2008). Pinto (2009) realizaram um experimento utilizando uma versão análoga ao procedimento de palavras associadas, entretanto, em vez de palavras, foram apresentadas imagens. As fotografias foram extraídas de um banco de imagens existente na literatura (Lang, Bradley e Cuthbert, 2008) e categorizadas de acordo com seu conteúdo. As categorias eram compostas de oito fotos coloridas, das quais seis foram utilizadas como material-alvo na fase de estudo e as outras duas fotos como distratores relacionados na fase de teste. Os resultados corroboram os achados de Brainerd e colaboradores (2008), em que os índices de falso reconhecimento de estímulos negativos foram superiores ao de positivos. Assim como no estudo de Brainerd e colaboradores (2008), o indíce de alerta das imagens também foi controlado.

Quando estudamos a influência da emoção nas FM, apresentando material emocional na fase de estudo, os resultados de estudos recentes em FM têm convergido para aqueles apresentados por Brainerd e colaboradores (2008), principalmente no que tange aos efeitos da valência negativa sobre as FM (Marchewka et al., 2008, Pinto, 2009). Portanto, voltando à questão formulada no início do capítulo sobre a possível resistência das memórias emocionais contra a distorção, poderíamos afirmar que estímulos emocionais também podem produzir FM. Ainda mais, estímulos negativos parecem ser mais suscetíveis à produção de FM. Finalmente, no exemplo do assalto ao banco poderíamos dizer que é possível que a nossa lembrança de eventos emocionais como esse seja distorcida e, ao contrário do que se poderia pensar, memórias emocionais não são mais confiáveis e precisas do que memórias de eventos não emocionais.

CONSIDERAÇÕES FINAIS

Os estudos envolvendo emoção e FM são muito recentes na literatura e, por isso, constituem uma área de pesquisa promissora. No presente capítulo, apresentamos apenas alguns dos achados da área que, em nosso julgamento, foram fundamentais no avanço dos estudos das FM emocionais.

Entretanto, apesar dos esforços recentes, algumas questões importantes ainda continuam em aberto no estudo das FM emocionais. Nota-se, principalmente, uma carência de estudos que investiguem o efeito do alerta nas FM. Alguns estudos têm sugerido que o alerta reforça a codificação de aspectos centrais do estímulo, por meio de mecanismos de atenção não intencionais, ao mesmo tempo em que tende a diminuir a codificação de detalhes periféricos dos estímulos (Burke, Heuer e Reisberg, 1992; Christianson e Loftus, 1991). Entretanto, ainda não se tem clara a influência do alerta na produção de FM. A falta de estudos sobre o efeito do alerta é parcialmente compreensível, uma vez que a manipulação dessa variável precisaria transpor algumas limitações metodológicas importantes, como a dificuldade de produzir estímulos de valência neutra e alto alerta.

Outra questão ainda pouco estudada diz respeito às bases neurais subjacentes à produção de FM emocionais. Pesquisas de neuroimagem têm revelado que a ação do alerta está estreitamente relacionada à ativação da amígdala (Phelps, 2006), enquanto o processamento da valência estaria associado a subregiões do córtex orbitofrontal (p. ex., Lewis et al., 2007). Esses achados sugerem que as bases neurais envolvidas na produção de FM emocionais podem ser dependentes da característica do estímulo, seja de valência ou alerta.

Os desafios e as questões que ainda se encontram em aberto no campo das FM emocionais devem servir como estímulo para fomentar mais pesquisas na área. Os achados apresentados neste capítulo foram fundamentais para a formação de uma base na área das FM emocionais. Tal base permite que pesquisas futuras possam explorar com mais profundidade e segurança a interação entre emoção e FM.

REFERÊNCIAS

Adolphs, R., Tranel, D., & Buchanan, T. W. (2005). Amygdala damage impairs emotional memory for gist but not details of complex stimuli. *Nature Neuroscience, 8*(4), 512-518.

Bradley, M. M., Greenwald, M. K., Petry, M. C., & Lang, P. J. (1992). Remembering pictures: Pleasure and arousal in memory. *Journal of Experimental Psychology: Learning, Memory, & Cognition, 18*(2), 379-390.

Bradley, M. M., & Lang, P.J. (1999). *Affective norms for English words (ANEW): Stimuli, instruction manual and affective ratings.* (Tech. Rep. C-1). Gainesville, FL: University of Florida, The Center for Research in Psychophysiology.

Brainerd, C. J., Stein, L. M., Silveira, R. A. T., Rohenkohl, G., & Reyna, V. F. (2008). How does negative emotion induce false memories? *Psychological Science, 19*(9), 919-925.

Brierley, B., Medford, N., Shaw, P., & David, A. S. (2007). Emotional memory for words: Separating content and context. *Cognition & Emotion, 21*(3), 495-521.

Buchanan, T. W. (2007). Retrieval of emotional memories. *Psychological Bulletin, 133*(5), 761-779.

Buchanan, T. W., & Adolphs, R. (2002). The role of the human amygdala in emotional modulation of long-term declarative memory. In S. Moore & M. Oaksford (Eds.), *Emotional Cognition: From Brain to Behavior* (pp. 9-34). Amsterdam: John Benjamins.

Burke, A., Heuer, F., & Reisberg, D. (1992). Remembering emotional events. *Memory & Cognition, 20*(3), 277-290.

Cahill, L., Babinsky, R., Markowitsch, H. J., & McGaugh, J. L. (1995). The amygdala and emotional memory. *Nature, 377*(6547), 295-296.

Cahill, L., Haier, R. J., Fallon, J., Alkire, M. T., Tang, C., Keator, D., Wu, J., et al. (1996). Amygdala activity at encoding correlated with long-term, free recall of emotional information. *Proceedings of the National Academy of Sciences of U S A, 93*, 8016-8021.

Christianson, S. Å., & Loftus, E. F. (1991). Remembering emotional events: The fate of detailed information. *Cognition & Emotion, 5*, 81-108.

Dalgleish, T. (2004). The emotional brain. *Nature Reviews Neuroscience, 5*(7), 583-589.

Damásio, A. R. (1996). *O erro de Descartes: Emoção, razão e o cérebro humano.* São Paulo: Companhia das Letras.

Damásio, A. R. (2000). A second chance for emotion. In R. D. Lane & L. Nadel (Eds.), *Cognitive neurosciences of emotion* (pp. 12-23). New York: Oxford University Press.

Darwin, C. (1872/2000). *A expressão das emoções no homem e nos animais.* São Paulo: Companhia das Letras.

Davidson, R. J. (1994). On emotion, mood, and related affective constructs. In Ekman, P. & Davidson, R. J. *The nature of emotion* (pp.51-55). Oxford: Oxford University Press.

Deese, J. (1959). On the prediction of occurrence of particular verbal intrusions in immediate recall. *Journal of Experimental Psychology, 58*(1), 17-22.

Dolan, R. J. (2002). Emotion, cognition, and behavior. *Science, 298*(5596), 1191-1194.

Dolcos, F., LaBar, K. S., & Cabeza, R. (2004). Interaction between the amygdala and the medial temporal lobe memory system predicts better memory for emotional events. *Neuron, 42*(5), 855-863.

Ebbinghaus, H. (1885/1964). *Memory: A contribution to experimental psychology.* New York: Dover.

Ekman, P. & Davidson, R. J. (1994). *The nature of emotion.* Oxford: Oxford University Press.

Frijda, N. H. (1994). Varieties of affects: Emotions and episodes, moods, and sentiments. In P. Ekman & R. J. Davidson. *The nature of emotion* (pp.59-67). Oxford: Oxford University Press.

Gardner, H. (1985). *The mind's new science: A history of the cognitive revolution.* New York: Basic Books.

Harris, C. R., & Pashler, H. (2005). Enhanced memory for negatively emotionally charged pictures without selective rumination. *Emotion, 5*(2), 191-199.

Huang, Y.-M., & Yeh, Y.-Y. (2006). Memory errors on emotional lures: Is it possible to mistake a positive stimulus for a negative one? *Cognition and Emotion, 20*(5), 646-670.

James, W. (1890). *The principles of Psychology.* New York: Dover.

Kagan, J. (1994). Distinctions among emotions, moods, and temperamental qualities. In P. Ekman & R. J. Davidson. *The nature of emotion* (pp.74-78). Oxford: Oxford University Press.

Kensinger, E. A., Brierley, B., Medford, N., Growdon, J. H., & Corkin, S. (2002). The effect of normal aging and Alzheimer's disease on emotional memory. *Emotion, 2*(2), 118-134.

Kensinger, E. A., & Corkin, S. (2004). The effects of emotional content and aging on false memories. *Cognitive, Affective, & Behavioral Neuroscience, 4*(1), 1-9.

Kensinger, E. A., & Schacter, D. L. (2006a). Amygdala activity is associated with the successful encoding of item, but not source, information for positive and negative stimuli. *Journal of Neuroscience, 26*(9), 2564-2570.

Kensinger, E. A., & Schacter, D.L. (2006b). Reality monitoring and memory distortion: Effects of negative, arousing content. *Memory and Cognition, 34*(2), 251-260.

Kensinger, E. A., & Schacter, D. L. (2006c). When the Red Sox shocked the Yankees: Comparing negative and positive memories. *Psychonomic Bulletin & Review, 13*(5), 757-763.

LaBar, K. S., & Cabeza, R. (2006). Cognitive neuroscience of emotional memory. *Nature Reviews of Neuroscience, 7*(1), 54-64.

Lang, P. J. (1995). The emotion probe. *American Pychologist, 50*(5), 372-385.

Lang, P. J., Bradley, M. M., & Cuthbert, B. N. (1990). Emotion, attention, and startle reflex. *Psychological Review, 97*(3), 377-395.

Lang, P. J., Bradley, M. M., & Cuthbert, B. N. (2008). *International affective picture system (IAPS): Affective ratings of pictures and instruction manual.* (Tech. Rep. A-8). Gainesville, FL: University of Florida.

Lazarus, R. (1994). The stable and the unstable in emotion. In P. Ekman & R. J. Davidson. *The nature of emotion* (pp.79-85). Oxford: Oxford University Press.

Lewis, P. A., Critchley, H. D., Rotshtein, P., & Dolan, R. J. (2007). Neural correlates of processing valence and arousal in affective words. *Cerebral Cortex, 17*(3), 742-748.

Loftus, E. F. (2002). Memory faults and fixes. *Issues in Science and Technology, 18*(4), 41-50.

Maratos, E. J., Allan, K., & Rugg, M. D. R. (2000). Recognition memory for emotionally negative and neutral words: An ERP study. *Neuropsychologia, 38*(11), 1452-1465.

Marchewka, A., Brechmann, A., Nowicka, A., Jednoróg, K. Scheich, H., & Grabowska, A. (2008). False recognition of emotional stimuli is lateralised in the brain: An fMRI study. *Neurobiology of Learning and Memory, 90*(1), 280-284.

McNeely, H. E., Dywan, J., & Segalowitz, S. J. (2004). ERP indices of emotionality and semantic cohesiveness during recognition judgments. *Psychophysiology, 41*(1), 117-129.

Oliva, A. D., Otta, E., Ribeiro, F. L., Bussab, V. S. R., Lopes, F. A., Yamamoto, M. E., & Moura, M. L. S. (2006). Razão, emoção e ação em cena: A mente humana sob um olhar evolucionista. *Psicologia: Teoria e Pesquisa, 22*(1), 53-61.

Pernot-Marino, E., Danion, J. M., & Hedelin, G. (2004). Relations between emotion and conscious recollection of true and false autobiographical memories: An investigation using lorazepam as a pharmacological tool. *Psychopharmacology (Berl), 175*(1), 60-67.

Pesta, B. J., Murphy, M. D., & Sanders, R. E. (2001). Are emotionaly charged lures immune to false memory? *Journal of Experimental Psychology: Learning, Memory, and Cognition, 27*(2), 328-338.

Phelps, E. (2006). Emotion and cognition: Insights from studies of the human amygdala. *Annual Review of Psychology, 57*, 27-53.

Pinto, L. H. (2009). *Construção de categorias de fotos emocionais associadas e a investigação de falsas memórias.* Dissertação de mestrado. Pontifícia Universidade Católica do Rio Grande do Sul, Porto Alegre, Brasil.

Power, M., & Dalgleish, T. (1997). The cognitive philosophy of emotion. In M. Power & T. Dalgleish. (Eds.), *Cognition and emotion: From order to disorder* (pp.17-64). Hove, East Sussex: Psychology Press.

Roediger, H. L., III, & McDermott, K. B. (1995). Creating false memories: Remembering words not presented on lists. *Journal of Experimental Psychology: Learning, Memory, and Cognition, 21*(4), 803-814.

Scherer, K. R. (2005). What are emotions? And how can they be measured? *Social Science Information, 44*(4), 695-729.

Sotres-Bayon, F., Cain, C. K., Ledoux, J. E. (2006). Brain mechanisms of fear extinction: Historical perspectives on the contribution of prefrontal cortex. *Biological Psychiatry, 60*(4), 329-336.

5
FALSAS MEMÓRIAS AUTOBIOGRÁFICAS

Giovanni Kuckartz Pergher

Para reconhecer a importância da memória, basta considerar a seguinte pergunta: "quem é você"? Independente da sua resposta, uma coisa é certa: essa questão só pode ser respondida a partir do acesso a informações armazenadas na sua memória. Mais especificamente, você precisou acessar sua Memória Autobiográfica (MA), que é o sistema de memória responsável pelo registro da sua história de vida. Como o próprio nome sugere, as MA são as lembranças (memórias) que o indivíduo possui sobre sua própria (auto) história de vida (biográfica).

A nossa MA está repleta de dados acerca de nosso passado. Nosso primeiro dia na escola, nosso primeiro beijo e a briga que um dia tivemos com uma pessoa querida são exemplos de eventos registrados em nossa MA. Não importa se é um evento remoto (p. ex., a mudança de casa que fizemos quando tínhamos 4 anos) ou recente (p. ex., o passeio que fizemos no último final de semana) – eles são igualmente armazenados nela. A MA registra tanto os acontecimentos neutros (p. ex., uma reunião normal de trabalho), quanto aqueles emocionalmente marcantes, positivos (p. ex., aprovação no vestibular) ou negativos (p. ex., envolvimento em um acidente de carro).

Apesar da MA registrar eventos dos mais distintos momentos de vida e de diferentes tipos, existe um ponto comum a todos eles: somos nós os protagonistas de tais eventos. Dito de maneira diferente, o nosso "eu" é o eixo central em torno do qual as MA são estruturadas. Essa característica levou os pesquisadores a definirem as MA como aquelas lembranças experimentadas como sendo autorreferentes.

Dado que as MA são estruturadas em torno do meu "eu", então elas são representações precisas dos eventos que vivenciamos, certo? Errado. Hoje em dia, os pesquisadores são unânimes em afirmar que as lembranças que temos sobre nosso passado não são um retrato fiel dos fatos. Diferentemente de um registro em uma foto ou um filme, nossas lembranças de vida estão sujeitas a distorções. É possível que nos recordemos de situações que absolutamente não ocorreram, um fenômeno conhecido como falsas memórias (FM). Este fenômeno, o das FM autobiográficas, é o tema principal do presente capítulo.

> Os pesquisadores são unânimes em afirmar que as lembranças que temos sobre nosso passado não são um retrato fiel dos fatos.

PESQUISANDO AS MEMÓRIAS AUTOBIOGRÁFICAS E SUAS DISTORÇÕES

O interesse em pesquisar a MA de maneira sistemática é relativamente recente no contexto do estudo científico da memória. Embora a investigação científica da memória tenha sido inaugurada ainda no século XIX (Ebbinghaus, 1885), foi apenas nos anos de 1970 que a MA passou a receber maior atenção por parte dos pesquisadores. Certamente não é à toa que a MA não se constituiu como um foco importante de investigação por quase 100 anos. Existem muitas dificuldades em pesquisá-la e é preciso toda uma engenhosidade experimental para contorná-las. Segundo Woll (2002), os principais problemas no estudo da MA podem ser agrupados em cinco grandes categorias, as quais são apresentadas no Quadro 5.1.

Dadas as dificuldades inerentes às pesquisas envolvendo a MA, foi preciso que houvesse uma grande mudança no pensamento científico para que o tópico se tornasse alvo de pesquisas sistemáticas. Esse movimento de mudança teve seu início nos anos de 1970, momento no qual passou a haver uma preocupação maior com a aplicação prática do conhecimento científico. Em outras palavras, os pesquisadores passaram a abrir mão do rígido controle de variáveis proporcionado pelas condições de laboratório, buscando estudar os processos cognitivos tais como eles ocorrem no dia a dia (Woll, 2002).

Métodos para o estudo das falsas memórias autobiográficas

Especificamente no que diz respeito ao estudo das FM autobiográficas, a primeira dificuldade apontada no Quadro 5.1 é de especial importância, pois, como visto nos Capítulos 1 e 2, só é possível sabermos se o participante está recuperando uma FM se pudermos comparar seu relato sobre um determinado evento com aqui-

---

QUADRO 5.1
Dificuldades inerentes às pesquisas sobre a memória autobiográfica

1. O pesquisador raramente tem acesso ao evento concreto vivenciado pela pessoa, tornando difícil avaliar a acurácia das lembranças relatadas.
2. Existem inúmeras variáveis que podem afetar a memória (p. ex., significado pessoal do evento, emoção associada à lembrança, número de vezes que o episódio foi relatado), as quais não são passíveis de controle por parte do pesquisador.
3. Diversas situações de vida ocorrem repetidamente (p. ex., festas, reuniões, passeios, etc), tornando nebulosa a distinção entre a memória para um evento específico daquela relativa a um conjunto de eventos semelhantes.
4. Os resultados de pesquisa sobre a MA, obtidos a partir de diferentes métodos de pesquisa, nem sempre são comparáveis entre si.
5. Na prática, as lembranças que o indivíduo possui sobre seu passado se misturam com sua visão de si, suas crenças pessoais e com as crenças impostas por outras pessoas.

lo que realmente aconteceu. Frente a essa dificuldade, os pesquisadores desenvolveram procedimentos criativos, os quais possibilitam que as lembranças dos participantes sejam comparadas, direta ou indiretamente, aos fatos originais. Tais procedimentos podem ser divididos em três grandes categorias, quais sejam:

> Os pesquisadores das falsas memórias autobiográficas desenvolveram procedimentos criativos para poder comparar a lembrança dos participantes aos eventos originais.

1. aqueles nos quais é o pesquisador quem apresenta o evento;
2. aqueles em que se buscam fontes independentes de informação sobre os eventos relatados;
3. aqueles em que as lembranças dos participantes são comparadas com registros que eles mesmos fizeram anteriormente.

A primeira forma de estudar as distorções de memória para eventos autobiográficos segue a tradição experimental de controle e manipulação de variáveis, descrita no Capítulo 2. Nessa abordagem, o pesquisador expõe os participantes a um determinado evento (p. ex., uma encenação com atores, uma visita a um museu), testando posteriormente suas lembranças para essa situação. Com esse procedimento, o pesquisador tem controle sobre o evento original (é ele quem determina os estímulos que serão apresentados ao participante), sobre o tempo transcorrido entre a vivência da situação e o teste de memória, bem como sobre o que acontece nesse intervalo de tempo entre a vivência da situação e o teste de memória (p. ex., o pesquisador pode sugerir uma falsa informação ao participante) (Loftus, 1996).

Uma vantagem dessa primeira abordagem é que ela possibilita uma comparação fidedigna entre o evento original e o relato do participante. Com isso, é possível identificar com precisão as distorções da MA. Além disso, o controle do experimentador sobre variáveis, tais como o tempo transcorrido entre a exposição ao evento original e o teste de memória; a exposição a eventos interferentes ocorridos durante esse intervalo de tempo, permite a investigação do efeito provocado por estas variáveis sobre a formação das FM.

Por outro lado, a principal desvantagem da primeira abordagem de estudo das FM autobiográficas está relacionada à questão da validade ecológica. A questão da validade ecológica diz respeito ao quanto as situações criadas pelo pesquisador assemelham-se àquelas que as pessoas vivenciam na vida real. Nas pesquisas dentro da primeira abordagem que seguem a tradição experimental, o evento fabricado pelo pesquisador possivelmente não esteja tão carregado de significado pessoal quanto aqueles que o indivíduo vivencia espontaneamente. Assim, a questão que permanece é: essas distorções de memória para eventos, vivenciados numa situação artificial de pesquisa, também ocorrem para eventos significativos naturalmente experenciados?

Para lidar com o problema da validade ecológica, os pesquisadores desenvolveram uma outra forma de averiguação das FM autobiográficas. Essa segunda abordagem é menos robusta em termos de controle experimental quando comparada com a primeira. Contudo, esse é o preço a ser pago por sua principal vantagem: a possibilidade de estudar a MA para eventos que as pessoas vivenciam espontaneamente. A ideia básica aqui é buscar por outras fontes de informação acerca dos eventos vivenciados (ou não vivenciados) pelos participantes, o que permite a comparação entre as lembranças relatadas e os fatos realmente vividos (Loftus, 1997).

Uma maneira para obter fontes independentes de informação sobre determinado fato é questionar os pais dos participantes de uma pesquisa sobre eventos por eles vividos na infância. Em um estudo clássico, Loftus e Pickrell (1995) entrevistaram os pais dos participantes sobre eventos ocorridos na infância de seus filhos. Nessas entrevistas, os pesquisadores registraram três fatos que fizeram parte da vida dos participantes. Posteriormente, os participantes receberam uma carta em suas casas. Nessa correspondência, havia uma explicação sobre os objetivos da pesquisa – estudar por que as pessoas conseguem lembrar alguns eventos na infância e outros não.

Além da apresentação dos objetivos da pesquisa, a carta continha quatro breves descrições de eventos supostamente ocorridos com os participantes na sua infância. Dos quatro eventos, três ocorreram de fato (pelo menos segundo o relato dos pais). Um deles, contudo, foi criado pelos pesquisadores – que o participante havia se perdido em um *shopping* quando tinha em torno de 5 anos (obviamente os pesquisadores se certificaram junto aos pais de que isso não havia ocorrido).

A carta instruía os participantes a escreverem tudo que se lembravam sobre cada episódio, fazendo a ressalva de que poderiam escrever "eu não me lembro disso", quando apropriado. Em entrevistas posteriores sobre os eventos da infância, os pesquisadores detectaram que 25% dos participantes aceitaram a sugestão de falsa informação, ou seja, lembraram ter ficado perdidos no *shopping* – algo que, em princípio, nunca aconteceu. (Se você está se perguntando por que os outros 75% não sucumbiram diante da sugestão, talvez a leitura do Capítulo 7, sobre FM e diferenças individuais, possa lhe ajudar).

Uma ramificação da estratégia de buscar por fontes independentes de informação envolve questionar os participantes sobre eventos que necessariamente não ocorreram. Em um estudo bastante criativo, Braun, Ellis e Loftus (2002) entrevistaram participantes que tinham visitado o parque temático da Disneylândia quando crianças. Durante as entrevistas, os pesquisadores sugeriam que os participantes haviam interagido com o Pernalonga durante a visita ao parque. Embora pareça plausível, isso é impossível de ter acontecido, pois o Coelho Pernalonga é um personagem da Warner e não da Disney!

O procedimento de sugerir a ocorrência de eventos impossíveis trouxe novas evidências sobre a possibilidade de falsificar memórias autobiográficas. Os resultados de Braun, Ellis e Loftus (2002) indicaram que os participantes que receberam a sugestão de terem encontrado o Coelho Pernalonga em sua visita à Disney incorporaram essa falsa informação às suas lembranças. Em um teste posterior, o grupo que recebeu a sugestão, quando comparado ao grupo controle que não recebeu falsa informação, mostrou-se mais confiante em relação a ter encontrado o personagem da Warner. Mais do que isso, 16% dos participantes submetidos à sugestão relataram lembrar-se de ter apertado a mão do Coelho Pernalonga, ao passo que apenas 7% dos participantes do grupo controle fizeram referência a este episódio impossível de ter ocorrido.

A terceira forma de investigar as distorções da MA envolve o uso de diários (White, 1989). Nesse procedimento, os participantes devem realizar, durante determinado período de tempo (3 meses, por exemplo), registros diários das situações que vivenciam. Esses registros ficam então em posse do pesquisador, de modo que o participante deixa de ter acesso a eles. Após os participantes terminarem seus registros, o pesquisador testa suas memórias para as situações vividas. Dessa maneira, distorções na MA podem ser detectadas por meio da análise da correspondência entre as lembranças relatadas no teste de memória (ocorrido meses após o evento) e os registros nos diários (realizados no mesmo dia em que o participante vivenciou o evento) (Conway et al., 1996).

Embora o uso de diários deixe dúvidas sobre a exatidão do primeiro registro em relação ao evento original (pois, entre a vivência do evento e seu registro, a memória do participante já pode ter sido distorcida), é indubitável a capacidade desses procedimentos no sentido de evidenciar que as memórias podem ser alteradas com o passar do tempo (Barclay e Wellman, 1986). A observação de que a memória sofre distorções ao longo do tempo é possível ao se comparar as lembranças dos participantes no teste de memória com os registros que estes fizeram dos eventos originais (Brainerd e Reyna, 2005).

TEORIAS EXPLICATIVAS DAS FALSAS MEMÓRIAS AUTOBIOGRÁFICAS

As evidências científicas disponíveis não deixam dúvida: as lembranças que temos de nossa história de vida não são um retrato fiel dos eventos vividos em nosso passado. A pergunta agora é: por que isso acontece? Para responder a essa pergunta, os cientistas lançam mão das chamadas teorias explicativas. De maneira simples, as teorias explicativas são tentativas de explicar os mecanismos responsáveis pela manifestação de um determinado fenômeno.

Uma concepção comum às teorias que buscam explicar as FM autobiográficas é a de que as nossas lembranças são, em grande parte, uma reconstrução do passado (Conway, 1997). Ao contrário do que ocorre com o computador, nós não temos um mecanismo que arquiva, armazena e recupera dados de maneira fiel. Com o computador você não precisa se preocupar se existem centenas de arquivos em uma mesma pasta. Quando você clicar em um determinado arquivo para abri-lo, seu conteúdo não vai se misturar com o dos outros arquivos. Além disso, cada arquivo específico está gravado em um único lugar, ou seja, as informações que ele contém não estão distribuídas ao longo de diferentes lugares no computador. De maneira semelhante, se você tentar gravar em uma mesma pasta dois arquivos com o mesmo nome, o sistema operacional do computador perguntará se ele deve fazer uma substituição. Nesse caso, cabe a você tomar a decisão consciente de confirmar a substituição ou não.

Na nossa memória, contudo, o processo é bastante diferente: os *arquivos* da nossa memória (denominados traços de memória), gravados nas *pastas* mentais, acabam se misturando. Além disso, as informações de um arquivo em particular estão espalhadas em diversos lugares, de modo que temos que juntar todas essas partes quando precisamos lembrar as informações. E ainda, para poder recuperar as informações do arquivo quando lembramos de um evento, o nosso *software* não nos pergunta nada antes de substituir um arquivo por outro. Isso significa que o conteúdo de nossas recordações sofre interferência de uma ampla gama de variáveis, tanto internas quanto externas; tanto atuais quanto pregressas. Em outras palavras, reconstruímos nosso passado influenciados por diversos fatores – e fazemos isso, na maioria das vezes, sem nos darmos conta (Ceci e Bruck, 1995).

> Reconstruímos nosso passado influenciados por diversos fatores – e fazemos isso, na maioria das vezes, sem nos darmos conta.

A maior parte das nossas reconstruções são acuradas, e não poderia ser diferente, afinal de contas, a nossa cognição se desenvolveu para nos tornar mais adaptados ao ambiente (Schacter, 1995). Por outro lado, conforme a Figura 5.1, uma série de variáveis leva a tendenciosidades no processo de reconstrução do passado, dando origem às distorções de memória. A tarefa das teorias explicativas, portanto, é explicar os mecanismos por meio dos quais tais variáveis dão origem às FM (Stein e Neufeld, 2001).

Embora diversos pesquisadores tenham lançado mão de distintas teorias explicativas sobre as FM autobiográficas, o presente capítulo abordará apenas duas delas, as quais têm sido mais amplamente debatidas na comunidade científica. A primeira teoria explicativa é a Teoria dos Esquemas, a qual postula que as FM ocorrem em função de o indivíduo distorcer a informação a fim de acomodá-la aos seus esquemas mentais prévios. A segunda teoria abordada é a Teoria do

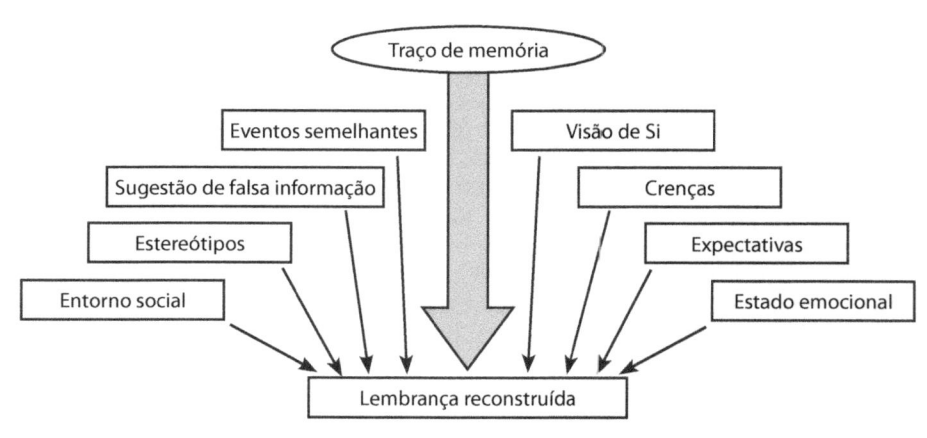

FIGURA 5.1
Variáveis que influenciam no processo de reconstrução das lembranças.

Monitoramento da Fonte. De acordo com essa teoria, as FM ocorrem quando a pessoa comete um erro no processo de identificar a origem de suas lembranças. Cada uma dessas teorias é apresentada a seguir.

Teoria dos Esquemas

Para explicar a natureza construtiva da memória, diversos autores lançam mão da noção de esquemas mentais. A utilização do conceito de esquemas para compreender as distorções de memória foi proposta inicialmente por Bartlettt (1932). Embora não se trate de um conceito recente, seu poder explicativo para diversos fenômenos da memória é tão robusto que, quase um século depois, continua sendo intensamente debatido na comunidade científica (Bower, 2000).

Embora não exista na literatura uma única e precisa definição para esquemas, podemos entendê-los como abstrações de experiências repetidas que sintetizam nosso conhecimento sobre determinada área. Uma vez formados, os esquemas geram expectativas diante das situações que vivenciamos e, desta forma, guiam (por vezes de maneira tendenciosa) nosso processamento de informação (Hirt, McDonald e Markman, 1998). A influência dos esquemas sobre a memória se dá tanto no momento da codificação quanto da recuperação da informação (Neuschatz et al., 2002).

Os esquemas podem ser de qualquer abrangência, ou seja, podem ser altamente específicos em relação a um tema em particular ou mais gerais (Barclay, 1986). Por exemplo, você pode ter um esquema específico relativo ao seu professor de estatística. Isso quer dizer que, baseado na experiência prévia, você sabe que ele vai entrar na aula, falar sobre o conteúdo novo, fazer cálculos no quadro e, por fim, vai pedir para que a turma se reúna em pequenos grupos para completarem exercícios. Seu esquema sobre o professor de estatística pode incluir outras características dele, tais como "divertido" ou "exigente". Por outro lado, além do esquema específico, você provavelmente possui um esquema mais amplo, relativo a professores. Com base nesse esquema mais abrangente, você tem a expectativa geral de que, ao entrar na sala de aula, um professor conduzirá as atividades junto à turma, fará explanações sobre os conteúdos, aplicará provas, etc.

Da mesma forma que os esquemas podem variar em sua abrangência, eles também podem versar sobre virtualmente qualquer tema (Brewer, 2000). Por exemplo, posso ter esquemas que sintetizam o conhecimento que possuo sobre mim mesmo (p. ex., "sou honesto", "sou péssimo em matemática"), sobre outras pessoas (p. ex., "fulana é egoísta", "beltrano é irresponsável"), e sobre o mundo em geral (p. ex., "o Rio de Janeiro é uma cidade violenta"). Além disso, os esquemas estão na base dos nossos preconceitos (p. ex., "as mulheres não têm capacidade de exercer cargos de chefia") e estereótipos (p. ex., "surfistas usam drogas", "pessoas religiosas são corretas"), os quais mostram-se como uma fonte potente de distorções na memória (Kleider et al., 2008).

Em se falando de distorções da memória autobiográfica, os esquemas que possuímos sobre nós mesmos (isto é, que formam nosso senso de *self*) são de especial relevância. Ao recuperarmos nosso passado, faremos isso de tal forma que nossas lembranças sejam compatíveis com a visão que temos de nós mesmos, no momento da recuperação (Ross, 1989). Consequentemente, se mudarmos os esquemas que temos a nosso próprio respeito, as memórias do nosso passado podem acompanhar essa mudança (Oakes e Hyman, 2001).

> Segundo a Teoria dos Esquemas, nossas lembranças sobre o passado são uma espécie de mescla entre o que realmente aconteceu e nosso conhecimento esquemático.

Segundo a Teoria dos Esquemas, nossas lembranças sobre o passado são uma espécie de mescla entre o que realmente aconteceu e nosso conhecimento esquemático (Alba e Hasher, 1983). Mais especificamente, essa perspectiva postula que as informações exatas sobre os eventos em si perdem-se já no momento da codificação, uma vez que estas acabam sendo acomodadas aos nossos esquemas (Hirt, McDonald e Markman, 1998). Nesse sentido, nossa memória é, por natureza, distorcida.

Para exemplificar como a abordagem dos esquemas explica as distorções da memória, suponha que um amigo lhe pergunte como foi seu desempenho na disciplina de estatística na faculdade. Ao recuperar da memória as informações relevantes para responder à pergunta, você não vai simplesmente acessar as notas que obteve no boletim. Ao invés disso, seu conhecimento esquemático sobre o professor ("ele era exigente") e sobre você mesmo ("sou péssimo em matemática") estará atrelado às lembranças de seu desempenho (Lampinen et al., 2000). Consequentemente, você pode dizer ao seu amigo "nossa, por pouco não tive que repetir essa disciplina", lembrando que tirou notas bem piores daquelas que realmente obteve quando, na verdade, suas notas permitiram-lhe passar com relativa folga.

Apesar da Teoria dos Esquemas ser uma maneira interessante de explicar as distorções da MA, ela não é livre de críticas. Possivelmente o maior alvo de críticas à Teoria dos Esquemas recaia sobre o seu pressuposto de que a memória é um sistema unitário. Em outras palavras, esta teoria postula que existe apenas uma "memória". Além disso, essa memória é distorcida por natureza, uma vez que ela está acomodada aos esquemas do indivíduo. Esse pressuposto não está de acordo com uma série de estudos recentes que indicam que a memória é constituída por múltiplos sistemas e que podemos ter lembranças literais (não distorcidas) dos acontecimentos (Brainerd e Reyna, 2005).

Teoria do monitoramento da fonte

Quando vivenciamos um determinado evento, nossa memória não codifica apenas os dados sobre o fato em si – também codificamos informações acerca das circunstâncias em que tal informação foi adquirida. Em outras palavras, armazenamos dados referentes à fonte na qual os eventos foram originalmente experenciados (Schacter, 2003). Por exemplo, você pode se lembrar de que seu irmão caiu um tombo na pista de dança (evento em si) na festa de casamento de seu primo (fonte). Você pode se lembrar da fisionomia de uma pessoa e de seu comportamento agressivo (evento em si) ao assaltar a loja em que você estava no momento do crime (fonte).

Segundo a Teoria do Monitoramento da Fonte, o processo de construção e reconstrução das lembranças por si só não explica todos os tipos de distorções da memória (Mitchell e Johnson, 2000). Johnson, Hashtroudi e Lindsay (1993) lançam mão da ideia de que as FM dependem de um equívoco no processo de atribuição da fonte das representações mentais que são ativadas no momento da recuperação. Dessa forma, as construções que fazemos sobre o passado só acarretarão em FM se estas forem avaliadas como memórias acuradas. Dito de outra maneira, as FM envolvem representações que o indivíduo adquiriu em um contexto (fonte) diferente daquele para o qual está sendo questionado (Crombag, Wagenaar e Koppen, 1996).

Vamos retornar ao exemplo do assalto à loja. Suponha que a polícia tenha detido alguns suspeitos e solicitado que você fizesse o reconhecimento. Você comparece à delegacia e observa aqueles homens enfileirados. Olha para o primeiro, mas não o reconhece como o autor do assalto. Olha para o segundo, e não faz o reconhecimento novamente. Observa cada um dos demais, mas o assaltante parece não estar ali. Depois de concluir a primeira tentativa, você (na melhor das intenções) tenta uma outra vez. Nessa segunda tentativa, você olha novamente para o primeiro da fila e pensa "esse rosto não me é estranho... acho que foi ele!"

Essa situação hipotética revela um equívoco na avaliação da fonte da informação. Você de fato tinha um registro do suspeito número 1 em sua memória, mas esse registro foi adquirido na delegacia, não na loja! Esse fenômeno, no qual o indivíduo, sem se dar conta, comete um erro na atribuição da fonte da familiaridade de um rosto, é conhecido por "transferência inconsciente" (Ross et al., 1994).

O exemplo anterior mostra como uma informação adquirida em um acontecimento externo (a fisionomia do primeiro suspeito na linha de identificação) pode ser inadequadamente atribuída a uma outra fonte (o assalto na loja). Contudo, os problemas no monitoramento da fonte não param por aí. Existem pesquisas indicando que representações mentais construídas internamente (p. ex. imaginação, processamento esquemático) podem ser erroneamente avaliadas como tendo sido adquiridas em um contexto externo (Foley, Wozniak e Gillum, 2006). Nesse sentido, estamos falando de um processo de monitoramento da realidade que envolve a habilidade para discriminar se uma determinada representação mental foi adquirida por meio da experiência ou criada internamente (Johnson e Raye, 1981).

Um dos pressupostos da Teoria do Monitoramento da Fonte é o de que distintas fontes geram representações mentais com características próprias. Esses atributos específicos de cada representação, por sua vez, são utilizados como pistas no processo de atribuição de sua fonte (Henkel e Coffman, 2004). Por exemplo, eventos que vivenciamos na realidade comparados aqueles que somente imaginamos, ou seja, que foram gerados internamente, tendem a ser mais ricos em detalhes perceptuais e recuperados com maior facilidade (Barnier et al., 2005). Logo, se acessamos uma representação mental rica em características sensoriais, e fazemos isso com relativa facilidade, nossa tendência é de acreditar que essa representação se trata de uma lembrança de um evento que de fato ocorreu (Sporer e Sharman, 2006).

Essa estratégia de tomar as características da representação como base para atribuir sua fonte geralmente funciona bem, ou seja, na maioria das vezes avaliamos corretamente a origem das nossas representações mentais. Contudo, em algumas circunstâncias, as características das representações mentais produzidas em uma fonte (p. ex., imaginação) assemelham-se aquelas tipicamente associadas à outra fonte (p. ex., vivência do fato), favorecendo as confusões no processo de atribuição (Davis e Loftus, 2006).

> Em algumas circunstâncias, as características das representações mentais produzidas em uma fonte assemelham-se àquelas tipicamente associadas à outra fonte, favorecendo as confusões no processo de atribuição.

Pesquisas que manipulam as operações mentais realizadas pelos participantes (p. ex., imaginar vividamente um evento *versus* pensar sobre um evento) oferecem evidências empíricas para a hipótese dos problemas de monitoramento da fonte (Paddock et al., 1998). Em alguns estudos, por exemplo, os pesquisadores manipulam o processamento cognitivo dos participantes solicitando que formem imagens mentais extremamente vívidas e detalhadas sobre eventos que nunca ocorreram (Garry et al., 1996). Com esse tipo de procedimento, as representações geradas internamente pelos participantes (isto é, via imaginação) assemelham-se àquelas advindas de fontes externas (isto é, pela vivência do evento) (Arbuthnott, 2005). Conforme predição da abordagem do monitoramento da fonte, quando o indivíduo cria imagens mentais ricas em detalhes sobre eventos que lhe foram sugeridos, ele terá uma maior propensão a ter FM para estes eventos imaginados (Drivdahl e Zaragoza, 2001).

Em suma, a Teoria do Monitoramento da Fonte tem se mostrado como uma forma interessante de explicar as FM autobiográficas. A ideia básica que embasa a teoria é simples: as FM ocorrem quando o indivíduo se engana ao identificar a origem em que adquiriu uma determinada lembrança. Apesar de simples, a Teoria do Monitoramento da Fonte é capaz de explicar uma ampla gama de fenômenos de distorção da MA.

IMPLICAÇÕES DOS ESTUDOS SOBRE FALSAS MEMÓRIAS AUTOBIOGRÁFICAS

A parte final deste livro é dedicada especificamente às implicações práticas dos estudos sobre as distorções da memória. Desse modo, limitaremos-nos a apresentar aqui uma síntese das implicações envolvendo as pesquisas sobre as FM autobiográficas. Duas grandes áreas aplicadas serão abordadas, quais sejam, a Psicoterapia e a Psicologia do Testemunho.

Falsas memórias autobiográficas e psicoterapia

Poucos profissionais da área da saúde mental discordariam que a memória é a principal função da qual a psicoterapia depende. Tudo que os pacientes relatam aos seus terapeutas é baseado em suas lembranças. Isso, por si só, constitui um ótimo motivo para que os terapeutas (de qualquer abordagem teórica), conheçam um pouco sobre o funcionamento da memória (Wainer, Pergher e Piccoloto, 2004).

Talvez o ponto mais central a ser reconhecido pelos psicoterapeutas é o de que a memória pode ser distorcida; esse ponto central tem diversas implicações. Em primeiro lugar, o relato do paciente sobre sua história de vida está longe de ser um retrato fiel dos fatos vivenciados. Conforme visto anteriormente neste capítulo, existem diversos fatores que determinam o que será recordado (esquemas, crenças sobre si mesmo, estado emocional, sugestões externas, entre outros). Consequentemente, para que um terapeuta consiga conhecer em profundidade a história de vida de seus pacientes, ele deve ser perspicaz o suficiente para reduzir a contaminação provocada pelos fatores que interferem no processo de recordação, ao coletar informações sobre seus passados (Jones, 1999).

O fato da memória poder ser distorcida também é crítico quando o assunto são as intervenções psicoterapêuticas. Por exemplo, vieses nas memórias de pacientes depressivos (que tendem a recordar eventos negativos) podem desarmar um terapeuta iniciante desavisado. Ao tratar um paciente depressivo, uma importante tarefa do terapeuta é a de mudar a forma negativa pela qual o paciente percebe a realidade. Para tanto, o terapeuta pode questionar o paciente quanto às evidências que confirmam (ou desconfirmam) suas percepções negativas.

No contexto da psicoterapia, obviamente, não existem evidências materiais – todas as evidências trazidas pelo paciente são, na verdade, lembranças que este possui. Assim, no processo de busca pelas evidências que apóiam ou contradizem as crenças do paciente, o terapeuta depende de uma certa "imparcialidade" por parte da memória dele – e isso raramente está presente. A tendência é de que o paciente venha a recordar apenas de eventos que confirmem seu pensamento depressivo, ou então distorça as evidências que apoiariam um pensamento mais otimista (Pergher, Grassi-Oliveira, Ávila e Stein, 2006). Nesse sentido, o conhecimento das distorções e tendenciosidades da memória é vital para o sucesso da psicoterapia, pois, sem esse conhecimento, o terapeuta fica incapaz de ver um lado da moeda que não necessariamente aquele trazido pelo paciente (Pergher, Stein e Wainer, 2004).

Não podemos perder de vista que a psicoterapia depende também da memória do terapeuta. Dito de maneira diferente, os terapeutas (por serem seres humanos) não se lembram literalmente das verbalizações de seus pacientes. Em vez disso, suas recordações acerca dos assuntos discutidos nas sessões anteriores estão sujeitas à influência de todos os fatores que sabidamente são fontes de distorção da memória. Lembranças distorcidas sobre o paciente possivelmente levarão a intervenções clínicas imprecisas e talvez prejudiciais ao bom andamento do processo terapêutico.

Tendo em vista que são as lembranças do terapeuta que guiam suas intervenções, quando estas memórias são fortemente influenciadas por crenças distorcidas por parte do terapeuta, há o risco de que este venha a adotar uma postura tendenciosa em sua atuação. Em especial, o clínico pode passar a assumir um viés confirmatório, ou seja, buscar apenas por informações que venham a confirmar suas crenças.

Suponha que um terapeuta acredite que os sintomas apresentados pelo paciente são decorrentes deste ter sido vítima de abuso sexual na infância. Baseado nesse pressuposto, o terapeuta passa a questionar o paciente sobre como era seu relacionamento com pessoas próximas, buscando por situações nas quais ele tinha trocas afetivas "íntimas demais". Ao procurar por esses exemplos, o terapeuta pode dar a entender que elas ocorreram de fato, sem que o paciente as tenha mencionado inicialmente. Como consequência, o terapeuta pode acabar sugestionando / implantando FM em seus pacientes sem se dar conta disto – dando origem, por exemplo, a uma "memória recuperada" (Pergher e Stein, 2005). As estratégias que os terapeutas podem utilizar para reduzir o risco de serem sugestivos são discutidas no Capítulo 11.

> Um terapeuta pode implantar falsas memórias em um paciente sem se dar conta.

Falsas memórias autobiográficas no contexto forense

A segunda grande área beneficiada com os estudos sobre as distorções da memória autobiográfica é a Psicologia do Testemunho. Em diversas situações a única prova de que a justiça dispõe é o depoimento de uma testemunha. Sob outro ponto de vista, a única prova de que a justiça dispõe são as lembranças armazenadas pela testemunha acerca dos fatos. Por conseguinte, o estudo da Psicologia do Testemunho é indissociável do estudo da memória autobiográfica e suas distorções.

Nos crimes em que não há evidências materiais / físicas (como ocorre em muitas situações de abuso sexual), uma prova consistente implica uma entrevista bem conduzida com a testemunha. Nesse sentido, técnicas de entrevista baseadas nos conhecimentos científicos sobre o funcionamento da memória são poderosas ferramentas na coleta de informações detalhadas e acuradas, as quais permitirão a efetiva aplicação da lei (Philippon et al., 2007). Esse tema é o foco do Capítulo 10.

> Técnicas de entrevista baseadas nos conhecimentos científicos sobre o funcionamento da memória são poderosas ferramentas na coleta de informações detalhadas e acuradas.

Não podemos deixar de lado também os vieses apresentados pela figura do entrevistador. Assim como um terapeuta, um investigador pode ter uma hipótese sobre os fatos acontecidos e, com isso, corre o risco de adotar um viés confirmatório em suas entrevistas. A consequência potencialmente danosa dessa postura é evidente: o investigador pode sugestionar a testemunha, implantando lembranças sobre fatos que não ocorreram (Fisher, Brennan e McCauley, 2002).

CONSIDERAÇÕES FINAIS

As FM autobiográficas constituem-se num tema que apenas recentemente se tornou alvo de investigação sistemática por parte dos pesquisadores. Em outras palavras, o estudo das FM autobiográficas ainda está dando seus primeiros passos. Em qualquer área da ciência, quando um novo tema passa a ser estudado pela comunidade científica, é natural que os primeiros momentos sejam marcados por incertezas e falta de consensos. Consequentemente, é inevitável que muitas perguntas sejam lançadas, mas poucas respostas sejam obtidas. No caso do estudo das FM autobiográficas, as principais questões que permanecem não respondidas giram em torno das seguintes temáticas: Qual teoria é capaz de explicar mais satisfatoriamente os dados obtidos em pesquisa? Quais são os métodos de pesquisa mais adequados para o estudo das FM autobiográficas?

Apesar de ainda restarem muitas perguntas a serem respondidas, existem dois pontos em que parece haver um consenso na comunidade científica:

1. a memória autobiográfica pode sofrer distorções;
2. o estudo das FM autobiográficas tem importantes implicações para diversas áreas aplicadas.

Tomados em conjunto, esses consensos apontam numa só direção: existe muito trabalho pela frente! Dito de maneira diferente, para que possamos ter uma compreensão mais ampla e precisa do fenômeno das FM autobiográficas, é necessário um contínuo processo de pesquisa e de discussão na comunidade científica. Embora esse processo seja lento e cercado de obstáculos, ele certamente é recompensador. À medida que aumentarmos o conhecimento sobre a maneira pela qual lembramos de nosso próprio passado, melhoraremos a compreensão que temos de nós mesmos.

REFERÊNCIAS

Alba, J. W., & Hasher, L. (1983). Is memory schematic? *Psychological Bulletin, 93*, 203-231.

Arbuthnott, K. D. (2005). The effect of repeated imagery on memory. *Applied Cognitive Psychology, 19*, 843-866.

Barclay, C. R. (1986). Schematization of autobiographical memory. In D. C. Rubin (Ed.), *Autobiographical memory* (pp.82-99). New York: Cambridge University Press.

Barclay, C. R., & Wellman, H. M. (1986). Accuracies and inaccuracies in autobiographical memories. *Journal of Memory and Laguage, 25*(1), 93-103.

Barnier, A. J., Sharman, S. J., McKay, L., & Sporer, S. L. (2005). Discriminating adults' genuine, imagined, and deceptive accounts of positive and negative childhood events. *Applied Cognitive Psychology, 19*, 985-1001.

Bartlettt, F. C. (1932). *Remembering*. Cambridge, England: Cambridge University Press.

Bower, G. H. (2000) A brief history of memory research. In E. Tulving & F. I. M. Craik. (Eds.), *The Oxford handbook of memory* (pp. 3-32). New York: Oxford University Press.

Brainerd, C. J., & Reyna, V. E. (2005). *The science of false memory*. New York: Oxford University Press.

Braun, K. A., Ellis, R., & Loftus, E. F. (2002). Make my memory: How advertising can change our memories of the past. *Psychology and Marketing, 19*(1), 1-23.

Brewer, W. F. (2000). Bartlettt, funcionalism, and modern schema theories. *The Journal of Mind and Behavior, 21*(1-2), 37-44.

Ceci, S. J., & Bruck, M. (1995). *Jeopardy in the courtroom: A Scientific analysis of children´s testimony*. Washington: American Psychological Association.

Conway, M. A. (1997). Introduction: What are memories? In M. A. Conway (Ed.), *Recovered memories and false memories* (pp.1-22). Oxford: Oxford University Press.

Conway, M. A., Collins, A. F., Gathercole, S. E., & Anderson, S. J. (1996). Recollections of true and false autobiographical memories. *Journal of Experimental Psychology: General, 125*(1), 69-95.

Crombag, H. F. M., Wagenaar, W. A., & Koppen, P. J. V. (1996). Crashing memories and the problem of 'source monitoring'. *Applied Cognitive Psychology, 10*, 95-104.

Davis, D., & Loftus, E. F. (2006). Internal and external sources of misinformation in adult witness memory. In M. P. Toglia, J. D. Read, D. F. Ross, & R. C. L. Lindsay. (Eds.), *The handbook of eyewitness psychology. Vol. I. Memory for events* (pp. 195-237). New Jersey: Lawrence Erlbaum.

Drivdahl, S. B., & Zaragoza, M. S. (2001). The role of perceptual elaboration and individual differences in the criation of false memories for suggested events. *Applied Cognitive Psychology, 15*, 265-281.

Ebbinghaus, H. (1885). *Memory: A contribution to experimental psychology*. New York: Teachers College, Columbia University.

Fisher, R. P., Brennan, K. H., & McCauley, M. R. (2002). The cognitive interview method to enhance eyewitness recall. In M. L. Eisen, J. A. Quas & G. S. Goodman. (Eds.), *Memory and Suggestibility in the Forensic Interview* (pp. 265-286). New Jersey: Lawrence Erlbaum.

Foley, M. A., Wozniak, K. H., & Gillum, A. (2006). Imagination and false memory induction: Investigating the role of process, content and source of imaginations. *Applied Cognitive Psychology, 20*, 1119-1141.

Garry, M., Manning, C. G., Loftus, E. F., & Sherman, S. J. (1996). Imagination inflation: Imagining a childhood event inflates confidence that it occurred. *Psychonomic Bulletin and Review, 3*(2), 208-214.

Henkel, L. A., & Coffman K. J. (2004). Memory distortions in coerced false confessions: A source monitoring framework analysis. Applied Cognitive Psychology, 18, 567-588.

Hirt, E. R., McDonald, H. E., & Markman, K. D. (1998). Expectancy effects in reconstructive memory: When the past is just what we expected. In S. J. Lynn, & K. M. McConkey. (Eds.), *Truth in memory* (pp. 90-106) New York: Guilford Press.

Johnson, M. K., Hashtroudi, S., & Lindsay, D. S. (1993). Source monitoring. *Psychological Bulletin, 114*(1), 3-28.

Johnson, M. K., & Raye, C. L. (1981). Reality monitoring. *Psychological Review, 88*(1), 67-85.

Jones, J. L. (1999). *The psychotherapist's guide to human memory*. New York: Basic Books.

Kleider, H. M., Pezdek, K., Goldinger, S. D., & Kirk, A. (2008). Schema-driven source misattribution errors: Remembering the expected from a witnessed event. *Applied Cognitive Psychology, 22*, 1-20.

Lampinen, J. M., Faries, J. M., Neuschatz, J. S., & Toglia, M. P. (2000). Recollections of things schematic: The influence of scripts on recollective experience. *Applied Cognitive Psychology, 14*(6), 543-554.

Loftus, E. F. (1996). *Eyewitness testimony*. Cambridge: Harvard University Press.

Loftus, E. F. (1997). Creating childhood memories. *Applied Cognitive Psychology, 11*, 75-86.

Loftus, E. F., & Pickrell, J. E. (1995). The formation of false memories. *Psychiatric Annals, 25*, 720-725.

Mitchell, K. J., & Johnson, M. K. (2000). Source monitoring: Attributing mental experiences. In: E. Tulving & F. I. M. Craik. (Eds.), *The Oxford handbook of memory* (pp.179-195). New York: Oxford University Press.

Neuschatz, J. S., Lampinen, J. M., Preston, E. L., Hawkins, E. R., & Toglia, M. P. (2002). The effect of memory schemata on memory and the phenomenological experience of naturalistic situations. *Applied Cognitive Psychology, 16*, 687-708.

Oakes, M. A., & Hyman, I. E., Jr. (2001). The role of the self in false memory creation. *Journal of Aggression, Maltreatment and Trauma, 4*, 87-103.

Paddock, J. R., Joseph, A. L., Chan, F. M., Terranova, S., Manning, C., & Loftus E. F. (1998). When guided visualization procedures may backfire: Imagination inflation and predicting individual differences in suggestibility. *Applied Cognitive Psychology, 12*, S63-S75.

Pergher, G. K., Grassi-Oliveira, R., Ávila, L. M., & Stein, L. M. (2006). Memória, Humor e Emoção. *Revista de Psiquiatria do Rio Grande do Sul, 28*(1), 61-68.

Pergher, G. K., & Stein, L. M. (2005). Entrevista cognitiva e terapia cognitivo-comportamental: Do âmbito forense à clínica. *Revista Brasileira de Terapias Cognitivas, 1*, 11-19.

Pergher, G. K., Stein, L. M., & Wainer, R. (2004). Estudos sobre a memória na depressão: Achados e implicações para a terapia cognitiva. *Revista de Psiquiatria Clínica, 31*(2), 82-90.

Philippon, A. C., Cherryman, J., Bull, R., & Vrij, A. (2007). Earwitness identification performance: The effect of language, target, deliberate strategies and indirect measures. *Applied Cognitive Psychology, 21*(4), 539-550.

Ross, D. F, Ceci, S. J., Dunning, D., & Toglia, M. P. (1994). Unconscious transference and mistaken identity: When a witness misidentifies a familiar but innocent person. *Journal of Applied Psychology, 79*, 918-930.

Ross, M. (1989). Relation of implicit theories to the construction of personal histories. *Psychological Review, 96*, 341-357.

Schacter, D. L. (1995). Memory distortion: History and current status. In D. L. Schacter (Ed.), *Memory distortion: How minds, brains and societies reconstruct the past* (pp. 1-43). Cambridge: Harvard University Press.

Schacter, D. L. (2003). *Os sete pecados da memória: Como a mente esquece e lembra.* Rio de Janeiro: Rocco.

Sporer, S. L., & Sharman, S. J. (2006). Should I believe this? Reality monitoring of accounts of self-experienced and invented recent and distant autobiographical events. *Applied Cognitive Psychology, 20*, 837-854.

Stein, L. M., & Neufeld, C. B. (2001). Falsas memórias: Por que lembramos de coisas que não aconteceram? *Arquivos de Ciências da Saúde Unipar, 5*(2), 179-186.

Wainer, R., Pergher, G. K., & Piccoloto, N. M. (2004). Psicologia e terapia cognitiva: Da pesquisa experimental à clínica. In P. Knapp (Ed.), *Terapia cognitivo-comportamental na prática psiquiátrica* (pp.89-100). Porto Alegre: Artmed.

White, R. T. (1989). Recall of autobiographical events. *Applied Cognitive Psychology, 3*, 127-135.

Woll, S. (2002). *Everyday thinking: Memory, reasoning and judgment in the real world.* Mahwah: Lawrence Erlbaum.

6
MEMÓRIA IMPLÍCITA, *PRIMING* E FALSAS MEMÓRIAS

Rosa Helena Delgado Busnello

Nas ciências cognitivas, entende-se a mente humana por meio de duas grandes divisões no que tange ao processamento de informações. Primeiro, há processos cognitivos que são conscientes, e outros que não; segundo, há memórias que são conscientemente evocadas em um processo controlado (as memórias explícitas ou declarativas), enquanto outras informações são acessadas pela memória sem que haja consciência dessa atividade. Estas últimas são as memórias implícitas (também chamadas de não declarativas), as quais se referem à recordação implícita de algo que realmente armazenamos (p. ex., o aprendizado procedural de andar de bicicleta, acessado sem consciência, enquanto pedalamos); ou ao que não armazenamos, mas que reconhecemos como tal. Neste último caso, evidencia-se o efeito de falsas memórias implícitas (FMI). O presente capítulo tem como objetivo apresentar, primeiramente, noções teóricas e experimentais concernentes à memória implícita, e, na sequência, aquelas centradas na investigação das FMI.

> As memórias explícitas são conscientemente evocadas. As memórias implícitas, entretanto, são acessadas sem que haja consciência desse processo.

As memórias implícitas (MI) evidenciam-se de várias formas na vida diária. Dentre elas, temos, por exemplo, os hábitos (p. ex., escovar os dentes após as refeições) e as habituações. Estas últimas dizem respeito aos processamentos cognitivos que são efetuados a fim de que o indivíduo aprenda a ignorar certos estímulos, reconhecendo-os, implicitamente, como sem importância. Assim, por exemplo, ao trabalhar ou morar perto de um aeroporto, o sujeito tende a se acostumar ao ruído forte dos motores de avião, mesmo enquanto executa suas funções profissionais ou dorme. Essas duas formas de MI – os hábitos adquiridos e as habituações aos estímulos externos – são as primeiras a se desenvolver nos seres humanos, provavelmente por serem as de processamento cognitivo menos complexo (Schacter, 1987; Squire, 1986).

Existem, ainda, outras MI além dos hábitos e das habituações. Segundo Damásio (2004) e Squire (1986), os sentimentos são memórias desse tipo, pois se baseiam em experiências vividas ou imaginadas. Tomando como exemplo as fobias, Squire (1986) considera que certas experiências, codificadas e armazenadas implicitamente, emergem como o medo exagerado a um estímulo, ainda que este não ofereça um risco imediato. O medo de altura, por exemplo, pode ser oriundo de uma experiência na qual o indivíduo, ainda criança, sentiu fortemente algum desamparo associado ao medo de cair. Posteriormente essa experiência não será recordada como um fato, mas como um sentimento de morte ou aniquilação, implicitamente codificado como se fosse a própria experiência.

Damásio (2004), por seu lado, ao examinar a origem e o papel dos sentimentos na vida humana, afirma que todos os indivíduos dirigem seu sistema cognitivo para a autopreservação, formando, primeiramente, os mapas mentais. Os mapas são caminhos (ou padrões) neurais não conscientes, implicitamente codificados, armazenados e ativados. Sua existência permite a noção de autoevidência e de estabilidade em relação ao mundo percebido, chegando à consciência como sentimentos. Segundo Damásio, são os sentimentos que nos permitem o reconhecimento e a avaliação imediatos do ambiente, pois um estímulo, ao ser considerado perigoso, imediatamente ativará sentimentos de alerta, direcionando a ação para que nos mantenhamos a salvo. Damásio considera, portanto, que a ação (p. ex., luta / fuga) ocorre a partir da ativação dos sentimentos e só depois deles. Neste caso, sentimos e depois pensamos, e não o contrário. E sentimos porque possuímos armazenamentos implícitos (MI), rapidamente acionados.

Além dos hábitos, das habituações e dos sentimentos, também são MI os aprendizados emocionais (p. ex., os valores morais); as habilidades motoras e sensoriais (p. ex., dirigir bicicletas ou automóveis, ou identificar a presença de alguém pelo perfume); os condicionamentos (p. ex., atender ao telefone sem pensar no que aquele sinal sonoro significa, ou parar o carro no sinal vermelho); e os estereótipos (p. ex., avaliar alguém, ou um grupo de pessoas, a partir da ativação implícita de conceitos associados a alguma característica percebida).

MEMÓRIA IMPLÍCITA NAS CIÊNCIAS COGNITIVAS

Os estudos focados na MI possuem diversas abordagens teóricas e metodológicas, tais como as da Psicologia Cognitiva, da Psicolinguística, da Psicologia Evolucionista e da Neuropsicologia. Na presente seção, serão abordados aqueles campos de estudo nos quais a MI tem sido objeto de pesquisa experimental, a fim de que se sintetize a contribuição de cada um deles no entendimento dos aspectos funcionais desse tipo de processamento de memória.

Na Psicologia Cognitiva, entende-se que MI são aquelas memórias que vêm à tona quando a evocação não é intencional ou consciente; não havendo, portanto, um esforço controlado para que a recordação ocorra. Metaforicamente, esse ramo da Psicologia entende que o processamento dos vários tipos de MI é como o uso que fazemos da energia gerada por uma hidrelétrica, a qual nos permite a utilização de lâmpadas elétricas, eletrodomésticos, computadores e elevadores. Da mesma forma, a MI "alimenta" diferentes processamentos cognitivos, investigados, experimentalmente, em diferentes paradigmas (Murphy e Zajonc, 1993; Nosek, 2007; Oliveira e Janczura, 2004; Squire, 1986).

A Psicologia Evolucionista, por sua vez, entende que as funções não conscientes de aprendizagem e memória devem ter precedido as funções conscientes por um período considerável de tempo. Reber (1993) aponta evidências biológicas de que os processos cognitivos implícitos – especificamente a aprendizagem implícita – apresentam propriedades que os diferenciam dos processos explícitos. São eles: robustez (isto é, as memórias implícitas perduraram mais do que as explícitas); independência de idade, pois não existem diferenças marcantes no processamento de MI entre jovens e idosos neurologicamente saudáveis; independência do nível de inteligência e generalização do processo (isto é, o processamento de MI é universal, sendo também observado em pacientes com lesões neurológicas), e variabilidade individual, pois, os estudos apontam diferenças individuais na aprendizagem e na recordação implícitas.

Já a Neuropsicologia busca avaliar os aspectos anatômicos e funcionais das MI, utilizando, por exemplo, a técnica de neuroimagem (Dehaene et al., 2001; Schacter, Gallo e Kensinger, 2007a; Schacter, Wigg e Stevens, 2007b; Whalen et al., 1998; ver Capítulo 3). Os estudos com essa técnica evidenciaram que a MI é inicialmente processada pelo hipocampo, sendo, em seguida, assumida pelo núcleo caudado e pelo cerebelo, com suas respectivas conexões. Nesse processamento ocorre o aperfeiçoamento do circuito responsável pela recuperação das informações codificadas, de forma que a recordação implícita se dá o mais rápido possível.

Entende-se, assim, que os circuitos neurais utilizados na recordação implícita são mais resumidos do que os das memórias explícitas e que, por isso, efetuam o processamento das informações mais rápida e eficientemente. Mas por que os circuitos implícitos se mostram mais eficientes? Segundo Schacter e colaboradores (2007b), quanto mais longo é um circuito nervoso, maior é a chance de que ocorram falhas em seu processamento. A causa dessas falhas, possivelmente, se deve ao fato de que cada sinapse (isto é, a transmissão de informações entre os neurônios) é sempre um elo frágil em potencial no encadeamento de informações. Assim, as MI mostram-se mais duradouras, rápidas e eficientes do que as memórias explícitas, em razão de seus circuitos neurais mais resumidos.

> A Neuropsicologia entende que, em razão de seus circuitos neurais mais resumidos, as memórias implícitas são mais duradouras, rápidas e eficientes do que as memórias explícitas.

Ainda com relação aos aspectos neurofuncionais das MI, entende-se que, tal como ocorre na memória explícita, a neuroquímica também faz parte de seu processo de aprendizagem e consolidação, pela ação dos neurotransmissores (ver Capítulo 3). Nas desordens de ansiedade, por exemplo, os fatores ambientais ou contextuais, implicitamente armazenados em uma situação de risco, contribuem para a generalização dos temores do indivíduo, mesmo em relação a outros estímulos, como é o caso do transtorno de estresse pós-traumático (TEPT).

Como exemplo de investigação neuropsicológica, Kroeze e seus colegas (2005), estudando os fatores precoces desencadeadores do transtorno de pânico, examinaram a diferença de processamento de palavras que sugerem sufocação, testando um grupo de pacientes com transtorno de pânico e um grupo-controle (isto é, um grupo de pessoas sem o diagnóstico de transtorno de pânico). A tarefa do experimento pedia que os participantes enchessem os pulmões de ar enquanto olhavam para a tela do computador. Logo em seguida, tinham de categorizar, em teclas previamente combinadas, a valência (positiva / negativa) de palavras que apareciam na tela.

A lista de palavras utilizada por Kroeze e colaboradores (2005) foi dividida em três categorias de estímulos: palavras com valência (a) positiva, (b) negativa, relacionadas aos fatores possivelmente desencadeadores do transtorno de pânico e (c) palavras com valência positiva, mas não relacionadas a esses fatores. Como os pacientes relatavam o medo de sufocação durante suas crises, as palavras positivas eram associadas ao bem-estar (p. ex., alívio; aéreo), as negativas ao mal-estar (p. ex., sufocar; asma), e as positivas não relacionadas serviam como um controle às duas categorias (p. ex., férias; música), formando uma linha de base para a comparação dos resultados. A hipótese de pesquisa foi a de que os pacientes com transtorno de pânico processariam as palavras com valência negativa mais rapidamente do que os indivíduos do grupo-controle, além de também processá-las mais rapidamente do que aquelas de valência positiva, relacionadas ao bem-estar. Os resultados obtidos por Kroeze e colaboradores (2005) confirmaram a hipótese da pesquisa, demonstrando que, em pacientes clínicos com transtorno de pânico, a simples exposição a palavras que ativem memórias implícitas ligadas a emoções negativas já determina uma prontidão de resposta. (Para revisão específica de estudos de MI com pacientes clínicos, veja Pause et al., 2004 e Scott, Mogg e Bradley, 2001.)

Além da Psicologia Cognitiva, da Evolucionista e da Neuropsicologia, outro campo de estudos das MI é a Psicolinguística (Foster, 1999; Segui, 2004; Taylor, 2002). Nesta área de pesquisa de MI, considera-se que a aprendizagem e o registro mnemônico da língua materna ocorrem de forma implícita, bem como o da gramática artificial; isto é, a representação grafêmica dos sons, por meio das consoantes e vogais. A Psicolinguística explora o chamado acesso lexical, ou seja, a decodificação de *inputs* linguísticos (os estímulos relacionados à linguagem), tanto na língua falada como na escrita. Entende-se que o léxico é um banco de MI, no qual se encontram arquivados os morfemas (isto é, as menores unidades de significado, como a sílaba) e as palavras, com suas relações fonológicas, ortográficas, semânticas e sintáticas (isto é, o significado das palavras e a ordem interna das frases).

Observa-se, portanto, que codificamos, armazenamos e recordamos, implicitamente, vários tipos de informações, sendo esse fenômeno estudado sob diferentes abordagens. O processamento implícito, por sua vez, pode ser relativo à recordação de informações verdadeiras (ou reais), ou a recordações falsas. Neste último caso, observa-se o fenômeno das FMI; foco principal do presente capítulo.

Antes de abordar as FMI, no entanto, deve-se entender como se estuda uma memória que não é conscientemente recordada. Qual é, afinal, o paradigma metodológico que os pesquisadores usam para demonstrar as MI, sejam elas verdadeiras ou falsas?

MEMÓRIA IMPLÍCITA E O EFEITO DE *PRIMING*

Historicamente, a MI não foi facilmente aceita pela comunidade científica como uma forma de memória independente da explícita, até então conhecida e estudada. As evidências empíricas de que havia mais de um sistema de armazenamento e recuperação de informações, entretanto, começaram a surgir a partir dos anos de 1960, em estudos com pacientes amnésicos. Pesquisando a capacidade de aprendizagem do paciente H.M., portador de amnésia severa, Milner, Corking e Teuber (1968) relataram que este era capaz de adquirir novas habilidades motoras, tal como aprender a desenhar o contorno de um objeto observado pelo espelho, embora não fosse capaz de recordar desse aprendizado, ou mesmo de haver realizado o desenho.

As evidências apontadas por Milner e colaboradores (1968) levaram outros pesquisadores à busca de paradigmas metodológicos que lhes permitissem investigar se haveria mais de um sistema de memória, sendo um deles independente da consciência objetiva (isto é, a MI). O objetivo principal dessas pesquisas foi encontrar tarefas capazes de evidenciar aprendizados e recordações implícitos, não apenas em pacientes amnésicos, mas também em pessoas neurologicamente sadias. Como resultado de seus esforços, os pesquisadores constataram que o paradigma experimental que melhor permitia uma observação rigorosa da MI era o *priming*. *Priming* é o fenômeno cognitivo observado quando um estímulo prévio (o *prime*), percebido brevemente (usualmente, de quatro milissegundos a dois segundos), facilita o processamento de uma informação (idêntica ao *prime* ou de alguma forma associada a ele), percebida logo a seguir (Squire, Shinamura e Graf, 1985).

> *Priming* é o fenômeno cognitivo observado quando um estímulo prévio (o *prime*), percebido brevemente, facilita o processamento de uma informação subsequente, idêntica ou associada ao *prime*.

Inicialmente, as tarefas experimentais no paradigma de *priming* que melhor evidenciaram a MI foram as de complementação de radicais e de lacunas de palavras (p. ex., CASA / CA_ _/ C _ S _), em estudos com pacientes amnésicos (grupo experimental) e com indivíduos neurologicamente saudáveis (grupo-controle). Tomando como exemplo a tarefa de complementação de radicais, imagine que um participante amnésico leu uma lista de palavras na qual aparecia a palavra CASA. Ainda que esse paciente não possuísse, posteriormente, nenhuma recordação da leitura da lista, quando o pesquisador lhe pediu para preencher as lacunas de CA _ _, ele realizou a tarefa mais rápida e corretamente do que ao preencher uma palavra que não estava na lista (p. ex., MEIA / ME_ _). Isso ocorre porque a memória da palavra lida se mantém ativada durante algum tempo, favorecendo a complementação de uma lacuna ou de um radical mesmo quando não há recordação explícita da palavra ou de sua leitura. Esse é o *priming*: a facilitação de um processamento (p. ex., a complementação do radical) por meio da pré-ativação automática de um armazenamento (p. ex., uma palavra lida na lista).

Assim, a partir de experimentos de *priming*, foi possível comprovar a dissociação entre dois sistemas de memória, o explícito e o implícito, tanto nos pacientes amnésicos como em indivíduos neurologicamente saudáveis (Graf, Squire e Mandler, 1984; Schacter, 1987; Squire et al., 1985). Tais experimentos também evidenciaram que os indivíduos amnésicos apresentavam um nível de acerto quase idêntico ao do grupo-controle no paradigma de *priming*. Os pesquisadores consideraram, então, que o efeito de *priming* é independente das regiões cerebrais que processam as memórias controladas pela recordação voluntária (isto é, as memórias explícitas), concluindo que o cérebro organizou sua capacidade de processamento de informações em sistemas de memória distintos e independentes.

Posteriormente, em estudos de *priming* com neuroimagens (Dehaene et al., 2001; Farah e McClelland, 1991; Schacter et al., 2007b; Whalen et al., 1998), observou-se que o *priming* ocorre no córtex pré-frontal e em suas áreas associativas, sendo seu funcionamento observado de duas formas. Em uma delas, o sistema cognitivo utiliza "pistas", como, por exemplo, as primeiras sílabas do hino nacional ou as primeiras palavras de um ditado popular, a fim de recordar todo o resto. Na outra forma de processamento, ele recupera automaticamente todo um conjunto de informações ligadas ao estímulo inicial, tal como ocorre, por exemplo, ao iniciarmos um percurso habitual cujo trajeto não necessita de raciocínio para ser completado. Mas como se explica esse tipo de recuperação?

Um modelo explicativo para o efeito de *priming* é a abordagem conexionista de Anderson (1983). Esse autor apresentou a chamada *hipótese de propagação da ativação*, preconizando que o conhecimento é armazenado na memória em nodos associativos, formando redes de informação que são, por sua vez, interligadas. Quando um nodo recebe um *input* (p. ex., a leitura da palavra CASA), seu nível de ativação aumenta, distribuindo-se, propagando-se em rede e ativando as memórias associadas a ele (no exemplo aqui utilizado, as associações semânticas, fonológicas e/ou ortográficas relacionadas à palavra CASA).

A hipótese de Anderson (1983) foi assumida por diferentes autores, principalmente a partir das evidências obtidas em neuroimagens durante a execução de tarefas (Dehaene et al., 2001; Schacter et al., 2007a). Tais evidências apontam o fato de que as MI são armazenadas e recuperadas como representações (os nodos), distribuídas por todo o neocórtex. Isso significa que os nodos de informação são processados em várias áreas interligadas, envolvendo desde as regiões que codificam a informação perceptiva (p. ex., a cor ou a forma de um objeto), até as áreas cujos nodos são, de alguma forma, associados à nova informação, como, por exemplo, a utilidade desse objeto; a semelhança com outro já conhecido ou a recordação concomitante de uma pessoa que possui um objeto idêntico).

Mas como os pesquisadores estudam o *priming*? Existem, basicamente, dois paradigmas experimentais utilizados em pesquisas sobre o efeito de *priming*: o direto e o indireto.

Priming direto e indireto

Usualmente, o *priming* direto (também chamado de idêntico ou de repetição) é utilizado para demonstrar a ativação de processamento do sistema cognitivo após a percepção de um estímulo sensorial, como, por exemplo, uma palavra ou um símbolo visual. Nesse tipo de pesquisa, há a exposição prévia de um estímulo inicial (o *prime*) idêntico ao alvo, o qual tem a função de preparar o sistema cognitivo para o processamento subsequente daquela mesma informação. A ocorrência do fenômeno de *priming* direto é inferida a partir da comparação entre as condições de teste com e sem a apresentação de *primes*, bem como pela maior rapidez de resposta (ou de reação), observada na condição de teste na qual *prime* e alvo são idênticos.

> A ocorrência do fenômeno de *priming* é inferida a partir da comparação entre as condições de teste com e sem a apresentação de *primes*.

Os *primes* podem ser apresentados acima ou abaixo do limiar de consciência do participante. Quando são apresentados abaixo, caracteriza-se o efeito de *priming* subliminar. O tempo de exposição de um estímulo subliminar varia. Palavras, por exemplo, são processadas, subliminarmente, entre 25 e 50 milissegundos (ms) de exposição (Busnello, Stein e Salles, 2008; Foster, 1999), enquanto símbolos gráficos, fotos de faces ou figuras geométricas são percebidos pré-conscientemente a partir de 4 ms (Murphy e Zajonc, 1993).

Observe na Figura 6.1, um exemplo de teste de *priming* subliminar direto em uma tarefa de complementação de radicais. Na primeira condição de teste, a palavra ARMA é apresentada como *prime* na tela do computador, abaixo do limiar de

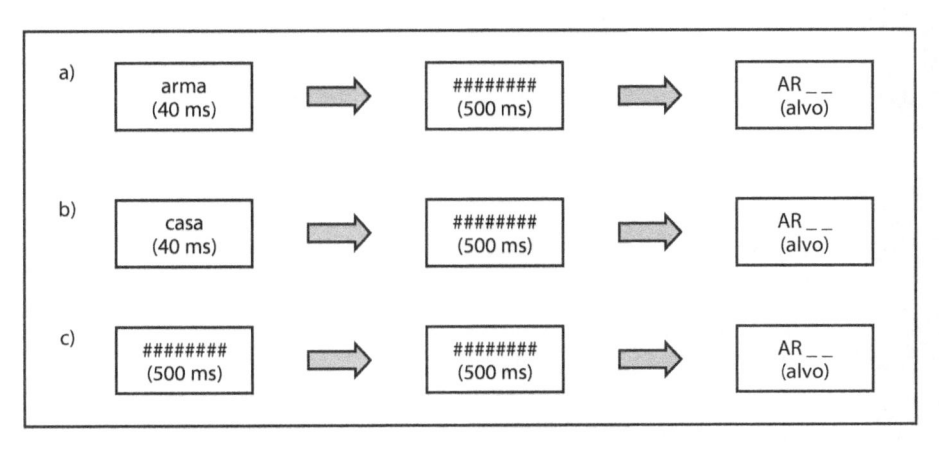

FIGURA 6.1
Exemplos de condições de teste de *priming* subliminar direto em tarefa de complementação de radicais: a) *prime* e alvo idênticos; b) *prime* e alvo não relacionados; c) alvo sem *prime*.

consciência do participante, por 40 ms. Isso quer dizer que, ao olhar a tela, ele vê somente a máscara visual ###, logo substituída (após 500 ms) pelo alvo. Usualmente, o *prime* é apresentado em minúsculas e o alvo em maiúsculas. No exemplo aqui utilizado, o alvo percebido é a primeira sílaba de uma palavra. A tarefa do participante é preencher as lacunas o mais rápido possível.

Como hipótese de pesquisa, considera-se que o alvo apresentado após um *prime* idêntico (ainda que subliminar) será preenchido mais rápida e corretamente do que em outras condições de teste. A fim de corroborar essa hipótese, os pesquisadores apresentam, então, o mesmo alvo (ARMA) em outras duas condições de teste: com um *prime* não relacionado (*casa*); sem nenhum *prime*.

As três condições de teste são apresentadas a diferentes participantes do experimento, escolhidos aleatoriamente. A medida de MI obtida é o tempo de reação (TR) menor na condição de identidade. Por isso, na instrução para a fase de teste, o pesquisador informa ao participante de que este deverá realizar a tarefa o mais rápido possível, pois a medida de TR serve para aferição do efeito de *priming*.

Já o efeito de *priming* indireto (também chamado de associativo ou semântico), ocorre quando, ao se perceber ou pensar sobre um conceito, observa-se uma facilitação no processamento de outro(s) conceito(s) a ele relacionado. Por exemplo: caso o indivíduo perceba o *prime hospital*, processará o alvo MÉDICO mais rapidamente do que o alvo ÁRVORE, uma vez que as duas primeiras palavras estão associadas semanticamente. O TR, nesse caso, será menor do que na condição de teste em que não há associação.

Assim, entende-se que as tarefas que evidenciam o efeito de *priming* indireto buscam determinar *se* e *o quanto* um *prime* relacionado ao alvo influencia no processamento deste último. Tal como ocorre no *priming* direto, a investigação do efeito de *priming* indireto pode ocorrer de forma subliminar ou aparente. Para uma revisão desse tópico, veja também Salles, Jou e Stein (2007).

PRIMING INDIRETO NAS FALSAS MEMÓRIAS IMPLÍCITAS

Como você leu no Capítulo 1, as FM ocorrem quando recordamos ou reconhecemos o que não aconteceu (Schacter et al., 2007a). Trata-se de um fenômeno testado de forma explícita, no qual o indivíduo declara, após ler uma lista de palavras, assistir a um filme ou testemunhar sobre um crime, o que viu e o que não viu, ou o que recorda (ou não) ter acontecido. E as FMI, como ocorrem? Como são estudadas?

> O estudo da falsas memórias implícitas ainda é incipiente. Surgiu a partir das evidências obtidas nos experimentos de falsas memórias com listas de palavras associadas, tais como o Paradigma DRM.

O estudo da FMI ainda é incipiente. Surgiu a partir das evidências obtidas nos experimentos de FM com listas de palavras associadas, tais como no Paradigma DRM, descrito no Capítulo 2. Deese (1959), ao testar a memória declarativa (isto é, de reconhecimento e/ou de recordação livre) de listas de palavras semanticamente associadas (p. ex., cama, travesseiro, lençol), observou que os participantes, além de recordarem palavras não apresentadas na lista de estudo, tinham certeza de tê-las lido. No exemplo utilizado, o participante lembraria falsamente a leitura da palavra *sono*. Deese chamou esse fenômeno de "efeito de intrusão". Roediger e McDermott (1995) retomaram o trabalho de Deese, ampliando o paradigma de estudo das FM e estabelecendo o Paradigma DRM. O efeito de intrusão foi, então, considerado como a evidência da falsa recuperação de uma palavra não lida na fase de estudo, ou, simplificando, como uma FM.

A fim de explicar o efeito de intrusão relatado por Deese (1959), Underwood (1965) propôs a *hipótese da ativação implícita*, preconizando que, ao estudar uma palavra, o indivíduo ativa automaticamente seus associados – ou a rede semântica, apresentada por Anderson (1983). A hipótese da ativação implícita também explicaria a recordação da essência, em lugar do traço literal de memória, proposta pela Teoria do Traço Difuso (Reyna e Brainerd, 1998), abordada no Capítulo 1. Nessa teoria, o traço literal de memória seria mais facilmente esquecido do que o traço de essência (isto é, o semântico), e este último serviria de base para as FM.

As listas de palavras associadas e o estudo das Falsas Memórias Implícitas

No estudo da FMI utilizam-se, usualmente, as mesmas listas de palavras associadas presentes nos estudos de FM (Stein, Feix e Rohenkohl, 2006; ver Capítulo 2). Até o presente momento, considera-se que a diferença entre a investigação de FM e de FMI reside no fato de que, na segunda, o participante não tem consciência de estar recuperando memórias codificadas na fase de estudo dos experimentos. Outra diferença reside no fato de que o efeito de FM parece ser melhor observado quando a fase de estudo de experimento é feita acima do limiar de consciência do participante (Huang e Janczura, 2008), uma vez que os índices de falsos reconhecimentos aumentam de acordo com o aumento do tempo de exposição às listas de palavras.

A diferença entre FM e FMI, portanto, está vinculada à manipulação, por parte do pesquisador, da atenção e da consciência do participante

> A diferença entre a investigação de falsas memórias e de falsas memórias implícitas com as listas de palavras associadas é que, na segunda, o participante não tem consciência de estar recuperando memórias baseadas na fase de estudo dos experimentos.

do experimento e não ao conteúdo da recordação, pois este seria o mesmo. Como explicação, Schacter e colaboradores (2007a) entendem que os resultados de FMI obtidos em estudos com palavras associadas ocorrem devido à diminuição do campo de ação do mecanismo consciente de recordação. Esse mecanismo, entretanto, não é observado em indivíduos com lesões neurológicas, uma vez que estes não possuem a capacidade de associar memórias de diferentes regiões cerebrais.

Assim, para evidenciar o efeito de FMI, o pesquisador:

a) manipula o tempo no qual o estímulo é exposto;
b) manipula a atenção do participante do experimento a fim de que este não tenha consciência de que realiza um teste de memória;
c) utiliza tarefas com medidas implícitas de memória, tais como a complementação de fragmentos de palavras, o preenchimento de lacunas, a escolha-cega ou a decisão lexical.

Em suma, entende-se que o mecanismo subjacente às FMI é o efeito de *priming* indireto ou semântico.

Como exemplo de um experimento de FMI com palavras associadas, examinaremos o seguinte procedimento: utilizando uma mesma lista de palavras associadas (p. ex., a lista fruta), o pesquisador pode examinar tanto o efeito de FM como o de FMI. Para tanto, num experimento de FM, o participante fará a leitura da lista de palavras (no caso, banana, maçã, uva, pera, mamão, melão, abacaxi) com a instrução de prestar atenção, pois mais tarde fará um teste de memória com este conteúdo. Como visto no Capítulo 2, a FM é obtida quando o participante recorda, na fase de teste do experimento, uma palavra que não foi lida (p. ex., morango). A fase de teste, no experimento de FM, utilizará medidas explícitas de memória, tais como:

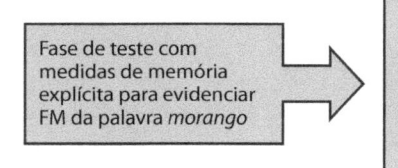

| Fase de teste com medidas de memória explícita para evidenciar FM da palavra *morango* | ⇒ | • **Recordação livre:** "O que você se lembra de ter lido na lista?"
• **Recordação com pistas:** "Quais palavras estavam na lista?"
• **Reconhecimento:** "Você leu a palavra *morango*? Sim ou não?" |

FIGURA 6.2
Medidas explícitas de memória.

Ao investigar o efeito de FMI com listas de palavras associadas, no entanto, o pesquisador, na fase de estudo, fará com que o participante leia as listas sem que tenha consciência de que terá sua memória testada posteriormente. Um procedimento usual, nesse caso, é fazer com que o participante leia as palavras contando o número de sílabas, por exemplo, a fim de que julgue realizar uma tarefa cognitiva. Na fase de teste, por sua vez, o pesquisador também fará com que o participante realize uma tarefa sem notar que sua memória está sendo avaliada. Como?

Voltando ao exemplo apresentado no estudo de FM, imagine, então, que o participante de nosso experimento lerá a lista de frutas, mas em uma fase de estudo muito breve (p. ex., cada palavra da lista poderá ser apresentada por 20 ms) ou contando as vogais de cada palavra lida. Na instrução da tarefa, ele será informado, por exemplo, de que realiza um teste de processamento cognitivo de palavras, sem que haja qualquer referência à sua memória. Na fase de teste, ele poderá realizar diferentes tarefas, que demonstrem uma FMI do distrator crítico, tais como:

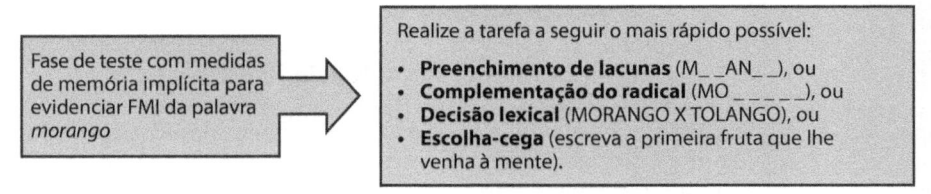

| Fase de teste com medidas de memória implícita para evidenciar FMI da palavra *morango* | ➤ | Realize a tarefa a seguir o mais rápido possível:
• **Preenchimento de lacunas** (M_ _AN_ _), ou
• **Complementação do radical** (MO _ _ _ _ _), ou
• **Decisão lexical** (MORANGO X TOLANGO), ou
• **Escolha-cega** (escreva a primeira fruta que lhe venha à mente). |

FIGURA 6.3
Medidas implícitas de memória.

Nos dois primeiros exemplos, o participante escreveria a palavra *morango* mais rapidamente do que a palavra *mortadela*. Por quê? Porque teria lido uma lista de frutas anteriormente à tarefa e, assim, sua tendência de resposta seria a FMI da palavra *morango* e não de uma palavra não relacionada à lista estudada. No terceiro exemplo, a tarefa de decisão lexical pede que o participante decida, o mais rápido que puder, se o que vê na tela do computador é ou não uma palavra. Tendo percebido uma palavra da lista antes do alvo (p. ex., o prime maçã), o participante fará essa decisão mais rápida e corretamente do que em uma condição de teste de linha de base, na qual não haja a apresentação prévia de *primes*.

Na fase de teste, além das medidas implícitas de memória, o participante de um experimento de FMI deve realizar a tarefa proposta o mais rápido possível, pois se espera que a palavra relacionada (p. ex., morango) seja processada mais rapidamente do que uma não relacionada (p. ex., janela). Igualmente entende-se que na escolha-cega (isto é, falar ou escrever a primeira palavra vinda à mente sem tempo para pensar), o participante gerará tanto palavras realmente percebidas na fase de estudo (maçã, banana) como a palavra *morango*, caracterizando, assim, a ocorrência de uma FMI pela ativação da rede semântica.

Caso não haja o controle experimental na manipulação da consciência dos participantes, no entanto, o resultado obtido não evidenciará uma FMI, mas uma FM. Por exemplo: McBride, Coane e Raulerson (2006) buscaram evidenciar o efeito de FMI, mas não obtiveram os resultados esperados. Em seu experimento, os participantes leram 15 listas de palavras associadas (uma palavra por vez durante 3 segundos). Ainda que os pesquisadores tenham utilizado medidas implícitas de memória na fase de teste (isto é, o preenchimento de lacunas e a escolha-cega), os resultados não poderiam evidenciar FMI, pois o tempo de exposição das palavras, na fase de estudo, foi muito alto (3 segundos). Dessa forma, fica claro o quanto a manipulação da consciência do participante é um fator determinante na pesquisa de FMI.

Alguns exemplos de estudos com listas de palavras associadas cujos resultados evidenciaram a ocorrência de FMI são:

a) Seamon, Luo e Gallo (1998) apresentaram, subliminarmente, 16 listas de palavras associadas (20 ms para cada palavra da lista), enquanto os participantes ouviam sequências aleatórias de números em fones de ouvido, antes e depois da apresentação das listas. Para distraí-los ainda mais, os pesquisadores informaram-lhes que, posteriormente, deveriam recordar os números ouvidos em sua ordem de apresentação;
b) McKone e Murphy (2000) apresentaram, ao mesmo tempo, oito listas com 15 palavras associadas (30 s cada lista), com a hipótese (corroborada) de que o acúmulo de itens apresentados em um curto espaço de tempo diminuiria a consciência das palavras lidas, favorecendo FMI na fase de teste;
c) Hicks e Starns (2005) disseram aos participantes que realizariam duas tarefas para medida de habilidades cognitivas na primeira fase do experimento. Assim, um grupo fez a contagem de letras das palavras apresentadas na tela do computador e o outro efetuou a avaliação da valência (positiva / negativa) das listas de palavras associadas. Na fase de teste, os dois grupos tiveram de completar fragmentos com a primeira palavra que lhes viesse à mente (escolha-cega), também apresentando FMI.
d) Outra forma de testar FMI foi apresentada por Gallo e Seamon (2004). Na fase de estudo desse experimento, os participantes leram 36 listas de palavras associadas com uma exposição de 20 ms para cada lista. Entre estas, ainda havia uma máscara visual (###) de 80 ms, a fim de que o participante só lembrasse da percepção desse estímulo visual e não das listas de palavras. Na fase de teste desse experimento, em lugar de uma medida implícita, tais como as já descritas, os participantes tiveram de escrever as palavras que lembrassem ter lido. Todos afirmaram que isso seria impossível e, assim, os pesquisadores disseram-lhes que tentassem adivinhar palavras que poderiam ter-lhes sido apresentadas, naqueles breves 20 ms. Como resultado, além de escreverem algumas palavras realmente estudadas, os participantes também escreveram palavras relacionadas a elas (isto é, distratores críticos, como *morango*), evidenciando FMI. Mais uma vez fica aqui reiterada a importância da manipulação da consciência dos participantes do experimento, a fim de que se obtenha FM ou FMI, como é o caso do experimento desses pesquisadores.
e) Estendendo a abrangência das redes associativas no estudo das FMI, pesquisadores como Lenton, Blair e Hastie (2001), Blair (2002) e Akrami, Ekehammar e Araya (2006) utilizaram listas de palavras associadas para observar a ativação implícita de estereótipos e preconceitos. Estereótipos são representações cognitivas de ideias, fatos ou imagens, associadas a um grupo social. Segundo Blair (2002) e Nosek (2007), a função primordial do armazenamento de representações por meio de estereótipos é a de facilitar o processamento dos estímulos ambientais, obtendo-se rapi-

dez e eficiência. Assim, há palavras denotando estereótipos de gênero, de nacionalidade, de papel social, de etnia, de grupo político, religioso ou social.

Investigando a ativação implícita de estereótipos no efeito de FM, Lenton e suas colaboradoras (2001) observaram que palavras com estereotipia consistente de gênero (masculino e feminino) e de papel social (p. ex., mecânico, juiz, bailarina, professora) produzem mais FM, em um teste de recordação, do que palavras sem estereotipia (p. ex., alegre, pontual, feliz, normal). Segundo as autoras, esses resultados evidenciam uma associação direta entre as FM e a ativação de MI codificadas como estereótipos.

f) Na mesma linha de pesquisa, Akrami e colaboradores (2006), investigando preconceitos ligados a estereótipos de imigrantes na Suécia, também obtiveram resultados semelhantes aos de Lenton e colaboradoras (2001). No estudo sueco, observou-se que a ativação implícita de palavras relacionadas ao preconceito de nacionalidade (isto é, palavras com estereotipia consistente de imigrantes), produziu mais FM do que as palavras neutras.

Apesar das evidências de ativação implícita da rede semântica a partir de palavras com estereotipia consistente, no entanto, a investigação de estereótipos e preconceitos ainda é incipiente, fazendo parte de uma linha de pesquisa da Psicologia denominada de Cognição Social. Os experimentos nessa área, ainda que promissores, não comportam uma análise consistente do efeito de FMI, devendo ser melhor explorados em estudos futuros.

CONSIDERAÇÕES FINAIS

O presente capítulo teve por objetivo apresentar noções teóricas e experimentais concernentes à MI e ao efeito de *priming*, enfocando, na sequência, os estudos de FMI. Observou-se que o processamento cognitivo subjacente ao fenômeno das FMI é o *priming* indireto, no qual há a ativação de uma rede associativa. Dada essa característica intrínseca ao fenômeno de FMI, ele vem sendo investigado com listas de palavras associadas, tais como o paradigma DRM (Deese, 1959; Huang e Janczura, 2008; Roediger e McDermott, 1995; Stein et al., 2006). Como explicação para o efeito de FMI, Schacter e colaboradores (2007a) entendem que os resultados obtidos em estudos com palavras associadas ocorrem devido à diminuição do campo de ação do mecanismo consciente de recordação. Esse mecanismo não é observado em indivíduos com lesões neurológicas, pois eles não podem associar memórias codificadas em diferentes regiões cerebrais.

A diferença fundamental entre FM e FMI reside nos controles experimentais adotados pelo pesquisador na fase de estudo e/ou de teste dos experimentos. Assim, no estudo da FMI, o pesquisador:

a) manipula o tempo no qual o estímulo é exposto;
b) manipula a atenção do participante, a fim de que este não perceba que realiza um teste de memória;
c) utiliza medidas implícitas de memória em tarefas como a complementação de radicais ou de fragmentos de palavras, o preenchimento de lacunas, a decisão lexical ou a escolha-cega.

Observa-se, entretanto, que apesar dos controles experimentais e das evidências obtidas, os estudos com foco nas FMI ainda são poucos, e muitas são as questões em aberto. Não se sabe, por exemplo, se existem diferenças entre a quantidade de FM e de FMI, com relação aos mesmos estímulos ou no quanto as FMI são moduladas pela emoção. Além disso, os paradigmas de investigação do efeito de FMI ainda necessitam ser refinados, como no caso do processamento de estereótipos e preconceitos.

Sendo assim, conclui-se o presente capítulo apontando mais perguntas do que respostas acerca do que falta saber a respeito da FMI. De que maneira estudar esse efeito (isto é, em que outros paradigmas, além dos já conhecidos), e quais fatores podem impactar na evidenciação dessas memórias são questões ainda a ser respondidas, quiçá em um futuro próximo.

REFERÊNCIAS

Anderson, J. R. (1983). A spreading activation theory of memory. *Journal of Verbal Learning and Verbal Behavior, 22*(3), 261-295.

Akrami, N., Ekehamar, B., & Araya, T. (2006). Category and stereotype activation revisited. *Scandinavian Journal of Psychology, 47*(6), 513-522.

Blair, I. V. (2002). The malleability of automatic stereotypes and prejudice. *Personality and Social Psychology Review, 6*(3), 242-261.

Busnello, R. H. D., Stein, L. M., & Salles, J. F. (2008). Efeito de *priming* de identidade subliminar na decisão lexical com universitários brasileiros. *Psico, 39*(1), 41-47.

Damasio, A. (2004). *Em busca de Espinosa: Prazer e dor na ciência dos sentimentos.* São Paulo: Companhia das Letras.

Deese, J. (1959). On the prediction of occurrence of particular verbal intrusions in immediate recall. *Journal of Experimental Psychology, 58*(1), 17-22.

Dehaene, S., Naccache, L., Cohen, L., Le Bihan, D., Mangin, J., Polin, J., & Rivière, D. (2001). Cerebral mechanisms of word masking and unconscious repetition priming. *Nature Neuroscience, 4*(7), 752-758.

Foster, K. J. (1999). The micro genesis of priming effects in lexical access and spreading activation. *Brain and Language, 68*, 5-15.

Hicks, J. L., & Starns, J. J. (2005). False memories lack perceptual detail: Evidence from implicit word-stem completion and perceptual identification tests. *Journal of Memory and Language, 52*(3), 309-321.

Gallo, D. A., & Seamon, J. G. (2004). Are nonconscious processes sufficient to produce false memories? *Consciousness and Cognition, 13*, 158-168.

Graf, P., Squire, L. R., & Mandler, G. (1984). The information that amnesic patients do not forget. *Journal of Experimental Psychology: Learning, Memory, and Cognition, 10*(1), 164-178.

Huang, T.P., Janczura, G.A. (2008). Processos conscientes e inconscientes na produção de falsas memórias. *Psicologia: Teoria e pesquisa 24,* 347-354.

Kroeze, S., Van der Does, A. J. W., Spinhoven, P., Schot, R., Sterk, P. J., & Van den Aardweg, J. G. (2005). Automatic negative evaluation of suffocation sensations in individuals with suffocation fear. *Journal of Abnormal Psychology, 114*(3), 466-470.

Lenton, A. P., Blair, I. V., & Hastie, R. (2001). Illusions of gender: Stereotypes evoke false memories. *Journal of Experimental Social Psychology, 37,* 3-14.

McDermott, K. B. (1997). Priming on perceptual implicit memory tests can be achieved through presentation of associates. *Psychonomic Bulletin & Review, 4*(4), 582-586.

McKone, E., & Murphy, B. (2000). Implicit false memory: Effects of modality and multiple study presentations on long-lived semantic priming. *Journal of Memory and Language, 43*(1), 89-109.

Milner, B., Corkin, S., & Teuber, H. L. (1968). Further analysis of the hippocampal amnesic syndrome: 14 year follow-up study of H. M. *Neuropsychologia, 6,* 215-234.

Murphy, S. T., & Zajonc, R. B. (1993). Affect, cognition, and awareness: Affective priming with optimal and suboptimal stimulus exposures. *Journal of Personality and Social Psychology, 64*(5), 723-739.

Nosek, B. A. (2007). Implicit-explicit relations. *Current Directions in Psychological Science, 16*(2), 65-69.

Oliveira, N. R., & Janczura, G. A. (2004). Memória para palavras em função da carga afetiva e do tipo de teste. *PSICO, 35*(2), 141-149.

Pause, B. M., Orht, A., Prehn, A., & Ferstl, R. (2004). Positive emotional priming of facial affect perception in females is diminished by chemosensory anxiety signals. *Chemical Senses, 19*(9), 797-805.

Reber, A. S. (1993). *Implicit learning and tacit knowledge: An essay on the cognitive unconscious.* New York: Oxford University Press.

Reyna, V. F., & Brainerd, C. J. (1998). Fuzzy-trace theory and false memory: New frontiers. *Journal of Experimental Child Psychology, 71*(2), 194-209.

Roediger, H. L., III, & McDermott, K. B. (1995). Creating false memories: Remembering words not presented in lists. *Journal of Experimental Psychology: Learning, Memory, and Cognition, 21*(4), 803-814.

Salles, J. F., Jou, G. I., & Stein, L. M. (2007). O paradigma de *priming* semântico na investigação do processamento de leitura de palavras. *Interação em Psicologia, 11*(1), 71-80.

Schacter, D. L. (1987). Implicit memory: History and current status. *Journal of Experimental Psychology: Learning, Memory and Cognition, 13*(3), 501-518.

Schacter, D. L., Gallo, D. A., & Kensinger, E. A. (2007a). The cognitive neuroscience of implicit and false memories: Perspectives on processing specificity. In J. S. Nairme (Org.), *The foundations of remembering: Essays in honor of Roediger III* (pp. 353-378). New York: Psychological Press.

Schacter, D. L., Wig, G. S., & Stevens, W. D. (2007b). Reductions in cortical activity during priming. *Current Opinion in Neurobiology, 17*(2), 171-176.

Scott, K. M., Mogg, K., Bradley, B. F. (2001). Masked semantic priming of emotional information in subclinical depression. *Cognitive Therapy and Research, 25*(5), 505-524.

Seamon, J. G., Luo, C. R., & Gallo, D. A. (1998). Creating false memories of words with or without recognition of lists items: evidence for nonconscious processes. *Psychological Science, 9*(1), 20-26.

Segui, J. (2004). Perception du langage et modularité. In D. Andler (Org), *Introduction aux sciences cognitives* (pp. 135-156). Paris: Gallimard.

Squire, L. R. (1986). Mechanisms of memory. *Science, 232*(47580), 1612-1619.

Squire, L. R., Shinamura, A., & Graf, P. (1985). Independence of recognition memory and priming effects: a neuropsychological analysis. *Journal of experimental Psychology: Learning, Memory and Cognition, 11*(1), 37-44.

Stein, L. M., Feix, L. F., & Rohenkohl, G. (2006). Avanços metodológicos no estudo das falsas memórias: construção e normatização do procedimento de palavras associadas. *Psicologia: Reflexão e Crítica, 19*(2), 166-176.

Taylor, R. J. (2002). *Cognitive grammar.* New York: Oxford University Press.

Underwood, G. (1965). False recognition produced by implicit verbal responses. *Journal of Experimental Psychology, 70*(1), 122-129.

Whalen, P. J., Rauch, S. L., Etcoff, N. L., McInerney, S. C., Lee, M. B., & Jenike, M. A. (1998). Masked presentations of emotional facial expressions modulate amygdale activity without explicit knowledge. *The Journal of Neuroscience, 18*(1), 411-418.

7
FALSAS MEMÓRIAS E DIFERENÇAS INDIVIDUAIS

Márcio Englert Barbosa
Luciana Moreira de Ávila
Leandro da Fonte Feix
Rodrigo Grassi-Oliveira

A metáfora da memória humana como um gravador ou como uma filmadora que registra com precisão e armazena aspectos da experiência, não tem sido sustentada ao longo dos últimos anos de investigação científica. Por isso, alguns modelos explicativos, como aqueles abordados no Capítulo 1 (p. ex., Teoria do Traço Difuso e Teoria do Monitoramento da Fonte) têm sido desenvolvidos na tentativa de compreender o funcionamento de nossa memória e de suas falhas (Loftus, 2004; Brainerd e Reyna, 2005, Neufeld e Stein, 2001). Apesar da importância da construção de modelos que expliquem como ocorrem as distorções mnemônicas, e mais especificamente, o fenômeno das falsas memórias (FM), sabe-se que estas não ocorrem de forma idêntica nos diferentes indivíduos, fazendo com que seja necessária a adaptação dos modelos às diferenças individuais.

> As falsas memórias não ocorrem de forma idêntica nos diferentes indivíduos.

Como visto nos capítulos anteriores, as FM são lembranças de fatos que, na realidade, não aconteceram ou que ocorreram de forma diferente da recordada. Essas distorções da memória ocorrem porque determinadas informações armazenadas nela são recordadas como se tivessem sido realmente vividas. Esse fenômeno vem sendo observado em pesquisas experimentais no âmbito da Psicologia Clínica (Lindsay e Read, 1994) e da Psicologia Forense (Stein e Nygaard, 2003), assim como em situações do cotidiano (Roediger e McDermott, 2000; Schacter, 2003).

Os diversos estudos do fenômeno das FM têm provocado abalos na concepção sobre a memória humana, lançando questionamentos tanto no campo teórico quanto no aplicado. No campo teórico, cientistas têm se esforçado para oferecer modelos explicativos sobre a natureza da memória humana, de modo a contemplar este fenômeno. No campo aplicado, as FM têm posto em causa, por exemplo, a validade dos relatos testemunhais, muitas vezes conduzidos de formas inapropriadas, acabando por interferir nos processos mnemônicos (tema detalhado no Capítulo 8). A Psicologia Clínica, por sua vez, é, fundamentalmente, embasada em memórias que tem maiores chances de virem a ser distorcidas caso o terapeuta se utilize intencionalmente, ou não, de técnicas sugestivas. Na década de 1990, houve diversos casos que se tornaram populares, principalmente nos Estados Unidos, de pessoas que se recordaram, em contexto psicoterapêutico, de ter sofrido abuso sexual quando crianças, o que após investigação judicial concluiu-se que não havia ocorrido (ver Capítulos 11 e 12).

Ainda que uma série de pessoas acabe gerando FM após serem expostas a técnicas inadequadas de entrevista (terapêutica ou não), com outras, isto não ocorre, mesmo quando expostas às mesmas técnicas. Da mesma forma, duas pessoas podem presenciar um mesmo evento e apenas uma gerar FM. O que faz uma pessoa apresentar uma FM acerca de uma determinada situação e outra não? Isso pode ser explicado por questões situacionais, como estar mais ansioso ou cansado naquele momento ou seriam estas pessoas mais suscetíveis às FM?

Até o momento atual, a maior parte dos estudos sobre FM vêm sendo realizados com populações homogêneas e, principalmente, com a participação de estudantes universitários, o que indica uma menor preocupação com as diferenças individuais. Porém, Blair, Lenton e Hestie (2002) demonstraram que as pessoas diferem quanto à produção de FM entre si, e que isso é algo estável ao longo do tempo, ou seja, não se deve apenas às diferenças situacionais. Os autores testaram a memória dos participantes em dois momentos diferentes, separados por duas semanas, e verificaram que os níveis de FM dos indivíduos diferiram entre si, mas não diferiram significativamente com o passar do tempo quando comparados com eles mesmos. Aqueles indivíduos que se mostraram mais propensos a apresentar FM no primeiro teste de memória também o foram no segundo, duas semanas depois. O mesmo padrão de estabilidade foi observado nos participantes que apresentaram menores índices de FM. Tais resultados evidenciam que determinadas pessoas têm uma maior suscetibilidade a gerar FM do que outras, todavia, esse estudo não explica quais diferenças individuais impactam no processamento mnemônico.

As diferenças individuais são objeto de estudo de um campo da Psicologia denominado Psicologia Diferencial. Os pesquisadores que estudam as diferenças individuais buscam compreender como cada pessoa se desenvolve de forma diferente, ou seja, direcionando suas pesquisas para a variabilidade do ser humano. O objetivo fundamental dessa área, no âmbito das FM, é a compreensão das relações entre as diferenças psicológicas de cada pessoa e a produção de FM. Os estudos nessa área podem ser utilizados para predizer o quão confiável é a memória de uma pessoa em uma determinada situação, como um testemunho, por exemplo.

O presente capítulo apresenta características individuais que têm sido mais frequentemente relacionadas às FM, bem como as suas hipóteses explicativas. Inicialmente serão abordadas as diferenças na produção de FM ao longo de diferentes etapas do desenvolvimento humano. As crianças pequenas apresentam algumas características específicas em seu funcionamento mnemônico que as levam a ter menores índices de FM do que adultos. Além disso, também será discutida a influência de experiências traumáticas ao longo da infância e seu impacto no desenvolvimento neurofuncional e neuroanatômico. Crianças expostas a traumas não apresentam alterações de memória durante essa etapa do desenvolvimento, porém, quando adultas, observa-se a presença de déficits mnemônicos que acabam por reduzir os índices de FM, se comparados com os de adultos que não sofreram trauma na infância.

Olhando para o outro extremo do desenvolvimento humano, os idosos apresentam um declínio em sua memória verdadeira (MV), o que não ocorre com suas FM. Estas se tornam mais frequentes com o passar dos anos e com o declínio de determinadas funções cerebrais e estratégias cognitivas. O funcionamento das FM em crianças e idosos tem sido avaliado de forma comparativa a adultos saudáveis.

Outra característica frequentemente relacionada com as FM são as diferenças de sexo, todavia, os estudos na área não vêm demonstrando diferenças significativas entre FM de homens e de mulheres. Por fim, o capítulo abordará as relações entre características de personalidade e FM. Características dissociativas de personalidade têm sido amplamente relacionadas na literatura com maiores índices de FM. Outras pesquisas apontam o neuroticismo, que é um traço estável de personalidade e que está ligado a uma tendência em experenciar emoções negativas e aflitivas, como responsável por levar essas pessoas a confiarem menos em suas memórias, aumentando a possibilidade de as distorcerem. A ansiedade como traço de personalidade, assim como o neuroticismo, também parece levar as pessoas a ter menos credibilidade em suas memórias, aumentando sua suscetibilidade às FM.

DESENVOLVIMENTO HUMANO E FALSAS MEMÓRIAS

A etapa do desenvolvimento humano é um dos aspectos que diferencia um indivíduo de outros e por isso, também, pode ser considerada uma diferença individual. A idade influencia de forma significativa os processos cognitivos como a memória e, consequentemente, as FM. Sendo assim, o estudo das relações entre desenvolvimento humano e FM pode contribuir para a compreensão das diferenças entre os indivíduos no que concerne às distorções mnemônicas.

Os estudos indicam que as MV aumentam desde o nascimento até a idade adulta e começam a decair na terceira idade, juntamente com mudanças nos mecanismos cerebrais e estratégias cognitivas fundamentais para a memória (Gallo, 2006). O mesmo não ocorre com as FM que, assim como as verdadeiras, aumentam da infância para a idade adulta, mas que crescem ainda mais na velhice. Além dessas questões, esta seção também abordará o impacto no adulto causado por traumas vividos na infância. Esses traumas fazem com que essas crianças, quando adultas, apresentem déficits em determinados sistemas de memória, gerando menores índices de FM do que em adultos que não experienciaram o traumas nesta etapa.

Falsas memórias em crianças

Sob o prisma das diferenças individuais, muitos pesquisadores vêm buscando compreender como as fases do desenvolvimento humano interferem na produção das FM. Neste tópico serão apresentadas as particularidades do desenvolvimento das FM em crianças, fase na qual alguns estudos têm demonstrado a existência de distorções mnemônicas (Bjorklund, 2000). Sabe-se que crianças, desde muito cedo, recordam de eventos que, de fato, nunca aconteceram. Essas falsas recordações não podem ser confundidas com simulações (isto é, mentiras) ou fantasias, que frequentemente acontecem nesta fase.

Os primeiros estudos sobre distorção mnemônica realizados com crianças datam do final do século XIX e início do século XX, quando alguns psicólogos europeus começaram a se interessar pelo testemunho infantil no contexto forense. Dentre esses cientistas, destaca-se Alfred Binet (1900) que, a partir dos seus estudos, concluiu que as crianças distorciam as lembranças sobre um evento a partir da sugestão do pesquisador. Stern (1910) também observou que entrevistadores, simplesmente por fazerem perguntas, muitas vezes são responsáveis pela produção de FM em crianças. Além disso, Stern apontou que as FM em crianças também ocorrem pelo fato delas confundirem fantasia com realidade. Binet e Stern trouxeram importantes contribuições no entendimento da suscetibilidade das crianças às FM. A questão das FM sugeridas em crianças será discutida no Capítulo 8. Em virtude disso, o foco da presente subseção será nas FM espontâneas em crianças.

De Binet e Stern até os dias de hoje, a ciência sobre memória vêm trabalhando na tentativa de compreender as distorções mnemônicas em crianças e suas particularidades. Pesquisas recentes (Brainerd et al., 2006; Brainerd e Reyna, 2007; Sugrue e Hayne, 2006) indicam que existem diferenças no que se refere às FM quando são comparados crianças e adultos, assim como entre crianças de diferentes faixas etárias. De um modo geral, as pesquisas têm demonstrado que quanto maior a idade, maior a produção de FM. Portanto, crianças com idade escolar, próximas dos 11 anos, apresentam maiores índices de FM se comparadas com crianças pré-escolares, entre 5 e 6 anos (Brainerd, Reyna e Forrest, 2002).

Uma questão a ser considerada, portanto, é por que as crianças mais velhas teriam uma maior propensão a apresentarem FM que as mais novas? Uma possível explicação reside no fato das crianças mais velhas serem mais capazes de extrair a essência dos eventos que seria necessária para gerar FM, quando comparadas com as crianças menores (Brainerd et al., 2002). Por outro lado, as mais novas teriam, proporcionalmente, mais lembranças de informações literais referentes aos detalhes das situações. Nessa perspectiva, as FM aumentariam com o avanço da idade até a vida adulta, da mesma forma que ocorre com as MV (Sugrue e Hayne, 2006). Essa hipótese do desenvolvimento das FM está fundamentada na Teoria do Traço Difuso (TTD) (Brainerd e Reyna, 2005) (discutida no Capítulo 1), que sustenta a existência de dois sistemas de memória independentes, os quais operam em paralelo (Brainerd e Reyna, 2002). A memória de essência é responsável pelas lembranças mais centrais e genéricas ou do significado, sendo mais estável e duradoura e, portanto, menos suscetível à interferência. Por outro lado, a memória literal corresponde às lembranças dos detalhes, ou seja, a aspectos específicos da situação vivenciada. A memória literal é mais frágil e está mais sujeita aos efeitos da interferência e ao esquecimento.

> As falsas memórias, assim como as verdadeiras, aumentam com o avanço da idade até a vida adulta.

De acordo com a TTD, as FM ocorrem porque os traços de essência se sobrepõem aos traços literais no momento da recuperação. Assim, a memória de essência é responsável por recordações e reconhecimentos falsos, ao passo que a memória literal corresponde aos detalhes precisos e, portanto, às lembranças verdadeiras (Brainerd e Reyna, 2005). Desse modo, as crianças pré-escolares, por terem um predomínio da memória literal, apresentam mais esquecimento e menos FM que as crianças com idade escolar. Esse fenômeno ocorre devido ao desenvolvimento tardio da memória de essência. Dessa forma, as crianças mais velhas, por possuírem uma memória de essência mais desenvolvida, não demonstram dificuldade em extrair o significado do evento vivenciado (essência).

Em função dessas particularidades do desenvolvimento da memória, tornam-se necessárias algumas adaptações nos instrumentos de pesquisa para estudar o fenômeno das FM em crianças menores (isto é, materiais em que o contexto é facilmente compreendido pela criança). Entretanto, muitas pesquisas realizadas, que estudam FM com crianças, baseiam-se na mesma metodologia utilizada com adultos, principalmente por meio de procedimento Deese-Roediger-McDermott (DRM) (Howe, 2002).

O DRM é um procedimento utilizado em diversos estudos sobre FM, tendo em vista a robustez dos resultados obtidos (Roediger e McDermott, 1995; Stein, Feix e Rohenkohl, 2006). Ele consiste na apresentação de listas de palavras semanticamente associadas. Cada lista tem um distrator crítico, uma palavra que traduz a essência semântica da lista. O distrator crítico não é apresentado na fase de aprendizagem da lista, mas no momento em que se testa a memória, quando o participante se recorda deste distrator crítico, considera-se isso uma FM.

Os estudos com crianças, que utilizaram o procedimento DRM, têm encontrado que as MV, bem como as FM, aumentam em função da idade (Brainerd et al., 2002; Howe, 2005; Howe et al., 2004). Os resultados dessas pesquisas são exemplificados em um gráfico teórico (Figura 7.1). Todavia, esses estudos sobre o desenvolvimento da memória têm recebido algumas críticas no que concerne o material utilizado por esses pesquisadores. Sabe-se que as crianças apresentam dificuldades em extrair o significado das listas DRM, o que é necessário para a produção de FM (Howe, 2002). Portanto, o DRM não parece ser o procedimento mais adequado para a compreensão do fenômeno do desenvolvimento das FM.

Buscando minimizar essas limitações com o uso do DRM, Dewhurst, Pursglove e Lewis (2007) investigaram o falso reconhecimento em crianças de 5, 8 e 11 anos, usando, além da versão padrão do DRM, uma versão alternativa em que as listas de palavras foram transformadas em pequenas histórias. Como o esperado, na versão padrão as crianças pequenas apresentaram menores índices de

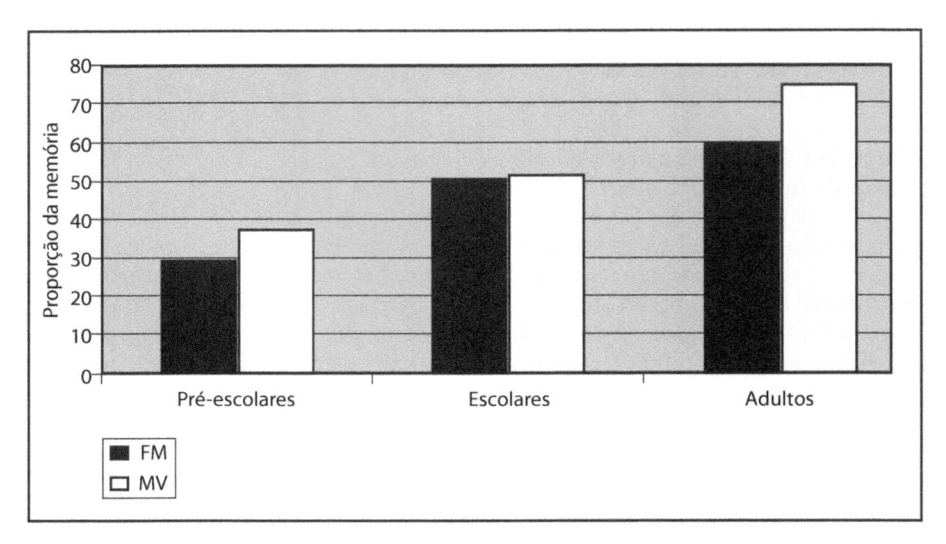

FIGURA 7.1
Desenvolvimento das Falsas Memórias.
FM: Falsas Memórias; MV: Memórias Verdadeiras.

FM em comparação aos dois outros grupos de crianças. Porém, quando as listas de palavras foram transformadas em histórias, as crianças menores apresentaram mais falsos reconhecimentos, enquanto os níveis de FM nas crianças com 8 e 11 anos não foram afetados pelo formato do material de estudo. De acordo com os autores, o contexto da história aumentou a habilidade das crianças menores em fazer inferências baseadas no tema geral do estímulo (história). Assim, quando o contexto é compreendido pela criança, ela é capaz de extrair o significado geral da situação vivenciada. Essa condição favorece o processamento de essência e, portanto, pode produzir mais FM.

> Quando o contexto é compreendido pela criança, ela é capaz de extrair o significado geral da situação vivenciada, favorecendo o processamento de essência e podendo produzir mais falsas memórias.

A memória das crianças apresenta peculiaridades que a diferem da memória dos adultos, esse dado deve ser levado em consideração desde situações corriqueiras, como ouvir o relato do dia dela na escola, até em casos especiais, como em depoimentos jurídicos. A memória das crianças é confiável, desde que sejam usados métodos adequados naquelas situações em que se deseja ter acesso às recordações sobre determinada situação.

Os estudos sobre FM em crianças têm levado os pesquisadores não apenas a aprofundar o conhecimento sobre a memória nessa etapa do desenvolvimento humano, mas, também, à compreensão do fenômeno de forma mais ampla. Pesquisas vêm sendo realizadas e novos materiais vêm sendo construídos e adaptados para que possam ser geradas hipóteses explicativas cada vez mais robustas. O avanço desses estudos resulta no desenvolvimento de técnicas de entrevista apropriadas para que profissionais do campo forense e clínico possam minimizar os efeitos da sugestão de falsa informação. Os estudos referidos apontam para as habilidades das crianças mostrando-nos que mesmo crianças muito pequenas são capazes de recordar quantidades significativas de informações sobre eventos. Por outro lado, esses mesmos estudos mostram a fragilidade da memória das crianças.

Desenvolvimento, trauma e falsas memórias

Na subseção anterior foi visto que as distorções de memória apresentam diferentes características em crianças e em adultos. Essas modificações ocorrem como parte do desenvolvimento humano, porém, crianças expostas a traumas acabam, quando adultas, apresentando um funcionamento cognitivo diferente no que se refere às FM em relação àquelas não expostas.

Grassi-Oliveira e Stein (2008) verificaram que, quando adultos com história de trauma na infância foram comparados com adultos sem esse tipo de história, os primeiros manifestavam menores taxas de FM. Não houve nenhuma diferença entre esses dois grupos no que diz respeito ao reconhecimento de informações verdadeiras. Os resultados demonstraram que no paradigma DRM o grupo com trauma mostrou prejuízo no processamento da memória de essência, o que levou a uma discriminação melhor entre MV e FM do que outros grupos. É importante lembrar que no paradigma DRM, a capacidade de reconhecer uma palavra que não foi apresentada durante a fase de estudo, mas que está semanticamente associada à outra palavra apresentada na fase de teste, é o que se chama de associação semântica.

> Adultos com história de trauma na infância apresentam menos falsas memórias que aqueles sem esse histórico.

Corroborando a predição de que o grupo com trauma é menos afetado pelo efeito semântico da associação, os participantes foram significativamente menos inclinados a usar suas memórias de essência nos julgamentos de reconhecimento das palavras apresentadas no teste de reconhecimento do que os participantes dos grupos sem trauma. Dessa maneira, os dados sugerem que o processamento da memória de essência estaria prejudicado enquanto os traços literais permaneceriam mais preservados.

Traumas na infância impactam o desenvolvimento neurológico, principalmente em áreas de associação inter-hemisfericas (Teicher et al., 2004). Assim, os mecanismos envolvidos no prejuízo da memória de essência poderiam ser explicados numa perspectiva neurobiológica. Pacientes com lesões no hipocampo mostram um desempenho prejudicado em testes de memória verbal, incluindo testes de recordação de um parágrafo ou aprendizagem de uma lista de palavras, além desses prejuízos de memória correlacionarem-se com o grau de diminuição volumétrica hipocampal e perda neuronal (Sass et al., 1992).

Verifica-se que mulheres com história de abuso sexual na infância e sintomas de Transtorno de Estresse Pós-Traumático (TEPT), quando submetidas a um exame de Tomografia por Emissão de Pósitrons (ver Capítulo 3) mostram falhas na ativação do hipocampo durante um teste de memória verbal. Além disso, os exames de Ressonância Magnética dessas mesmas mulheres apresentam uma redução de 16% no volume hipocampal em relação ao grupo com história positiva para abuso sexual sem TEPT. Quando comparadas com um grupo-controle sadio, a redução no volume do hipocampo é de 19% em média (Bremner et al., 2003). Essa "atrofia" hipocampal pode estar relacionada com uma série de alterações imunoendrocrinológicas. Uma das hipóteses aventadas seria a de que altos níveis de glicocorticóides (cortisol) seriam liberados durante uma situação de trauma, o que resultaria em dano neurológico, já que esse hormônio é capaz de danificar as células nervosas quando em altas quantidades (Sapolsky et al., 1990). A exposição a altos níveis de cortisol de forma crônica resultaria, então, na diminuição da arborização dendrítica e na perda neuronal (Bremner et al., 2003).

Essa perda neuronal impactaria mais drasticamente as regiões pré-frontais e mediais, considerando o fato de essas regiões assumirem um papel crucial na gênese das distorções de memória (Schacter e Slotnick, 2004), é interessante reportar dois estudos que utilizam o DRM para investigar a presença de FM em adultos com maus-tratos na infância. Um desses estudos (Bremner, Shobe e Kihlstrom, 2000) teve por objetivo avaliar a capacidade de recordação e reconhecimento e também a produção de FM em mulheres vítimas de maus-tratos e TEPT. Tal pesquisa identificou um aumento significativo na produção de falsos reconhecimentos no grupo que reportou TEPT e abuso sexual na infância, além de prejuízo na capacidade de recordação. Também ocorreu uma diminuição da capacidade de reconhecimento das palavras estudadas nas mulheres com sintomas de TEPT, quanto maior a severidade dos sintomas, mais prejudicado foi o reconhecimento. Se compararmos o fato do aumento de FM em adultos com história de abuso sexual com a diminuição de FM em adultos com história de negligência, supõe-se que o tipo de experiência estressante na infância possa impactar diferentemente os sistemas relacionados à memória de essência.

Da mesma forma, outro estudo utilizando o DRM comparou quatro grupos:

1. recuperado (mulheres que lembraram quando adultas que foram abusadas na infância);
2. reprimido (mulheres que achavam que tinham sido abusadas na infância, mas que não se lembravam de nada);
3. contínuo (mulheres que sempre tiveram memória de terem sido abusadas quando criança);
4. controles (mulheres sem nenhuma lembrança de abuso e nem achavam que isso ocorreu) (Clancy et al., 2000).

Os resultados indicaram que o grupo recuperado foi mais suscetível que os outros grupos a exibir falsos reconhecimentos de associados semânticas. Todavia, antes de qualquer conclusão é importante salientar que o grupo recuperado diferia estatisticamente dos outros grupos em relação aos sintomas de TEPT e depressão, o que deve ser encarado como um fator de confusão importante. Por outro lado, os três grupos com história de abuso mostraram índices de falsos reconhecimentos superiores aos do grupo-controle.

Diferenças no DRM parecem ser específicas para a vida adulta, já que, em crianças com história de maus-tratos, a produção de FM não é diferente da observada naquelas que não sofreram maus-tratos (Howe et al., 2004). Esse achado é condizente com as hipóteses desenvolvimentais, as quais postulam que os efeitos do trauma precoce seriam percebidos somente em etapas desenvolvimentais posteriores (De Bellis, 2005; Teicher et al., 2004). Uma das explicações possíveis seria a de que indivíduos vítimas de eventos traumáticos desenvolveriam déficits gerais nos processos de monitoramento da fonte. A Teoria do Monitoramento da Fonte (Johnson, Hashtroudi e Lindsay, 1993) (abordada com maior profundidade no Capítulo 1) propõe que as FM ocorrem a partir da dificuldade do indivíduo em identificar a fonte correta da codificação da informação (lembrança de como, quando e onde a memória foi adquirida). Isso faria com que a memória de eventos percebidos pudesse ser confundida com a memória de eventos imaginados, o que levaria a uma suscetibilidade de produção de FM (Clancy et al., 2000; Zoellner et al., 2000).

> A produção de falsas memórias de crianças que sofreram maus-tratos não difere daquelas que não sofreram, pois os efeitos do trauma precoce seriam identificados somente em etapas evolutivas posteriores.

O monitoramento da fonte envolve os processos de julgamento e tomada de decisão, processos relacionados ao lobo pré-frontal (Schacter e Slotnick, 2004). Assim, qualquer alteração no neurodesenvolvimento dessa estrutura poderia estar relacionada com um aumento de FM. Outra explicação para a produção de FM é a existência de danos em estruturas têmporo-mediais, o que prejudicaria o armazenamento da informação de essência ou, pelo menos, poderia prejudicar a recuperação dessa essência.

Dessa forma, as pesquisas na área têm demonstrado que traumas na infância acabam por modificar o desenvolvimento de determinadas estruturas cerebrais, o que resulta em prejuízos no processo de recordação baseado na capacidade de associação semântica.

Falsas memórias em idosos

Com o passar do tempo as crianças saudáveis tendem a ter um aumento, tanto no que se refere às MV quanto às FM, chegando ao seu ápice na idade adulta. Porém, com o passar dos anos, os adultos começam a apresentar peculiaridades referentes à sua faixa etária, em especial quando se compara adultos jovens com idosos. Ainda que haja divergência quanto à delimitação dessas faixas etárias, as pesquisas têm considerado como adultos jovens aqueles que se encontram entre os 18 e os 31 anos, enquanto na maior parte dos estudos revisados foram considerados idosos aqueles indivíduos com 61 anos ou mais.

> As memórias verdadeiras diminuem em função da idade. Entretanto, as falsas memórias atingem índices mais elevados em idosos.

Diversos estudos têm indicado que as MV dos idosos diminuem em função da idade. Entretanto, o mesmo não ocorre em relação às FM, que atingem índices mais elevados em idosos longevos (Balota et al., 1999; Dehon e Brédart, 2004; Dennis, Kim e Cabeza, 2007; Mitchell, Johnson e Mather, 2002; Roediger e Geraci, 2007; Watson, McDermott e Balota, 2004).

Segundo a TTD, os idosos apresentam um déficit no sistema de memória literal que faz com que suas MV diminuam, o sistema de memória de essência, porém, se mantém intacto. Devido ao prejuízo na memória literal, os idosos acabam se engajando mais em processamentos de essência que, como visto anteriormente, se sobrepõe aos traços de memória literal que são responsáveis por armazenar os detalhes mais precisos das situações vivenciadas. Devido ao déficit no armazenamento de detalhes precisos no sistema de memória literal e ao maior engajamento no sistema de memória de essência, os idosos acabam tendo menores índices de MV e maiores de FM, recordando-se mais frequentemente do que os adultos jovens de informações que não foram vividas, mas que são coerentes com o contexto das situações vivenciadas (Dennis et al., 2007).

Outra teoria que busca explicar o aumento nas FM em idosos é a Teoria do Monitoramento da Fonte. Segundo esta abordagem, os idosos apresentam um déficit no monitoramento da fonte da informação, o que os torna mais suscetíveis às FM do que adultos jovens. Essa dificuldade dos idosos em identificar a fonte da informação também parece estar relacionada com menores recordações, no que concerne a informações perceptuais e temporais, fazendo com que tenham recordações menos vívidas, levando-os a confiar menos em suas memórias (Mitchell et al., 2002).

Apesar desse déficit no monitoramento da fonte, os idosos se mostraram capazes de diminuir significativamente seus índices de FM em um estudo (Watson et al., 2004), quando avisados sobre a possibilidade de estarem presentes em um teste de reconhecimento, itens que não haviam sido apresentados anteriormente, mas que estariam relacionados semanticamente com estes. Neste mesmo estudo, outro ponto que colaborou para a diminuição das distorções mnemônicas em idosos foi o aumento do tempo para a codificação das informações na fase de estudo de um dos experimentos. Isso indica que apesar de apresentarem um déficit no monitoramento da fonte, os idosos são capazes de utilizar algumas estratégias que o atenuam, colaborando para um melhor funcionamento mnemônico.

> Idosos que apresentam prejuízos no lobo frontal, gerados pelo avanço da idade ou por doenças neurodegenerativas, são mais suscetíveis à sugestão de falsa informação.

Além de serem mais suscetíveis a gerar FM espontaneamente, os idosos também são mais facilmente sugestionáveis que adultos jovens (Dehon e Brédart, 2004). Sua maior dificuldade em monitorar a fonte os torna mais propensos a aceitarem informações sugeridas como verdadeiras. Sendo assim, cabe aqui retomar a questão da importância das entrevistas com idosos também serem conduzidas por técnicas adequadas, tanto no âmbito forense quanto psicoterapêutico, para minimizar a possibilidade de lembranças baseadas em FM. A sugestionabilidade às FM é mediada pelo funcionamento neuropsicológico. Dessa forma, idosos que apresentam um bom funcionamento do lobo frontal tem índices de FM muito mais próximos aos de adultos jovens. Em contrapartida, idosos que apresentam prejuízos no lobo frontal, gerados pelo avanço da idade ou por doenças neurodegenerativas (p. ex., Doença de Alzheimer), se tornam mais suscetíveis à sugestão (Roediger e Geraci, 2007).

Butler e colaboradores (2004) realizaram uma bateria de testes capazes de avaliar o funcionamento do lobo frontal. Os autores dividiram os idosos de acordo com os resultados nos testes em dois grupos. Um grupo era composto por aqueles que apresentaram melhor desempenho nos testes enquanto o outro era composto por aqueles com pior desempenho, havia, ainda, um grupo-controle, composto por adultos jovens saudáveis. O grupo composto por idosos com melhor desempenho apresentou maiores índices de recordação de MV e menores índices de FM. Além disso, os idosos com melhor desempenho não diferiram do grupo-controle quanto às MV, nem quanto às FM. O grupo de idosos com pior desempenho, como esperado, apresentou menores índices de MV e maiores índices de FM que os outros dois grupos. Esses resultados indicam que não é apenas o avanço da idade o responsável pelas diferenças encontradas entre a memória de adultos jovens e idosos, mas que o funcionamento do lobo frontal tem um papel importante neste processo.

Ainda que possam existir déficits no funcionamento mnemônico dos idosos, a maior parte dos indivíduos em idade avançada apresenta um bom funcionamento no dia a dia, pois os eventos cotidianos são significativamente distintos, o que facilita sua recuperação pela memória, gerando menores prejuízos para os idosos (Gallo et al., 2007). Além disso, a menor necessidade de se recordar com precisão de detalhes das situações faz com que os idosos não sejam expostos com grande frequência a situações exigentes à memória, como as realizadas nas pesquisas da área.

Consideradas as questões discutidas nesta seção, é possível afirmar que o desenvolvimento humano impacta diretamente no funcionamento das FM. O passar dos anos leva a um aprimoramento do sistema de memória de essência, o que aumenta o número de MV e FM e chega ao auge na idade adulta. Com o avanço da idade começam a ocorrer déficits no lobo frontal que acarretam maiores índices de FM. Duas robustas hipóteses tentam explicar esse aumento de FM:

1. a TTD propõe que há um declínio no sistema de memória literal, o que faz com que os idosos se engajem mais em processamentos de essência;
2. a Teoria do Monitoramento da Fonte sugere que há um déficit no monitoramento da fonte da informação que faz com que os idosos tenham maior dificuldade em distinguir processos cognitivos internos de estímulos observados por meio dos sentidos.

Atualmente pode-se dizer que é consenso entre os estudiosos das FM que idosos são mais suscetíveis a esse fenômeno comparativamente com adultos jovens, ou em sua geração espontânea ou por sugestão externa. Isso se deve principalmente ao declínio das funções do lobo frontal que são comuns nesta etapa do desenvolvimento. Porém, esse declínio não ocorre de forma uniforme, variando de pessoa para pessoa, o que não nos permite dizer que todos os idosos apresentarão maiores índices de FM que adultos jovens, ainda que esta seja uma tendência. Esses dados apontam para a necessidade da elaboração de técnicas de entrevistas específicas para a população que considerem sua maior propensão à sugestionabilidade, especialmente em contextos forenses, como testemunhas ou vítimas.

Em síntese, pode-se dizer que as FM espontâneas tendem a aumentar da infância até a velhice, porém, isso não ocorre com pessoas que sofreram traumas durante a infância. Essas pessoas apresentam um desenvolvimento mnemônico dentro do esperado durante a infância, mas na idade adulta acabam apresentando índices de FM menores do que de adultos sem história de trauma. Isso ocorre devido a prejuízos em regiões do cérebro, como o hipocampo, que são gerados a partir de situações traumáticas, prejudicando o funcionamento da memória.

O sexo do indivíduo e as falsas memórias

As diferenças no funcionamento cognitivo entre os sexos são um tema que suscita o interesse de muitos daqueles que se propõem a estudar a cognição humana. Homens e mulheres diferem quanto a uma série de aspectos que vão do sistema reprodutivo à maior ou menor propensão para adquirir determinadas doenças. Porém, no que tange a distorções mnemônicas, os estudos até aqui realizados não têm indicado o sexo como uma característica capaz de influenciar a produção de FM (Bauste e Ferraro, 2004).

> Os estudos até aqui realizados não têm indicado o sexo como uma característica capaz de influenciar na produção de falsas memórias.

Smeets, Jelicic e Merckelbach (2005) investigaram a influência do sexo do indivíduo nas distorções mnemônicas, os resultados indicam que o sexo não se mostrou impactante nas FM. Nesse estudo os participantes eram instruídos a ler 12 listas de palavras (DRM) e depois a escrever as palavras de que se recordavam. Após recordarem livremente as palavras apresentadas, os participantes respondiam a um teste de reconhecimento no qual identificavam palavras como vistas anteriormente ou não. Tanto homens como mulheres apresentaram índices de FM congruentes com a literatura da área e não divergentes entre si. A única diferença observada entre os sexos foi que homens apresentaram mais erros de comissão quando instruídos a recordar livremente das palavras anteriormente apresentadas. Isso significa que, comparativamente às mulheres, os homens lembraram-se de mais palavras que não haviam sido apresentadas anteriormente e que não tinham nenhuma relação semântica com as listas de palavras apresentadas. É importante ressaltar que ainda que erros de comissão sejam falhas na memória, estes não são FM.

Em outro estudo (Kreiner et al., 2004) também foram utilizadas listas DRM, porém, as listas foram apresentadas por meio de uma narração gravada previamente por um homem e por uma mulher e reproduzida para cada um dos participantes em um aparelho de som. Os participantes foram divididos, a fim de que aproximadamente a metade deles ouvisse as listas narradas por uma voz masculina e outra metade por uma feminina, sendo que metade dos participantes ouviu a voz congruente com o seu sexo, enquanto a outra metade ouviu a voz divergente. A hipótese dos autores era de que quem ouvisse uma voz correspondente ao seu sexo teria maiores dificuldades no monitoramento da fonte e, consequentemente, apresentaria maiores índices de FM. Porém, os resultados não apontaram nenhuma interação entre o sexo do narrador e o sexo do participante.

Ainda que, como nos trabalhos citados acima, a literatura não venha demonstrando diferenças entre o sexo dos participantes e a quantidade de FM produzidas, Barbosa (2008) desenvolveu um estudo visando avaliar MV e FM de homens e mulheres para informações centrais e periféricas de uma história emocional. Foram consideradas informações centrais as que não poderiam ser substituídas ou alteradas sem que se modificasse o sentido da história e periféricas as referentes aos detalhes que não são fundamentais para a compreensão da mesma.

A hipótese de que o falso reconhecimento de informações, centrais e periféricas, de histórias emocionais para homens e mulheres não seria igual foi formulada a partir de estudos que apresentaram diferenças entre os sexos no reconhecimento para os dois tipos de informação (Cahill e van Stegeren, 2003). Estudos de neuroimagem também apontaram que homens apresentam uma maior ativação da amígdala direita e mulheres da amígdala esquerda no momento da codificação de informações emocionais de uma história, o que pode estar relacionado com o tipo de informação recordada. Porém, os resultados encontrados por Barbosa (2008) não indicaram diferenças entre FM para informações centrais ou periféricas de homens e mulheres, ocorrendo o mesmo com as MV. Esses resultados corroboram a literatura da área que vem sugerindo que o sexo não é uma diferença individual capaz de influenciar no fenômeno das FM.

PERSONALIDADE E FALSAS MEMÓRIAS

Estudos que relacionam diferenças individuais e FM procuram responder o que torna algumas pessoas mais suscetíveis do que outras na produção e aceitação de falsas informações. Essa questão demonstra que a vulnerabilidade da memória em apresentar distorções é um fenômeno complexo e cercado de inúmeras variáveis, dentre elas, as características de personalidade. Vários autores (Ávila e Stein, 2006; Eisen e Lynn, 2001;

> As diferenças individuais, especialmente certos tipos de traços de personalidade, podem exercer influência significativa na precisão dos processos de memória.

Porter, Birt, Yuille e Lehman, 2000) têm sugerido que as diferenças individuais, especialmente certos tipos de traços de personalidade, podem exercer influência significativa na precisão dos processos de memória.

Certas pessoas podem criar FM para eventos completos, descrevendo com detalhes experiências que nunca foram realmente vividas (Brainerd et al., 2006; Loftus e Davis, 2006). Sabe-se que as FM incluem distorções na recuperação da memória armazenada, incluindo interpretações e inferências dos indivíduos. O sujeito acredita, sinceramente, que a sua recordação é verdadeira, podendo trazer uma riqueza de detalhes impressionante (McBride, Coane e Raulerson, 2006; Stein e Neufeld, 2001). Tanto é assim que, na maioria das vezes, torna-se extremamente difícil diferenciar FM de MV sem a corroboração de outros dados (Loftus, 1997).

Considerando o fenômeno das FM, surge o interesse em responder o que torna algumas pessoas mais suscetíveis a aceitação e a produção de FM do que outras? As características pessoais de cada indivíduo podem influenciar na suscetibilidade para FM e, se podem, quais são elas? Essas questões começam a ser respondidas à medida que surgem novos estudos que procuram apontar quais características e traços individuais estão diretamente relacionados com a suscetibilidade às FM.

Os primeiros estudos associando características de personalidade com FM surgiram com o interesse em entender erros de memória em entrevistas com testemunhas (Gudjonsson, 1983, 1988). Procurava-se predizer quais pessoas seriam mais suscetíveis à sugestionabilidade, ou seja, quão sugestionável é um indivíduo em aceitar falsas informações por meio de perguntas feitas durante interrogatório policial. Gudjonsson (1983) mediu, pela Escala de Inteligência Wechsler para Adultos, o quociente intelectual dos participantes da pesquisa e concluiu que pessoas com uma menor capacidade intelectual apresentaram uma maior suscetibilidade para FM, já que pessoas com essa característica confiavam menos em seus próprios julgamentos. No mesmo estudo pôde-se observar que as pessoas que possuíam forte necessidade em se apresentarem de forma favorável e com tendência a agradar aos outros (isto é, necessidade de desejabilidade social), possuíam maior tendência às FM já que, por desejarem aceitação por parte de outros, acabavam sendo mais suscetíveis a erros de memória (Wilkinson e Hyman, 1998).

Os efeitos das estratégias de *coping* na sugestionabilidade de falsas informações em um interrogatório também foi outro fator investigado por Gudjonsson (1988). Estratégias de *coping* podem ser definidas como um conjunto de técnicas utilizadas pelas pessoas para adaptarem-se a circunstâncias adversas ou estressantes (Dell'Aglio e Hutz, 2002). Sendo assim, a sugestionabilidade de uma pessoa pode ser influenciada pelas estratégias de enfrentamento que usa, já que, em situações de estresse (p. ex., em depoimentos ou testemunhos), os indivíduos estão lidando com incertezas e expectativas. Pessoas que possuem boas estratégias de *coping,* gerando atitudes de análise crítica da situação e uma boa capacidade de resolução de problemas, são menos sugestionáveis às falsas informações. Já estratégias de *coping* típicas de pessoas altamente sugestionáveis às FM incluem características como fornecer respostas que pareçam plausíveis e consistentes com pistas recebidas por outras pessoas (Gudjonsson, 1988).

Uma das variáveis de personalidade mais amplamente associada à suscetibilidade às FM é a dissociação (Candel, Merckelbach e Kuijpeis, 2003; Hyman e Billings, 1998; Merckelbach et al., 2000; Winograd, Peluso e Glover, 1998). Segundo o DSM-IV-TR (2002), a característica essencial do Transtorno Dissociativo é uma perturbação nas funções habitualmente integradas de consciência, memória, identidade ou percepção do ambiente. A frequência dessas experiências dissociativas pode ser uma importante variável para que se possa entender a suscetibilidade em apresentar FM. Uma das hipóteses para essa relação é que as experiências dissociativas são uma resposta comum ao trauma e, portanto, indivíduos com dissociação tendem a ser menos confiantes a respeito de suas recordações e, além disso, a confiança que possuem é mais vulnerável aos efeitos de sugestão de falsas informações (Eisen e Carlson, 1998). Os indivíduos com características de personalidade mais dissociativas tendem a apresentar uma falha em integrar memórias, consciência e fantasias. Outra hipótese está ligada ao fato de que, em um esforço de ignorar eventos traumáticos de vida, o indivíduo produz informações inexatas (p. ex., FM) acerca de alguma experiência, para que estas se encaixem melhor em seu senso de *self* e em sua percepção de mundo (Eisen e Lynn, 2001).

> As experiências dissociativas são uma resposta comum ao trauma e, portanto, pessoas com essa característica tendem a ser menos confiantes a respeito de suas recordações.

Outra direção dos estudos na área de características de personalidade e FM procura relacionar traços de personalidade baseados no modelo dos Cinco Grandes Fatores com a tendência em produzir FM (Ávila e Stein, 2006; Porter et al., 2000; Quas et al., 1997). Esse modelo entende a personalidade a partir de cinco fatores independentes: Extroversão, Socialização, Realização, Neuroticismo e Abertura. Essas dimensões referem-se ao modo pelo qual indivíduos diferem em suas emoções, atitudes e motivações (McCrae e Costa, 1997).

Um dos primeiros traços do modelo dos Cinco Grandes Fatores associados às FM foi o neuroticismo (Gudjonsson, 1983; Peiffer e Trull, 2000; Porter et al., 2000). O neuroticismo é mais que um estado emotivo passageiro, sendo considerado um traço (ou tendência) estável da personalidade, ligado a uma ampla gama de diferenças individuais, incluindo a tendência a experienciar emoções desagradáveis e aflitivas (Costa e McCrae, 1987). Pessoas com altos níveis de neuroticismo apresentam características como instabilidade emocional, baixa autoestima, depressão, vulnerabilidade, além de afetos negativos e respostas de *coping* mal-adaptadas – características associadas a uma maior suscetibilidade em apresentar distorções de memória. Essas distorções ocorrem já que pessoas com essas particularidades possuem dificuldades em estabelecer avaliações críticas e apresentam uma necessidade de reduzir sensações de incerteza, demonstrando menor confiança em suas próprias recordações.

Ávila e Stein (2006) investigaram a influência do traço *neuroticismo* na suscetibilidade às FM. Para isso testaram em estudantes universitários o efeito do traço de personalidade neuroticismo (baseado no modelo dos Cinco Grandes Fatores) na suscetibilidade às FM. Foram utilizadas como instrumentos a Escala Fatorial de Ajustamento Emocional/Neuroticismo (Hutz e Nunes, 2001) e a versão brasileira do procedimento das Listas de Palavras Associadas (Stein, Feix e Rohenkhol, 2006), contendo palavras de cunho neutro e emocional (positivo e negativo). Os resultados mostraram que pessoas com alto neuroticismo apresentaram maior número de FM e uma melhor lembrança para palavras de valência emocional negativa.

> Pessoas com alto neuroticismo apresentam maior número de falsas memórias e uma melhor lembrança para palavras de valência emocional negativa.

Assim como o neuroticismo, as pesquisas apontam que a ansiedade também pode levar a uma maior probabilidade de uma pessoa apresentar FM. Estudos (Gudjonsson, 1983, 1988; Kizilbash, Vanderploeg e Curtiss, 2002; Roberts, 2002) demonstram que a presença da ansiedade como traço de personalidade faz com que as pessoas se tornem apreensivas diante de várias situações, apresentando baixa autoestima e vulnerabilidade, características também presentes no neuroticismo, no modelo dos Cinco Grandes Fatores. Pessoas com essas características apresentam dificuldades em depositar certeza e confiança nas suas memórias, podendo assim, facilitar o surgimento dos erros mnêmicos, como as FM. Outra explicação é a de que indivíduos ansiosos possuem menor capacidade de atenção para tarefas e, portanto, apresentam um pior desempenho em atividades que possuam uma demanda substancial da memória de trabalho, predispondo a falsificações de memória (Kizilbash et al., 2002).

Outra variável que parece também contribuir na suscetibilidade às FM partiu de uma pesquisa de Loftus, Levidow e Duensing (1992). Neste estudo os autores apontaram que determinadas características responsáveis pela ocupação escolhida por cada pessoa podem ser fatores importantes para as FM. Artistas e arquitetos mostraram-se mais suscetíveis a FM por sugestão de informações enganosas. Os autores sugeriram como possível razão para esses resultados que as maiores habilidades imaginativas necessárias a essas profissões podem fazer com que para esses indivíduos as informações errôneas pareçam mais reais, resultando em um número maior de FM.

Seguindo a mesma direção, estudos apontam que a suscetibilidade em apresentar FM depende diretamente da tendência de cada pessoa em gerar versões de fatos baseadas em alta capacidade criativa e imaginativa (Drivdahl e Zaragoza, 2001; Eisen e Lynn, 2001; Heaps e Nash, 1999). Indivíduos com maior capacidade de absorção (isto é, tendência em tornar-se profundamente absorto em tarefas do dia a dia), maior envolvimento imaginativo e criatividade possuem maior capacidade de envolver-se profundamente em atividades, podendo estar mais predispostos a gerar e criar construções mentais de eventos (p. ex., FM).

As diferenças individuais são vistas hoje como contribuições relevantes para o entendimento do processo de criação das FM. Algumas pessoas podem ser mais suscetíveis às FM pela demanda social, outras podem apresentar uma maior tendência em engajarem-se em processos construtivos de memória devido a suas capacidades imaginativas. Também características pessoais, tais como baixa autoestima, ansiedade, estratégias de *coping* mal-adaptadas e traços mais acentuados de neuroticismo, podem levar a uma maior tendência às FM.

Conhecer a influência dos traços de personalidade na suscetibilidade para as FM pode ajudar os terapeutas a adequar suas práticas para cada tipo de paciente, considerando os riscos que existem em determinadas técnicas utilizadas para a recuperação de memórias, como, por exemplo, a hipnose e a imaginação, responsáveis muitas vezes, por trazer à consciência FM, até mesmo de supostos abusos ocorridos durante a infância. A Psicologia Forense também pode se beneficiar desse conhecimento, pois, as memórias das testemunhas poderiam ser interpretadas e ganhar maior nível de confiabilidade de acordo com as características individuais de cada uma delas.

CONSIDERAÇÕES FINAIS

Ainda que as FM sejam um fenômeno normal da memória e, portanto, presente em toda a população, suas manifestações podem ser influenciadas pelas diferenças individuais. Determinados indivíduos são mais suscetíveis a distorções mnemônicas do que outros, sendo essa uma característica que se mostra estável ao longo do tempo. Para a compreensão de quais características interferem na produção de FM é necessária a integração de duas áreas da Psicologia, quais sejam: a Psicologia Cognitiva, área que tem estudado a memória e a Psicologia Diferencial, que busca compreender o que leva as pessoas a se desenvolverem de forma diferente.

A literatura científica que busca estabelecer essa relação entre a Psicologia Diferencial e a memória ainda é escassa, mas cada vez mais estudos têm apontado que características como etapas de desenvolvimento e traços de personalidade, exercem impacto sobre o funcionamento mnemônico e suas distorções. Ao longo do desenvolvimento humano as FM espontâneas aumentam, idosos apresentam mais FM que adultos jovens que por sua vez as apresentam mais do que crianças. Porém, sugestões externas de falsas informações são mais facilmente incorporadas à memória por crianças (assunto aprofundado no Capítulo 8) e por idosos do que por adultos jovens.

Entretanto, indivíduos vítimas de trauma na infância sofrem alterações em seu desenvolvimento, resultando em alterações no seu sistema mnemônico. Essas pessoas acabam apresentando, quando adultas, menores índices de FM do que aquelas que não sofreram trauma.

Outra característica associada às FM são as características de personalidade. Pessoas com acentuados traços de personalidade de neuroticismo ou ansiedade têm se mostrado mais suscetíveis às FM. Isso parece ocorrer porque pessoas com esses traços tendem a confiarem menos em suas memórias.

> **Não se deve descartar possíveis influências de outras características que ainda carecem de maiores estudos sobre as falsas memórias, como o contexto cultural, a memória grupal e as psicopatologias.**

O sexo da pessoa é outro fator frequentemente associado à *performance* da memória, mas diferentemente das características anteriormente citadas, este não vem demonstrando capacidade de influenciar as FM.

No presente capítulo buscou-se abordar aqueles fatores que têm sido mais estudados no que tange à influência das diferenças individuais nas FM. Porém, não se deve descartar possíveis influências de outras características que ainda carecem de maiores estudos. O contexto cultural, a memória grupal e as psicopatologias são exemplos de diferenças individuais que ainda não tem sua relação com as FM bem esclarecida. Diferenças quanto ao processamento de informação, como, por exemplo, pessoas que têm uma melhor memória visual (ou *fotográfica*), ou facilidade para se recordar de sons, também são frequentemente alvo de curiosidade dos interessados na área, porém, ainda há muita dificuldade em se encontrar literatura sobre este tema, sendo um campo aberto para novos estudos.

Quanto mais se avança no conhecimento sobre a influência das diferenças individuais nas FM, mais embasamento há para que se possa avaliar o quão confiáveis são memórias recuperadas por pessoas que apresentam determinadas características e em situações específicas como testemunhos ou em psicoterapia.

REFERÊNCIAS

American Psychiatric Association. (2002). *Manual diagnóstico e estatístico de transtornos mentais* (4. ed Rev.) Porto Alegre: Artmed.

Ávila, L. M., & Stein, L. M. (2006). A influência do traço de personalidade neuroticismo na suscetibilidade às falsas memórias. *Psicologia: Teoria e Pesquisa, 22*(3), 339-346.

Balota, D. A., Cortese, M. J., Duchek, J. M., Adams, D., Roediger, H. L., McDermott, K., & Yerys, B. E. (1999). Veridical and false memories in healthy older adults and in dementia of the alzheimer's type. *Cognitive Neuropsychology*, 16,(3-5) 361-384.

Barbosa, M. E. (2008). *Investigação experimental da memória: O impacto da emoção no tipo de informação recuperada*. Dissertação de mestrado não publicada, Pontifícia Universidade Católica do Rio Grande do Sul, Porto Alegre, Brasil.

Bauste, G., & Ferraro, F. R. (2004). Gender differences in false memory production. *Current Psychology, 23*(3), 238-244.

Binet, A. (1900). *La suggestibilitè*. Paris: Schleicher Freres.

Bjorklund, D. F. (2000). *Children's thinking*. New Jersey: Wadsworth.

Blair, I. V., Lenton, A. P., & Hestie, R. (2002). The reliability of the DRM paradigm as a measure of individual differences in false memories. *Psychonomic Bulletin & Review, 9*(3), 590-596.

Brainerd, C. J., Forrest, T. J., Karibian, D., & Reyna, V. F. (2006). Development of the false-memory illusion. *Development Psychology, 42*(5), 962-979.

Brainerd, C. J., & Reyna, V. F. (2002). Fuzzy-trace theory and false memory. *Current Directions in Psychological Science, 11*(5), 164-168.

Brainerd, C. J., & Reyna, V. F. (2005). *The science of false memory*. New York: Oxford.

Brainerd, C. J., & Reyna, V. F. (2007). Explaining developmental reversals in false memory. *Psychological Science, 18*(5), 442-448.

Brained, C. J., Reyna, V. F., & Forrest, T. J. (2002). Are young children susceptible to the false-memory illusion? *Child Development, 73*(5), 1363-1377.

Bremner, J. D., Shobe, K. K., & Kihlstrom, J. F. (2000). False memories in women with self-reported childhood sexual abuse: an empirical study. *Psychological Science: A Journal of the American PsychologicalSociety, 11*(4), 333-337.

Bremner, J. D., Vythilingam, M., Vermetten, E., Southwick, S. M., McGlashan, T., Staib, L. H., Soufer, R., et al. (2003). Neural correlates of declarative memory for emotionally valenced words in women with posttraumatic stress disorder related to early childhood sexual abuse. *Biological Psychiatry, 53*(10), 879-889.

Butler K. M., McDaniel, M. A., Dornburg, C. C., Price, A. L., & Roediger, H. L., III. (2004). Age differences in veridical and false recall are not inevitable: the role of frontal lobe function. *Psychonomic Bulletin & Review, 11*(5), 921-925.

Cahill, L., & Van Stegeren, A. (2003). Sex-related impairment of memory for emotional envents with beta-adrenergic blockade. *Neurobiology of Learning and Memory, 79*(1), 81-88.

Candel, H., Mercklbach, H., & Kuijpeis, M. (2003). Dissociative experiences are related to commissions in emotional memory. *Behaviour Research and Therapy, 41*(6), 719-725.

Clancy, S. A., Schacter, D. L., McNally, R. J., & Pitman, R. K. (2000). False recognition in women reporting recovered memories of sexual abuse. *Psychological Science: A Journal of the American PsychologicalSociety, 11*(1), 26-31.

Costa, P. T. Jr., & McCrae, R. R. (1987). Neuroticism, somatic complaints, and disease: Is the bark worse than the bite? *Journal of Personality, 55*(2), 299-316.

De Bellis, M. D. (2005). The psychobiology of neglect. *Child Maltreatment, 10*(2), 150-172.

Dehon, H., & Brédart, S. (2004). False memories: young and older adults think of semantic associates at the same rate, but adults are more successful at source monitoring. *Psychology and Aging, 19*(1), 191-197.

Dennis, N. A., Kim, H., & Cabeza, R. (2007). Effects of aging on true and false memory formation: an fMRI study. *Neuropsychologia, 45*(14), 3157-3166.

Dell'Aglio, D. D., & Hutz, C. (2002). Estratégias de coping de crianças e adolescentes em eventos estressantes com pares e adultos. Psicologia USP, 13(2), 203-225.

Dewhurst, S. A., Pursglove, R.C., & Lewis, C. (2007). Story contexts increase susceptibility to the DRM illusion in 5-year-olds. *Developmental Science, 10*(3), 374-378.

Drivdahl, S. B., & Zaragoza, M. S. (2001). The role of perceptual elaboration and individual differences in the creation of false memories for suggested events. *Applied Cognitive Psychology, 15*, 265-281.

Eisen, M. L., & Carlson, E. B. (1998). Individual differences in suggestibility: Examining the influence of absorption, and a history of childhood abuse. *Applied Cognitive Psychology, 12*, 47-61.

Eisen, M. L., & Lynn, S. J. (2001). Dissociation, memory and suggestibility in adults and children. *Applied Cognitive Psychology, 15*, 49-73.

Gallo, D. A. (2006). *Associative illusions of memory: False memory research in DRM and related tasks*. New York: Psychology Press.

Gallo, A. D., Cotel, S. C., Moore, C. D., & Schacter, D. L. (2007). Aging can spare recollection-based retrieval monitoring: the importance of event distinctiveness. *Psychology and Aging, 22*(1), 209-213.

Grassi-Oliveira, R., & Stein, L. M. (2008). Gist memory impairment in major depression and childhood neglect reduces false recognition. Manuscrito submetido para publicação. Pontifícia Universidade Católica do Rio Grande do Sul.

Gudjonsson, G. H. (1983). Suggestibility, intelligence, memory recall and personality: An experimental study. *The British Journal of Psychiatry, 142*, 35-37.

Gudjonsson, G. H. (1988). Interrogative suggestibility: Its relationship with assertiveness, social-evaluative anxiety, state anxiety and method of coping. *British Journal of Clinical Psychology, 27*(Pt. 2), 159-166.

Heaps, C., & Nash, M. (1999). Individual differences in imagination inflation. *Psychonomic Bulletin & Review, 6*(2), 313-318.

Howe, M. L. (2002). The role of intentional forgetting in reducing children retroactive interference. *Developmental Psychology, 38*(1) 3-14.

Howe, M. L. (2005). Children (but not adults) can inhibit false memories. *Psychological Science, 16*(12), 927-931.

Howe, M. L., Cicchetti, D., Toth, S. L., & Beth, M. C. (2004). True and false memories in maltreated children. *Child Development, 75*(5), 1402-1417.

Hyman, I. E., & Billings, F. J. (1998). Individual differences and the creation of false childhood memories. *Memory, 6*(1), 1-20.

Hutz, C. S., & Nunes, C. H. (2001). *Escala fatorial de Ajustamento Emocional/ Neuroticismo – EFN*. São Paulo: Casa do Psicólogo.

Johnson, M. K., Hashtroudi, S., & Lindsay, D. S. (1993). Source monitoring. *Psychological Bulletin, 114*(1), 3-28.

Kizilbash, A. H., Vanderploeg, R. D., & Curtiss, G. (2002). The effects of depression and anxiety on memory performance. *Archives of Clinical Neuropsychology, 17*(1), 57-67.

Kreiner, D. S., Price, R. Z., Gross, A. M. & Appleby, K. L. (2004). False recall does not increase when words are presented in a gender-congruent voice. *JASNH, 3*(1), 1-18.

Lindsay, D. S., & Read, J. D. (1994). Psychotherapy and memories of childhood sexual abuse: A cognitive perspective. *Applied Cognitive Psychology, 8*(4), 281-338.

Loftus, E. F. (1997). Creating false memories. *Scientific American, 277*(3), 70-75.

Loftus, E. F. (2004). Memories of things unseen. *Current Directions in Psychological Science, 13*(4), 145-147.

Loftus, E. F., & Davis, D. (2006). Recovered memories. *Annual Review of Clinical Psychology, 2*, 469-498.

Loftus, E. F., Levidow, B., & Duensing, S. (1992). Who remembers best? Individual differences in memory for events that ocuured in a science museum. *Applied Cognitive Psychology, 6*, 93-107.

McBride, D. M., Coane, J. H., & Raulerson, B. A., III. (2006). An investigation of false memory in perceptual implicit tasks. *Acta Psychologica, 123*(3), 240-260.

McCrae, R. R., & Costa, P. T. (1997). Personality trait sructure as a human universal. *American Psychologist, 52*, 509-516.

Merckelbach, H., Muris, P., Rassin, E., & Horselenberg, R. (2000). Dissociative experiences and interrogative suggestibility in college students. *Personality and Individual Differences, 29*(6), 1133-1140.

Mitchell, K. J., Johnson, M. K., & Mather, M. (2002). Source monitoring and suggestibility to misinformation: adult age-related differences. *Applied Cognitive Psychology, 17*, 107-119.

Neufeld, C. B., & Stein, L. M. (2001). A compreensão da memória segundo diferentes perspectivas teóricas. *Revista Estudos de Psicologia, 18*(2), 50-63.

Peiffer, L. C., & Trull, T. J. (2000). Predictors of suggestibility and false memory production in young adult women. *Journal of Personality Assessment, 74*(3), 384-399.

Porter, S., Birt, A. R., Yuille, J. C., & Lehman, D. R. (2000). Negotiating false memories: Interviewer and rememberer characteristics relate to memory distortion. *Psychological Science, 11*(6), 507-510.

Quas, J. A., Qin, J., Schaaf, J. M., & Goodman, G. S. (1997). Individual differences in children´s and adults´ suggestibility and false event memory. *Learning and Individual Differences, 9*(4), 359-390.

Roberts, P. (2002). Vulnerability to false memory: The effects of stress, imagery, trait anxiety, and depression. *Current Psychology: Developmental, Learning, Personality and Social, 21*(3), 240-252.

Roediger, H. L., III, & Geraci, L. (2007). Aging and the misinformation effect: a neuropsychological analysis. *Journal of Experimental Psychology, 33*(2), 321-334.

Roediger, H. L., III, & McDermott, K. B. (1995). Creating false memories: Remembering words not presented in lists. *Journal of Experimental Psychology: Learning, Memory, and Cognition, 21*(4), 803-814.

Roediger, H. L., III, & McDermott, K. B. (2000). Tricks of memory. *Current Directions in Psychological Science, 9*(4), 123-127.

Sapolsky, R. M., Uno, H., Rebert, C. S., & Finch, C. E. (1990). Hippocampal damage associated with prolonged glucocorticoid exposure in primates. *The Journal of Neuroscience, 10*(9), 2897-2902.

Sass, K. J., Sass, A., Westerveld, M., Lencz, T., Novelly, R. A., Kim, J. H., & Spencer, D. D. (1992). Specificity in the correlation of verbal memory and hippocampal neuron loss: dissociation of memory, language, and verbal intellectual ability. *Journal of Clinical and Experimental Neuropsychology, 14*(5), 662-672.

Schacter, D. L. (2003). *Os sete pecados da memória: Como a mente esquece e lembra.* Rio de Janeiro: Rocco.

Schacter, D. L., & Slotnick, S. D. (2004). The cognitive neuroscience of memory distortion. *Neuron, 44*(1), 149-160.

Smeets, T., Jelicic, M., & Merckelbach, H. (2006). Stress-induced cortisol responses, sex differences, and false recollections in a DRM paradigm. *Biological Psychology, 72*(2), 164-172.

Stein, L. M., Feix, L. F., & Rohenkohl, G. (2006). Avanços metodológicos no estudo das falsas memórias: Construção e normatização do procedimento de palavras associadas à realidade brasileira. *Psicologia: Reflexão e Crítica, 19*(2) 166-176.

Stein, L. M., & Neufeld, C. B. (2001). Falsas memórias: Por que lembramos de coisas que não aconteceram? *Arquivos de Ciências da Saúde Unipar, 5*(2), 179-186.

Stein, L. M., & Nygaard, M. L. C. (2003). A memória em julgamento: Uma análise cognitiva dos depoimentos testemunhais. *Revista Brasileira de Ciências Criminais, 11*(43), 151-164.

Stern, W. (1910). Abstracts of lectures on the psychology of testimony and on the study of individuality. *American Journal of Psychology, 21,* 270-282.

Sugrue, K., & Hayne, H. (2006). False memories produced by children and adults in the DRM paradigm. *Applied Cognitive Psychology*, 20, 625-631.

Teicher, M. H., Dumont, N. L., Ito, Y., Vaituzis, C., Giedd, J. N., & Andersen, S. L. (2004). Childhood neglect is associated with reduced corpus callosum area. *Biological Psychiatry, 56*(2), 80-85.

Watson, J. M., McDermott, K. B., & Balota, D. A. (2004). Attempting to avoid false memories in the Deese/Roediger-McDermott paradigm: Assessing the combined influence of practice and warnings in young and old adults. *Memory and Cognition, 32*(1), 135-141.

Wilkinson, C., & Hyman, I. E. (1998). Individual differences related to two types of memory errors: Word lists may not generalize to autobiographical memory. *Applied Cognitive Psychology, 12,* 29-46.

Winograd, E., Peluso, J. P., & Glover, T. A. (1998). Individual differences in susceptibility to memory illusions. *Applied Cognitive Psychology, 12,* 5-28.

Zoellner, L. A., Foa, E. B., Brigidi, B. D., & Przeworski, A. (2000). Are trauma victims susceptible to "false memories"? *Journal of Abnormal Psychology, 109*(3), 517-524.

PARTE III
Aplicações clínicas e jurídicas

8
FALSAS MEMÓRIAS, SUGESTIONABILIDADE E TESTEMUNHO INFANTIL

Carmen Lisbôa Weingärtner Welter
Leandro da Fonte Feix

Em agosto de 2006, a Organização das Nações Unidas (ONU) apresentou as principais conclusões de um estudo profundo sobre a violência contra crianças, realizado em 131 países de todas as regiões do mundo, com a participação de representantes de governos, de organizações não governamentais e das próprias crianças. Nesse estudo, a violência contra as crianças foi denunciada como um problema global que tem sido reiteradamente ocultado, entre outros motivos, por não existirem relatos e nem registros confiáveis sobre esse tipo de problema. Assim, dentre outras conclusões fundamentais, o estudo destacou que a violência contra as crianças é também invisível por não existirem modos seguros para as crianças e os adultos a relatarem. Quando os dados sobre esse tipo de violência são coletados, nem sempre são registrados de modo completo, consistente e transparente (Pinheiro, 2006). É, pois, nesse contexto que se insere, no presente capítulo, a discussão sobre o complexo tema do testemunho infantil, entendido como forma de promover a proteção das crianças e da própria sociedade, na medida em que pode tornar visível e audível tal violência.

Em sua maioria, as crianças que testemunham estão envolvidas em situações de violência e seus relatos dizem respeito a lembranças de experiências muitas vezes traumáticas. Frequentemente, na ausência de outros indícios, o relato da criança torna-se a única evidência num processo criminal. Na verdade, a maior parte dos abusos e maus-tratos contra crianças não deixa vestígios em seus corpos e, nem sempre, resulta invariavelmente em danos psíquicos. Um estudo prospectivo realizado nos Estados Unidos ao longo de cinco anos com 2.384 crianças que haviam

> O relato de uma criança pode ser a única evidência num processo criminal.

buscado atendimento hospitalar em decorrência de possível abuso sexual, mostrou que somente 4% delas apresentou algum tipo de anormalidade no exame físico. Mesmo quando o abuso havia sido severo, incluindo penetração anal ou vaginal, o número de crianças que evidenciou algum achado positivo no exame físico chegou a apenas a 5,5% (Heger et al., 2002). Ainda, estudos sobre os efeitos da vivência de situações de estresse crônico (p. ex., como casos de maus-tratos) no desenvolvimento neurológico das crianças apontam que os efeitos desse tipo de estresse nem sempre são detectáveis durante o período da infância, tornando-se observáveis somente numa fase posterior, já na vida adulta (ver Howe, Chichetti e Toth, 2006a e Capítulo 5). Em virtude de uma série de fatores, tais como as características individuais da criança, um adequado suporte materno, o grau de violência envolvido, o grau de vinculação com a figura do agressor e o tempo transcorrido desde a ocorrência do evento, entre outros, é possível que uma criança se mantenha protegida do desenvolvimento de psicopatologias em decorrência de uma situação de abuso sexual. Por outro lado, a falta de indícios psicopatológicos não pode ser interpretada como evidência negativa da ocorrência de uma situação de violência da qual a criança foi vítima (Alberto, 2004, 2006).

Além disso, o fato de ser constatada determinada sintomatologia na criança, ainda que possa sinalizar a associação a uma situação traumática (como nos casos dos transtornos de estresse pós-traumático), não é indício suficiente para nos informar acerca de uma contingência concreta sobre uma determinada situação de violência, tal qual é necessário para que um caso possa ser efetivamente encaminhado para a justiça. Com o propósito de chegarem a conclusões confiáveis, os profissionais envolvidos na avaliação de casos de maus-tratos com crianças devem reunir o maior número de elementos disponíveis sobre a suspeita levantada, o que inclui o relato da criança sobre o episódio vivenciado, o exame de suas condições físicas e psicológicas, bem como entrevistas com as pessoas responsáveis pelos seus cuidados, registros escolares, etc. Deste modo, o técnico estará realizando uma avaliação adequada e protetora da criança, visto que busca diminuir a possibilidade de erro presente nessa situação (p. ex., tomando uma situação falsa como verdadeira ou o contrário), o que pode trazer graves repercussões para a vida da criança, de sua família e da sociedade de modo geral.

A presença das crianças nos tribunais tem sido registrada historicamente de longa data e, especialmente nas últimas décadas, tem se tornado cada vez mais frequente em diversos países (Ceci e Bruck, 1995; Malloy et al., 2007) e também no Brasil. Tal fato tem levantado importantes questionamentos tanto à Psicologia, quanto ao Direito. Por parte do Direito, há o crescente reconhecimento da criança como um indivíduo em formação e, portanto, com capacidades e necessidades distintas dos adultos. Além disso, como já foi referido anteriormente, grande parte das crianças que chega a depor em um tribunal está recordando e relatando experiências difíceis e constrangedoras, pois evolvem, muitas vezes, informações relativas às suas vidas íntimas. Mais recentemente alguns projetos têm sido desenvolvidos na justiça brasileira, particularmente no Rio Grande do Sul, com a intenção de contemplar as peculiaridades dos depoimentos infantis (ver Cezar, 2007; Dobke, 2001).

Do lado da Psicologia deve haver o reconhecimento do âmbito judicial como um contexto distinto, com objetivos muito claros e muito diversos de outras áreas do conhecimento psicológico, como, por exemplo, a Psicologia Clínica. Embora no Brasil existam poucos estudos científicos no campo da Psicologia Forense relacionados ao testemunho, a comunidade científica internacional vem debatendo e pesquisando, há muito tempo, formas de responder às demandas criadas pela especificidade do contexto jurídico, tanto com crianças, quanto com adultos (Eisen, Quas e Goodman, 2002). Pesquisas naturalísticas e experimentais têm sido desenvolvidas com o objetivo de conhecer a capacidade das crianças de recordarem eventos passados. Além disso, no campo forense, importa saber não apenas sobre o que as crianças são capazes de recordar, mas é imprescindível avaliar o quão precisas e confiáveis podem ser as recordações delas (ou de um adulto), ou seja, saber o quanto o relato de uma criança sobre a lembrança de um determinado episódio corresponde com exatidão aos fatos que se passaram. É comum que juízes de direito, promotores de justiça, delegados de polícia e advogados de defesa, entre outros, perguntem aos psicólogos se podem confiar no que uma criança diz, se podem tomar seu relato como expressão da realidade concreta, do que efetivamente ocorreu de forma distinta da fantasia.

> A avaliação da precisão de um recordação é imprescindível no campo forense.

A questão da precisão ou da confiabilidade da memória nos leva necessariamente a considerar as vulnerabilidades às quais naturalmente a memória humana está sujeita, seja em crianças ou em adultos. Como já foi visto no Capítulo 1 desta obra, as Falsas Memórias (FM) são, antes de tudo, fenômenos que podem ocorrer espontaneamente, entretanto, é no contexto forense que nos deparamos, com grande frequência, com um dos fenômenos mais comprometedores da precisão da memória: a sugestionabilidade (Holliday, Brainerd e Reyna, 2008). Na Psicologia Forense é fundamental conhecer de que formas e sob que condições a memória pode ser distorcida, tornando-se mais suscetível à produção de FM. O conhecimento sobre as distorções da memória pode nos apontar os caminhos a serem evitados e aqueles que devem ser perseguidos quando se tem por objetivo a coleta de um relato preciso e confiável, capaz de aumentar o valor e a consistência de uma prova testemunhal.

Do ponto de vista científico, a discussão acerca do testemunho infantil deve incluir tanto a consideração das competências da criança, quanto as vulnerabilidades inerentes ao processo de recordação. No presente capítulo pretende-se mostrar, com base em estudos científicos recentes, o que a criança é capaz de recordar e a partir de que idade se pode esperar que ela recorde e relate uma experiência de sua vida. Num segundo momento, serão apontadas as vulnerabilidades delas ao recordarem eventos, enfatizando-se o problema da sugestionabilidade. Têm-se como objetivo principal ressaltar que a qualidade da memória não é um produto cognitivo "puro", independente do contexto no qual a pessoa é solicitada a realizar a tarefa de lembrar e contar o que aconteceu. Ou seja, a forma como a criança é questionada e o modo como é entrevistada, incluindo o próprio ambiente físico onde isso acontece e o número de entrevistas realizadas, entre outros, podem ser fatores determinantes para a qualidade de sua memória e de seu relato. A partir de casos concretos, são apresentadas algumas reflexões sobre o impacto que a pesquisa científica em Psicologia tem gerado em sistemas judiciais de diversos países, no que se refere ao testemunho de crianças, bem como as lacunas existentes na realidade brasileira.

O QUE AS CRIANÇAS CONSEGUEM RECORDAR?

A presença cada vez mais frequente das crianças em contextos jurídicos fez com que os pesquisadores da memória focassem a atenção na capacidade delas para recordarem eventos. O relato de uma criança ouvida como testemunha tem como base a recordação de acontecimentos vivenciados por ela. De modo especial, é importante saber como elas recordam eventos traumáticos, uma vez que os processos judiciais frequentemente envolvem situações desse tipo. Nesta seção, serão apresentados alguns elementos sobre o funcionamento da memória de crianças muito pequenas, antes dos 2 anos. Posteriormente, trataremos a questão da amnésia infantil e, finalmente, abordaremos a capacidade das crianças, pré-escolares e escolares, de recordarem eventos emocionalmente estressantes, enfatizando-se alguns estudos relevantes.

As primeiras lembranças

Sabe-se que crianças muito pequenas, mesmo antes da aquisição da linguagem, evidenciam capacidade de recordação episódica (isto é, lembranças sobre eventos) quando avaliadas por medidas não verbais adequadas. Bauer (1996), por meio de um procedimento designado como "imitação evocada de sequências de ações", obteve evidências de que crianças de 13 a 20 meses conseguiam recordar eventos específicos, por exemplo, uma sequência de ações que consistia em colocar um ursinho de pelúcia para dormir, mesmo após longos intervalos de tempo (oito meses).

Da mesma forma, Fivush e colaboradores (2002a) empreenderam uma série de estudos longitudinais sobre a capacidade das crianças pequenas recordarem eventos autobiográficos. Para tanto, os pesquisadores solicitavam a crianças com idades entre 2 e 3 anos que recordassem um evento passado que fosse altamente distintivo, como, por exemplo, uma visita a um parque temático. Em síntese, os resultados demonstraram que elas, desde muito cedo em seu desenvolvimento, eram capazes de recordar e expressar verbalmente detalhes de experiências pessoais e, ainda, continuavam a lembrar tais experiências muito tempo após terem ocorrido.

Mas será que podemos esperar que nós, adultos, recordemos fatos que aconteceram tão cedo em nossas vidas? Apesar das evidências de que muito precocemente, mesmo antes do desenvolvimento da linguagem, podemos codificar, armazenar e recuperar episódios específicos, estudos com adultos demonstram que as primeiras recordações que temos da infância situam-se ao redor dos 2 e 3 anos (Wang, 2003). Como destacam Brown, Goldstein e Bjorklund (2000), há um consenso na literatura científica contemporânea de que as memórias que possam vir a se formar em períodos muito precoces, provavelmente, não permanecem acessíveis em períodos posteriores da infância e da vida adulta.

> As memórias formadas em períodos precoces não permanecem acessíveis em períodos posteriores da infância e na vida adulta.

A amnésia infantil

Desde Freud (1989/1905), a incapacidade dos adultos para relembrar as experiências autobiográficas dos primeiros anos de vida tem sido conhecida como "amnésia infantil". De acordo com a teoria psicanalítica, a explicação da amnésia infantil residiria no conteúdo sexual de tais memórias. Atualmente, com os avanços das pesquisas da Psicologia Cognitiva, outras explicações têm sido oferecidas para a compreensão desse fenômeno, destacando-se a perspectiva sociolinguística (Nelson e Fivush, 2000) e a perspectiva da formação do *self* cognitivo (Howe, 2000).

Na perspectiva sociolinguística, o desenvolvimento da linguagem, que ocorre ao longo dos primeiros anos de vida, produz um novo modo de organização da memória, marcando o início da memória autobiográfica, visto que permite situar um acontecimento dentro de uma história, uma narrativa, que poderá permanecer memorável. Segundo essa abordagem, a memória autobiográfica se desenvolve no contexto das interações sociais, comumente por meio das conversas entre os pais e as crianças. Assim, o modo como os pais estruturam sua conversa sobre os eventos passados tem um efeito decisivo na forma como as crianças desenvolvem suas capacidades narrativas. Pelas conversas, as crianças não apenas aprendem o que lembrar, mas também como lembrar, ou ainda, como organizar e relatar um acontecimento vivenciado pessoalmente numa forma narrativa (Nelson e Fivush, 2000). De acordo com Fivush (2002a), a capacidade de abstração que se desenvolve com a linguagem permite que a criança dispense a presença de objetos concretos como estímulos para recordação de um evento. Além disso, a linguagem é a principal forma pela qual os acontecimentos vivenciados no passado podem ser comunicados, partilhados e conhecidos.

Diferentemente da abordagem sociolinguística, na concepção do desenvolvimento do *self* é a emergência do *self* cognitivo, que ocorre ao final do segundo ano de vida, que marca o início da memória autobiográfica (Howe, 2000). Nessa perspectiva, a importância da linguagem é reconhecida preponderantemente na capacidade de maior retenção de informação autobiográfica e não propriamente como fator propulsor da formação do sistema de memória. De acordo com Howe, Courage e Edison (2003), embora antes dos 2 anos um bebê seja capaz de formar memórias, estas não se tornam parte de sua memória autobiográfica até o desenvolvimento do *self* cognitivo, quando uma criança é capaz de reconhecer que aquilo que aconteceu (o episódio), "aconteceu comigo". Somente então as crianças são capazes de organizar as memórias dos acontecimentos em memórias de fatos que foram pessoalmente vivenciados. Embora a formação do *self* cognitivo delimite a idade mínima a partir da qual uma criança é capaz de evidenciar memória autobiográfica, isso não garante que as memórias estarão disponíveis posteriormente, visto que uma série de outros fatores relativos aos processos básicos de memória, assim como outros fatores cognitivos, neurobiológicos e afetivos irão mediar a manutenção e a recuperação dessas memórias (Howe et al., 2003).

A fragilidade das memórias adquiridas na infância precoce é explicada, em parte, por elas serem codificadas e processadas, prioritariamente, de forma literal (Bjorklund, 2000a). Como já foi explicado no Capítulo 1, os traços literais correspondem a aspectos exatos e específicos da nossa experiência, mas, por outro lado, são aqueles que mais rapidamente esquecemos. Com o avanço da idade, a criança vai desenvolvendo a habilidade de extrair o significado geral das experiências e, consequentemente, aprimorando a memória de essência, sendo esta mais duradoura. Tomados em conjunto, os resultados dos estudos sobre as primeiras memórias indicam que, embora as crianças tenham capacidade de recordação episódica desde muito cedo, as recordações não permanecem acessíveis até o desenvolvimento mais organizado da linguagem.

A memória das crianças para eventos estressantes

A recordação de eventos emocionalmente estressantes e negativos reveste-se de particular interesse para a Psicologia Forense, uma vez que, como foi referido na introdução deste capítulo, a maior parte das crianças que presta depoimento está envolvida em situações de violência e trauma. De modo geral, a pesquisa científica sobre os efeitos da emoção na memória tem sido marcada por resultados incongruentes. Dentre as razões para explicar essa incongruência destacam-se, principalmente, imprecisão dos conceitos utilizados (isto é, emoção, estresse, trauma), bem como algumas divergências metodológicas. A memória das crianças para acontecimentos estressantes tem sido estudada pelos pesquisadores por meio de duas metodologias distintas: estudos naturalísticos e experimentais.

Os estudos naturalísticos têm como propósito estudar *in loco* os efeitos da emoção na memória em sujeitos que de fato tenham vivenciado alguma experiência traumática (p. ex., memória para procedimentos médicos, desastres naturais, eventos violentos). Por outro lado, os estudos experimentais se utilizam de instrumentos e situações emocionais análogas a situações traumáticas (p. ex., vídeos, histórias e encenações) mantendo maior controle das variáveis (ver Capítulo 2). De um lado, os resultados dos estudos naturalísticos têm demonstrado que as pessoas recordam mais informações de eventos emocionais, por outro, os estudos experimentais têm mostrado que o incremento da memória para eventos emocionais pode ocorrer às custas da perda da qualidade das recordações, que se tornam mais imprecisas. Ressalta-se que a precisão da memória não é avaliada nos estudos naturalísticos devido à própria impossibilidade de se obter um registro objetivo do evento.

Os estudos longitudinais realizados com crianças têm demonstrado que estas são capazes de recordar e relatar, por longos períodos de tempo, quantidades substanciais de informação sobre eventos, sejam eles relativos a acontecimentos agradáveis e positivos ou estressantes e negativos (ver Pezdek e Taylor, 2002). Além disso, é sabido que a emoção afeta a memória, tanto em crianças, como em adultos, sendo observada uma tendência geral a recordarmos melhor eventos com alguma carga emocional (positiva ou negativa) do que eventos neutros (Kensinger, 2004).

Terr (1979, 1983), no final da década de 1970, entrevistou crianças que foram sequestradas de um ônibus escolar. Mesmo depois de decorridos cinco anos, essas crianças eram capazes de recordar de forma vívida, tanto informações genéricas sobre o evento como de detalhes particulares. Resultados como esses sugerem que crianças em situações de estresse, ou seja, com alto teor emocional, com valência negativa e com alto nível de alerta, geralmente apresentam uma melhora da memória para o evento em comparação com outras situações emocionalmente neutras. Dessa maneira, parece que eventos estressantes são melhor memorizados que eventos emocionalmente neutros. Entretanto, nos estudos de Terr, também foram observados claros padrões de falibilidade da memória das crianças, porém tais falhas envolviam a recordação de detalhes do evento, referindo-se a informações periféricas, tais como a data, o tempo e a duração do evento. Esses achados foram consistentes com os apresentados posteriormente por Howe, Courage e Peterson (1994), que sustentaram que tal como ocorre em eventos não emocionais, a memória para detalhes periféricos em eventos traumáticos está mais suscetível ao esquecimento e distorções.

Bahrick, Parker, Levitt e Fivush (1998) examinaram a memória de crianças com idades entre 3 e 4 anos que haviam sofrido, em graus variados, o impacto da destruição causada pelo furacão Andrew em 1992, na Flórida. Seis anos após o evento, as crianças foram capazes de recordar com detalhes o fato vivenciado (Fivush et al., 2004). É interessante observar que as crianças que haviam experimentado o grau mais elevado de estresse recordaram a menor quantidade de informação na primeira entrevista, comparadas às crianças que pertenciam aos grupos de estresse moderado e baixo. Entretanto, após seis anos, ainda que essas crianças tenham sido as que demandaram maior número de perguntas durante a entrevista, seus relatos foram os que apresentaram o maior grau de consistência, especialmente em relação às informações relativas à tempestade. Para as autoras, esses resultados podem indicar uma maior dificuldade em recuperar lembranças de eventos demasiadamente estressantes, ou ainda, uma menor disposição em relatar esse tipo de experiência. Concluem, de modo geral, que experiências estressantes podem ser particularmente bem lembradas ao longo do tempo, mesmo por crianças pequenas (Fivush et al., 2004).

Ainda sobre a recordação de eventos traumáticos, Peterson e Whalen (2001) examinaram a memória de crianças que tinham entre 2 e 13 anos, quando precisaram de atendimento hospitalar de emergência, em virtude de ferimentos sérios (p. ex., lacerações que necessitavam de sutura, fraturas, queimaduras de segundo grau, mordidas de cães, etc.). Essas crianças foram entrevistadas sobre o ferimento e sobre o atendimento hospitalar em intervalos de tempos diferentes: uma semana após o ferimento, seis meses, um ano, dois anos e, finalmente, cinco anos depois. As crianças mantiveram a recordação de alguns aspectos do evento mesmo após cinco anos (80% das informações centrais sobre o ferimento, com 80% de precisão). As informações centrais acerca do ferimento foram melhor recordadas para todas as idades enquanto a recordação sobre o hospital sofreu um decréscimo em número de detalhes lembrados e precisão, especialmente para os detalhes periféricos. As crianças maiores recordaram maior número de informações, mas as crianças que tinham 2 anos à época do evento também exibiram bons resultados, recordando mais de 50% de informações sobre o ferimento, com 70% de precisão. Com base nesses resultados, as autoras concluíram que altos níveis de estresse estão associados a altos índices de recordação, especialmente para os aspectos centrais da experiência.

> Crianças são capazes de recordar acontecimentos agradáveis ou estressantes por longos períodos de tempo.

Estudos de campo realizados por equipes especializadas em avaliar crianças vítimas de situações de abuso sexual e violência também indicam boa recordação das crianças para esse tipo de episódio. Entretanto, a qualidade da memória para o evento é prejudicada pelo tempo transcorrido entre a ocorrência do evento e a entrevista investigativa. Quanto mais demora há em realizar a entrevista com as crianças, maior perda de informações relevantes sobre o evento é observada (Lamb, Sternberg e Esplin, 2000). Além disso, nos casos específicos de abuso sexual, é preciso que se ressalte que o não relato de uma experiência, ou um relato muito pouco informativo, do ponto de vista de uma investigação legal, pode ocorrer por outros fatores, de ordem emocional e social, que não se relacionam diretamente com a memória. Em outras palavras, é possível que uma criança falhe em relatar um episódio de violência sexual não porque não consiga lembrar bem a experiência vivida, mas sim por não ter disposição para relatá-la, em função de sentimentos de medo, vergonha ou culpa, por exemplo (Ghetti et al., 2006).

Os estudos até aqui referidos buscaram avaliar a memória das crianças para eventos emocionalmente estressantes e negativos com base em procedimentos metodológicos naturalísticos. As principais críticas a esses estudos referem-se às dificuldades de se estabelecer adequados controles experimentais (p. ex., o registro do evento a ser recordado), o que pode vir a comprometer a generalização dos seus resultados. Outra forma utilizada pelos pesquisadores para avaliar a memória para eventos emocionalmente negativos é a utilização de procedimentos experimentais mais rigorosos que ofereçam melhores parâmetros de controle, como, por exemplo, a criação de eventos em laboratório ou a utilização de outros materiais, tais como listas de palavras e histórias emocionais, sendo estes últimos mais utilizados para o estudo das FM espontâneas. A crítica aos estudos experimentais reside exatamente em sua suposta distância da realidade concreta. A esse respeito, convém lembrar a observação de Reyna e colaboradores (2007), que ressaltam que, ironicamente, a pesquisa básica desenvolvida em laboratório tem se mostrado mais aplicada à compreensão de casos legais concretos do que a pesquisa que tenta mimetizar a vida real. Passaremos a expor alguns estudos experimentais sobre a memória das crianças para eventos estressantes.

Existem poucos estudos experimentais com o objetivo de avaliar a memória das crianças para eventos emocionais negativos, devido aos motivos éticos, uma vez que seria inconcebível expor crianças a algum tipo de estresse desnecessário. Além disso, verifica-se uma dificuldade de se adaptar materiais adequados aos objetivos dos estudos para esse grupo etário.

Num desses estudos, um experimento foi realizado com crianças de 6 a 8 anos que participaram de uma simulação de roubo. A simulação do evento envolvia a entrada de uma pessoa estranha numa sala onde um grupo de crianças estava jogando cartas. Inicialmente essa pessoa distraía as crianças e depois roubava uma caixa contendo dinheiro (Peters, 1991). Outro grupo de crianças apenas recebeu a visita de uma pessoa estranha na sala enquanto brincavam, sem que essa pessoa simulasse o roubo. Imediatamente após, o experimentador e os pais entravam na sala e avaliavam o grau de ansiedade da criança. Em seguida, o experimentador mostrou uma série de fotos e pediu para que as crianças fizessem um reconhecimento do suspeito/pessoa estranha. Os resultados mostraram que as crianças do grupo de simulação do roubo evidenciaram mais ansiedade que as do grupo-controle. Nesse estudo, ao contrário dos anteriores, nos quais a emoção parece ter fortalecido a memória, a presença do fator emocional prejudicou a memória para o reconhecimento do suspeito. Apenas 33% das crianças pertencentes ao grupo de simulação reconheceram corretamente a fotografia do suspeito, ao passo que no grupo-controle o índice chegou a 83%.

Dent e Stephenson (1979) mostraram um filme sobre o suposto furto de um objeto de um carro para crianças de 10 e 11 anos; elas foram testadas para três condições: recordação livre, recordação com perguntas gerais e recordação com perguntas específicas após um intervalo de dois meses. Os resultados mostraram que as crianças submetidas à condição de recordação livre produziram menos respostas de modo geral, tanto corretas quanto incorretas. Quanto ao tipo de informação recordada, foi observado que as crianças lembraram maior quantidade de informações sobre as ações do suspeito do que sobre suas características físicas. De fato, a maioria dos erros cometidos pelas crianças se referiu à descrição física do suspeito. De um modo geral, os resultados desse experimento indicaram que testes de recordação livre produzem relatos mais acurados, porém mais incompletos.

Em um outro experimento (List, 1986), participantes de três grupos, divididos por idade – estudantes da 5ª série do ensino fundamental, universitários e idosos – assistiram a um vídeo sobre uma simulação de assalto a uma loja. Um estudo piloto foi conduzido previamente para identificar que tipos de detalhes os participantes esperavam encontrar num assalto a uma loja. Com base nas expectativas deles, o cenário do crime foi elaborado, incluindo detalhes que variavam de muito consistentes (p. ex., encontrar uma arma no local do crime) a pouco consistentes a um evento dessa natureza (p. ex. encontrar um ramalhete de flores no chão da loja). Uma semana depois de assistirem ao vídeo, as pessoas foram entrevistadas sobre o filme que viram. A entrevista incluiu um período de recordação livre (p. ex., Conte-me tudo o que você lembra sobre isso.) e, depois, um teste de reconhecimento, com perguntas fechadas sobre os detalhes consistentes (p. ex., Havia uma arma no local do crime?) e inconsistentes (p. ex., Havia um ramalhete de flores no local do crime?) presentes no filme visto. Os resultados indicaram que os universitários obtiveram maior precisão e lembraram uma maior quantidade de informação, em comparação com os outros grupos. Todos os participantes cometeram erros de memória sendo que foi observada uma menor precisão para os detalhes inconsistentes. Em outras palavras, os erros cometidos ocorreram devido às expectativas prévias dos participantes sobre o evento em questão. Segundo o autor, as pessoas tentavam ajustar a memória de acordo com um esquema pré-existente do evento, o que contribui para a imprecisão durante a recuperação da informação. Por exemplo, um assalto usualmente inclui uma arma de fogo, ou seja, as pessoas tenderão a recordar de uma arma mesmo em um assalto em que não foi usada uma arma de fogo.

Vimos que as crianças são capazes de recordar eventos passados mesmo quando se tratam de eventos emocionalmente negativos, ainda que os detalhes possam não ser mantidos na memória. O conhecimento científico acumulado até o presente momento sugere que a emoção eleva a memória para os aspectos centrais (essenciais) do evento, não ocorrendo o mesmo efeito com os detalhes mais periféricos (específicos) que muitas vezes são fundamentais no âmbito forense (Reisberg e Heuer, 2007).

Entretanto, lembrar uma maior quantidade de informações emocionais não é garantia de uma recordação com boa qualidade, isto é, de uma recordação precisa e confiável, necessária para a descrição correta, por exemplo, de uma ação criminosa ou de um suspeito, como veremos a seguir. Para além das falhas naturais às quais a memória humana está sujeita, nossa capacidade de recordação pode ser influenciada e distorcida por fatores relativos ao contexto externo. Passaremos a examinar o fenômeno da sugestionabilidade que é um dos principais problemas e encontrado mais frequentemente em contextos forenses, especialmente quando se tem por objetivo a coleta do testemunho de uma criança (Holliday, Brainerd e Reyna, 2008).

> Recordar maior quantidade de informações emocionais não é garantia de recordação confiável e precisa.

O QUE PODE PREJUDICAR A MEMÓRIA DAS CRIANÇAS?

Em contextos de entrevistas e depoimento de crianças, um dos maiores problemas encontrados se refere ao fenômeno da sugestionabilidade infantil. Na presente seção, serão apresentados o conceito de sugestionabilidade, bem como os fatores que contribuem para esse fenômeno, ressaltando-se os aspectos relacionados às características das crianças e aqueles relacionados ao contexto da entrevista.

O que é a sugestionabilidade?

O estudo das FM tem gerado importantes questionamentos a campos teóricos e aplicados da Psicologia. No plano teórico, as FM colocaram em xeque o modelo de memória como um "gravador" que apenas reproduzia literalmente a experiência vivenciada. Em campos aplicados, as FM têm levantado dúvidas acerca da confiabilidade dos relatos de experiências passadas, tanto em contextos jurídicos, quanto clínicos. As FM podem ser geradas espontaneamente, decorrentes do funcionamento endógeno normal da memória, o que tem sido amplamente demonstrado por estudos que se utilizam do paradigma DRM (para explicações mais detalhadas sobre as FM e os métodos de estudo deste fenômeno, consultar os Capítulos 1 e 2). Assim como nos adultos, as FM espontâneas também são encontradas em crianças, obedecendo a padrões de desenvolvimento específicos, conforme já foi visto no Capítulo 7.

Todavia, as FM também podem ser provocadas a partir da sugestão de informações falsas que são apresentadas aos sujeitos – deliberadamente ou não – como fazendo parte da experiência real vivenciada. De acordo com descrição de Schacter (1999), a sugestionabilidade consiste na tendência de um indivíduo em incorporar informações distorcidas, oriundas de fontes externas, às suas recordações pessoais, sendo que essas informações podem ser apresentadas de forma intencional ou acidental.

Apesar do francês Alfred Binet, em 1900, ser referido como um dos primeiros autores a investigar os efeitos da sugestionabilidade sobre as memórias infantis, o estudioso William Stern, na Alemanha, é considerado o primeiro a desenvolver uma perspectiva mais aplicada e com maior validade ecológica sobre esse tema (Brown, Goldstein e Bjorklund, 2000). Juntamente com sua esposa, Clara Stern, William Stern publicou, em 1909, em alemão, uma das primeiras obras especificamente sobre o testemunho infantil, traduzida posteriormente para o inglês, com o título *Recollection, Testemony, and Lying in Early Childhood* (Recordação, Testemunho e Mentira na Infância Precoce). Muitos dos conceitos e ideias que atualmente são foco da investigação científica podem ser encontrados nessa obra pioneira, tais como a ideia de que a sugestionabilidade pode se originar tanto a partir de mecanismos cognitivos, quanto a partir de mecanismos sociais, ou ainda, de que a recordação livre produz menos erros do que as respostas do tipo sim e não, dadas a perguntas fechadas (Ceci e Bruck, 1999).

> A sugestionablidade consiste na tendência de um indivíduo em incorporar informações distorcidas, provindas de fontes externas, de forma intencional ou acidental, às suas recordações pessoais.

À medida que as crianças foram sendo chamadas e ouvidas nos tribunais, como vítimas ou como testemunhas, a Psicologia e, de forma particular, os pesquisadores da memória, foram sendo chamados a responder a uma série de questões relevantes nesse contexto: Quanto pode lembrar uma criança? Há diferenças relativas à idade? O relato de uma criança que tenha sido testemunha ou vítima de um evento é confiável? Qual a melhor forma de abordar/questionar uma criança numa entrevista que tenha por objetivo obter uma prova testemunhal válida?

Após pouco mais de duas décadas em que centenas de estudos na área da sugestionabilidade infantil foram desenvolvidos, já é possível identificarmos com segurança alguns fatores que contribuem para esse fenômeno complexo. De modo geral, os fatores primários que influenciam a sugestionabilidade infantil são classificados em duas grandes categorias:

a) fatores relacionados às características das próprias crianças (fatores cognitivos);
b) fatores relacionados ao contexto da entrevista (ou fatores sociais) (Ceci, Bruck e Battin, 2000; Ceci et al., 1998; Melnyk, Crossman e Scullin, 2007).

A sugestionabilidade da memória das crianças é resultado da interação desses fatores (Ceci et al., 2007). Nesta seção, serão examinados alguns dos principais fatores que contribuem para a sugestionabilidade infantil. Os aspectos relacionados ao estilo particular de entrevistar, como o tipo de perguntas utilizadas, a repetição de perguntas e de entrevistas, entre outros, são descritos de modo mais detalhado no Capítulo 10, que trata especificamente sobre as técnicas de entrevistas.

Sugestionabilidade e características das crianças

Entre os principais fatores que contribuem para a sugestionabilidade infantil destacam-se aqueles relacionados às características das crianças, incluindo os fatores desenvolvimentais e os fatores individuais. Os fatores desenvolvimentais se referem a características comuns encontradas em crianças de uma mesma idade. Já os fatores individuais dizem respeito a características subjetivas de cada criança, independente de sua idade.

Fatores desenvolvimentais

Com relação ao desenvolvimento, é sabido que crianças em idade pré-escolar são mais suscetíveis aos efeitos da interferência externa, aceitando a sugestão de uma falsa informação e, portanto, apresentando maior possibilidade de distorcer o seu relato em comparação a crianças mais velhas, adolescentes e adultos (Ceci e Bruck, 1995; Ceci et al., 1998; Chae e Ceci, 2006). Entretanto, como assinalam Ceci e colaboradores (2007), muito embora a sugestionabilidade seja um problema primariamente

> Crianças em idade pré-escolar são mais sugestionáveis do que crianças mais velhas, adolescentes e adultos.

das crianças pequenas, todos os grupos de idade são suscetíveis aos efeitos das mais variadas técnicas sugestivas, incluindo os adultos. Além disso, o fato de as crianças pequenas serem mais vulneráveis aos efeitos da sugestão não significa que elas não possam recordar eventos corretamente ou que irão assentir a todas as sugestões falsas que receberem. Ao contrário, as crianças tendem a não aceitar falsa informação quando esta é muito diferente do contexto vivenciado ou testemunhado (Pipe et al., 2004).

Com base nos estudos conduzidos no âmbito da Psicologia do Desenvolvimento, Saywitz e Lyon (2002) associam a especial vulnerabilidade das crianças pequenas aos efeitos da sugestionabilidade a três fatores:

1. crianças pequenas têm dificuldades em tarefas de recordação livre quando são solicitadas a lembrarem um evento, sem qualquer estímulo ou pista;
2. crianças pequenas são deferentes, tendendo a respeitar e se submeter às vontades dos adultos;
3. as crianças possuem dificuldades em identificar a fonte da informação recordada, se foi algo que elas viram ou que ouviram alguém dizer, por exemplo.

Quanto ao primeiro fator, sabe-se que crianças pequenas, entre 2 e 5 anos, falam muito pouco quando são solicitadas a relatar livremente um determinado acontecimento. Vejamos um exemplo:

> Luiz e João, com 4 e 9 anos, respectivamente, foram assistir a um espetáculo de mágica com os avós. Tratava-se de um famoso mágico cujo espetáculo incluía apresentações com animais selvagens, água e fogo. Ao chegarem em casa, os pais, curiosos, queriam saber como havia sido o espetáculo e pediram aos filhos que contassem. Luiz, o mais novo, contou à mãe que o mágico pegou as cobras e depois brincou com o fogo, comentando que tinha sido muito assustador. João, com mais idade, explicou que, no primeiro número, o mágico chamava cobras com uma flauta. As cobras iam saindo de um cesto de palha e se enroscando no corpo do homem. Complementou que as cobras tinham um tom de verde, com manchas marrons. João disse que o número mais impressionante havia sido quando o mágico acorrentou o próprio corpo com ajuda de uma mulher e entrou num tanque cheio de água. Depois, a mulher colocou fogo sobre o tanque, que era transparente e, assim, todos podiam ver o mágico. João prossegue dizendo que, após um "tempinho", o mágico conseguiu se libertar das correntes e sair de dentro do tanque sem se queimar.

Com este exemplo, podemos perceber que, embora o que Luiz contou fosse correto, seu relato é muito breve, centrado nos elementos principais. Por sua vez, João consegue fazer um relato mais completo, incluindo detalhes da apresentação do mágico. O processo de recuperação livre de uma informação na memória é particularmente difícil para uma criança pré-escolar, uma vez que exige um maior empenho do sistema cognitivo na busca da informação armazenada (Bjorklund, 2000b). O mesmo não é válido em tarefas de reconhecimento, nas quais a criança só precisa comparar a informação oferecida com aquela registrada previamente na sua memória e decidir se confere com a anterior. Todavia, como é abordado no Capítulo 10, particularmente em contexto forense, sabe-se que o testemunho colhido por meio de questões de reconhecimento (com respostas do tipo "sim" e "não") pode ter sua precisão comprometida, uma vez que esse tipo de questionamento produz altos índices de FM, especialmente em crianças pequenas. Por outro lado, embora os relatos livres das crianças em comparação a respostas a perguntas diretas e fechadas sejam mais precisos, é importante destacar que isso não os torna completamente isentos de erros e distorções (Ceci et al., 2007).

No que diz respeito ao segundo fator associado à vulnerabilidade a sugestão, sobre a deferência aos adultos, observa-se que desde muito cedo a criança aprende e supõe que os adultos possuem mais conhecimento do que elas. O exemplo abaixo poderá tornar mais claro a compreensão da deferência:

> Paula, com 6 anos, é acompanhada pela avó até uma delegacia de polícia especializada em crimes contra crianças. A avó conta ao policial que um vizinho seu foi visto passando as mãos no corpo da menina. O policial, que veste o uniforme de sua corporação, chama o delegado. Entre si, os adultos se tratam por "doutor". Paula observa atentamente os adultos e, ao ser encaminhada para a entrevista com uma policial, ela mantém a cabeça baixa e também chama a entrevistadora de "doutora". Ao ser questionada se sabe por que estava ali, a menina diz que não, mas que "a doutora sabia". A entrevistadora diz que quer saber o que o vizinho da avó havia feito com ela, se havia tocado em seu corpo. A menina responde que sim, ele sempre a pegava no colo para brincar.

É importante lembrar que as crianças se mostram sensíveis não apenas às demonstrações dos adultos dirigidas diretamente a elas, mas também às manifestações de deferência dos adultos entre si, como, por exemplo, a reverência prestada a juízes, médicos, peritos e outros. A deferência torna as crianças pequenas particularmente vulneráveis às sugestões apresentadas pelos adultos, enquanto as crianças mais velhas mostram-se mais resistentes a esse fator. Em virtude da deferência, os adultos podem facilmente transmitir sua própria visão de um evento pela forma como formulam uma questão a uma criança ou fazem algum comentário (Ceci, Bruck e Battin, 2000; Saywitz e Lyon, 2002). No exemplo acima, a menina se mostra bastante sensível à autoridade dos adultos. A entrevistadora, ao perguntar o que o vizinho havia feito com ela, transmite à criança a ideia de que o vizinho, de fato, fez alguma coisa, algo sobre tocar no corpo, sem ainda saber do que se trata.

> Os adultos podem facilmente transmitir sua própria visão de um evento pela forma como formulam uma questão a uma criança.

Por fim, as crianças pequenas, antes dos 6 anos, evidenciam especial dificuldade na identificação das origens de suas lembranças, uma vez que a capacidade de monitoramente da fonte encontra-se em desenvolvimento nessa fase (Roberts e Blade, 1999). O monitoramento da fonte é uma capacidade cognitiva que nos permite discriminar se as recordações que temos acerca de um acontecimento qualquer são provenientes de experiências externas, ou seja, de acontecimentos vivenciados, ou de experiências internas, isto é, de acontecimentos imaginados, sonhados ou pensados. O monitoramento da fonte nos permite ainda discriminar entre diferentes tipos de experiências externas, o que nos possibilita saber se aquilo que estamos recordando foi algo que vimos ou que ouvimos, se foi algo que alguém nos contou, ou um filme a que assistimos na televisão. Os erros do monitoramento da fonte são responsáveis pela produção de alguns tipos de FM e, sendo a capacidade de monitoramento pouco desenvolvida no período inicial da infância, constitui-se num dos fatores que contribuem para a maior suscetibilidade das crianças dessa idade aos efeitos da sugestionabilidade (Ceci, Bruck e Battin, 2000).

Fatores individuais

Para além dos aspectos relativos à idade ou à fase de desenvolvimento na qual se encontra uma criança, os pesquisadores têm se interessado em explicar as diferenças na propensão à sugestionabilidade observadas em crianças de uma mesma faixa etária. Por que algumas crianças mostram-se mais sugestionáveis do que outras com a mesma idade e o mesmo nível educacional? Acredita-se que crianças de um mesmo grupo etário podem apresentar maior ou menor propensão à sugestionabilidade em virtude de uma variabilidade individual no funcionamento cognitivo e no funcionamento psicossocial (Bruck e Melnyk, 2004; Chae e Ceci, 2006; Salmon e Pipe, 2000).

A consideração das características individuais associadas à sugestionabilidade seria de extrema relevância no contexto forense, uma vez que permitiria identificar e predizer quais as crianças seriam mais suscetíveis aos efeitos da sugestão, independentemente da idade (Chae e Ceci, 2006). O conhecimento desses fatores implicaria diretamente a escolha das técnicas de entrevista forense. Entretanto, numa revisão de 69 estudos realizados com o propósito de examinar as relações entre fatores cognitivos e sociais e a sugestionabilidade infantil, Bruck e Melnyk (2004) não encontraram o "perfil" da criança altamente sugestionável.

Ainda assim é possível identificar alguns fatores individuais que têm sido relacionados a sugestionabilidade da memória das crianças, tais como a inteligência verbal e as habilidades linguísticas, o autoconceito e a autoconfiança, o temperamento, o tipo de vínculo afetivo estabelecido entre a criança e seus pais e o estilo de *coping*. De forma mais consistente, a inteligência verbal e as habilidades linguísticas aparecem inversamente associadas à sugestionabilidade, enquanto os demais fatores necessitam ainda de mais investigação científica (Ceci et al., 2007).

> Alguns fatores individuais têm sido relacionados à sugestionabilidade da memória das crianças.

Crianças com melhores capacidades de inteligência verbal e melhores habilidades linguísticas mostram-se menos propensas à sugestão do que crianças com habilidades mais precárias (ver Chae e Ceci, 2006). Em sua revisão, Bruck e Melnyk (2004), apontam que crianças com retardo mental, bem como crianças mais criativas, são mais sugestionáveis, comparadas a crianças da mesma faixa etária.

Chae e Ceci (2006) destacam que alguns estudos têm oferecido suporte empírico para a hipótese de que um elevado autoconceito, ou seja, a avaliação positiva que a criança faz de si mesma em diferentes contextos, está associado a uma menor sugestionabilidade da memória. Vrij e Bush (2000) verificaram que a autoconfiança estava associada inversamente com a sugestionabilidade em crianças de 5 a 11 anos. Espera-se, portanto, que crianças com melhor autoconceito sintam-se mais capazes e confiantes no contexto de uma entrevista, tenham uma certeza maior acerca da precisão de suas memórias e sintam menos os efeitos da pressão social para concordarem com um entrevistador quando este está errado.

Ao lado da inteligência verbal e do autoconceito, outros fatores individuais associados à sugestionabilidade começaram a ser investigados, tais como o temperamento e o tipo de vínculo estabelecido entre os pais e a criança. Alguns investigadores levantam a possibilidade de que características do temperamento possam afetar o relato de uma criança durante uma entrevista, apontando que crianças mais tímidas e com menor capacidade de adaptação mostram-se mais sugestionáveis (Endres, Poggenpohl e Erben, 1999). Da mesma forma, o tipo de vínculo estabelecido entre a criança e seus pais tem sido objeto de algumas pesquisas. Os resultados desses estudos têm indicado que a insegurança dos pais no vínculo com seus filhos está associada a um aumento da sugestionabilidade das crianças em situações com maiores níveis de estresse (ver Chae e Ceci, 2006). Apesar desses resultados, o temperamento e o tipo de vínculo ainda precisam ser objetos de mais pesquisas científicas.

O estilo de *coping* tem sido apontado como uma das variáveis sociais e da personalidade a ser incluída na explicação da variabilidade individual da sugestionabilidade (Pipe e Salmon, 2002). De acordo com esses autores, o *coping* é um conceito complexo que diz respeito à capacidade da criança de lidar com situações de estresse por meio da regulação e modulação das emoções, tanto no momento em que transcorre o episódio estressante quanto depois da sua ocorrência. O modo de lidar com situações com elevados níveis de estresse tem sido apontado em diversos estudos como um dos fatores que afetam a capacidade de uma criança recordar um evento. De um modo geral, níveis superiores de recordação têm sido associados, entre outros aspectos, a um maior senso de controle e confiança frente a uma situação com maiores níveis de estresse, tais como resistir a pressões durante uma entrevista.

Sugestionabilidade e contexto da entrevista

A importância dada à entrevista reside no fato de que é por meio dela que os depoimentos são coletados, sejam de crianças ou de adultos. Desse modo, tanto o tipo de entrevista que é realizada como a forma e as circunstâncias em que é conduzida, são determinantes para a qualidade de um testemunho. É no contexto da entrevista que costuma ser observado o fenômeno da sugestionabilidade, embora não exclusivamente. Como salientam Ceci e colaboradores (2007), a exposição da criança a rumores e comentários feitos pelos pais, por outras crianças ou por outras pessoas pode ser suficiente para gerar FM. Por exemplo, em um estudo conduzido por Principe e colaboradores (2006), crianças que simplesmente ouviram repetidas vezes as conversas e os comentários de outras crianças e de adultos sobre um *show* de mágicas, durante o qual um coelho fugiu, afirmaram falsamente ter visto essa cena, tanto quanto as crianças que realmente vivenciaram o evento.

Ceci, Bruck e Battin (2000) referem três formas pelas quais um entrevistador pode vir a sugerir um padrão de respostas a crianças durante uma entrevista:

1. por meio do estilo particular de perguntar, o que inclui o tipo de perguntas utilizadas (p. ex., perguntas fechadas e sugestivas), a repetição das perguntas, a repetição das entrevistas, entre outros;
2. por meio das características globais e da "atmosfera" emocional gerada na entrevista, o que compreende os aspectos relativos ao tom geral da entrevista, a indução de estereótipos – quando uma ideia sobre uma pessoa é transmitida previamente à criança -, a pressão exercida pelos pares;
3. por meio da utilização de determinadas técnicas que se valem de recursos específicos, tais como bonecos anatômicos, com o objetivo, supostamente, de facilitar a recordação e o relato de experiências vivenciadas pela criança.

Porquanto consideram o estilo de perguntar do entrevistador como uma forma mais direta e explícita de sugestão, Ceci, Bruck e Battin (2000) salientam que a sugestão, durante uma entrevista, pode ocorrer de forma mais sutil e indireta, por meio das características globais e do "clima" emocional gerado durante a entrevista, que pode assumir um tom mais neutro ou mais acusatório. Situações de alta pressão emocional, com perguntas feitas de modo ameaçador, além de aumentarem o estresse da criança que está testemunhando, poderão comprometer a qualidade de seu relato (Malloy et al., 2007).

Davis e Bottoms (2002) ressaltam, com base em evidências científicas, que as crianças têm aumentada a sua capacidade de resistir a perguntas sugestivas e de aceitar informações falsas quando recebem adequado suporte social de um entrevistador, ou seja, quando estabelecem com este uma forma de comunicação segura que lhes proporcione bem-estar. Entretanto, os autores alertam que o suporte oferecido não pode ser utilizado como reforço positivo de certos tipos de respostas ao dizer "muito bem", após uma resposta da criança, o que pode comprometer a precisão dos relatos infantis. Da mesma forma, Ceci, Bruck e Battin (2000) também chamam a atenção para alguns problemas que podem acontecer em contextos judiciais quando o entrevistador presume estar construindo uma relação de suporte, mas, de fato, está expondo suas crenças pelo uso implícito ou explícito de ameaças, subornos ou recompensas. Quando o entrevistador diz: "Não tenha medo de dizer o que aconteceu...", por exemplo, supõe, implicitamente, que há algo que aconteceu que dever ser dito, sem ainda saber se este é o caso.

> A sugestão pode ocorrer de forma indireta, através do "clima" emocional gerado durante a entrevista.

Outra forma sutil de contaminar o clima da entrevista ocorre quando o entrevistador aumenta seu *status* de desigualdade em relação à criança. Com relação à demonstração de desigualdade pelo entrevistador, Ceci, Bruck e Battin (2000) lembram, como já foi visto anteriormente, que as crianças são especialmente deferentes aos adultos, tendendo a respeitar e a se submeter aos desejos deles, sendo este fator uma das causas mais importantes da alta suscetibilidade à sugestão evidenciada nas crianças.

Isso pode acontecer quando a criança entra em uma sala de audiências e senta em frente ao juiz, ao promotor de justiça, ao advogado de defesa ou a outras autoridades judiciais, geralmente numa cadeira posicionada de forma isolada e, por vezes, situada num piso inferior em relação aos outros lugares. A partir do reconhecimento de que a organização do espaço físico pode ser, além de geradora de estresse para a criança, comprometedora de sua recordação e de seu relato, em muitos países, como Estados Unidos, Inglaterra, Escócia, Noruega e Espanha, reformas legais têm sido propostas com base nas pesquisas científicas na área da sugestionabilidade infantil. Nesses países, as crianças usualmente são entrevistadas por um profissional treinado em técnicas de entrevista investigativas cientificamente validadas para esse grupo etário. As entrevistas são gravadas e podem ser realizadas em sala de espelho unidirecional, ou através de circuito televisivo, evitando-se que a criança submeta-se à pressão natural de uma sala de audiências comum (Malloy et al., 2007). Tais modificações na forma de conduzir o depoimento de uma criança são medidas que visam a diminuir o estresse da criança na entrevista e, também, melhorar sua capacidade de recordação, além de diminuir a sugestionabilidade (Westcott, 2008).

Outra forma sutil de sugestão, mas poderosa, é a indução de estereótipos, que ocorre quando se transmite previamente à criança uma ideia, ou uma caracterização sobre uma pessoa ou sobre um determinado acontecimento, antes da entrevista (Ceci, Bruck e Battin, 2000; Ceci et al., 1998). Leitchtman e Ceci (1995) conduziram um dos estudos mais referidos sobre os efeitos da indução de estereótipos com o uso repetitivo de questões sugestivas, o qual ficou conhecido como *Sam Stone*. No experimento, um estranho chamado *Sam Stone* visitou crianças entre 3 e 6 anos enquanto estavam na escola. A visita de *Sam Stone* durou tão somente dois minutos. Um grupo de crianças recebeu, previamente, a informação de que *Sam Stone* era um sujeito gentil, mas muito desajeitado; já o grupo-controle não recebeu qualquer informação prévia. Posteriormente, as crianças foram entrevistadas várias vezes em intervalos de tempo variados. Durante as entrevistas, após um período de recordação livre, o entrevistador fazia perguntas sobre fatos que não tinham acontecido durante a visita de *Sam Stone*, como, por exemplo, "Sam arrancou páginas do livro e puxou o braço do ursinho de pelúcia". Os resultados demonstraram que no grupo-controle nenhuma criança produziu um relato falso durante a narrativa livre. Em resposta às perguntas sugestivas, 10% das crianças de 3 e 4 anos aderiu à sugestão, enquanto nenhuma criança mais velha, entre 5 e 6 anos, aceitou a informação sugerida. Em contrapartida, no grupo experimental, 46% das crianças mais jovens e 30% das crianças mais velhas disseram recordar-se de um ou dos dois eventos não ocorridos envolvendo *Sam Stone* durante a livre narrativa, que incluíam, ainda, uma quantidade relevante de informação perceptual, ou seja, descrição de detalhes do que as crianças diziam terem visto, ouvido, sentido, etc. Nas respostas às perguntas sugestivas, o número de crianças mais jovens que aderiu à sugestão chegou a 72%. Vejamos um exemplo de indução de estereótipo:

> Durante um depoimento, um entrevistador buscava saber o que havia acontecido entre Ana, com 7 anos, e seu tio, uma vez que a mãe havia feito uma denúncia de que ele tinha abusado sexualmente da menina. Os supostos abusos ocorriam na casa dos tios, quando a menina os visitava.
>
> *Entrevistador*: Então, Ana, a tua tia parece gostar muito de ti, eu acho que ela te ama, porque ela gosta que tu a visites, ela disse que sempre foi uma alegria as tuas visitas, ela compra presentes para ti... O que tu achas da tua tia?
>
> *Ana*: Ela gosta de mim. Eu também gosto dela.
>
> *Entrevistador*: E o teu tio, ele é uma pessoa que trabalha bastante e também gosta muito de ti.
>
> *Ana*: Ele gosta...
>
> *Entrevistador*: Os adultos às vezes pegam as crianças no colo, beijam e não tem nada de mal nisso. Tu achas que tem algum mal nisso?
>
> *Ana*: Não.
>
> *Entrevistador*: Eu também não acho nada de mal que um adulto, uma pessoa que goste da criança, queira pegar ela no colo... O que acontecia quando tu ias visitar a tua tia?
>
> *Ana*: O tio Jonas me pegava no colo.
>
> *Entrevistador*: E tinha mal nisso?
>
> *Ana*: Não.
>
> *Entrevistador*: E acontecia alguma coisa de mal?
>
> *Ana*: Não.

Nesse exemplo o entrevistador comunica claramente à Ana o seu juízo acerca dos tios da menina, bem como o que pensa sobre as atitudes de um adulto para com uma criança. A menina se submete facilmente às ideias do entrevistador, que, ao tecer seus comentários à criança, pressiona para que ela diga o que ele quer ouvir. A menina, desse modo, "adota", de forma natural, a tese do entrevistador sobre os fatos supostamente ocorridos. Ficará difícil, depois de uma abordagem desse tipo, saber o que realmente aconteceu entre Ana e seu tio.

Outro modo sutil de sugestão acontece quando o entrevistador diz que outras crianças já lhe falaram sobre o evento determinado, invocando a pressão dos pares como forma de induzir a criança a produzir a resposta que ele deseja.

> Daniel, Maurício e Douglas, com 6 anos, todos residentes em um abrigo para crianças vítimas de violência, são entrevistados acerca da conduta de um dos monitores que supostamente teria abusado sexualmente de algumas crianças abrigadas. Individualmente, Daniel e Maurício relatam atos abusivos cometidos pelo monitor contra eles. Douglas se mantém silencioso e retraído durante a entrevista. Para estimular o menino a falar, o entrevistador comenta: "Então, Douglas, sabes que hoje os teus amigos, Daniel e Maurício, já estiveram aqui conversando comigo e já me contaram tudo que o "tio André" fazia com eles. Podes me contar também, não tenha medo, assim como os teus amigos não tiveram..." Douglas então passa a relatar alguns comportamentos do tio André, idênticos aos relatados pelas outras crianças, os quais refere também terem acontecido com ele.

O problema desse tipo de abordagem é que, muitas vezes, a criança pode vir a dar a resposta que pensa que o entrevistador deseja ouvir, mesmo que seja falsa, simplesmente pelo desejo de se sentir "parte do grupo" (Ceci, Bruck e Battin, 2000). Esse tipo de resposta tem sido observada tanto no âmbito das pesquisas científicas, quanto em situações reais. Ceci e colaboradores (2007) referem o caso de um jovem que quando criança afirmou falsamente ter sido abusado por um professor. Quando adulto, ao ser perguntado se lembrava o que o motivou a fazer a falsa declaração, o jovem rapaz disse não saber ao certo, comentando que todos os outros colegas haviam dito o mesmo, tendo pensado que era aquilo que o entrevistador queria ouvir.

> A criança pode vir a dar uma resposta falsa simplesmente pelo desejo de se sentir "parte do grupo".

Ainda, Ceci, Bruck e Battin (2000) consideram o uso de determinadas técnicas durante uma entrevista como sendo em sua natureza sugestivas, tais como o uso dos bonecos anatômicos e as técnicas que estimulam a imaginação das crianças (p. ex., jogos em geral, desenhos, técnicas de visualização, etc.). Para esses pesquisadores, tais técnicas geram experiências "artificialmente fabricadas". Nessa seção, optou-se por discutir em maior profundidade o uso dos bonecos anatômicos, uma vez que tal recurso é frequentemente mencionado como uma técnica "apropriada" para a investigação de casos de abuso sexual infantil. Os bonecos anatômicos são bonecos cujos corpos são detalhados, incluindo os órgãos genitais.

Embora alguns autores defendam que, se usados de modo adequado, na ausência de perguntas sugestivas, os bonecos anatômicos podem ser úteis no incremento da recordação das crianças (Everson e Boat, 2002), os resultados da maior parte dos estudos científicos, que avaliaram o uso dessa técnica com o objetivo de facilitar a recordação e o relato das crianças, indicam uma série de problemas em sua utilização, desaconselhando seu uso em entrevistas investigativas com crianças (Bruck, Ceci e Francouer, 2000; Bruck et al., 1995; Goodman et al., 1997; Thierry et al., 2005).

Ainda que as crianças menores possam relatar maior quantidade de informação quando os bonecos anatômicos são utilizados numa entrevista, o que os estudos, de modo geral, têm demonstrado é que o aumento da quantidade de informações vem acompanhado da perda de qualidade dos relatos infantis, que se tornam mais imprecisos, com maior quantidade de informações incorretas, falsas e inconsistentes (Bruck, Ceci e Francouer, 2000; Bruck et al., 1995; Goodman et al., 1997; Thierry et al., 2005). Por exemplo, no estudo de Bruck e colaboradores (1995), crianças de 3 anos foram entrevistadas com o uso de bonecos anatômicos acerca de um exame médico pediátrico. Os resultados mostraram que as crianças apresentavam tanto erros de omissão, ou seja, negavam procedimentos que haviam de fato acontecido durante o exame, quanto erros de comissão, isto é, relatavam experiências que não haviam acontecido ao longo da avaliação médica. Especificamente, algumas crianças relatavam, com o uso dos bonecos, que o médico teria inserido os dedos ou outro instrumento (p. ex., uma colher, um palito) em suas cavidades anais e genitais, o que não aconteceu.

> O uso de bonecos anatômicos numa entrevista investigativa torna os relatos infantis mais imprecisos.

Entre as explicações para a maior imprecisão dos relatos das crianças quando entrevistadas com o recurso dos bonecos anatômicos, os pesquisadores assinalam que eles estimulam o brinquedo e a fantasia, tornando mais difícil para a criança a tarefa de diferenciar entre fantasia e realidade. Além disso, a criança pequena teria especial dificuldade em utilizar o boneco como um símbolo de si mesma e, dessa forma, como um representante do que aconteceu com ela na realidade externa (Bruck et al., 1995; Ceci e Bruck, 1995; Thierry et al., 2005).

Ao oferecer os bonecos anatômicos o entrevistador estará disponibilizando à criança uma nova fonte de experiências, dificultando ainda mais o processo de monitoramento da origem de suas recordações, por meio do qual, como já vimos, ela deve julgar se sua lembrança é fruto de uma experiência vivenciada ou fruto da sua imaginação. Desse modo, o uso dos bonecos torna mais confuso, para o entrevistador e para a criança, saber se aquilo que ela está mostrando aconteceu na experiência com determinada pessoa (suposto abusador) ou na experiência com o boneco (Ceci, Bruck e Battin, 2000). Pelas mesmas razões que levaram os pesquisadores a desaconselhar o uso dos bonecos anatômicos em entrevistas com crianças para investigar abuso sexual, é recomendado cautela com o uso de outras técnicas interpretativas durante uma entrevista investigativa, como o uso de desenhos, brinquedos e jogos em geral.

> Teresa, tia de Juliana de apenas 3 anos, é responsável por cuidar da sobrinha durante o dia, quando a mãe da menina sai para trabalhar. Ela relata desconfiar que a menina tenha sido abusada sexualmente por um ex-namorado da mãe de Juliana. Enquanto a tia fala à entrevistadora, a menina brinca li-

vremente com alguns bonecos de pano e outros brinquedos. Juliana despe os bonecos e os faz se "abraçarem". A entrevistadora, percebendo o jogo da menina, pergunta o que ela estava mostrando, ela apenas ri e nada diz, continuando a brincar.

É possível que Juliana esteja mostrando, por meio dos jogos e do brinquedo, uma experiência por ela vivenciada? Sim, é possível. Entretanto, o maior problema desse tipo de técnica em uma entrevista investigativa é que inexiste, na literatura científica, evidência de que o brinquedo de uma criança possa ser tomado, com alto grau de confiabilidade, como indicador da vivência de uma experiência real (Howe, Cichetti e Toth, 2006a; 2006b). Poucos meses depois, a entrevistadora recebe uma informação de que Teresa, a tia de Juliana, sofre de uma doença mental e já teve várias internações psiquiátricas. Quando doente, é comum que seus delírios tenham um conteúdo sexual. Como saber, com a certeza necessária numa investigação legal, se o brinquedo de Juliana mostrava o suposto abuso ou os delírios da tia, ou ainda, apenas um jogo?

A sugestionabilidade da memória das crianças é um dos fatores de maior relevância em termos das limitações do testemunho infantil. Isso ocorre, como vimos nesta seção, pelo indiscutível potencial destruidor que esse fenômeno pode ter sobre a memória de uma testemunha, podendo tornar seu relato completamente inválido, além dos danos subjetivos que pode causar para os indivíduos, sejam estes crianças ou adultos. Alguns estudos têm mostrado que as pessoas demonstram maior dificuldade em esquecer FM do que memórias verdadeiras (Pitarque et al., 2003). O problema, do ponto de vista subjetivo e ético, ocorre quando uma sugestão se transforma em uma FM, o que pode trazer imenso sofrimento psíquico para a criança, crente de que algo lhe aconteceu – até mesmo um episódio de violência sexual –, quando, de fato, não aconteceu.

CONSIDERAÇÕES FINAIS

No final do ano de 2000, em uma pequena cidade do norte da França, Outreau, um menino de 9 anos revelou a uma assistente social ser vítima de repetidos estupros e outras formas de violência sexual, além de diversas agressões. Seus três irmãos menores confirmaram os relatos dele e também afirmaram serem vítimas dos mesmos crimes. Os pais das crianças, Myriam Badaoui e Thierry Delay, juntamente com outro casal, foram apontados como os autores das agressões contra seus filhos, assim como de outras crianças. À época dessas primeiras denúncias, Myriam Badaoui citou o nome de outras 14 pessoas que também estariam envolvidas em atos criminosos contra crianças, revelando, desta forma, a existência de uma suposta rede de pedofilia cujos crimes praticados envolviam tortura, prática de bestialismo, realização de filmes pornográficos e assassinatos. As crianças, filhos de Myriam Badaoui, confirmaram as denúncias da mãe.

Por conta das acusações de Myriam Badaoui e dos relatos das crianças, 17 pessoas foram presas, acusadas da prática de pedofilia. Eram pessoas que viviam e trabalhavam na comunidade local, entre essas, um motorista de táxi, um padeiro, um padre, um advogado e dois pedreiros, todos conhecidos da família. Os relatos das crianças, assim como da mãe, foram considerados credíveis por um psicólogo, perito da justiça francesa. O juiz que presidia o caso empenhou-se por um julgamento rápido e condenou os acusados que permaneceram presos.

Porém, passados alguns anos, em 2004, Myriam Badaoui admitiu, perante o tribunal, ter acusado falsamente as 14 pessoas. "Eu sou uma mulher doente e uma mentirosa". Admitiu que somente ela, o marido e o outro casal estavam efetivamente envolvidos nos crimes. A retratação de Myriam gerou uma crise sem parâmetros no sistema judicial francês, colocando em pauta a questão do depoimento das crianças, a avaliação do perito e a forma como o juiz havia conduzido o processo criminal. Esse foi considerado um dos mais escandalosos "erros judiciais" da França e levou o Ministro da Justiça, o Primeiro Ministro e o próprio Presidente da República na época a pedirem publicamente desculpas aos injustamente condenados e aos cidadãos franceses.

Entretanto, os danos causados para as 14 pessoas que permaneceram presas durante cerca de quatro anos, cumprindo pena por crimes que não haviam cometido, já eram irreversíveis. Alguns dos condenados ficaram afastados dos próprios filhos por cerca de três anos, tendo suas crianças, algumas muito pequenas (com 1, 2 anos), sido encaminhadas aos cuidados de instituições. Uma dessas pessoas cometeu suicídio na prisão, muitos adoeceram, foram humilhados, perderam suas famílias e seus empregos.

Outros países também se viram envolvidos em casos jurídicos semelhantes ao "Caso Outreau" na França. Basta que se recorde, no Brasil, o caso da Escola de Base, ocorrido em São Paulo em 1994, quando denúncias de abusos sexuais supostamente cometidos por donos e funcionários da escola contra os alunos estamparam, por algum tempo, as páginas dos principais jornais e revistas do país. Algumas pessoas foram presas, a escola foi depredada e saqueada. Poucos meses depois, foi verificado que as denúncias eram infundadas e o caso foi arquivado.

Vejamos um último caso: Marina, aos 9 anos, estava dormindo quando seu padrasto deitou-se em sua cama e passou as mãos em seu corpo. Marina conta essa história inúmeras vezes: para a mãe, para a avó, no Conselho Tutelar, na Delegacia de Polícia, no Ministério Público, no Centro de Saúde, sendo que, em alguns desses lugares, ela retorna mais de uma vez. Sua história é sempre a mesma, contada em detalhes. O padrasto admitiu seus atos e reconheceu sua culpa perante à menina e à família. Ao ser encaminhada para um atendimento psicológico para tratar as possíveis consequências psicológicas decorrentes do episódio de abuso, a menina, já com 13 anos, não é avaliada relativamente à sua saúde mental, mas é solicitada a repetir sua história, mais uma vez. Na segunda consulta, Marina afirma ao psicólogo que nada havia se passado, que havia sido "coisa da sua cabeça" e que gostaria mesmo de prosseguir sua vida e não voltar mais às consultas.

Se de um lado temos casos escandalosos de falsas denúncias de abusos sexuais, de outro, temos incontáveis casos de crianças vítimas de variadas formas de violência que, por sua vez, têm suas palavras desacreditadas e desmerecidas.

Além das crianças já terem que lidar com a pressão usualmente exercida pelos seus agressores, é difícil encontrarem um ambiente adequado para serem ouvidas. E isto acontece, em regra, não porque as crianças não saibam ou não consigam falar, mas sim porque, quase sempre, os adultos que as questionam não sabem como perguntar. Muitas dessas crianças são abordadas de formas impróprias, tanto com relação à sua condição de sujeitos em desenvolvimento, com perguntas que não compreendem, quanto com relação à sua condição de sujeitos que foram vítimas de violência, com perguntas desnecessárias, intrusivas e constrangedoras. Um longo período de tempo transcorrido até que sejam ouvidas, perguntas inadequadas, altamente sugestivas, repetidas inúmeras vezes em momentos variados por diferentes técnicos, terminam por comprometer não apenas a qualidade de seus relatos enquanto prova testemunhal como também contribuem para a revitimização das crianças numa situação abusiva.

A questão do testemunho de crianças é um tema extremamente sério e complexo que deve, antes de tudo, ser discutido dentro do âmbito técnico e científico das diversas áreas de conhecimento, tais como o Direito, a Psicologia, a Psiquiatria, a Sociologia, entre outros. Como foi ressaltado na introdução deste capítulo, do ponto de vista legal, o testemunho de crianças é muitas vezes uma necessidade, de modo especial quando não restam outras evidências da ocorrência de um crime, algo tão comum em situações de violência sexual, em que a palavra da vítima torna-se o principal e, por vezes, único meio de prova. Entretanto, no campo jurídico, não basta apenas lembrar o que aconteceu, sendo de fundamental importância saber se os fatos narrados por uma vítima ou testemunha correspondem ao que aconteceu realmente, se são precisos e confiáveis. Do ponto de vista da Psicologia, o testemunho de crianças é possível, mas exige das pessoas incumbidas de entrevistar conhecimento sobre o funcionamento da memória e treinamento técnico especializado em técnicas de entrevista investigativa.

> O testemunho de crianças exige das pessoas encarregadas de conduzir a entrevista conhecimento e treinamento técnico especializado.

Como vimos ao longo deste capítulo, a pesquisa científica em Psicologia Cognitiva, particularmente os estudos sobre a memória, mostra-nos que as crianças são capazes de recordar experiências que tenham vivenciado, mesmo quando se tratam de episódios estressantes e traumáticos. Porém, também vimos que a recordação é um processo inerentemente sujeito a falhas, como perdas por esquecimentos e distorções, sendo as crianças um grupo especialmente vulnerável aos efeitos da sugestionabilidade.

Vimos que a propensão à sugestionabilidade de uma criança é determinada, conjuntamente, por fatores contextuais, relativos principalmente à entrevista, e diferenças individuais, incluindo fatores cognitivos e de personalidade. Isso significa que é possível – mas não provável – que uma criança seja entrevistada de forma sugestiva e ainda assim apresente um relato preciso, isento de distorções

(Ceci et al., 2007). Já um depoimento colhido livremente, na ausência de sugestão, não garante invariavelmente um relato preciso, livre de erros e distorções. Em situações judiciais concretas que envolvem crianças vítimas ou testemunhas, uma análise cuidadosa de cada caso em particular deve ser feita, tendo como compromisso maior a busca da verdade, objetivo que, em sua natureza, é efetivamente protetor daqueles que se encontram em meio a procedimentos legais, sejam crianças ou adultos.

Se, de um lado, é preciso reconhecer a inexistência de 100% de certeza na avaliação dos relatos testemunhais, por outro, é indiscutível o considerável avanço na pesquisa científica sobre a sugestionabilidade infantil que tem contribuído imensamente para o conhecimento desse fenômeno. Os resultados das pesquisas, sistematicamente replicados, têm permitido, com alto grau de confiabilidade, que se identifique procedimentos adequados para entrevistar crianças em situações judiciais, bem como as técnicas que devem ser evitadas. Em muitos países, os resultados da investigação científica sobre o testemunho infantil têm impulsionado mudanças importantes no sistema legal, em diferentes fases do processo judicial, de modo a promover a proteção ampla e efetiva da criança vítima e/ou testemunha, bem como de preservar a qualidade do relato como evidência criminal (Westcott, 2008). Por exemplo, na Escócia, em abril de 2004, foi aprovada uma lei sobre como coletar o testemunho de vítimas vulneráveis, incluindo crianças e adultos portadores de necessidades especiais (Scotland, 2004). Em conjunto com autoridades de diversas instituições jurídicas e pesquisadores da Psicologia, foi elaborado um manual de orientações técnicas para entrevistar este grupo especial de testemunhas. De acordo com essas orientações, o depoimento de uma criança é obtido numa sala reservada, com a presença de um profissional capacitado em técnicas de entrevista investigativa (p. ex., Entrevista Cognitiva). O depoimento é filmado e transmitido para as autoridades judiciais através de um circuito interno de televisão.

No Brasil, a questão do testemunho infantil usualmente não tem sido discutida em fóruns científicos da Psicologia, bem como não tem sido objeto de pesquisas e estudos. Isso reflete, em parte, o próprio estado da Psicologia Forense em nosso país, ainda restrita à prática individual de cada técnico que se encontra atuando nessa área. São raros os currículos de graduação e pós-graduação em Psicologia que incluam a disciplina forense e é comum que os profissionais que atuem em contextos judiciais adotem modelos de trabalho adequados a outras áreas da Psicologia, como a Clínica, mas que podem não ser apropriados aos propósitos específicos da Psicologia Forense.

Considera-se que é somente pelo caminho do conhecimento, construído em sólidas bases científicas, de modo que possa ser replicado, testado e refutado, que se poderá impulsionar, a exemplo do que ocorreu em outros países, algumas mudanças na realidade do sistema judicial brasileiro, especialmente quando se pretende receber crianças em nossos tribunais, buscando-se a proteção ampla e efetiva dessas pequenas vítimas e testemunhas.

REFERÊNCIAS

Alberto, I. M. (2004). *Maltrato e trauma na Infância*. Coimbra: Almedina.

Alberto, I. M. (2006). Abuso sexual de crianças: O psicólogo na encruzilhada da ciência com a justiça. In A. C. Fonseca, M. R. Simões, M. C. T. Simões & M. S. Pinho (Eds.), *Psicologia forense* (pp. 437- 470). Coimbra: Almedina.

Bahrik, L., Parker, J. F., Fivush, R., & Levitt, M. (1998). Children's memory for Hurricane Andrew. *Journal of Experimental Psychology: Applied, 4*(4), 308-331.

Bauer, P. (1996). What do infants recall of their lives? Memories of specific events by 1- to 2-years-old. *American Psychologist, 51*(1), 29-41.

Bjorklund, D. F. (2000a). *Children's thinking*. New Jersey: Wadsworth.

Bjorklund, D. F. (2000b). *False memory creation in children and adults*: Theory, research and implications. New Jersey: LEA.

Brown, R. D., Goldstein, E., & Bjorklund, D. F. (2000). The history and zeitgeist of the repressed-false-memory debate: Scientific and sociological perspectives on suggestibility and childhood memory. In D. F. Bjorklund (Ed.), *False-memory creation in children and adults: Theory, research, and implications* (pp. 1-30). New Jersey: Lawrence Erlbaum.

Bruck, M., Ceci, S. J., & Francouer, E. (2000). Children's use of anatomically detailed dolls to report genital touching in a medical examination: Developmental and gender comparisons. *Journal of Experimental Psychology: Applied, 6*(1), 74-83.

Bruck, M., Ceci, S. J., Francouer, E., & Renick, A. (1995). Anatomically detailed dolls do not facilitate preschooler's reports of a pediatric examination involving genital touching. *Journal of Experimental Psychology: Applied, 1*, 95-109.

Bruck, M., & Melnyk, L. (2004). Individual differences in children's suggestibility: A review and synthesis. *Applied Cognitive Psychology, 18*, 947-996.

Ceci, S. J., & Bruck, M. (1993). The suggestibility of the child witness: A historical review and synthesis. *Psychological Bulletin, 113*, 403-439.

Ceci, S. J., & Bruck, M. (1995). *Jeopardy in the courtroom*: A scientific analysis of children's testimony. Washington: APA.

Ceci, S. J., & Bruck, M. (1999). Foreward. The legacy of Clara and William Stern: Rediscovering the origins of contemporary views on the child witness. In C. Stern & W. Stern. *Recollection, testimony, and lying in early childhood* (pp. xi-xv). Washington: American Psychological Association.

Ceci, S. J., Bruck, M., & Battin, D. B. (2000). The suggestibility of children's testimony. In D. F. Bjorklund (Ed.), *False-memory creation in children and adults: Theory, research, and implications* (pp. 169-202). New Jersey: Lawrence Erlbaum.

Ceci, S., Crossman, A. M., Gilstrap, L. L., & Scullin, M. H. (1998). Social and cognitive factors in children's testimony. In C. P. Thompson, D. J. Herrmann, J. D. Read, D. Bruce, D. G. Payne & M. P. Toglia. *Eyewitness memory: Theoretical and applied perspective* (pp. 15-30). Mahwah: Lawrence Erlbaum.

Ceci, S. J., Kulkofsky, S., Klemfuss, J. Z., Sweeney, C. D., & Bruck, M. (2007). Unwarranted assumptions about children's testemonial accuracy. *Annual Review Clinical Psychology, 3*, 311-328.

Cezar, J. A. D. (2007). *Depoimento sem dano*: Uma alternativa para inquirir crianças e adolescentes nos processos judiciais. Porto Alegre: Livraria do Advogado.

Chae, Y., & Ceci, S. J. (2006). Diferenças individuais na sugestionabilidade das crianças. In A. C. Fonseca, M. R. Simões, M. C. T. Simões & M. S. Pinho (Eds.), *Psicologia forense* (pp. 471-496). Coimbra: Almedina.

Davis, S. L., & Bottoms, B. (2002). The effects of social support on the accuracy of children's reports: implications for the forensic interview. In M. L. Eisen, J. A. Quas & G. S. Goodman. *Memory and suggestibility in the forensic interview* (pp. 437-458). Mahwah: Lawrence Erlbaum.

Dent, H. R., & Stephenson, G. M. (1979). An experimental study of the effectiveness of different techniques of questioning child witness. *British Journal of Social & Clinical Psychology, 18*, 41-51.

Dobke, V. (2001). *Abuso Sexual: A inquirição das crianças: Uma abordagem interdisciplinar*. Porto Alegre: Ricardo Lenz.

Eisen, M. L., Quas, J. A., & Goodman, G. S. (Eds.) (2002). *Memory and suggestility in forensic interview*. Mahwah, NJ: Lawrence Erlbaum.

Everson, M. D., & Boat, B. W. (2002). The utility of anatomical dolls and drawings in child forensic interview. In M. L. Eisen, J. A. Quas & G. S. Goodman. *Memory and suggestibility in the forensic interview* (pp. 383-408). Mahwah: Lawrence Erlbaum.

Endres, J., Poggenpohl, C., & Erben, C. (1999). Repetitions warnings and video: Cognitive and motivational components in preschool children's suggestibility. *Legal and Criminological Psychology, 4*, 129-146.

Fivush, R. (2002). Children's long-term of childhood events. In P. Graf & N. Ohta. *Lifespan development of human memory* (pp. 83-100). Cambridge: Massachusetts Institute of Technology.

Fivush, R., Sales, J. M., Goldberg, A., Bahrick, L., & Parker, J. (2004). Weathering the storm: Children's long-term recall of Hurricane Andrew. *Memory, 12*(1), 104-118.

Freud, S. (1989). Três ensaios sobre a teoria da sexualidade. In Strachey, J. (Ed. e Trad.), *Edição standard brasileira das obras completas de Sigmund Freud* (Vol. 7, 2. ed., pp. 118-124). Rio de Janeiro: Imago. (Trabalho original publicado em 1905.)

Ghetti, S., Edelstein, R. S., Goodman, G. S., Cordòn, I. M., Quas, J. A., Alexander, K. W., Redlich, A. D., et al. (2006). What can subjective forgetting tell us about memory for childhood trauma? *Memory and Cognition, 34*(5), 1011-1025.

Goodman, G., Quas, J. A., Batterman-Faunce, J., Riddlesberger, M., & Kuhn, J. (1997). Children's reactions to and memory for a stressful event: Influence of age, anatomical dolls, knowledge and parental attachment. *Applied Development Science, 1*, 54-75.

Heger, A., Ticson, L., Velasquez, O., & Bernier, R. (2002). Children referred for possible sexual abuse: Medical findings in 2384 children. *Child Abuse and Neglect, 26*(6-7), 645-659.

Holliday, R. E., Brainerd, C. J., & Reyna, V. (2008). Interviewing vulnerable witnesses. In G. Davies, C. Hollin & R. Bull. *Forensic psychology* (pp. 87-112). Chichester: Wiley.

Howe, M. L. (2000). *The fate of early memories: Developmental science and the retention of childhood experiences*. Washington, DC: American Psychological Association.

Howe, M. L., Cicchetti, D., & Toth, S. L. (2006a). Memory and developmental psycopathology. In D. Cicchetti & D. Cohen (Eds.), *Developmental psychopathology: Vol. 2. Developmental neuroscience* (2nd ed., pp. 629-655). New York: Wiley.

Howe, M. L., Cicchetti, D., & Toth, S. L. (2006b). Children`s basic memory processes, stress, and maltreatment. *Development and Psychopathology, 18*(3), 759-769.

Howe, M. L., Courage, M. L., & Edison, S. C. (2003). When autobiographical memory begins. *Development Review, 23*, 471-494.

Howe, M.L., Courage, M.L., & Peterson (1994). How can I remember when I wasn't there: Long term retention of traumatic experiences and convergence of the cognitive self. *Consciousness & Cognition, 3*, 327-355.

Kensinger, E. A. (2004). Remembering emotional experiences: The contribution of valence and arousal. *Reviews in the Neurosciences, 15*(4), 241-251.

Lamb, M. E., Sternberg, K. J., & Esplin, P. W. (2000). Effects of age and delay on the amount of information provided by alleged sex abuse victims in investigative interviews. *Child Development, 71*(6), 1586-1596.

Leitchman, M. D., & Ceci, S. J. (1995). The effects of stereotypes and suggestions on preschoolers' reports. *Developmental Psychology, 31*(4), 568-578.

List, J. A. (1986). Age and schematic differences in the reliability of eyewitness testimony. *Developmental Psychology, 22*(1), 50-57.

Malloy, L., Mitchell, E., Block, S., Quas, J.A., & Goodman, G. S. (2007). Children's eyewitness memory: Balancing children's needs and defandant's rights when seeking the truth. In M. P. Toglia, J. D. Read, D. F. Ross & R. C. L. Lindsay (Eds.), *Handbook of eyewitness psychology: Vol. 1. Memory for events* (pp. 545-574). Mahwah, NJ: Lawrence Erlbaum.

Melnick, L., Crossman, A. M., & Scullin, M H. (2007). The suggestibility of children's memory. In M. P. Toglia, J. D. Read, D. F. Ross & R. C. L. Lindsay (Eds.), *Handbook of eyewitness psychology: Vol. 1: Memory for events* (pp. 401-427). Mahwah, NJ: Lawrence Erlbaum.

Nelson, K., & Fivush, R. (2000). Socialization of memory. In E. Tulving & F.M. I Craik (Ed.), *Handbook of memory* (pp. 283-296). New York: Oxford University Press.

Peters, D. P. (1991). The influence of stress and arousal on the child witness. In J. Doris (Ed.), *The suggestibility of children's recollections* (pp. 60-76). Washington: American Psychological Association.

Peterson, C., & Whalen, N. (2001). Five years later: Children's memory for medical emergencies. *Applied Cognitive Psychology, 15*, 7-24.

Pezdek, K., & Taylor, J. (2002) Memory for traumatic events for children and adults. In M. L. Eisen, J. A. Quas & G. S. Goodman. *Memory and suggestibility in the forensic interview* (pp. 165-184). Mahwah: Lawrence Erlbaum.

Pinheiro, P. S. (2006). *Report of independent expert for united nations study on violence againt children* (pp. 1-34). United Nations, General Assembly.

Pipe, M. E., Lamb, M. E., Orbach, Y., & Esplin, P. W. (2004) Recent research on children's testimony about experienced and witnessed events. *Developmental Review, 24*(4), 440-468.

Pipe, M. E., & Salmon, K. (2002). What children bring to the interview context: Individual differences in children's event reports. In M. L. Eisen, J. A. Quas & G. S. Goodman. *Memory and suggestibility in the forensic interview* (pp. 235-264). Mahwah: Lawrence Erlbaum.

Pipe, M. E., Thierry, K. L., & Lamb, M. E. (2007). The development of event memory: Implications for child witness testimony. In M. P. Toglia, J. D. Read, D. F. Ross & R. C. L. Lindsay (Eds.), *Handbook of eyewitness psychology: Vol. 1. Memory for events* (pp. 447-472). Mahwah: Lawrence Erlbaum.

Pitarque, A., Algarabel, S., Dasí, C., & Ruiz, J. C. (2003). Olvido dirigido de falsas memorias: Podemos olvidar intencionadamente uma falsa memoria? *Psicothema, 15*(1), 6-11.

Principe, G. F., Kanya, T., & Ceci, S. J. (2006). Believing is seeing: How rumors can engender false memories in preschoolers. *Psychological Science, 17*, 243-248.

Reisberg, D., & Heuer, F. (2007). The influence of emotion on memory in forensic settings. In M. P. Toglia, J. D. Read, D. F. Ross & R. C. L. Lindsay (Eds.), *Handbook of eyewitness psychology: Vol. 1. Memory for events*. (pp. 81-116). Mahwah: Lawrence Erlbaum.

Reyna, V. F., Mills, B., Estrada, S., & Brainerd, C. J. (2007). False memory in children: Data, theory, and legal implications. In M. P. Toglia, J. D. Read, D. F. Ross & R. C. L. Lindsay (Eds.), *Handbook of eyewitness psychology: Vol. 1. Memory for events* (pp. 479-507). Mahwah: Lawrence Erlbaum.

Roberts, K. P., & Blade, M. (1999). Children's memory and source monitoring of real-life and televised events. *Journal of Applied Developmental Psychology, 20*, 575-596.

Salmon, K., & Pipe, M.-E. (2000). Recalling an event 1 year later: The impact of props, drawing, and a prior interview. *Applied Cognitive Psychology, 14*, 184-220.

Saywitz, K. J., & Lyon, T. D. (2002). Coming to grips with children's suggestibility. In M. L. Eisen, J. A. Quas & G. S. Goodman. *Memory and suggestibility in the forensic interview* (pp. 85-114). Mahwah: Lawrence Erlbaum.

Schacter, D. L. (1999). The seven sins of memory: Insights from psychology and cognitive neuroscience. *American Psychologist, 54*(3), 182-203.

Scotland. (2004). Vulnerable Witnesses Scotland Act 2004.

Terr, L. C. (1979). Children of Chowchilla: a study of psychic trauma. *Psychoanalytic Study of the Child, 34*, 547-623.

Terr, L. C. (1983). Chowchilla revisited: The effects of psychic trauma four years after a school-bus kidnapping. *American Journal of Psychiatry, 140*(12), 1543-1550.

Thierry, K. L., Lamb, M. E., Orbach, Y., & Pipe, M. E. (2005). Developmental differences in the function and the use of anatomical dolls during interviews with alleged sexual abuse victims. *Journal of Consulting and Clinical Psychology, 73*(6), 1125-1134.

Vrij. A., & Bush, N. (2000). Differences in suggestibility between 5-6 and 10-11 year olds: The relationship with self confidence. *Psychology: Crime and Law, 6*, 127-138.

Wang, Q. (2003). Infantile amnesia reconsidered: A cross-cultural analysis. *Memory, 11*(1), 65-80.

Westcott, H. L. (2008). Safeguarding witnesses. In G. Davies, C. Hollin & R. Bull. *Forensic Psychology* (pp. 185-208). Chichester: Wiley.

9

RECORDAÇÃO DE EVENTOS EMOCIONAIS REPETITIVOS: MEMÓRIA, SUGESTIONABILIDADE E FALSAS MEMÓRIAS

Carmen Lisbôa Weingärtner Welter

Não restam dúvidas de que a repetição facilita a memória em geral (Gazzaniga e Heatherton, 2005). Por exemplo, se você ler várias vezes o conteúdo de uma matéria para estudar para uma prova e, além disso, se o fizer com concentração ou elaborar a informação que você está lendo de alguma forma (p. ex., fazendo um resumo), muito provavelmente você irá memorizar o conteúdo de forma mais efetiva do que se você o lesse uma única vez. Entretanto, lembrar o conteúdo de uma prova é muito diferente do que lembrar uma experiência de vida, de um episódio passado. Pode-se esperar que a repetição também melhore o tipo de memória? Em outras palavras, uma pessoa que vivenciou algo repetidas vezes terá uma memória melhor desses episódios do que uma pessoa que teve uma experiência única? Poderia a repetição tornar nossa memória imune aos erros e distorções aos quais naturalmente estamos sujeitos?

Acontecimentos que se repetem costumam ser bem lembrados. Por exemplo, você conseguirá se lembrar da última vez que foi ao seu restaurante predileto de lanches rápidos? Possivelmente lembrará que esperou numa fila, fez seu pedido no caixa para uma das atendentes, e poucos minutos depois, saiu com o seu lanche. Entretanto, será mais difícil lembrar detalhes específicos, tais como, qual era o penteado da pessoa do caixa, como estavam vestidas as pessoas que estavam à sua frente na fila ou qual era a cor da embalagem de seu sanduíche. Ou seja, por um lado, a repetição terá melhorado sua memória para as informações centrais que fazem parte desse acontecimento (ir a um restaurante). Por outro, detalhes de um episódio específico (a última vez que você foi ao restaurante) serão mais difíceis de serem recordados.

Qual a importância de se saber o que acontece com a memória quando se vivencia experiências repetidas? Lembrar acontecimentos rotineiros, comuns, tais como ir frequentemente ao mesmo restaurante, é muito diferente de lembrar acontecimentos repetitivos que sejam carregados de emoção e, especialmente, quando se trata de emoção negativa. Lembrar acontecimentos traumáticos que tenham ocorrido muitas vezes ao longo de determinado período da vida é – infelizmente – uma realidade para muitas pessoas que foram vítimas de diversos modos de violência crônica, ou seja, uma forma de violência repetitiva e duradoura, que persiste ao longo do tempo. Especialmente em contextos forenses, tem sido fundamental saber se as pessoas que foram vítimas de repetidos episódios de violência irão recordar e relatar esses episódios da mesma forma como o fazem as pessoas que foram vítimas de uma única ocorrência. Isso porque as características qualitativas da memória (ou seja, se há riqueza de detalhes e quais os tipos de detalhes descritos) têm sido utilizadas como critérios diferenciadores de relatos verdadeiros e falsos, em instrumentos de avaliação de credibilidade de depoimentos de testemunhas (ver Johnson et al., 1988; Vrij, 1998). Tal questão é ainda mais delicada quando estamos diante de vítimas vulneráveis, como crianças e adultos com necessidades especiais, envolvidos em situações de abusos sexuais e outras formas repetidas de violência.

> Saber se há diferenças qualitativas entre a memória para episódios repetidos de violência e a memória para uma única ocorrência é importante para contextos forenses.

A presença cada vez mais frequente de crianças nos tribunais, em virtude de casos de denúncias de abusos sexuais, foi um dos fatores que impulsionou a pesquisa científica sobre a memória das crianças nos anos de 1980 e 1990, especialmente nos Estados Unidos e nos países europeus (ver Brown, Goldstein e Bjorklund, 2000; Stein e Nygaard, 2003). Buscando responder a questões advindas de outros campos, particularmente do campo jurídico, os pesquisadores têm buscado compreender o funcionamento da memória infantil, bem como os tipos de erros de memória aos quais as crianças se mostram particularmente mais suscetíveis, uma vez que a precisão das recordações é uma qualidade indispensável para que um relato seja considerado como uma evidência em contextos forenses. A precisão, como já visto no Capítulo 8, diz respeito ao quanto o relato de uma criança corresponde, com exatidão, aos fatos que se passaram.

De modo geral, estudos naturalísticos realizados com crianças que foram vítimas de algum acontecimento traumático (Fivush et al., 2004; Peterson e Whalen, 2001) têm sugerido que as crianças guardam boa memória desse tipo de evento (p. ex., um acidente ou desastre natural), conservando, ao longo do tempo, a memória para os aspectos centrais da experiência e tendendo a esquecer dos detalhes periféricos (Howe, 1998; Pezdek e Taylor, 2002). Entretanto, alguns estudos experimentais (p. ex., Peters, 1991) nos quais as crianças são solicitadas a recordar um evento emocional que foi dramatizado (p. ex., um roubo simulado), ou de algum outro tipo de material emocional (p. ex., uma história), têm indicado que o incremento da memória para acontecimentos emocionais pode vir acompanhado da perda da qualidade dessas recordações que se tornam mais imprecisas, visto que apresentam mais erros e distorções. Ainda assim, esses estudos se referem à memória para acontecimentos naturais ou simulados que ocorreram uma única vez.

Podemos esperar que a memória das crianças para um acontecimento único seja similar à memória das crianças que vivenciaram acontecimentos repetidos? Que efeitos a repetição de uma experiência terá na memória das crianças? O que se pode esperar que uma criança lembre de repetidos episódios de abuso sexual? Deverá apresentar recordações ricas em detalhes? Ou apresentará tão somente lembranças genéricas, sem detalhes específicos? Será mais resistente a informações sugestivas e à criação de falsas memórias (FM)? Ou será mais suscetível aos erros e distorções que comumente a memória humana está sujeita? A repetição poderia nos "imunizar" contra os erros comuns da memória?

O presente capítulo tem como objetivo abordar essas e outras importantes questões acerca da memória das crianças para eventos repetitivos, tratando-se de um tema muito específico dentro do campo científico da investigação da memória. Curiosamente, esse é um tema muito frequente em áreas aplicadas da Psicologia, como a Psicologia Forense e a Clínica. A exemplo dos estudos sobre a memória para episódios únicos, os pesquisadores interessados em estudar a memória das crianças para acontecimentos repetidos têm utilizado duas abordagens metodológicas distintas: o método naturalístico e o método experimental (ver Capítulo 2). No campo da memória para eventos repetidos, estudos naturalísticos têm sido realizados usualmente com vítimas de situações de violência crônica (p. ex., abuso sexual, agressões físicas, etc). Já os estudos experimentais envolvem a participação repetida das crianças numa série de atividades planejadas pela equipe de pesquisadores (p. ex., uma série de jogos e brincadeiras).

Num primeiro momento serão apresentados os principais resultados encontrados em estudos experimentais recentes sobre a memória de crianças para experiências repetidas. Esses estudos têm focalizado seus objetivos especialmente na compreensão da sugestionabilidade infantil associada à vivência de experiências repetidas, fenômeno que assume grande relevância no âmbito da Psicologia Forense, principalmente em contextos de entrevistas investigativas com vítimas e testemunhas de atos criminosos (ver Capítulo 8). Num segundo momento serão apresentados os resultados dos estudos de campo realizados com vítimas de situações de violência crônica, enfatizando-se os resultados sobre a memória dessas pessoas para as experiências traumáticas repetitivas. Ao final, apresenta-se algumas reflexões sobre as implicações dos achados científicos sobre a memória para experiências repetidas para contextos aplicados da Psicologia, em particular para a Psicologia Forense.

A MEMÓRIA DAS CRIANÇAS PARA EVENTOS REPETITIVOS

Apenas mais recentemente, em especial a partir da década de 1990, houve um interesse maior pela memória das crianças para eventos repetitivos, o que motivou a realização de novos estudos experimentais. A possibilidade de um controle mais efetivo sobre os diversos elementos que possam estar afetando esse tipo de memória tem permitido que os pesquisadores verifiquem, com maior segurança, quais os fatores que influenciam mais fortemente a memória para eventos que se repetem. Por isso esses estudos têm sido importantes, visto que oferecem bases para a compreensão da memória de crianças vítimas de situações traumáticas crônicas, como nos casos de abuso sexual e maus-tratos. Além disso, os resultados

dos estudos experimentais têm oferecido contribuições relevantes para campos aplicados da Psicologia, como, por exemplo, a construção de técnicas e orientações específicas para entrevistar crianças que tenham vivenciado episódios repetidos de abuso sexual (Powell e Thomson, 2003; Powell, Thomson e Ceci, 2003; Roberts e Powell, 2006; Sternberg et al., 2002).

Nesses estudos, grupos de crianças são comparados de acordo com a condição experimental – se participaram da experiência uma única vez ou repetidas vezes (em geral, são realizadas de quatro a seis repetições). Os pesquisadores criam um evento que envolve a realização de uma série de atividades e jogos (p. ex., realizar alguma atividade física, construir um quebra-cabeças, fazer uma dobradura, pintar um desenho, etc), sendo alguns aspectos mantidos fixos (p. ex., realizar uma atividade física) ao longo das repetições e outros sendo variáveis (p. ex., correr, bater palmas, pular, dançar, etc). A ideia de manter alguns detalhes fixos e outros variáveis é explicada pelo fato de que quando vivenciamos um acontecimento repetidas vezes em nossas vidas, dificilmente um episódio é exatamente igual ao outro, sendo que alguns aspectos se mantém fixos (ou seja, se apresentam sempre da mesma forma) e outros são variáveis. Com isso os pesquisadores buscam compreender a complexidade envolvida na memória para eventos repetitivos, bem como aumentar a validade ecológica de seus experimentos, de modo a potencializar a generalização dos seus resultados para situações reais.

Os estudos experimentais sobre a memória das crianças para eventos repetitivos têm apontado para alguns resultados consistentes e outros controversos. Há evidências de que as crianças que vivenciam um evento repetidas vezes relatam maior quantidade informações de modo geral (McNichol, Shute e Tucker, 1999; Strömwall et al., 2004). Entretanto, os principais objetivos das pesquisas têm sido avaliar não a quantidade de informação recordada, mas principalmente a qualidade dessas recordações, se são precisas, os tipos de erros de memória, bem como a maior ou menor suscetibilidade das crianças à falsa sugestão quando vivenciam uma situação repetitiva em comparação com a experiência de um único episódio (Connolly e Lindsay, 2001; Connolly e Price, 2006; Powell e Thomson, 1996; Powell et al., 1999; Price e Connolly, 2004; Price e Connolly, 2007). A sugestionabilidade consiste na tendência de um indivíduo em incorporar informações distorcidas e falsas, provindas de fontes externas, de forma intencional ou acidental, às suas recordações pessoais (Schacter, 1999). Para uma revisão mais aprofundada do tema da sugestionabilidade infantil e suas implicações para o testemunho de crianças, indica-se a leitura do Capítulo 8.

> Crianças que vivenciam um evento repetidas vezes relatam maior quantidade de informações de modo geral.

De forma consistente, tem sido observado que as crianças recordam melhor, com maior precisão, e mostram maior resistência à sugestão de informações falsas para os aspectos do evento que permanecem fixos ao longo de sucessivas repetições em comparação com as crianças que vivenciam o mesmo episódio uma única vez (Connolly e Lindsay, 2001; McNichol, Shute e Tucker, 1999; Powell e

Thomson, 1996; Powell, Thomson e Dietze, 1997; Powell et al., 1999; Roberts e Powell, 2001). Ou seja, a repetição invariável de um determinado aspecto dentro de um evento que acontece várias vezes melhora a memória para esse tipo de informação. Vejamos um exemplo.

> Marta, 9 anos, foi vítima de abusos sexuais repetidos perpetrados pelo padrasto. Ao relatar os episódios, a menina refere que estes aconteciam sempre do mesmo jeito. A mãe saía para trabalhar depois do almoço, e Marta ia lavar a louça. O padrasto pegava a bíblia, de capa de couro vermelha e folhas douradas, sentava-se à mesa, sempre no mesmo lugar, e lia algum trecho. Depois disso, chamava Marta para sentar no seu colo e dava início aos atos abusivos. Marta não consegue lembrar um trecho específico que o padrasto tenha lido, comentando que eram sempre diferentes. Lembra-se de algumas frases bíblicas soltas, sem saber precisar se as ouviu no último episódio de abuso sofrido ou em outro qualquer ou ainda durante as missas dominicais.

Observamos nesse exemplo que Marta manteve uma boa memória de aspectos invariáveis ao longo dos episódios (que tudo começava sempre no mesmo horário, que o padrasto pegava a bíblia, que a bíblia tinha a capa vermelha, com folhas douradas, etc.). Com base nos resultados dos estudos experimentais sobre a memória das crianças para eventos repetitivos, poderíamos supor que uma criança que tivesse vivenciado um único episódio desse tipo poderia apresentar maior dificuldade para recordar a cor da capa da bíblia, ou de outros aspectos mais específicos.

Pesquisadores como Connolly e Lindsay (2001), Powell e colaboradores (1999) e Price e Connolly (2007) têm explicado este incremento da memória (isto é, a maior riqueza de detalhes e a maior precisão das recordações) em decorrência da repetição invariável com base, entre outras, na Teoria do Traço Difuso (Reyna e Brainerd, 1995), já abordada no Capítulo 1, que concebe a memória a partir de um modelo de representação dual de traços literais (*verbatim*) e traços de essência (*gist*). Os traços literais que contêm informações exatas, detalhes precisos e específicos de um determinado evento, são esquecidos mais rapidamente do que os traços de essência que contêm informações relativas ao significado geral do evento (Brainerd e Reyna, 2005). A repetição tornaria os traços literais dos aspectos invariáveis ao longo das sucessivas ocorrências mais fortes na memória e, por sua vez, mais resistentes ao esquecimento, bem como à sugestionabilidade e à produção de FM.

Já a Teoria dos Esquemas (Alba e Hasher, 1983), que tem suas bases numa concepção construtivista da memória (ver Capítulo 1), também prevê que os aspectos fixos de um evento que se repete serão melhor recordados do que os aspectos variáveis. Segundo essa teoria, quando uma pessoa vivencia uma experiência repetidas vezes, ela forma um "esquema cognitivo" dessa experiência, isto é, ela constrói um conhecimento generalizado sobre a experiência vivenciada repetidamente. Por exemplo, ao consultar um mesmo médico diversas vezes, a pessoa vai construindo um roteiro (isto é, um *script*) dessa experiência. Esse roteiro conterá informações gerais sobre o tipo de informação que se espera encontrar em tais situações (há um médico, uma secretária, uma sala de espera, espera-se um tempo, lê-se jornais ou revistas, etc.) e, igualmente, informações específicas acerca do evento que irá ocorrer (p. ex., a roupa que a secretária está vestindo naquele dia, a mudança da cor de cabelo da médica, a reportagem que você leu nas revistas da sala de espera, etc.). Ao recordar uma experiência repetitiva, a pessoa tende a basear sua lembrança mais no conhecimento genérico (isto é, no esquema) construído ao longo das repetições, do que em informações específicas vivenciadas em determinado episódio, tendo maior facilidade para recordar aquilo que é comum ao longo das repetições.

A construção de esquemas é uma capacidade extremamente importante na cognição humana, que se desenvolve ao longo da infância e nos permite organizar e recuperar a informação armazenada na memória de forma rápida e econômica, sem demandar grande esforço cognitivo (Gazzaniga e Heatherton, 2005). Há evidências de que, após experiências repetidas, as crianças conseguem formar esquemas que as permitem organizar e recuperar a informação comum ao longo das várias ocorrências, embora as crianças pequenas (pré-escolares) levem mais tempo para criar um esquema, uma vez que suas habilidades cognitivas ainda estão em desenvolvimento (Farrar e Goodman, 1992; Farrar e Boyer-Pennington, 1999; Fivush, 1998; Price e Goodman, 1990; Roberts, 2002). A principal crítica à Teoria dos Esquema se refere à ideia de que, ao longo de sucessivas repetições de um evento, as informações específicas literais seriam "perdidas" na memória, restando apenas o significado geral da experiência, o que, como salientam Brainerd e Reyna (2005), não têm sido confirmado pela pesquisa científica, uma vez que estudos têm demonstrado que as informações literais podem ser mantidas na memória por longos períodos de tempo (Reyna e Kiernan, 1994; Brainerd e Mojardin, 1998).

Powell e colaboradores (1999) observaram ainda que, além de aumentar a precisão das informações que permaneceram fixas ao longo de sucessivos episódios, a repetição atenuou o efeito de fatores que tipicamente estão associados com a menor precisão da memória, como a menor idade da criança e um maior intervalo de tempo entre a ocorrência do evento e o teste de memória. Em seu experimento, as crianças de 3 a 5 anos que participaram de uma série de atividades lúdicas repetidas vezes recordaram mais informações fixas corretas do que as crianças de mesma idade que participaram de um episódio único. Igualmente as crianças na condição de repetição que foram testadas somente após três semanas recordaram mais informações fixas corretas em comparação com as crianças na condição de episódio único que foram testadas após esse mesmo intervalo de tempo.

> As crianças se mostram mais resistentes à sugestão com relação às informações fixas de um evento repetitivo.

Entretanto, como vimos no exemplo de Marta, os aspectos que se apresentaram variáveis (p. ex., o conteúdo da bíblia que era lido) ao longo dos episódios repetidos de abuso sexual foram mais difíceis de serem recordados pela menina. De fato, alguns estudos têm apontado que as crianças que vivenciam experiências repetidas apresentam mais dificuldades para recordar os aspectos variáveis ao longo das repetições, apresentando mais incorreções e maior aceitação de informações falsamente sugeridas para esse tipo de informação, quando comparadas a crianças que vivenciaram um episódio único (Connolly e Lindsay, 2001; Price e Connolly, 2004; Price e Connolly, 2007). Porém, outros estudos (Powell e Roberts, 2002; Powell e Thomson, 1996; Powell et al., 1999) não têm encontrado diferenças na memória de informações variáveis de episódios únicos e repetidos quando a memória das crianças era testada por meio de perguntas abertas e diretas.

Tais resultados controversos indicam que nem sempre as crianças que vivenciam experiências repetidas serão mais sugestionáveis para os aspectos variáveis do evento do que as crianças que tiveram uma única experiência. Diferenças relativas ao tipo de teste de memória utilizado (p. ex., recordação livre ou reconhecimento), o tipo de sugestão apresentada (p. ex., se consistente com o significado geral do evento ou se discrepante), ou ainda a frequência da apresentação da informação sugerida são fatores que também influenciam a maior ou menor sugestionabilidade evidenciada na memória para eventos repetidos (Price e Connolly, 2004).

Roberts e Powell (2006), por exemplo, apresentaram para crianças de 6 e 7 anos informações sugestivas sobre um evento (um conjunto de atividades) que havia sido vivenciado uma única vez por um grupo e quatro vezes por outro grupo. Metade das informações sugeridas eram consistentes com o significado principal da experiência e, portanto, plausíveis de terem acontecido. Por exemplo, uma das atividades consistia em pedir que a criança sentasse sempre ao nível do chão sobre uma sacola plástica ou sobre uma almofada, etc. O experimentador sugeria: "Qual era a cor do papel sobre o qual você sentou naquele dia?" Embora o papel seja um item falso, trata-se de uma informação consistente com a ação de sentar ao nível do chão, assim como a sacola plástica. O restante das informações sugeridas era inconsistente com o significado principal da experiência, sendo menos plausível de ter acontecido. Seguindo o exemplo acima, o experimentador sugeria: "Qual era a cor do sofá que você sentou naquele dia?" O sofá, além de ser um item falso, difere tanto da informação verdadeira quanto da sugestão consistente por se tratar um objeto sobre o qual a criança senta acima do nível do chão, que ocupa mais espaço, etc. Como resultado, os pesquisadores descobriram que as crianças que haviam realizado as atividades repetidas vezes mostravam-se mais sugestivas, em comparação com aquelas que haviam realizado tais atividades uma única vez, somente quando as informações sugeridas eram consistentes com o significado principal da experiência. Ao contrário, quando as informações sugeridas eram inconsistentes, as crianças na condição de repetição rejeitavam mais facilmente esse tipo de item, mostrando-se mais resistentes à sugestão do que as crianças no grupo-controle.

Os resultados do estudo de Roberts e Powell (2006) estão em consonância com as hipóteses teóricas apresentadas pela Teoria dos Esquemas e pela Teoria do Traço Difuso. Segundo a Teoria dos Esquemas, após experiências repetitivas, as pessoas se mostram mais sugestionáveis para as informações falsas que forem consistentes com o esquema construído e, de forma oposta, mais resistentes à sugestão de informações falsas que se desviarem do esquema (Farrar e Goodman,

1992). A Teoria do Traço Difuso também prevê que quando as informações sugestivas forem consistentes com o significado principal da experiência, espera-se uma produção maior de FM (Brainerd e Reyna, 2005).

Num outro estudo, que também teve como objetivo investigar os fatores que poderiam explicar a maior sugestionabilidade das crianças para as informações variáveis das experiências repetitivas, Connolly e Price (2006) apresentaram a crianças pré-escolares e escolares, que haviam participado de uma série de atividades uma ou quatro vezes, o mesmo tipo de informação sugestiva, após o mesmo intervalo de tempo. A manipulação experimental foi realizada sobre o tipo de informação que era apresentada às crianças que participavam da experiência repetida, sendo que alguns dos itens variáveis do evento repetitivo apresentavam alto grau de associação semântica (p. ex., a criança era solicitada a fazer de conta que era um jogador de futebol, um jogador de tênis, um jogador de basquete e um jogador de vôlei) e outros não (p. ex., a criança era solicitada a fazer de conta que era um cachorro, um avião, uma maçã e uma montanha). As crianças escolares que haviam realizado as atividades quatro vezes recordaram mais FM sugeridas relativamente aos itens com alto grau de associação semântica, em comparação às crianças escolares que realizaram a atividade uma única vez. Esse efeito não foi encontrado nas crianças pré-escolares, o que é consistente com os resultados de estudos sobre FM espontâneas com crianças (Brainerd, Reyna e Forrest, 2002), nos quais as crianças mais velhas, justamente por possuírem maior capacidade de estabelecer associações semânticas que as a crianças mais novas, apresentam mais FM do que as crianças menores, em idade pré-escolar (ver Capítulo 7).

De acordo com a Teoria do Traço Difuso, tanto a produção de FM espontâneas (geradas internamente) quanto de FM sugeridas (induzidas externamente) estão associadas ao enfraquecimento dos traços literais da informação original codificada.

> As crianças que vivenciaram experiências repetidas tendem a ser mais sugestionáveis para os aspectos variáveis do evento do que as crianças que tiveram uma única experiência.

Em situações repetidas, é provável que os traços literais dos aspectos variáveis enfraqueçam mais rapidamente, tornando esse tipo de informação mais suscetível aos efeitos da sugestão (Powell et al., 1999). Além disso, sabe-se que a produção de FM é maior quando as informações a serem recordadas são altamente relacionadas semanticamente e fortemente associadas ao significado geral do evento, sendo este efeito ainda mais proeminente quanto maior o intervalo de tempo transcorrido entre o evento e o teste de memória (Brainerd e Reyna, 2005). Assim, indivíduos que vivenciam múltiplos e significativos eventos relacionados podem relatar incorretamente detalhes consistentes com o significado geral da experiência (Reyna et al., 2007).

Muito embora não seja propriamente uma teoria sobre o funcionamento da memória, a Teoria do Monitoramento da Fonte (Johnson e Raye, 1981) também tem oferecido explicações para a maior sugestionabilidade das crianças com relação às informações variáveis de um evento repetitivo. Segundo essa concepção, a aceitação de uma informação falsa (isto é, a produção de uma FM sugerida) ocorre não propriamente em virtude de um erro de memória (força do traço, por exemplo), mas sim em decorrência de erros nos processos de julgamento. Dessa forma, uma FM resultaria da atribuição incorreta de uma memória à determinada fonte, o que se torna ainda mais difícil quanto maior for a similaridade entre as fontes das informações, como acontece nas experiências repetidas. Voltando ao exemplo de Marta, observamos que a menina não conseguia discriminar se os textos bíblicos que lhe vinham à memória tinham sido ouvidos em algum episódio específico dos abusos sofridos ou mesmo nas missas dominicais. Sabe-se que tarefas que exigem a discriminação da fonte das recordações são especialmente difíceis para crianças pequenas, uma vez que o monitoramento da fonte é uma capacidade que se desenvolve à medida que as habilidades de memória e os processos cognitivos estratégicos são construídos ao longo do crescimento infantil (Johnson e Raye, 1981; Johnson, Hashtroudi e Lindsay, 1993; Lindsay e Johnson, 1987, Roberts, 2002).

Os pesquisadores têm evidenciado, consistentemente, que o tipo de erro de memória mais frequentemente encontrado em crianças que vivenciam experiências repetitivas é o "erro de intrusão interna", ou seja, quando a criança recorda que algum aspecto do evento aconteceu num episódio específico (p. ex., o último episódio), mas este de fato ocorreu em outro episódio da série de repetições. Ainda assim, trata-se de algo que a criança, em algum momento, realmente vivenciou. Nos estudos realizados, muito dificilmente essas crianças apresentam "erros de intrusão externa", isto é, quando a criança recorda de um aspecto que de fato não aconteceu em qualquer dos episódios da série de repetições (Powell e Thomson, 1996; Powell et al., 1999; Price e Connolly, 2004; Price e Connolly, 2007; Powell, Roberts, Thomson e Ceci, 2007). Num estudo recente, Powell e colaboradores (2007) constataram que as crianças com experiências repetitivas aceitavam mais facilmente as sugestões de aspectos que haviam sido efetivamente vivenciados em algum momento da série de repetições, do que as sugestões de aspectos que não haviam sido vivenciados em qualquer das ocorrências da experiência.

> As crianças envolvidas em experiências repetidas aceitam mais informação falsa sobre aspectos realmente vivenciados ao longo das ocorrências do que para aspectos não vivenciados.

Ainda que os erros de monitoramento da fonte possam explicar alguns tipos de FM, nem todas elas ocorrem por erros de discriminação entre fontes, como salientam Brainerd e Reyna (2005). Estes autores lembram que existem FM que ocorrem exclusivamente com base em erros de familiaridade. A noção de familiaridade está associada ao conhecimento de base, previamente existente, que a pessoa vai adquirindo ao longo da vida e que pode decorrer da repetição da experiência, mas também de outras fontes de conhecimento, como a discussão de um determinado evento com outras pessoas, leituras de livros, programas televisivos, etc. Assim, algo que pareça familiar a uma criança poderá ser incorretamente relatado como algo vivenciado, fruto de uma FM baseada no sentimento de familiaridade (isto é, oriunda do seu conhecimento prévio). Roberts e Powell (2001) chamam a atenção que o relato de crianças que vivenciaram experiências repetidas de um evento, como nos casos de abuso sexual crônico, pode ser contaminado pela experiência de outros eventos relacionados (p. ex., múltiplas entrevistas sobre os incidentes).

A maior imprecisão da recordação de aspectos variáveis de um acontecimento repetitivo, bem como as evidências de maior propensão à sugestionabilidade para esse tipo de informação, tem levado os pesquisadores a reconhecerem que as crianças que vivenciam experiências repetitivas apresentam grande dificuldade em discriminar detalhes variáveis que aconteceram numa série de experiências repetitivas (Connolly e Price, 2006; Powell e Thomson, 1996; Powell et al., 1997; Powell et al., 1999; Price e Connolly, 2004; Price e Connolly, 2007, Roberts e Powell, 2001; Roberts e Powell, 2006). Note-se que, muito embora a Teoria dos Esquemas, a Teoria do Traço Difuso e a Teoria do Monitoramento da Fonte ofereçam explicações distintas para os tipos de erros de memória observados em estudos sobre a memória para eventos repetidos, tais abordagens, entretanto, não diferem relativamente à constatação de que as experiências repetitivas promovem a recordação de algumas informações (as informações fixas) e prejudicam a recordação de outras (as informações variáveis). As principais diferenças entre os referidos aportes teóricos residem nos mecanismos explicativos para tal fenômeno, o que pressupõe distintos modelos de funcionamento da memória (ver Capítulo 1 e Neufeld e Stein, 2001).

Além da questão da precisão da memória e da sugestionabilidade, algumas poucas pesquisas (Strömwall et al., 2004) têm procurado investigar outras características qualitativas dos relatos de memórias de eventos repetitivos em comparação com um evento único. O interesse dos pesquisadores pela qualidade das memórias tem sido motivado, entre outros fatores, pela possibilidade de que algumas características qualitativas possam servir como indicadoras da veracidade de uma recordação. A possibilidade de discriminar entre relatos baseados em memórias verdadeiras (MV), relatos baseados em FM e mentiras é um achado de grande relevância para a Psicologia Forense (Pezdek e Taylor, 2000). Embora MV e FM possam apresentar algumas similitudes, estudos que comparam recordações de eventos vivenciados com eventos imaginados ou simulados, têm demonstrado um número maior de detalhes relatados nos primeiros do que nos últimos. Além disso, o tipo de informação relatada (p. ex., informação contextual, como a descrição do lugar ou a hora do dia; informação sensorial, tais como a descrição de sensações de calor ou de dor; informação afetiva, tais como a descrição de sentimentos de medo ou raiva) também têm sido associados à veracidade de uma lembrança (Barnier et al., 2005; Johnson et al., 1988; Sporer e Sharman, 2006; Vrij, Akehurst, Saukara e Bull, 2004).

Strömwall e colaboradores (2004) conduziram um estudo com 87 crianças entre 10 e 13 anos cujo evento a ser recordado foi um exame médico simulado. Um grupo de crianças foi "examinado" (uma ou quatro vezes), enquanto o outro foi convidado a imaginar-se num exame médico (igualmente, uma ou quatro vezes). Os resultados apontaram para um efeito principal da repetição da experiência tanto na extensão quanto na qualidade dos relatos dos eventos vivenciados e imaginados, examinadas por meio de critérios presentes em dois instrumentos de

> Estudos sugerem que características qualitativas da memória podem servir como indicadoras da veracidade de uma recordação.

avaliação de credibilidade. Ou seja, comparados aos relatos das crianças que tiveram uma única experiência, independentemente se os eventos foram vivenciados ou imaginados, as crianças que foram "examinadas" ou que imaginaram o exame quatro vezes evidenciaram relatos que continham maior número de palavras, indicando maior quantidade de detalhes, abrangendo maior número de informações qualitativamente diferentes (p. ex., informações temporais, espaciais).

Estudos como o relatado acima, que se propõe a verificar os efeitos da repetição na qualidade da memória, são relevantes, uma vez que se sabe que a repetição da experiência é uma das formas de se adquirir familiaridade com um evento. Isso é importante porque os estudos sobre a avaliação de credibilidade de relatos têm apontado que eventos familiares à criança apresentam mais características qualitativas do que eventos não familiares, alcançando assim altas pontuações nestes instrumentos (Vrij, 1998). O grande problema, entretanto, têm sido detectar se a familiaridade com o evento, exibida pela criança, teve como fonte a experiência repetida ou, como vimos anteriormente, outras fontes de conhecimento, como conversas, programas televisivos, etc. Alguns estudos têm alertado que crianças que de alguma forma estão familiarizadas com o evento a ser recordado (p. ex., por orientações verbais) apresentam relatos com características qualitativas muito semelhantes às das crianças que vivenciaram efetivamente o evento (Pezdek et al., 2004; Blandon-Gitlin et al., 2005).

Comparadas a outras áreas de pesquisa sobre a memória, constata-se um número relativamente pequeno de estudos experimentais sobre a memória de crianças para eventos repetitivos, o que se deve, entre outros fatores, à complexidade metodológica geralmente envolvida em estudos desse tipo. Em face dessa realidade de poucos estudos e, ao mesmo tempo, da grande relevância desse tema para a Psicologia Forense, que está em desenvolvimento no Grupo de Pesquisas em Processos Cognitivos da Pontifícia Universidade Católica do Rio Grande do Sul, em conjunto com a Universidade de Coimbra (Portugal), uma pesquisa sobre os efeitos da repetição na memória de crianças. Nesse estudo, pretende-se verificar que efeitos a repetição de um estímulo emocional negativo (isto é, uma história), comparada à repetição de um estímulo neutro, terá na memória para informações centrais e periféricas de crianças entre 6 e 12 anos (Welter, 2009).

Ao longo desta seção, observa-se que a repetição de uma experiência parece tornar mais complexa a tarefa de recordar e relatar um evento desse tipo. Há evidências que nos permitem afirmar que a recordação de um evento repetido difere da recordação de um episódio único. A suposição simples de que uma criança que sofreu repetidas experiências de violência lembrará mais e melhor os episódios vivenciados não se confirma com base nas evidências científicas até aqui acumuladas. Os estudos experimentais sobre a memória das crianças para eventos repetitivos indicam que a repetição de uma experiência produz efeitos distintos na qualidade das recordações, conforme o tipo de informação que está sendo lembrada. A recordação de aspectos invariáveis do evento tem sido observada como um tipo de memória mais acurado e mais resistente à aceitação de informações falsas. Já a recordação precisa de aspectos variáveis de um evento repetido parece ser mais difícil para uma criança e mais suscetível aos efeitos da sugestionabilidade. É comum que essas crianças relatem detalhes de suas experiências, embora não saibam determinar a fonte de suas recordações. É pouco comum que essas crianças relatem detalhes que de fato não ocorreram ao longo das sucessivas ocorrências, embora isso não possa ser interpretado como uma garantia de precisão, uma vez que os estudos apontam que FM sugeridas são mais prováveis de serem produzidas quando a informação falsa apresentada é consistente com o significado geral do evento. Como vimos, uma série de fatores pode interferir na qualidade da recordação de experiências múltiplas de um evento relacionado, o que implica maior cautela e maior preparo técnico quando se pretende entrevistar crianças que vivenciaram episódios de violência crônica, bem como na avaliação de seus relatos.

Algumas críticas têm sido levantadas aos estudos experimentais sobre a memória para eventos repetitivos, uma vez que, como assinalaram Roberts e Powell (2001), obviamente por razões éticas, as crianças que participaram desses estudos não vivenciaram qualquer tipo de experiência traumática similar, por exemplo, às crianças que são vítimas de maus-tratos e abusos crônicos, para as quais pretende-se generalizar os resultados encontrados. Entretanto, um estudo mais recente de Price e Connolly (2007), que envolveu a participação das crianças de 4 e 5 anos numa atividade potencialmente mais estressante (aulas de natação) e que buscou maior controle do grau de ansiedade experimentado pelas crianças, não apontou para resultados diferentes daqueles evidenciados em estudos nos quais as crianças participaram de atividades lúdicas repetitivas não estressantes (isto é, a repetição da experiência prejudicou a qualidade da memória das informações variáveis). A única exceção do padrão de resultados, encontrada no estudo de Price e Connolly (2007), foi o fato das crianças ansiosas se mostrarem menos sugestionáveis na recordação livre (isto é, recordaram menos informações falsas) do que as crianças classificadas como não ansiosas.

Além dos estudos experimentais, as pesquisas com pessoas que foram vítimas de formas crônicas de violência, como repetidos maus-tratos e abusos sexuais, também têm contribuído para a compreensão dos efeitos da repetição de experiências emocionalmente negativas na memória desse tipo de evento. Na seção seguinte, serão apresentados alguns estudos sobre a memória de adultos e crianças para experiências traumáticas repetitivas.

A MEMÓRIA PARA EXPERIÊNCIAS TRAUMÁTICAS REPETITIVAS

Outra forma de se conhecer os efeitos da repetição de uma experiência na memória é por meio de estudos de campo, conduzidos com adultos e crianças que foram vítimas de situações de estresse crônico, como experiências repetidas de abusos sexuais ou agressões físicas. O objetivo desses estudos é saber o que acontece com a memória de pessoas para esse tipo de evento. Espera-se que essas pessoas lembrem bem e relatem em detalhes suas experiências repetidas de abuso sexual? Espera-se que esqueçam e que omitam detalhes?

Em sua maioria, tratam-se de estudos realizados com adultos que são solicitados a responder a perguntas sobre os episódios passados de abuso sexual vivenciados durante a infância. Suas respostas são comparadas a registros originalmente feitos em hospitais ou delegacias de polícia, documentados há muitos anos (p. ex., períodos de 12, 17, 20 anos ou mais). Os pesquisadores buscam avaliar, entre outros fatores, a consistência e a completude dos relatos de episódios repetidos de abuso sexual. A consistência diz respeito ao quanto um relato feito em determinado momento, depois de transcorrido um período de tempo, continua a conter o mesmo tipo de informações. Já a completude se refere ao quanto um relato feito há algum tempo continua a apresentar a mesma quantidade de informações ou se ocorrem omissões. Lembremos do exemplo da seção anterior, de Marta, e suponhamos que, por algum motivo, passados 10 anos do depoimento feito na delegacia, ela volte a relatar os episódios sofridos. Vejamos o que aconteceu com o relato da moça:

> Estudos com vítimas de estresse crônico têm ajudado a compreender os efeitos da repetição de experiências emocionais sobre a memória para esse tipo de evento.

> Marta conta que foi vítima de abusos sexuais repetidos quando criança, perpetrados pelo padrasto. Recorda que os atos abusivos aconteciam logo após a mãe sair para trabalhar, que o padrasto lia a bíblia e a chamava para que sentasse no seu colo, dando início aos abusos.

Neste exemplo, ao comparar o primeiro relato feito na delegacia e o relato posterior, podemos observar que as informações relatadas pela jovem seguem sendo as mesmas, sendo estas as informações centrais do episódio vivenciado. Ou seja, o relato de Marta, após 10 anos, é consistente com o relato feito na delegacia. Entretanto, o relato da jovem é menos completo, apresentando a omissão de uma série de detalhes (p. ex., que os fatos aconteciam após o almoço, quando ela ia lavar a louça, que a bíblia tinha capa de couro vermelha com folhas douradas, etc.). Como veremos mais adiante, a omissão de informações em casos de violência pode ser resultado do esquecimento ou da disposição a não relatar esse tipo de informação, muitas vezes constrangedora e dolorosa.

A possibilidade de lembrar ou esquecer experiências traumáticas de modo geral, incluindo as experiências repetidas de abuso sexual, tem sido investigada e debatida entre os pesquisadores da memória (ver Brewin, 2007; Schooler e Eich, 2000). Alguns estudos apontam que as vítimas de abusos sexuais na infância podem vir a esquecer dessas experiências na vida adulta (Widom e Morris, 1997; Williams, 1994). Williams (1994), por exemplo, entrevistou 129 mulheres que, quando crianças, haviam sido atendidas em um hospital, em decorrência de abusos sexuais sofridos, tendo encontrado que 38% dessas mulheres não relataram a experiência abusiva que havia sido documentada no passado.

Estudos mais recentes, entretanto, apontam que adultos que foram vítimas de abuso sexual na infância, em sua maioria recordam consistentemente as experiências de violência sofrida (Alexander et al., 2005; Ghetti et al., 2006; Goodman et al., 2003). Por exemplo, Goodman e colaboradores (2003) entrevistaram 175 adultos, com história documentada de abuso sexual infantil, tendo encontrado que 81% dos participantes recordaram e relataram suas experiências abusivas. Fatores como a idade mais avançada à época que os abusos cessaram, o suporte materno e o grau de severidade dos abusos sofridos (medido pela gravidade dos sintomas psicológicos apresentados em decorrência da situação abusiva) mostraram-se positivamente relacionados com a revelação de tais experiências.

A discrepância entre os resultados desses estudos mais recentes (Ghetti et al., 2006; Goodman et al., 2003, Alexander et al., 2005) e os estudos anteriores (Widom e Morris, 1997; Williams, 1994) tem sido explicada principalmente em razão de diferenças metodológicas. Para Ghetti e colaboradores (2006), no que tange particularmente aos estudos com vítimas de abuso sexual, é importante saber diferenciar entre medidas de esquecimento subjetivas (p. ex., quando o sujeito diz que não lembra) e objetivas (p. ex., quando o sujeito demonstra que não lembra por algum parâmetro de memória), uma vez que outros fatores, sociais e emocionais, que não a falta de memória, podem concorrer para a não revelação de uma experiência desse tipo. Os pesquisadores assinalam que é importante ter cautela ao interpretar as "falhas de memória" apontadas em alguns estudos como evidência de esquecimento, uma vez que pode se tratar de uma falha em relatar e revelar tais informações e não propriamente em recordar os episódios vivenciados.

> Adultos que vivenciaram abusos sexuais na infância recordam consistentemente essas experiências.

Além da consistência e da completude dos relatos de experiências traumáticas, sejam estas episódios únicos ou repetidos, existem estudos (Peace e Porter, 2004; Porter e Birt, 2001; Porter e Peace, 2007) que buscam avaliar outros aspectos qualitativos das memórias autobiográficas traumáticas que incluem fatores como o grau de vivacidade das recordações, a presença de informação sensorial e emocional, entre outros. Nesses estudos, os participantes são solicitados a avaliarem suas recordações com base em critérios selecionados de acordo com os objetivos da pesquisa (p. ex., avaliar o quão clara é sua memória para o evento determinado). Como já foi referido anteriormente, pesquisas sobre características qualitativas da memória têm contribuído para a construção e o aprimoramento de instrumentos de avaliação de credibilidade de relatos.

É importante ressaltar que o fato de que as memórias traumáticas sejam usualmente bem-lembradas e mostrem-se consistentes ao longo do tempo, ao menos quanto aos aspectos centrais da experiência, não significa que sejam garantidamente precisas ou imunes aos processos de deterioração da memória. Entre outros, estudos (Pezdek, 2003) na área das memórias *flashbulb*, por exemplo, têm demonstrado que, a despeito do alto grau de vivacidade de tais memórias e de consistência temporal, estas podem conter incorreções e distorções, mantidas consistentemente ao longo dos sucessivos testes de memória (Christianson e Lindholm, 1998; Laney e Loftus, 2005). No exemplo que vimos anteriormente, embora o relato de Marta se mostre coerente e, ao longo do tempo, consistente, não há como se afirmar com absoluta confiança que se trata de um relato 100% preciso, livre de distorções.

Schelach e Nachson (2001) analisaram a precisão e outras características da memória de cinco sobreviventes do campo de concentração de Auschwitz, com idades entre 58 e 74 anos, tendo permanecido aprisionados por períodos de 3 a 27 meses. As memórias dos sobreviventes foram comparadas a duas fontes baseadas em registros documentais confiáveis. O nível geral de precisão das memórias do campo de concentração foi de 60%. Os autores concluíram que embora eventos extremamente traumáticos, como a permanência em um campo de concentração, tendam a ser bem-lembrados, com bom nível de precisão, mesmo por longos períodos de tempo (mais de 50 anos depois), detalhes importantes podem ser esquecidos. No presente estudo, por exemplo, a memória para o tipo de comida servida, o *layout* do campo e as condições das instalações foi pobre. Da mesma forma, o desempenho relativamente ao reconhecimento de faces foi bastante baixo, sendo que nenhum dos sobreviventes reconheceu a figura do comandante do campo (Rudolf Höss) e somente dois reconheceram o famoso Dr. Mengele que em Auschwitz fazia a triagem dos novos prisioneiros que chegavam ao campo, direcionando-os à câmara de gás ou aos alojamentos.

Existem poucos estudos acerca da memória de experiências repetidas de abuso sexual ou outras formas de violência com crianças e adolescentes. Orbach e colaboradores (2000) avaliaram os relatos de 96 crianças entre 4 e 13 anos, vítimas de abuso sexual. Ao comparar os relatos feitos pelas crianças sobre os eventos traumáticos vivenciados, os pesquisadores descobriram que as que haviam sido vítimas de abusos sexuais múltiplos apresentavam relatos que continham um número significativamente maior de detalhes do que crianças que haviam sido vítimas de um episódio único. Em outro estudo, Ghetti e colaboradores (2002) avaliaram a consistência dos relatos de abuso sexual e físico de 222 crianças entre 3 e 16 anos que estavam participando de uma investigação criminal. Os relatos de abuso sexual apresentaram maior consistência que os relatos de abuso físico. As crianças maiores foram mais consistentes (isto é, relataram, em momentos diferentes, as mesmas informações) para ambos os tipos de abusos. As meninas foram mais consistentes que meninos nos relatos de abuso sexual. Particularmente em relação às experiências repetidas, os autores observaram que as crianças tendiam a ser menos consistentes (isto é, relatar, em momentos diferentes, informações diferentes) quando haviam sofrido múltiplas experiências abusivas e por diferentes perpetradores.

Com o objetivo de identificar fatores que pudessem predizer o esquecimento ou a recordação de episódios de violência familiar, Greenhoot, McCloskey e Glisky (2005) buscaram examinar as relações entre a memória para esses episódios de violência familiar e a memória para outros tipos de eventos e circunstâncias da vida, ocorridos na infância. Para tanto, entrevistaram 153 adolescentes entre 12 e 18 anos que, seis anos antes, haviam participado de um estudo mais amplo sobre violência doméstica. Esses jovens haviam sido testemunhas ou vítimas de dois tipos de agressão ocorridas frequentemente: agressão dirigida à mãe e/ou agressão e abusos dirigidos a si próprios. A maior parte

> Crianças que foram vítimas de abusos sexuais repetidos apresentam relatos mais detalhados e menos consistentes do que crianças que vivenciaram um episódio único.

dos adolescentes lembrou e relatou episódios de violência familiar vivenciados na infância como vítima e/ou testemunha (66% dos adolescentes que haviam testemunhado atos de agressão contra suas mães e 80% dos adolescentes que foram vítimas de agressão e abuso relataram algum episódio de violência). Ainda assim, muitos detalhes de suas histórias passadas de agressão e abuso não foram bem-mantidas, especialmente nas situações em que a mãe foi o alvo da agressão.

Além disso, os adolescentes se mostraram mais resistentes à sugestão de informações incorretas quando haviam sido vítima das agressões. Ao analisar a prevalência do "esquecimento completo" em função do grau de violência associado aos episódios de agressão, foi observada uma tendência a não relatar formas mais severas de violência em comparação a formas moderadas. Essa tendência foi ainda mais acentuada nas situações em que a agressão foi diretamente dirigida aos adolescentes (82% dos adolescentes que, quando crianças, foram vítimas de violência severa falharam em relatar tais experiências). O esquecimento de outros eventos não relacionados à violência familiar (p. ex., mudança de escola ou de residência, morte ou tentativa de suicídio de um membro da família) alcançou índices comparáveis aos observados em diferentes formas de agressão dentro da família, enquanto o esquecimento de episódios de agressão severa sofridos dentro da família foi o evento esquecido com maior frequência (Greenhoot et al., 2005).

Todavia, como assinalam Ghetti e colaboradores (2006), é preciso ter cautela ao interpretar as "falhas de memória" presentes em estudos desse tipo (Greenhoot et al., 2005) como evidência de esquecimento, uma vez que, como já foi enfatizado anteriormente, pode se tratar de uma falha em relatar tais informações, o que não resulta necessariamente de falhas de memória. Goodman-Brown, Edelstein e colaboradores (2003), por exemplo, observaram que, em um grupo de 218 crianças e adolescentes (entre 2 e 16 anos) que haviam sido sexualmente abusadas, fatores como a idade da criança, o tipo de abuso sofrido (intra ou extrafamiliar), o medo das consequências negativas após uma revelação e o sentimento de ter sido responsável pela situação abusiva influenciavam a disposição de uma criança para revelar e relatar uma experiência desse tipo. Crianças mais velhas, vítimas de abusos intrafamiliares, crianças que demonstraram um temor maior das consequências negativas após uma revelação e crianças que se sentiram responsáveis pelo abuso tendem a tardar a revelação dos episódios.

A tendência a não revelar detalhes de violência sexual também tem sido encontrada em outros estudos. Leander, Granhag e Christianson (2005) puderam comparar os relatos feitos na polícia por 64 crianças entre 8 e 16 anos que haviam atendido a telefonemas obscenos, às gravações encontradas no computador do abusador. Os pesquisadores constataram que todas as crianças nesse estudo omitiram grande parte das afirmações e perguntas feitas pelo abusador que se relacionavam a conteúdos sexuais, relatando menos de 10% desse tipo de informação. Em contrapartida, as crianças puderam relatar cerca de 70% das perguntas neutras (de conteúdo não sexual) feitas pelo autor das ligações. Além disso, os pesquisadores encontraram alto grau de precisão nas respostas dadas pelas crianças, atingindo índices, por exemplo, de 88,9% de respostas corretas para perguntas neutras feitas pelo abusador (p. ex., "Onde você mora?" ou "Você tem irmãos?"), 83,3% para perguntas relacionadas a conteúdos sexuais de forma geral (p. ex., "Você sabe o que é sexo?" ou "Você acha que beijar é a mesma coisa que fazer sexo?") e 75,7% para perguntas de conteúdo sexual diretamente dirigidas à criança (p. ex., "Como você sabe quando você está excitado?" ou "Você gostaria de fazer sexo com seu irmão?").

Em outro estudo semelhante, Leander, Christianson e Granhag (2007) entrevistaram oito crianças que, no passado, foram vítimas de um único episódio de abuso sexual, perpetrado por um estranho, tendo a polícia encontrado na casa do criminoso fotos nas quais as crianças apareciam nuas e/ou em situações sugestivas de abuso. As crianças haviam sido entrevistadas pela polícia e examinadas por um médico à época dos abusos. Apesar de relatarem inúmeros detalhes do que aconteceu antes e depois do ataque sofrido, o que evidencia boa memória, as crianças relataram poucos detalhes relativos à violência sexual em si (estes compuseram apenas 7,6% do total), sendo que cinco crianças não relataram qualquer detalhe sexual. Em contrapartida, essas crianças expressaram em 97 ocasiões sua relutância em descrever esse tipo de detalhes.

Em ambos os estudos descritos acima (Leander et al., 2005, 2007), os pesquisadores concluíram que a omissão de informação especificamente sexual não se devia ao esquecimento, já que as crianças mostravam muito boa memória para outros tipos de informação, mas sim a uma disposição a não falar sobre esse tipo de assunto. Mesmo se tratando de episódios únicos de abuso sexual, os resultados dos estudos são importantes, pois nos alertam que, ao relatar uma experiência de abuso sexual, uma criança não está apenas recordando uma experiência única ou repetida, mas também está falando sobre algo do qual ela usualmente não quer falar, por medo, sentimento de culpa ou outros fatores. E é justamente por isso, pelo fato de se tratar de um assunto delicado e difícil para uma criança falar, que a forma como uma criança é questionada e entrevistada é de extrema relevância, não apenas por motivos técnicos, no sentido de se obter um relato de melhor qualidade, mas especialmente por motivos éticos, no sentido de se proteger a criança de questionamentos abusivos, muitas vezes desnecessários e tecnicamente pouco válidos. A técnica de entrevista utilizada para coletar o depoimento de uma criança vítima de abusos sexuais pode ser um dos fatores que contribuem

> A tendência a não relatar experiências de abuso sexual não pode ser interpretada como decorrente de "falha" de memória.

para aumentar a resistência da criança a falar sobre o que aconteceu. A inexistência de uma fase preparatória de entrevista, de um ambiente adequando para falar e especialmente a falta de treinamento adequado do entrevistador pode comprometer a qualidade do relato testemunhal, além de constranger a criança que está testemunhando, gerando-lhe mais sofrimento (ver Capítulos 8 e 10).

Em síntese, os estudos realizados com adultos que na infância vivenciaram experiências traumáticas crônicas sugerem que as pessoas conservam boa memória para esse tipo de acontecimento, apresentado alto grau de consistência. Observa-se, entretanto, que por se tratarem de estudos naturalísticos, é muito difícil que se possa avaliar o grau de precisão dessas recordações consistentes, uma vez que naturalmente, na maioria das vezes, não há um registro do evento original. Os estudos realizados com crianças vítimas têm demonstrado que estas recordam com riqueza de detalhes experiências repetidas de abusos sexuais, embora tendam a ser menos consistentes do que as crianças que foram vítimas de um episódio único. Além disso, crianças vítimas de abusos sexuais evidenciaram uma tendência a serem precisas, quando questionadas livremente, na ausência de perguntas sugestivas. Entretanto, embora os estudos naturalísticos ofereçam contribuições valiosas para a compreensão da memória de crianças e adultos que vivenciaram experiências traumáticas repetitivas, a impossibilidade de um controle metodológico maior limita o potencial explicativo dos resultados encontrados, uma vez que não permite que possamos isolar e testar fatores que poderiam explicar os resultados encontrados.

CONSIDERAÇÕES FINAIS

A repetição de uma experiência "imuniza" nossa memória contra os erros e distorções que naturalmente está sujeita? Estaríamos diante de uma "vacina" contra a produção de FM? A resposta a essas questões não é simples, única ou definitiva. Com base na revisão da literatura científica apresentada ao longo deste capítulo, podemos responder "sim" e "não" a tais perguntas. "Sim", vimos que há evidências científicas consistentes indicando que a repetição melhora a memória dos aspectos invariáveis presentes ao longo de uma série de ocorrências de um determinado evento. Ou seja, com relação a esse tipo de informação, a repetição melhora a precisão da memória e a torna mais resistente aos efeitos da sugestionabilidade e à produção de FM. E "não", a repetição além de não "imunizar" a memória contra erros e distorções, pode torná-la ainda mais imprecisa e mais suscetível à sugestionabilidade quando estamos recordando os aspectos variáveis de um evento repetitivo.

Tais achados científicos são importantes porque nos alertam para a complexidade envolvida na memória para experiências repetidas, ainda mais quando se tratam de crianças e especialmente quando estas foram vítimas de violência crônica. É provável que uma criança nessa situação possa recordar de muitos detalhes de sua experiência. Mas também é possível, e esperado, que ela apresente erros e falhas de memória, sem que isto necessariamente comprometa a credibilidade da totalidade de seu relato. Além disso, como já vimos neste capítulo, é possível e frequente que uma criança relute em relatar experiências de violência diretamente dirigidas a ela, de modo especial quando a violência é de natureza sexual. Isso acontece não porque a criança não lembra o que aconteceu, pelo contrário, estudos naturalísticos e experimentais sugerem que as crianças conseguem lembrar experiências traumáticas por longos períodos de tempo. Isso acontece, muito provavelmente, porque a criança não se dispõe a falar sobre o que aconteceu por sentimentos variados como medo, constrangimento e culpa.

> A repetição de um evento pode melhorar a memória das informações que se mantém fixas ao longo das ocorrências, mas prejudicar a qualidade da recordação das informações que variam.

Por isso, conhecer os problemas envolvidos na recordação de experiências repetidas pode ser útil e valioso para o campo da Psicologia Forense. O estudo da sugestionabilidade infantil presente nesse tipo específico de memória, bem como as condições nas quais as crianças se mostram mais suscetíveis à criação de FM espontâneas e induzidas, tem impulsionado pesquisadores a desenvolverem técnicas específicas de entrevistas, de modo a minimizar seus efeitos deletérios sobre a qualidade da memória. Ao preservar a qualidade de um relato estamos não apenas agregando valor ao testemunho como evidência criminal, mas principalmente preservando as crianças de questionamentos pouco recomendáveis dos pontos de vista técnico e ético.

REFERÊNCIAS

Alba, J. W., & Hasher, L. (1983). Is memory schematic? *Psychological Bulletin, 93*, 203-231.

Alexander, K. W., Quas, J. A., Goodman, G. S., Ghetti, S., Edelstein, R. S., Redlich, A. D., Cordon, I. M., et al. (2005). Traumatic impact preditcs long-term memory for documented child sexual abuse. *Psychological Science, 16*, 33-40.

Barnier, A. J., Sharman, S. J., McKay, L., & Sporer, S. L. (2005). Discriminating adult's genuine, imagined, and deceptive accounts of positive and negative childhood events. *Applied Cognitive Psychology, 19*(8), 985-1002.

Blandon-Gitlin, I., Pezdek, K., Rogers, M., & Brodie, L. (2005). Detecting deception in children: An experimental study of the effect of the event familiarity on CBCA ratings. *Law and Human Behavior, 29*(2), 187-197

Brainerd, C. J., & Mojardin, A. H. (1998). Children's and adult's spontaneous false memories: Long-term persistence and mere-testing effects. *Child Development, 68*(5), 1361-1377.

Brainerd, C. J., & Reyna, V. F. (2005). *The science of false memory*. New York: Oxford University Press.

Brainerd, C. J., Reyna, V. F., & Forrest, T. J. (2002). Are young children susceptible to the false-memory illusion? *Child Development, 73*(5), 1363-1377.

Brewin, C. R. (2007). Autobiographical memory for trauma: Update on four controversies. *Memory, 15*(3), 227-248.

Brown, R. D., Goldstein, E., & Bjorklund, D. F. (2000). The history and zeitgeist of the repressed-false-memory debate: Scientific and sociological perspectives on suggestibility and childhood memory. In D. F. Bjorklund (Ed.), *False-memory creation in children and adults: Theory, research, and implications* (pp.1-30). New Jersey: Lawrence Erlbaum.

Christianson, S. A., & Lindholm, T. (1998). The fate of traumatic memories in childhood and adulthood. *Development and Psychopathology, 10*, 761-780.

Connoly, D. A., & Lindsay, D. S. (2001). The influence of suggestions on children's reports of a unique experience versus an instance of a repeated experience. *Applied Cognitive Psychology, 15*(2), 205-224.

Connoly, D. A., & Price, H. L. (2006). Children's suggestibility for an instance of a repeated event versus a unique event: The effect of degree of association between variable details. *Journal of Experimental Child Psychology, 93*(3), 207-223.

Farrar, M. J., & Boyer-Pennington, M. E. (1999). Remembering specific episodes of a scripted event. *Journal of Experimental Child Psychology, 73*(4), 266-288.

Farrar, M. J., & Goodman G. S. (1992). Developmental changes in event memory. *Child Development, 63*(1), 173-187.

Fivush, R. (1998). Children's recollections of traumatic and nontraumatic events. *Development and Psychopathology, 10*(4), 699-716.

Fivush, R., Sales, J. M., Goldberg, A., Bahrick, L., & Parker, J. (2004). Weathering the storm: Children's long-term recall of Hurricane Andrew. *Memory, 12*(1), 104-118.

Gazzaniga, M. S., & Heatherton, T. F. (2005). *Ciência psicológica: Mente, cérebro e comportamento*. Porto Alegre: Artmed.

Ghetti, S., Edelstein, R. S., Goodman, G. S., Cordon, I. M., Quas, J. A., Alexander, K. W., Redlich, A. D., et al. (2006). What can subjective forgetting tell us about memory for childhood trauma? *Memory and Cognition, 34*, 1011-1025.

Ghetti, S., Goodman, G. S., Eisen, M. L., Qin, J., & Davis, S. L. (2002). Consistency in children's report of sexual and physical abuse. *Child Abuse & Neglect, 26*(9), 977-995.

Goodman, G. S., Ghetti, S., Quas, J. A., Edelstein, R. S., Alexander, K. W., Redlich, A. D., Cordon, I. M., et al. (2003). A prospective study of memory for child sexual abuse: New findings relevant to the repressed-memory controversy. *American Psychologist, 14*(2), 113-118.

Goodman-Brown, T., Edelstein, R. S., Goodman, G. S., Jones, D. P. H., & Gordon, D. S. (2003). Why children tell: A model of children's disclosure of sexual abuse. *Child Abuse & Neglect, 27*(5), 525-540.

Greenhoot, A. F., McCloskey, L., & Glisky, E. (2005). A longitudinal study of adolescents' recollections of family violence. *Applied Cognitive Psychology, 19*(6), 719-744.

Howe, M. L. (1998). Individual differences in factors that modulate storage and retrieval of traumatic memories. *Development and Psychopathology, 10*, 681-698.

Johnson. M. K., Hashtroudi, S., & Lindsay, D. S. (1993). Source monitoring. *Psychological Bulletin, 114*(1), 3-28.

Johnson, M. K., & Raye, C. L. (1981). Reality monitoring. *Psychological Review, 88*(1), 67-85.

Laney, C., & Loftus, E. F. (2005). Traumatic memories are not necessarily accurate memories. *Canadian Journal of Psychiatry, 50*(1), 823-828.

Leander, L., Christianson, S. A., & Granhag, P. A. (2007). A sexual abuse case study: Children's memories and reports. *Psychiatry, Psychology and Law, 14*(1), 120-129.

Leander, L., Granhag, P. A., & Christianson, S. A. (2005). Children exposed to obscene phone calls: What they remember and tell. *Child Abuse & Neglect, 29*(8), 871-888.

Lindsay, D. S., & Johnson, M. K. (1987). Reality monitoring and suggestibility: Children's ability to discriminate among memories from different sources. In S. J. Ceci, M. P. Toglia & D. F. Ross (Ed.), *Children's eyewitness memory* (pp. 92-121). New York: Springer-Verlang.

McNichol, S., Shute, R., & Tucker, A. (1999). Children's eyewitness memory for a repeated event. *Child Abuse e Neglect, 23*(11), 1127-1139.

Neufeld, C. M., & Stein, L. M. (2001). A compreensão da memória segundo diferentes perspectivas teóricas. *Revista de Estudos de Psicologia, 18*(2), 50-63.

Orbach, Y., Hershkowitz, I., Lamb, M. E., Sternberg, K. J., & Horowitz, D. (2000). Investigating at the scene of the crime: Effects on children's recall of alleged abuse. *Legal and Criminological Psychology, 1*, 135-147.

Peace, K. A., & Porter, S. (2004). A longitudinal investigation of the reliability of memories for trauma and others emotional experiences. *Applied Cognitive Psychology, 18*, 1143-1159.

Peters, D. P. (1991). The influence of stress and arousal on the child witness. In J. Doris (Ed.), *The suggestibility of children's recollections* (pp. 60-76). Washington: American Psychological Association.

Peterson, C., & Whalen, N. (2001). Five years later: Children's memory for medical emergencies. *Applied Cognitive Psychology, 15*, 7-24.

Pezdek, K. (2003). Event memory and autobiographical memory for the events of September 11, 2001. *Applied Cognitive Psychology, 17*, 1033-1045.

Pezdek, K., Marrow, A., Blandon-Gitlin, I., Goodman, G. S., Quas, J. A., Saywitz, K. J., Bidrode, S., et al. (2004). Detecting deception in children: Event familiarity affects criterion-based content analysis ratings. *Journal of Applied Psychology, 89*, 119-126.

Pezdek, K., & Taylor, J. (2000). Discriminating between accounts of true and false events. In D. F. Bjorklund (Ed.), *False-memory creation in children and adults* (pp. 69-91). Mahwah: Lawrence Erlbaum.

Pezdek, K., & Taylor, J. (2002) Memory for traumatic events for children and adults. In M. L. Eisen, J. A. Quas & G. S. Goodman. *Memory and suggestibility in the forensic interview* (pp. 165-184). Mahwah: Lawrence Erlbaum.

Porter, S., & Birt, A. R. (2001). Is traumatic memory special? A comparison of traumatic memory characteristics with memory for other emotional experiences. *Applied Cognitive Psychology, 15*, 101-117.

Porter, S., & Peace, K. A. (2007). The scars of memory: A prospective longitudinal investigation of the consistency of the traumatic and positive emotional memories in adulthood. *Psychological Science, 18*, 435-441.

Powell, M. B., & Roberts, K. P. (2002). The effect of repeated experience on children's suggestibility across two questions types. *Applied Cognitive Psychology, 16*, 367-386.

Powell, M. B., Roberts, K. P., Ceci, S. J., & Hembrooke, H. (1999). The effects of repeated experience on children's suggestibility. *Developmental Psychology, 35*(6), 1462-1477.

Powell, M. B., Roberts, K. P., Thomson, D. M., & Ceci, S. J. (2007). The impact of experienced versus non-experienced suggestions on children's recall of repeated events. *Applied Cognitive Psychology, 21*, 649-667.

Powell, M. B., & Thomson, D. (1996). Children's memories of an occurrence of a repeated event: Effects of age, repetition, and retention interval across three question types. *Child Development, 67*(5), 1988-2004.

Powell, M. B., & Thomson, D. M. (2003). Improving children's recall of an occurrence of a repeated event: Is it a matter of helping them to generate options? *Law and Human Behavior, 27*(4), 365-384.

Powell, M. B., Thomson, D. M., & Ceci, S. J. (2003). Children's memory of recurring events: Is the first event always the best remembered? *Applied Cognitive Psychology, 17*(2), 127-146.

Powell, M. B., Thomson, D. M., & Dietze, P. M. (1997). Memories of separate occurrences of an event: Implications for interviewing children. *Families in Society, 78*(6)8, 600-608.

Price, H. L., & Connolly, D. A. (2004). Event frequency and children's suggestibility: A study of cued recall responses. *Applied Cognitive Psychology, 18*, 809-821.

Price, H. L., & Connolly, D. A. (2007). Anxious and nonanxious children's recall of a repeated or unique event. *Journal of Experimental Child Psychology, 98*(2), 94-112.

Price, D. W. W., & Goodman, G. S. (1990). Visiting the wizard: Children's memory for a recurring event. *Child Development, 61*(3), 664-680.

Reyna, V. F., & Brainerd, C. J. (1995). Fuzzy-trace theory: An interim synthesis. *Learning and Individual Differences, 7*(1), 1-75.

Reyna, V. F. & Kiernan, B. (1994). The development of the gist versus verbatim memory in sentence recognition: Effects of lexical familiarity, semantic content, encoding instructions, and retention interval. *Development Psychology, 30*(2), 178-191.

Reyna, V. F., Mills, B., Estrada, S., & Brainerd, C. J. (2007). False memory in children: Data, theory, and legal implications. In M. P. Toglia, J. D. Read, D. F. Ross & R. C. L. Lindsay (Eds.), *Handbook of eyewitness psychology: Vol. 1. Memory for events* (pp. 479-507). Mahwah: Lawrence Erlbaum.

Roberts, K. P. (2002). Children's ability to distinguish between memories from multiple sources: Implications for the quality and accuracy of eyewitness statements. *Developmental Review, 22*(3), 403-435.

Roberts, K. P., & Powell, M. B. (2001). Describing individual incidents of sexual abuse: A review of research on the effects of multiple sources of information on children's reports. *Child Abuse & Neglect, 25*(12), 1643-1659.

Roberts, K. P., & Powell, M. B. (2005). Evidence of metacognitive awareness in young children who have experienced a repeated event. *Applied Cognitive Psychology, 19*(8), 1019-1031.

Roberts, K. P., & Powell, M. B. (2006). The consistency of false suggestions moderates children's reports of a single instance of a repeated event: Predicting increases and decreases in suggestibility. *Journal of Experimental Child Psychology, 94*(1), 68-89.

Schacter, D. L. (1999). The seven sins of memory: Insights from psychology and cognitive neuroscience. *American Psychologist, 54*(3), 182-203.

Schelach, L. & Nachson, I. (2001). Memory of Auschwitz survivors. *Applied Cognitive Psychology, 15*(2), 119-132.

Schooler, J. W., & Eich, E. (2000). Memory for emotional events. In E. Tulving & F.M. I Craik (Ed.), *Handbook of memory* (pp. 379-392). New York: Oxford University Press.

Sporer, S. L., & Sharman, S. J. (2006). Should I believe this? Reality monitoring of accounts of self-experience and invented recent and distant autobiographical events. *Applied Cognitive Psychology, 20*(6), 837-854.

Stein, L. M., & Nygaard, M. L. C. (2003). A memória em julgamento: Uma análise cognitiva dos depoimentos testemunhais. *Revista Brasileira de Ciências Criminais, 11*, 151-164.

Sternberg, K. J., Lamb, M. E., Esplin, P. W., Orbach, Y., & Hershkowitz, I. (2002). Using a structured interview protocol to improve the quality of investigative interviews. In M. L. Eisen, J. A. Quas & G. S. Goodman. *Memory and suggestibility in the forensic interview* (pp. 409-438). Mahwah: Lawrence Erlbaum.

Strömwall, L. A., Bengtsson, L., Leander, L., & Granhag, P. A. (2004). Assessing children`s statements: The impact of a repeated experience on CBCA and RM ratings. *Applied Cognitive Psychology, 18*(6), 653-668.

Vrij, A. (1998). Verbal communication and credibility: Statement validity. In A. Memon, A. Vrij & R. Bull. *Psychology and law: Truthfulness, accuracy, and credibility* (pp. 3-31). London: McGraw-Hill.

Vrij, A., Akehurst, L., Saukara, S., & Bull, R. (2004). Let me inform you how to tell a convincing story: CBCA and reality monitoring scores as a function of age, coaching, and deception. *Canadian Journal of Behavioral Science, 36*, 113-126.

Welter, C. L. W. (2009). *A repetição de um evento emocional: Lembrar do quê? Esquecer do quê?* Dissertação de Doutorado. Manuscrito em preparação. Universidade de Coimbra, Coimbra, Portugal.

Widom, C. S., & Morris, S. (1997). Accuracy of adult recollections of childhood victimization, Part 2: Childhood sexual abuse. *Psychological Assessment, 9*(1), 34-46.

William, L. M. (1994). Recall of childhood trauma: A prospective study of women's memories of child sexual abuse. *Journal of Consulting and Clinical Psychology, 62*(6), 1167-1176.

10
MEMÓRIA EM JULGAMENTO: TÉCNICAS DE ENTREVISTA PARA MINIMIZAR AS FALSAS MEMÓRIAS

Leandro da Fonte Feix
Giovanni Kuckartz Pergher

O Capítulo 8 abordou os fatores cognitivos, especialmente aqueles ligados ao funcionamento da memória, que permeiam a Psicologia do Testemunho Infantil. Conforme foi visto, é grande as demandas cognitiva e emocional que recai sobre uma testemunha no momento do depoimento, sendo ela criança ou adulta (Stein e Nygaard, 2003). Isso ocorre porque a maioria das pessoas não está habituada a descrever em detalhes as situações que vivenciam. O momento de tomada do depoimento de uma testemunha ou vítima pode ser entendido como um teste de memória para o evento em questão. Sendo assim, o uso de técnicas inadequadas para a coleta das informações contidas na memória da testemunha pode resultar em problemas à qualidade do depoimento.

Diversas pesquisas sobre o funcionamento da memória têm mostrado que, ao vivenciar uma situação, as pessoas focam apenas alguns aspectos do evento. Logo, não armazenam na memória todas as partes (informações) dessa situação. Assim, ao tentar recordar as informações sobre o fato que realmente estão registradas, é impossível lembrar todos os detalhes que ocorreram. Consequentemente, o indivíduo pode acrescentar novas informações às lembranças, ou seja, falsas memórias (FM).

Em virtude disso, o papel do entrevistador investigativo, o profissional que irá obter o relato da testemunha, é crucial, pois ele precisará engajá-la no processo de busca de informações precisas contidas na sua memória. Em outras palavras, ele

> Os depoimentos podem estar baseados em falsas memórias.

necessita lançar mão de estratégias para motivar e auxiliar o indivíduo a descrever o evento de interesse em detalhes e com a maior precisão possível, pois, sem o seu esforço, provavelmente poucas informações serão obtidas (Poole e Lamb, 1998).

Existem evidências científicas mostrando que a postura do entrevistador, bem como suas crenças e hipóteses a respeito do evento investigado, podem influenciar significativamente o comportamento da testemunha, podendo levar a distorções no depoimento (Ceci e Bruck, 1995). Com relação a técnicas utilizadas por muitos entrevistadores forenses, Memon (2007) aponta as dez falhas mais comuns detectadas em entrevistas (Quadro 10.1). Todas as falhas se referem ao uso de técnicas de entrevista inadequadas, bem como à postura do entrevistador, e podem ser minimizadas e até mesmo neutralizadas, a partir do uso de técnicas mais apropriadas de entrevista investigativa.

Visando a minimizar erros como esses, cometidos por entrevistadores forenses, mesmo os mais experientes, muitas técnicas têm sido desenvolvidas com o objetivo de obter informações mais verossímeis. Este capítulo apresentará uma das técnicas de coleta de testemunho mais pesquisada ao redor do mundo: a Entrevista Cognitiva (EC) (Fisher e Geiselman, 1992). Cabe ressaltar que a EC não é a única técnica de coleta de testemunho disponível. Além dela, existem outras ferramentas que estão a serviço do profissional, como, por exemplo, a Entrevista Estruturada. Porém, estudos experimentais comparando a efetividade desses procedimentos de coleta de informações vêm demonstrando uma considerável vantagem da EC, principalmente com adultos (Memon e Higham, 1999; Nygaard, Feix e Stein, 2006).

A Entrevista Cognitiva: histórico e caracterização

A EC é uma técnica que foi desenvolvida originalmente em 1984, por Ronald Fisher e Edward Geiselman, a pedido de policiais e operadores do Direito norte-americanos, para maximizar a quantidade e a precisão das informações colhidas de testemunhas ou vítimas de crimes (Memon, 1999). Na época, em uma pesquisa realizada no Departamento de Polícia de Miami, Estados Unidos, foram constatados diversos problemas no interrogatório policial que conduziam a uma deficiente comunicação entre a testemunha e o policial, limitando o resultado da entrevista (Fisher, Geiselman e Raymond, 1987). Anos mais tarde, o mesmo padrão de erros foi detectado nos policiais de Londres, Inglaterra (George, 1991 citado em Memon, 1999). As principais falhas apontadas pelos autores estão presentes no Quadro 10.1.

> A Entrevista Cognitiva utiliza os conhecimentos científicos sobre a memória para obter depoimentos mais precisos.

O principal objetivo da EC é obter melhores depoimentos, ou seja, ricos em detalhes e com maior quantidade e precisão de informações. A EC baseia-se nos conhecimentos científicos de duas grandes áreas da Psicologia: Psicologia Social e Psicologia Cognitiva. No que concerne a Psicologia Social, integram os conhecimentos das relações humanas, particularmente o modo de se comunicar efetivamente com uma testemunha e, no campo da Psicologia Cognitiva, somam-se os saberes que os psicólogos adquiriram sobre a maneira como nos lembramos das coisas, ou seja, como a nossa memória funciona.

O conhecimento científico sobre o funcionamento da memória não deixa dúvidas: todos nós somos suscetíveis a distorcer nossas lembranças – incluindo os próprios entrevistadores! Ainda que a EC esteja centrada em técnicas para lidar

QUADRO 10.1
Dez falhas mais comuns dos entrevistadores forenses

1. Não explicar o propósito da entrevista
2. Não explicar as regras básicas da sistemática da entrevista
3. Não estabelecer *rapport*
4. Não solicitar o relato livre
5. Basear-se em perguntas fechadas e não fazer perguntas abertas
6. Fazer perguntas sugestivas / confirmatórias
7. Não acompanhar o que a testemunha recém disse
8. Não permitir pausas
9. Interromper a testemunha quando ela está falando
10. Não fazer o fechamento da entrevista

com as falhas da memória da testemunha, as possíveis distorções das lembranças do entrevistador também devem ser levadas em consideração. Dessa forma, faz parte da técnica que todo o procedimento de entrevista seja registrado em vídeo, se não for possível, pelo menos audiogravado, de modo que qualquer profissional envolvido com a investigação possa ter acesso direto às informações literais do depoimento.

A versão original da EC, desenvolvida em meados dos anos 1980, era basicamente um conjunto de quatro estratégias "cognitivas" específicas para melhorar a recordação das pessoas para os eventos testemunhados. Com o avanço das pesquisas em laboratório e dos estudos de campo sobre o funcionamento da memória a e dinâmica da comunicação, o procedimento passou por uma revisão em 1992 (Fisher e Geiselman, 1992). Essa versão aperfeiçoada da EC enfoca fortemente técnicas de comunicação e dinâmica social, além daquelas técnicas cognitivas da primeira versão, e é um procedimento em que os componentes "cognitivos" e de "comunicação" operam conjuntamente.

Após passar por esse aperfeiçoamento, uma série de estudos (Memon e Higham, 1999) com a EC apontaram para uma mesma direção: a técnica da EC aumenta o número de informações relatadas e a qualidade (isto é, a precisão) de detalhes recordados pelas testemunhas. Contudo, aqueles que trabalham diretamente com a apuração e o julgamento de crimes colocaram a seguinte questão: a EC auxilia a coletar mais informações das testemunhas – mas essas informações adicionais são úteis para nós?

Para responder a esta questão, Roberts e Higham (2002) obtiveram avaliações da relevância forense de detalhes trazidos pelas testemunhas na EC, solicitando que policiais e membros do Conselho da Coroa do Reino Unido classificassem a relevância de cada detalhe, tanto para a investigação policial, quanto para a fase processual (isto é, quando o caso vai a julgamento). A EC obtev maiores índices de informação juridicamente relevante, considerada pelos especialistas forenses, em comparação com outras formas de entrevista.

Em um estudo desenvolvido no Brasil, realizado com uma população com baixos índices de escolaridade e nível socioeconômico, também foram encontrados resultados similares com relação à efetividade da EC (Nygaard, Feix e Stein, 2006). A EC se mostrou mais eficaz na produção de informações juridicamente relevantes com alto grau de precisão em comparação a uma entrevista padrão. Achados como esses parecem apontar para uma efetividade da EC em diferentes países e populações.

Embora o principal uso da EC seja no contexto forense, ela tem sido implementada, ainda em caráter experimental, em outros âmbitos, como, por exemplo, para melhorar a qualidade das informações obtidas em pesquisas de opinião (Desimone e Le Floch, 2004) e no âmbito organizacional, para investigar situações de violência no local de trabalho (Wacdington, Badger e Bull, 2006). Apesar das amplas possibilidades de aplicação da EC, ela é contraindicada em entrevistas investigativas com suspeitos. Essa contraindicação está relacionada às distintas naturezas entre as entrevistas com vítimas e testemunhas e as entrevistas com suspeitos. Via de regra, ao se entrevistar um suspeito, este tende a ser pouco colaborativo, o que prejudica o uso das técnicas da EC (Memon, 1999). Logo, a entrevista com suspeitos requer o uso de técnicas especificamente voltadas para essa população, as quais diferem daquelas utilizadas na EC (Memon, Vrij e Bull, 1998).

ETAPAS DA ENTREVISTA COGNITIVA

A EC envolve uma abordagem organizada em torno de cinco etapas, cada qual com seus fundamentos e objetivos específicos. Um resumo das etapas é apresentado no Quadro 10.2.

As duas primeiras etapas da EC (construção do *rapport* e recriação do contexto original) referem-se ao estabelecimento de uma condição favorável para que o entrevistado possa acessar as informações registradas na memória. Na terceira etapa o entrevistado relata, livremente, a situação testemunhada. A fase seguinte envolve o uso de técnicas de questionamento, baseado somente nas informações trazidas no relato livre do entrevistado, visando à obtenção de maiores detalhes e esclarecimentos. A última etapa diz respeito ao fechamento da entrevista, em que o entrevistador fornece uma síntese dos dados obtidos nas etapas anteriores com o objetivo de conferir com o entrevistado a precisão dos mesmos. O detalhamento de cada etapa da EC é descrito nas próximas subseções.

Primeira etapa: construção do *rapport*

Ao iniciar a tomada de depoimento, é importante que o entrevistador construa um ambiente acolhedor, demonstrando empatia em relação à testemunha, já que esta possivelmente tenha vivenciado uma situação atípica, muitas vezes traumática ou dolorosa, e que terá que falar sobre ela com uma pessoa estranha (entrevistador). Dentro dessa perspectiva, é relativamente fácil perceber a im-

QUADRO 10.2
Etapas da Entrevista Cognitiva

Etapa		Objetivos
I	Construção do *Rapport*	– Personalizar a entrevista – Construir um ambiente acolhedor – Discutir assuntos neutros – Explicar os objetivos da entrevista – Transferir o controle para o entrevistado
II	Recriação do contexto original	– Restabelecer mentalmente o contexto no qual a situação ou crime ocorreu – Recriar o contexto ambiental, perceptual e afetivo
III	Narrativa Livre	– Obter o relato livre da testemunha, sem interrupções
IV	Questionamento	– Realizar o questionamento compatível com o nível de compreensão da testemunha – Priorizar o uso de perguntas abertas – Obter esclarecimentos e detalhamento do relato – Possibilitar múltiplas recuperações
V	Fechamento	– Realizar o fechamento da entrevista – Fornecer o resumo das informações obtidas – Discutir tópicos neutros – Estender a vida útil da entrevista

portância que adquirem as habilidades de comunicação e de interação social do entrevistador. Deve-se estabelecer uma relação interpessoal na qual a testemunha sinta-se suficientemente confortável para falar sobre um evento emocionalmente carregado, e é justamente esse um dos objetivos da primeira etapa da EC (Memon e Bull, 1999). Para que uma relação comunicativa possa funcionar, ela deve ser genuína, ou seja, o entrevistador realmente precisa se interessar pelo que a testemunha tem a dizer, tanto no que diz respeito ao fato em questão quanto em relação ao seu estado emocional.

Nessa etapa, o entrevistador deverá buscar desenvolver uma atmosfera psicológica favorável para que a testemunha consiga relatar minuciosamente determinado evento. Para que se estabeleça um ambiente emocional adequado, o entrevistador utiliza-se do princípio da sincronia. Segundo esse princípio, em uma relação interpessoal, as pessoas tendem a agir de maneira semelhante ao seu interlocutor (Memon e Bull, 1999). Portanto,

> O entrevistador deve desenvolver uma atmosfera psicológica favorável para que a testemunha consiga relatar minuciosamente o evento vivido.

quando uma testemunha que está ansiosa interage com um entrevistador que ofereça uma postura de suporte, tranquilizadora e segura, esta tenderá a comportar-se de forma semelhante. A partir dessa mudança em seu comportamento, o entrevistado passará também por uma mudança em sua experiência emocional subjetiva (Fisher e Geiselman, 1992).

Faz parte da natureza do ser humano o desejo de ser acolhido e sentir-se importante para outras pessoas (Gilbert, 2004). Nesse sentido, é recomendado iniciar o *rapport* com um agradecimento autêntico pela participação da testemunha, o que transmite, desde os primeiros momentos, a mensagem de que sua presença é importante. Além do agradecimento, o entrevistador deve iniciar com perguntas sobre alguns assuntos neutros, sem relação direta ou indireta com o evento em questão. Adotando essa atitude, ele demonstrará interesse pelas informações trazidas pela testemunha, o que reforça a mensagem acerca de sua importância. Adicionalmente, a postura de escuta ativa e empática auxilia na construção de uma relação suficientemente calorosa que favorecerá, posteriormente, a introdução de assuntos mais delicados ou emocionalmente carregados.

Além de construir uma atmosfera psicológica favorável, o *rapport* serve para outros importantes propósitos. Em primeiro lugar, ele permite que o entrevistador tenha alguma noção sobre o nível cognitivo e de desenvolvimento da linguagem do entrevistado, o que permitirá a este ajustar a sua própria linguagem ao comunicar-se com a testemunha. Por exemplo, ao entrevistar uma adolescente, o entrevistador adulto pode conhecer as gírias utilizadas e avaliar o vocabulário da entrevistada, bem como a velocidade de expressão verbal. A partir dessa avaliação, ele tem condições de aproximar a sua linguagem à utilizada pela entrevistada.

O formato do diálogo inicial determina o ritmo que terá o resto da entrevista. O ritmo que o entrevistador deve estabelecer é aquele no qual a testemunha fale com fluência, afinal de contas ela é a detentora de informações relevantes sobre o fato em questão (Fisher, Brennan e McCauley, 2002). Desse modo, o entrevistador não deve interromper o entrevistado enquanto ele fala, pois tal atitude, além de comunicar implicitamente um desinteresse no que a testemunha tem a dizer, também acaba por prejudicar o acesso às informações na memória da testemunha, interrompendo a fluidez do relato.

O tempo de duração do *rapport* não é determinado, uma vez que depende das características da testemunha e outros fatores circunstanciais presentes no momento do relato. Via de regra, essa primeira etapa da entrevista vai durar tanto tempo quanto for necessário para que a testemunha sinta-se suficientemente à vontade e tranquila para conversar com o entrevistador. De maneira semelhante, o *rapport* pode ser retomado a qualquer momento da entrevista, caso seja necessário lidar com mudanças no estado emocional do entrevistado (Fisher e Geiselman, 1992).

Outro ponto chave para o estabelecimento e a manutenção de uma atmosfera favorável diz respeito ao conhecimento por parte da testemunha sobre o funcionamento da EC. Na maioria das vezes a testemunha desconhece as circunstâncias nas quais o depoimento é obtido, e, embora o entrevistador tenha conhecimento sobre os objetivos e os papéis que cada um tem a desempenhar, o entrevistado não o possui – e esse desequilíbrio precisa ser minimizado. Assim, é tarefa do entrevistador compartilhar com a testemunha, de maneira direta e explícita, o objetivo daquele momento e o papel que cada um deve cumprir para seu alcance (Fisher e Schreiber, 2006).

Esse momento é descrito como as "regras básicas" (*ground rules*), ou seja, as instruções acerca do funcionamento da entrevista. A primeira dessas instruções refere-se a uma abordagem das possíveis crenças distorcidas da testemunha, decorrentes das distintas posições hierárquicas ocupadas por cada membro da dupla: entrevistador e entrevistado. Os estudos advindos da Psicologia Social indicam que o entrevistador exerce um papel de autoridade e a testemunha, principalmente se for criança, pode confundir essa autoridade com onisciência. Dito de maneira diferente, a testemunha pode acreditar que o entrevistador já sabe tudo, o que tornaria seu depoimento sem importância. Esse fenômeno é conhecido como efeito do *status* do entrevistador (Zaragoza et al., 1995).

Tendo em vista esse efeito provocado pelas distintas posições hierárquicas, faz parte do protocolo da EC que o entrevistador esclareça ao entrevistado que ele não presenciou o evento em questão, portanto, não pode saber o que aconteceu. As informações relevantes sobre o fato estão registradas na memória da testemunha. Em outras palavras, a testemunha é estimulada a exercer um papel ativo na entrevista, e esse processo é chamado de transferência do controle. Nessa perspectiva, o papel que o entrevistador deve assumir é o de facilitador, escutando o que a testemunha tem a dizer.

> A testemunha é estimulada a exercer um papel ativo na entrevista.

Além de expressar a necessidade de um papel ativo por parte da testemunha, a transferência do controle envolve a explicitação de que o entrevistador não tem a expectativa de que o entrevistado tenha as respostas para todas as suas perguntas. O entrevistador, portanto, comunica que a testemunha não precisa tentar fazer qualquer tipo de adivinhação, pois não haverá problema nenhum em dizer que não sabe responder ou não se lembra de informações relativas a quaisquer perguntas. Esse esclarecimento quanto às expectativas reforça ainda mais que é o entrevistado quem está no controle da situação (Memon e Stevenage, 1996). Adicionalmente, ao serem abordadas as regras básicas, é garantido à testemunha que ela pode contar aquilo que se lembra da sua própria maneira e seguindo seu próprio ritmo, tomando o cuidado para não editar as informações, já que tudo é importante. Outra instrução fornecida à testemunha é a de que ela tem o direito (e o dever) de dizer "não entendi" diante de questões de difícil compreensão feitas pelo entrevistador. Nessa mesma linha, é requerido à testemunha que corrija o entrevistador, caso este fale algo que esteja em desacordo com seu relato (Poole e Lamb, 1998).

Como mencionado anteriormente, as pessoas não estão habituadas a relatar em detalhes os eventos que vivenciam. Para lidar com essa tendência, as instruções da EC contêm uma solicitação explícita de que a testemunha relate tudo o que conseguir se lembrar, pois todos os detalhes são importantes. É requerido que não deixe de relatar nada por achar que não é relevante, ou seja, ela não deve "editar" o relato suprimindo partes. Da mesma forma, é solicitado que relate quaisquer fragmentos de memória que possuir, mesmo não tendo uma lembrança total sobre aquele aspecto. Esse relato de detalhes parciais tem um duplo benefício: além de fornecer informações parciais que podem ser relevantes para investigação quando cruzadas com outras, o simples fato da testemunha acessar um fragmento de memória pode funcionar como uma pista para o acesso a outras lembranças (Fisher, Brennan e McCauley, 2002).

O Quadro 10.3 apresenta uma síntese dos principais aspectos que o entrevistador deve abordar com a testemunha na primeira etapa da EC.

Segunda etapa: recriação do contexto original

A segunda etapa consiste no uso da estratégia da "recriação do contexto original", que tem sido indicada como aquela mais poderosa para maximizar a quantidade de informações relatadas pela testemunha (Memon e Higham, 1999). Os dois postulados teóricos que fundamentam a técnica da recriação do contexto são a Teoria da Especificidade da Codificação (Brown e Craik, 2000; Tulving, 1972) e a Teoria dos Múltiplos Traços (Bower, 1967). Esses postulados afirmam que, ao invés da memória ser composta por registros isolados e não conectados, nossas lembranças são formadas por uma rede de associações. Dessa forma, existem diversos caminhos pelos quais uma lembrança pode ser recuperada. Em essência, as informações armazenadas na memória estão associadas ao contexto no qual foram aprendidas. Em decorrência disso, o acesso ao contexto em que algo foi aprendido (isto é, codificado na memória) funciona como uma pista para recuperar as demais informações armazenadas. A recriação do contexto original, portanto, tem por objetivo fornecer pistas à memó-

> A recriação do contexto tem sido indicada como a estratégia mais poderosa para maximizar a quantidade de informações relatadas pela testemunha.

QUADRO 10.3
Principais aspectos na abordagem da testemunha

- O entrevistador não estava lá – é a testemunha que detém todas as informações
- Liberdade da testemunha para descrever o evento da sua maneira e no seu ritmo
- Instrução para descrever todos os detalhes
- Instrução para não editar o relato
- Direito e dever de dizer "não sei"
- Direito e dever de dizer "não entendi"
- Responsabilidade de corrigir o entrevistador

ria da testemunha, auxiliando-a a recordar o maior número de informações sobre o evento que ela presencia (Fisher e Geiselman, 1992).

O entrevistador salienta que recordar um evento em detalhes não é uma tarefa simples e exigirá muito esforço por parte da testemunha. Em razão dessa dificuldade, será função do entrevistador ajudá-la nesse processo. O entrevistado é então convidado a, mentalmente, colocar-se de volta na situação em questão. O entrevistador dá orientações explícitas para que ele recrie o contexto original, onde o evento em foco ocorreu, utilizando todos os sentidos possíveis (isto é, visuais, auditivos, táteis, olfativos e gustativos). Quanto mais sentidos forem explorados pela testemunha, maiores as chances de que sejam fornecidas pistas significativas à sua memória. Um exemplo de instrução para a aplicação da técnica da recriação do contexto pode assim ser colocado:

> ... Neste momento eu gostaria de te ajudar a lembrar tudo o que conseguir sobre (referir o evento em questão). Você pode fechar os olhos, se preferir. Tente voltar mentalmente ao exato momento em que aconteceu essa situação. [pausa] Você não precisa me dizer nada ainda, apenas procure observar o local ao seu redor [pausa]. O que você consegue ver? [pausa] Que coisas você consegue escutar? [pausa] Que coisas passam pela sua cabeça? [pausa] Como você está se sentindo? [pausa] Como está o clima nesse momento? [pausa] Tem algum cheiro que você consiga sentir? [pausa] Quando você achar que estiver pronto, pode contar tudo que conseguir se lembrar sobre o que aconteceu, do jeito que achar melhor.

As instruções referentes à recriação do contexto original necessitam ser dadas pelo entrevistador de forma lenta e pausada. Isso se torna importante, porque o processo de reconstruir as circunstâncias do evento demanda grande empenho cognitivo por parte da testemunha (Pecher, Zeelenberg e Barsalou, 2003). O uso de pausas, portanto, auxilia na reconstrução do contexto original, uma vez que elas fornecem mais tempo para o entrevistado acessar as informações sobre o evento. Caso o entrevistador desrespeite esse princípio, fornecendo as instruções muito rápido e sem pausas, muito provavelmente o entrevistado não conseguirá formar uma imagem da situação suficientemente rica em pistas, tornando a técnica infrutífera.

Essa técnica tem se mostrado um dos componentes mais efetivos da EC para maximizar a quantidade de informações relatadas pela testemunha (Memon e Higham, 1999). Contudo, a técnica da recriação do contexto é mais difícil de ser implementada com crianças pequenas, visto que seus procedimentos exigem alta demanda cognitiva (Poole e Lamb, 1998).

Terceira etapa: narrativa livre

A terceira etapa da EC é aquela na qual a testemunha irá fornecer seu relato sobre o fato em questão. Uma vez tendo sido recriado mentalmente o contexto, a testemunha é convidada a relatar tudo o que conseguir se lembrar, e esse momen-

> A testemunha tem a liberdade para contar, da sua maneira, todas as informações que puder acessar na memória, sem interrupções.

to é chamado de narrativa livre ou relato livre. Por narrativa livre entende-se que o entrevistado tem a liberdade para contar, da sua maneira, todas as informações que puder acessar na memória, sem interrupções. Ao escutar a testemunha, certamente o entrevistador ficará com dúvidas sobre vários aspectos do relato. Contudo, quaisquer perguntas ou esclarecimentos devem ser reservados para um momento posterior da entrevista. Durante o relato livre, o entrevistador mantém uma postura de interesse, atenção e escuta ao que a testemunha está dizendo, fazendo breves anotações sobre os tópicos que precisará retomar em seguida (Ceci e Bruck, 1995). Nessas anotações é importante que os mesmos termos e informações trazidas pela testemunha sejam mantidos sem acréscimos e edições por parte do entrevistador.

Tendo em vista que o acesso aos detalhes armazenados na memória representa uma grande demanda cognitiva, é natural que o entrevistado faça pausas durante o seu relato. Nesses momentos é fundamental que o entrevistador permita a ocorrência das pausas, ou seja, que permaneça em silêncio, mantendo sua postura de escuta. É um erro muito comum o entrevistador interpretar uma pausa no relato como um indicativo de que a testemunha não tem mais nada a dizer e, em função disso, interrompê-la com perguntas. Quando a testemunha faz uma pausa mais longa ou indica que concluiu sua descrição, o entrevistador questiona se há algo mais que consegue se lembrar, e só depois disso passará para a etapa seguinte de questionamento.

Quarta etapa: questionamento

Terminado o relato livre da testemunha, começa a fase do questionamento, na qual o entrevistador fará perguntas baseadas nas informações trazidas no relato livre, buscando coletar informações adicionais. O entrevistador inicia o questionamento agradecendo à testemunha pela quantidade de informações relatadas, bem como pelo esforço até aquele momento. Esse enaltecimento por seu esforço é importante para manter a testemunha engajada na tarefa.

Antes de fazer qualquer pergunta, o entrevistador antecipa que haverá uma nova etapa da entrevista, na qual ele fará perguntas sobre alguns pontos, de modo a compreender melhor o que ocorreu na situação em questão. Além de avisar sobre as perguntas, o entrevistador retoma algumas das regras básicas. Em particular, reforça que a testemunha pode dizer "não sei" ou "não entendi" diante de quaisquer questões. Também enfatiza que ela deve corrigi-lo caso fale algo que esteja em desacordo com seu relato. Um exemplo da introdução à etapa de questionamento pode ser descrito assim:

> ... bom, agora eu gostaria de lhe fazer algumas perguntas para me certificar que entendi bem o que aconteceu. Só que antes de eu fazer as perguntas,

quero lembrar algumas coisas importantes. Pode acontecer de eu perguntar algo que você não saiba. Se isso acontecer, por favor, diga simplesmente "eu não sei" ou então "eu não lembro". Não tem problema nenhum de você não saber algo – o importante é que você não tente adivinhar a resposta. Pode acontecer também de eu fazer uma pergunta que você não consiga entender. Nesse caso, diga que você não entendeu, e tentarei me expressar melhor. Só mais uma coisa: às vezes eu posso ter entendido errado as coisas que você falou. Assim, se eu disser qualquer coisa que não corresponda com o que você disse, por favor, me corrija. Tudo bem? Bom, então a primeira coisa que eu gostaria de perguntar é...

Ao fazer as perguntas, o entrevistador deve estar especialmente atento ao chamado "questionamento compatível com a testemunha". O questionamento compatível com a testemunha é baseado no princípio de que cada testemunha possui uma representação mental única do evento (Memon, Vrij e Bull, 1998). Logo, as perguntas devem ser formuladas a partir do relato que o entrevistado fez sobre o fato, e não com base em protocolos pré-estabelecidos (Fisher e Schreiber, 2006).

> Cada testemunha possui uma representação mental única do evento.

Tendo em vista que a lembrança de detalhes requer grande esforço por parte da testemunha, o entrevistador deve ter em mente que seu questionamento não pode sobrecarregar os recursos cognitivos da testemunha. Caso o entrevistador não respeite esse princípio, a testemunha pode não conseguir articular os recursos mentais necessários para o processo de recordação. Para evitar essa sobrecarga, o questionamento compatível com a testemunha preconiza que as perguntas por parte do entrevistador sempre devem ser relativas à representação mental que o entrevistado tem ativada no momento, ou seja, devem fazer referência aos conteúdos que o entrevistado está relatando. Por exemplo, se a testemunha estiver descrevendo a fisionomia do suspeito, as perguntas devem ser dirigidas a esta característica do suspeito, e não a outras, tais como sua altura ou vestuário. Somente após o entrevistador obter todas as informações sobre determinado aspecto do evento é que se passa para o próximo (Pecher, Zeelenberg e Barsalou, 2003).

O questionamento compatível com a testemunha também funciona como um lembrete de cautela para o entrevistador. Ao formular perguntas, estas devem ser baseadas naquilo que a testemunha informou (respeitando a linguagem e os termos utilizados por ela), e não naquilo que o entrevistador acredita que aconteceu. Em outras palavras, o questionamento compatível com a testemunha ressalta que o entrevistador não deve ser sugestivo em suas indagações. Ele não pode introduzir elementos não reportados pelo entrevistado, uma vez que isso aumentaria as chances de provocar distorções nas lembranças da testemunha sobre o fato (Davis e Loftus, 2007).

É natural do ser humano dirigir sua atenção para evidências que corroborem suas próprias crenças. Em função disso, os entrevistadores podem acabar assumindo um viés confirmatório na etapa de questionamento, ou seja, podem somente fazer perguntas que venham a apoiar suas hipóteses sobre o ocorrido (Hall, 2002). Consequentemente, faz-se necessário que o entrevistador monitore-

-se constantemente durante a entrevista – ele deve coletar todas as informações possíveis e não apenas aquelas compatíveis com a sua versão do que pode ter ocorrido.

Tipos de perguntas

O formato no qual as perguntas são formuladas é decisivo para o sucesso da etapa de questionamento. O Quadro10.4 ilustra os principais tipos de perguntas em um contexto de entrevista. A literatura científica tem mostrado reiteradamente que as questões devem ser formuladas sempre de maneira aberta. As perguntas fechadas, sugestivas e confirmatórias devem ser evitadas, uma vez que tendem a contaminar o relato da testemunha (Roberts, Lamb e Sternberg, 2004). Os fundamentos que embasam a opção por perguntas abertas residem no fato de que as questões abertas favorecem a recuperação, na memória da testemunha, de um maior número de informações. Por outro lado, os outros tipos de perguntas limitam a resposta a uma única palavra, ou pior, podem conduzir a testemunha para uma determinada resposta.

QUADRO 10.4
Caracterização dos tipos de perguntas em uma entrevista investigativa

Tipo de pergunta	Definição	Exemplo
Abertas	Permitem que a pessoa que está respondendo dê mais informações.	"O que você viu quando entrou na loja?"
Fechadas	Propiciam que o entrevistado responda apenas sim / não ou escolha entre uma alternativa.	"Era manhã, tarde ou noite quando o crime aconteceu?"
Perguntas múltiplas	Várias questões colocadas simultaneamente	"Você viu o rosto do assaltante? Ele foi agressivo? O que ele falou?"
Tendenciosas/ sugestivas	Expressam, implícita ou explicitamente, a opinião do entrevistador, conduzindo a testemunha a uma determinada resposta.	"Tendo em vista que o Borracha é um bandido foragido e no momento do fato estava nas imediações, você não acha que ele possuía algum envolvimento com o crime?"
Confirmatórias/ inquisitivas	Procuram confirmar aquilo que foi dito ou uma hipótese levantada pelo entrevistador.	"Então você está me dizendo que viu aquele seu vizinho no local do crime?" (quando a testemunha falou apenas que a pessoa do local do crime lembrava o vizinho)

Para questionar adequadamente, o entrevistador deve estar atento para seguinte regra geral: dar sempre prioridade para as perguntas abertas, baseadas nas informações já relatadas pelo entrevistado, em detrimento das fechadas. Perguntas fechadas devem ser colocadas apenas quando a informação desejada não foi obtida por meio das perguntas abertas. Além de priorizar as questões abertas, o entrevistador deve conduzir a etapa de questionamento de modo que suas indagações façam uma espécie de afunilamento. As perguntas iniciam bastante amplas (p. ex., "o que aconteceu nesse momento?"), passando progressivamente para a abordagem de detalhes específicos (p. ex., "qual era o carro que ele dirigia?") (Fisher e Geiselman, 1992).

> O entrevistador deve estar atento para a seguinte regra geral: dar sempre prioridade para as perguntas abertas em detrimento das fechadas.

Outro princípio adotado nessa etapa é o das múltiplas recuperações. Esse princípio é baseado na ideia de que uma informação não recuperada da memória, em um primeiro momento, não necessariamente foi esquecida – ela pode estar apenas temporariamente inacessível (Schacter, 2003). Portanto, informações adicionais, não trazidas durante o relato livre ou na etapa de questionamento, podem ser obtidas ao se ajudar a testemunha com novas pistas de memória que podem ser obtidas ao se estimular o entrevistado a lembrar-se do evento a partir de uma outra perspectiva (Gilbert e Fisher, 2006). O entrevistador pode obter mais detalhes simplesmente incentivando a testemunha, que pensa ter recordado "tudo" sobre um evento, a ter uma outra oportunidade para lembrar. Porém, isso não significa que o entrevistador deva repetir as mesmas perguntas. A repetição de perguntas pode interferir no bom andamento da entrevista, uma vez que a testemunha pode interpretar que o entrevistador não confia nas informações que ela está fornecendo.

As principais técnicas utilizadas para oferecer pistas adicionais à memória envolvem solicitar à testemunha que relate o evento de trás para frente (ordem reversa) ou que procure descrever os fatos como se estivesse na posição de uma outra pessoa presente na cena (mudança de perspectiva). Na ordem reversa, a testemunha deve identificar a última coisa que aconteceu e, a partir daí, contar o que ocorreu imediatamente antes e assim sucessivamente. Já na mudança de perspectiva, o entrevistado é instruído a assumir um ponto de vista alternativo (isto é, outra testemunha ou o próprio criminoso), descrevendo o que esta pessoa supostamente teria observado (Fisher e Geiselman, 1992).

A relação custo-benefício das técnicas de mudança de perspectiva e inversão da ordem temporal são bastantes questionáveis. Além de dados de pesquisas levantarem dúvidas sobre sua real efetividade na obtenção de novas informações, tais técnicas podem levar a testemunha a criar detalhes não presentes na situação original, diminuindo a precisão das informações oferecidas (Memon et al., 1997). Isso pode ocorrer, principalmente, quando a testemunha não compreende exatamente a instrução fornecida pelo entrevistador (p. ex., na técnica de mudança de perspectiva, quando ela tenta imaginar o que teria visto e ouvido caso fosse outra pessoa presente na situação). O questionamento sobre a necessidade de utilização da técnica de mudança de perspectiva é reforçado pelas evidências que indicam que a EC é efetiva, mesmo sem o uso das técnicas mnemônicas adicionais (Stein e Memon, 2006).

Portanto, os entrevistadores devem ser cautelosos na utilização das instruções de mudança de perspectiva e inversão da ordem temporal. Todavia, segundo alguns autores (Memon et al., 1997), a mudança de perspectiva poderia ser eventualmente interessante em casos de situações traumáticas em que as testemunhas sentem-se bastante mobilizadas com a lembrança do evento, podendo achar muito estressante ter que relatar a partir da sua própria perspectiva. Talvez a melhor opção seja a de esperar que pesquisas mais conclusivas sejam realizadas antes de utilizar as técnicas de reversão de ordem temporal e mudança de perspectiva como procedimentos padrão.

Quinta etapa: fechamento

A última etapa da EC inclui a síntese dos dados levantados, bem como o fechamento da entrevista. Ao certificar-se do entendimento dos dados relatados, o entrevistador deve oferecer à testemunha uma última oportunidade, naquela entrevista, de lembrar-se de detalhes adicionais (Pinho, 2006).

Antes de iniciar sua síntese, o entrevistador instrui a testemunha a interrompê-lo imediatamente se:

1. ela identificar quaisquer distorções presentes no resumo fornecido;
2. lembrar-se de detalhes anteriormente não relatados (Fisher e Schreiber, 2006).

Ao final do resumo, é retomado o *rapport* e algumas questões de ordem formal são abordadas (p. ex., informações de rotina tais como o preenchimento de dados adicionais de formulários). Além disso, dois outros aspectos devem ser abordados na etapa de fechamento da entrevista: estender a vida funcional da entrevista e criar uma última impressão positiva (Fisher e Geiselman, 1992).

> O entrevistador deverá deixar aberto um canal de comunicação com o entrevistado, no caso de ele lembrar-se de detalhes não relatados durante a entrevista.

Estender a vida funcional da entrevista significa deixar aberto um canal de comunicação com o entrevistado, no caso de ele lembrar-se de detalhes não relatados durante a entrevista. Para tanto, o entrevistador oferece seus números de contato e coloca-se à disposição para escutá-lo novamente, na eventualidade de ele ter algo novo a dizer.

Por fim, o entrevistador deve encerrar com uma atmosfera positiva. É bastante possível que o entrevistado, ao falar sobre o evento (principalmente se tiver sido a vítima), fique emocionalmente mobilizado, e não convém que a entrevista acabe com a testemunha nesse estado emocional. Assim, antes de despedir-se, o entrevistador demonstra interesse pelo bem estar do entrevistado e retoma assuntos neutros.

CONSIDERAÇÕES FINAIS

Possivelmente a EC seja um dos melhores exemplos das contribuições que os conhecimentos científicos advindos de pesquisas no âmbito da Psicologia do Testemunho e sobre a memória podem oferecer à sociedade em geral. Graças ao empenho de pesquisadores perspicazes, toda uma bagagem de teorias e pesquisas sobre a memória e sobre a dinâmica social de comunicação foi transformada em técnicas de entrevista investigativa. Com isso, testemunhas e vítimas de delitos das mais diversas naturezas podem ser ouvidas por meio de técnicas que, ao mesmo tempo, estão em consonância com os direitos humanos e favorecem a efetiva aplicação da lei.

A EC é uma poderosa ferramenta para minimizar um problema muito comum em situações de investigação e julgamento de casos contra a lei: a revitimização daqueles que prestam depoimentos. Quando uma vítima ou testemunha é entrevistada de maneira inadequada, é natural que permaneçam dúvidas e/ou lacunas sobre certos aspectos do crime. Consequentemente, torna-se necessário ouvir a pessoa outra vez, obrigando-a a lembrar-se novamente de situações dolorosas. Se essa nova entrevista também for mal conduzida, surgirá a necessidade de outra e assim por diante. Essa exposição repetida da pessoa às lembranças negativas poderia ser evitada se a primeira entrevista fosse suficientemente completa e gravada, como acontece em outros países. Além disso, a EC oferece as ferramentas necessárias para que os depoimentos obtidos sejam tão completos quanto possível, respeitando as condições tanto cognitivas quanto psicológicas da pessoa entrevistada.

Além da revitimização, as entrevistas repetidas acarretam outra questão delicada: o aumento das chances de contaminação dos relatos com FM. Naturalmente, esse problema será minimizado à medida que for reduzido o número de entrevistas. Para que isso aconteça, contudo, é necessário que essas poucas entrevistas sejam muito bem conduzidas, de modo a fornecer todas as informações necessárias à condução da investigação em busca de provas e para a aplicação da lei.

A EC reduz as chances de FM, não apenas pelo favorecimento da redução delas, pois de nada adiantaria a redução da quantidade de entrevistas se elas fossem conduzidas de maneira sugestiva. Nesse sentido, a prática da EC diminui as chances de sugestionabilidade por parte dos entrevistadores, uma vez que eles são treinados para monitorar suas condutas durante a oitiva da testemunha, evitando o uso de perguntas fechadas e outras intervenções potencialmente tendenciosas.

Embora sejam muitas as vantagens da EC em relação às técnicas de entrevista padrão, existem algumas limitações práticas para sua efetiva utilização. Dentre elas, citaremos as três principais:

1. necessidade de treinamento extensivo e dispendioso;
2. necessidade de condições físicas e tecnológicas adequadas;
3. necessidade de um certo nível de capacidades cognitivas, por parte do entrevistado, para aplicação dessas técnicas.

> Apesar das vantagens da entrevista cognitiva, sua utilização é limitada devido às necessidades de: treinamento extensivo, condições físicas e tecnológicas e recursos cognitivos do entrevistado para as técnicas cognitivas.

Em primeiro lugar, é preciso que os entrevistadores passem por um extenso treinamento que os habilite a conduzir a técnica apropriadamente. Tendo em vista que a EC é uma técnica apoiada nos conhecimentos científicos sobre a memória e sobre a dinâmica da comunicação interpessoal, é necessário que os entrevistadores conheçam, pelo menos, os elementos básicos desses fundamentos, e isso demanda um envolvimento considerável com o processo de aprendizagem. Além disso, os pesquisadores que trabalham com a formação de entrevistadores cognitivos são taxativos: um único treinamento, mesmo que seja intensivo, não é suficiente para que a EC seja praticada de maneira consistente (Wells, Memon e Penrod, 2006). Ao invés disso, o treinamento intensivo inicial na técnica deve ser seguido por um período de acompanhamento, no qual os entrevistadores serão supervisionados e receberão *feedback* sobre seu desempenho. Caso esse período de acompanhamento não ocorra, a tendência é de que os entrevistadores retornem às suas velhas práticas e vícios, tornando o treinamento inicial praticamente inútil (Westcott, Kynan e Few, 2006).

A segunda limitação prática para o uso da EC diz respeito às condições nas quais as entrevistas investigativas geralmente ocorrem. O uso efetivo da EC requer que determinados pré-requisitos sejam observados. Um deles diz respeito ao tempo que deve ser disponibilizado para realização da entrevista. Via de regra, a EC é mais demorada que outros tipos de entrevista, consequentemente, durante um expediente normal de trabalho, um entrevistador que utiliza a EC conseguirá escutar menos pessoas em relação a outro que trabalhe com outra técnica. Em locais sobrecarregados de investigações, que têm uma quantidade muito grande de testemunhas para serem ouvidas, pode parecer problemático o uso da EC. Infelizmente, a necessidade de maior disponibilidade de tempo para o emprego da EC não é um aspecto que possa ser flexibilizado. Porém, esse dispêndio de tempo inicial com o uso da técnica de EC, ainda que pareça problemático, na realidade contribui para uma significativa economia de tempo e recursos financeiros. Isso ocorre porque tanto as investigações policiais, quanto as produções de provas dos processos judiciais, poderiam ser realizadas com base em evidências mais conclusivas e mais confiáveis, tornando-se um procedimento mais ágil, eficaz, e, em última análise, resultando em uma economia de tempo.

Outro pré-requisito da EC tem a ver com o ambiente físico e com a aparelhagem necessária. A EC foi criada para ser conduzida em uma sala confortável e silenciosa, livre de interferências externas. Adicionalmente, faz parte da técnica que as entrevistas sejam gravadas, preferencialmente em áudio e vídeo. Tais condições físicas e tecnológicas, infelizmente, estão muitas vezes ausentes nos locais designados para a oitiva de testemunhas e vítimas.

A terceira limitação para o uso da EC tem a ver com as condições do entrevistado para o uso das técnicas cognitivas. Em especial, a utilização efetiva das técnicas cognitivas requer que o entrevistado possua um certo nível de desenvolvimento cognitivo e apresente um nível de inteligência compatível com a compreensão e com o seguimento das instruções fornecidas pelo entrevistador. Consequentemente, a EC pode ser contraindicada para entrevistar crianças pré-escolares e indivíduos com recursos cognitivos limitados (Zaragoza et al., 1995).

Apesar das limitações apontadas, uma coisa é certa: é possível substituir as antigas formas de entrevista pela EC. Se não fosse possível, essa mudança não teria ocorrido em diversos países, tais como no Reino Unido. O Brasil já começa a demonstrar algum interesse por essa mudança. Algumas pesquisas têm sido produzidas em nosso país (Nygaard, Feix e Stein, 2006), bem como alguns treinamentos dirigidos a policiais, promotores de justiça, psicólogos, psiquiatras e assistentes sociais forenses têm sido realizados com o objetivo de ensinar a técnica da EC. Quando pesquisadores e profissionais que trabalham com entrevistas investigativas unem esforços, os frutos são extremamente recompensadores.

REFERÊNCIAS

Bower, G. (1967). A multicomponent theory of memory trace. In K. W. Spence & J. T. Spence (Eds.), *The psychology of learning and motivation* (vol. 1). New York: Academic Press.

Brown, S. C., & Craik, F. I. M. (2000). Encoding and retrieval of information. In: E. Tulving & F. I. M. Craik. *The Oxford handbook of memory* (pp. 93-107). New York: Oxford University Press.

Ceci, S. J., & Bruck, M. (1995). *Jeopardy in the courtroom: A scientific analysis of children´s testimony*. Washington: American Psychological Association.

Davis, D., & Loftus, E. F. (2007). Internal and external sources of misinformation in adult witness memory. In M. P. Toglia, J. D. Read, D. F. Ross & R. C. L. Lindsay. (Eds.), *The Handbook of eyewitness psychology: Vol. 1. Memory for events* (pp. 195-237). New Jersey: Lawrence Erlbaum.

Desimone, L. M., & Le Floch, K. C. (2004). Are we asking the right questions? Using cognitive interviews to improve surveys in education research. *Educational Evaluation and Policy Analysis, 26*(1), 1-22.

Fisher, R. P., Brennan, K. H., & McCauley, M. R. (2002). The cognitive interview method to enhance eyewitness recall. In: M. L. Eisen, J. A. Quas & G. S. Goodman. *Memory and suggestibility in the forensic interview* (pp. 265-286). New Jersey: Lawrence Erlbaum.

Fisher, R. P., & Geiselman, R. E. (1992). *Memory enhancing techniques for investigative interviewing: The cognitive interview*. Springfield: Charles C. Thomas.

Fisher, R.P., Geiselman, R.E., & Raymond, D. S. (1987). Critical analysis of police interviewing techniques. *Journal of Police Science and Administration, 15*,177-185.

Fisher, R. P., & Schreiber, N. (2006). Interview protocols to improve eyewitness memory. In M. P. Toglia, J. D. Read, D. F. Ross & R. C. L. Lindsay. *The handbook of eyewitness psychology: Vol. 1. Memory for events* (pp. 53-80). New Jersey: Lawrence Erlbaum.

Gilbert, J. A. E., & Fisher, R. P. (2006). The effects of varied retrieval cues on reminiscence in eyewitness memory. *Applied Cognitive Psychology, 20*(6), 723-739.

Gilbert, P. (2004). *Evolutionary theory and cognitive therapy*. New York: Springer.

Hall, K. H. (2002). Reviewing intuitive decision-making and uncertainty: The implications for medical education. *Medical Education, 36*(3), 216-224.

Memon, A. (1999). Interviewing witnesses: The cognitive interview. In A. Memon & R. Bull. *Handbook of the psychology of interviewing* (pp. 343-356). West Sussex: Wiley & Sons.

Memon, A. (2007). A entrevista cognitiva: técnicas para incrementar a qualidade e quantidade de informações nos relatos testemunhais. In *Manual de treinamento em entrevista cognitiva*. Porto Alegre.

Memon, A., & Bull, R. (1999). *Handbook of the psychology of interviewing*. West Sussex: Wiley & Sons.

Memon, A., & Higham, P. A. (1999). A review of the cognitive interview. *Psychology, Crime & Law, 5*, 177-196.

Memon, A., & Stevenage, S. V. (1996). Interviewing witnesses: What works and what doesn't? *Psycholquy, 7(6), psyc. 96.7.06.*

Memon, A., Vrij, A., & Bull, R. (1998). *Psychology and law: Truthfulness, accuracy and credibility*. Berkshire: McGraw-Hill.

Memon, A., Wark, L., Bull, R., & Koehnken, G. (1997). Isolating the effects of the cognitive interview techniques. *British Journal of Psychology, 88*, 179-198.

Nygaard, M. L., Feix, L. F., & Stein, L. M. (2006). Contribuições da psicologia cognitiva para a oitiva da testemunha: avaliando a eficácia da entrevista cognitiva. *Revista Brasileira de Ciências Criminais, 61*, 147-180.

Pecher, D., Zeelenberg, R., & Barsalou, L. W. (2003). Verifying different-modality properties for concepts produces switching costs. *Psychological Science, 14*, 119-124.

Pinho, M. S. (2006). A entrevista cognitiva em análise. In A. C. Fonseca, M. R. Simões, M. C. T. Simões & M. S. Pinho. (Eds.), *Psicologia forense* (pp. 259-278). Coimbra: Almedina.

Poole, D. A., & Lamb, M. E. (1998). *Investigative interviews of children: A guide for helping professionals*. Washington: American Psychological Association.

Roberts, K. P., Lamb, M. E., & Sternberg, K. J. (2004). The effects of rappor-building style on children's reports of a staged event. *Applied Cognitive Psychology, 18*(2), 189-202.

Roberts, W. T., & Higham, P. A. (2002). Selecting accurate statements from the cognitive interview using confidence ratings. *Journal of Experimental Psychology :Applied, 8*(1), 33-43.

Schacter, D. L. (2003). *Os sete pecados da memória: Como a mente esquece e lembra*. Rio de Janeiro: Rocco.

Stein, L. M., & Memon, A. (2006). Testing the efficacy of the cognitive interview in a developing country. *Applied Cognitive Psychology, 20*(5), 597-605.

Stein, L. M., & Nygaard, M. L. (2003). A memória em julgamento: Uma análise cognitiva dos depoimentos testemunhais. *Revista Brasileira de Ciências Criminais, 11*(43), 151-164.

Tulving, E. (1972). Episodic and semantic memory. In E. Tulving & W. Donaldson (Eds.), *Organization of memory* (pp. 381-403). New York: Academic Press.

Wacdington, P. A. J., Badger, D., & Bull, R. (2006). *The violent workplace*. New York: Willan.

Wells, G., Memon, A., & Penrod, S. (2006). Eyewitness evidence: Improving its probative value. *Psychological Science in the Public Interest, 7*(2), 45-75.

Westcott, H. L., Kynan, S., & Few, C. (2006). Improving the quality of investigative interviews for suspected child abuse: A case study. *Psychology, Crime & Law, 12*(1), 77-96.

Zaragoza, M. S., Graham, J. R., Hall, G. C. N., Hirschman, R., & Ben-Porath, Y. S. (1995). *Memory and testimony in the child witness*. Thousand Oaks: Sage.

11
IMPLICAÇÕES CLÍNICAS DAS FALSAS MEMÓRIAS

Giovanni Kuckartz Pergher
Rodrigo Grassi-Oliveira

Para reconhecer o papel exercido pela memória no contexto da psicoterapia, considere a pergunta feita frequentemente pelos terapeutas ao verem um paciente pela primeira vez: o que levou você a procurar terapia? Diante dessa pergunta, diversas respostas, tais como "eu tenho baixa autoestima" ou "perdi a vontade de viver desde a morte da minha esposa há dois anos" são comuns. O que essas respostas têm em comum? De maneira mais saliente, esses exemplos de motivações de busca por terapia (também chamados de "queixas") implicam um desejo de mudança.

Em um nível mais sutil, contudo, as queixas podem ser traduzidas fazendo-se referência a mecanismos de memória. A afirmação "eu tenho baixa autoestima" é sinônimo de "as lembranças que utilizo para formar a minha autoimagem são em sua maioria negativas, e isso me traz uma sensação de que eu não tenho valor". De maneira semelhante, "perdi a vontade de viver desde a morte da minha esposa há dois anos" pode ser entendido como "minha esposa está presente em todas as minhas lembranças de felicidade, e a vida parece perder o sentido quando me dou conta que jamais terei isso novamente".

As mudanças que as pessoas buscam com a psicoterapia podem ser referentes a qualquer tempo: passado (p. ex., "quero parar de me culpar pelos erros que eu cometi"), presente (p. ex., "quero reavivar o meu casamento") ou futuro (p. ex., "busco me preparar emocionalmente para assumir um cargo de chefia"). Independentemente da localização temporal da mudança desejada (passado, presente ou futuro), a memória está sempre envolvida (Williams, 1996). Uma vez que a psicoterapia se propõe a trabalhar com a memória dos pacientes, está implícita a ideia de que esta última é maleável, pois, caso não fosse, não seria possível trabalhá-la para buscar gerar as mudanças desejadas pelo paciente (Pergher, Stein e Wainer, 2004). Este é o lado positivo da maleabilidade da memória, uma vez que permite que as melhoras terapêuticas ocorram. Por outro lado, essa mesma maleabilidade que possibilita mudanças pode levar a um fenômeno indesejável: as Falsas Memórias (FM).

> Os motivos de busca por psicoterapia sempre possuem relação com a memória.

Tendo em vista que a memória está amplamente envolvida em todo processo psicoterápico, é razoável supor que um terapeuta deva conhecê-la suficientemente bem para que possa ajudar seus pacientes a alcançarem as mudanças desejadas (Wainer, Pergher e Piccoloto, 2004). Nesse sentido, o presente capítulo aborda questões relativas ao papel exercido pela memória (e suas distorções, como as FM) no processo de psicoterapia. Esperamos que as informações aqui apresentadas possam auxiliar terapeutas (formados ou em formação) em sua prática clínica.

Os termos *distorções de memória, vieses de memória, tendenciosidades da memória* e *falsas memórias* serão utilizados como sinônimos. Contudo, o termo *falsas memórias* será reservado para situações mais específicas, nas quais a lembrança do paciente pode ser seguramente rotulada como falsa. No contexto da psicoterapia, a distinção entre uma MV e uma FM pode ser nebulosa. Não raras vezes, as lembranças relatadas pelos pacientes contêm tanto elementos verdadeiros quanto falsos.

Por exemplo, suponha que uma paciente faça o seguinte relato sobre seu ambiente de trabalho: "eu sempre tive problemas de relacionamento com meu chefe". Nesse caso, a ocorrência dos problemas de relacionamento com a chefia pode ser verdadeira. No entanto, a afirmação de que esses problemas *sempre* existiram pode não corresponder à realidade. Assim, é difícil classificar esse relato como sendo baseado em uma FM. Por outro lado, é possível afirmar com maior segurança que se trata de um relato baseado em lembranças distorcidas, tendenciosas ou enviesadas.

A VISÃO DO PACIENTE DA SUA PRÓPRIA HISTÓRIA

Toda pessoa que busca ajuda via psicoterapia não escapa de um constante exercício: falar sobre si mesma. Quando um terapeuta procura conhecer seu paciente, ele faz perguntas sobre sua história de vida, investigando diversos aspectos: relacionamentos familiares, desempenho acadêmico, vida social e afetiva, atividades de lazer e assim por diante. À primeira vista, a tarefa do paciente parece simples: ele "só" precisa acessar a memória em busca das informações solicitadas e responder às perguntas.

Contudo, uma análise mais cautelosa evidencia que o processo de buscar informações sobre o próprio passado não é tão simples assim. Lembrar o próprio passado é muito mais do que simplesmente procurar documentos em um arquivo. Quando um paciente relata quaisquer informações sobre si mesmo ou sobre eventos que lhe aconteceram, ele não está apenas acessando lembranças de momento anteriores (Thomas, Hannula e Loftus, 2007). Mais do que isso, ele está reeditando seus registros do passado a partir da situação presente, e esse processo de reedição pode levar a distorções da memória (Fleming, Heikkinen e Dowd, 2002).

O paciente em psicoterapia: suas crenças, suas lembranças

> As pesquisas sobre a cognição humana não deixam dúvidas: o ser humano não é um processador passivo de informação.

As pesquisas sobre a cognição humana não deixam dúvidas: o ser humano não é um processador passivo de informação. Pelo contrário, somos sempre ativos ao entrarmos em contato com o mundo, seja ele externo ou interno. A forma ativa pela qual um indivíduo se relaciona com o ambiente está diretamente relacionada a suas expectativas. Em outras palavras, as expectativas que a pessoa possui sobre o mundo influenciarão na sua maneira de vivenciá-lo. Consequentemente, sua experiência do ambiente será enviesada, de modo que esteja em maior consonância com suas expectativas, podendo dar origem às distorções de memória (Hirt, McDonald e Markman, 1998).

Tendo em vista o papel das expectativas no processo de moldar a experiência, é legítimo questionar: de onde vêm as expectativas que o indivíduo formula sobre o mundo? A resposta para essa pergunta está nas vivências passadas do indivíduo que estão armazenadas em sua memória, as quais levam à estruturação de um conjunto de crenças. Tal conjunto pode ser compreendido como um grupo de convicções sobre os diversos aspectos da realidade. Essas crenças, por sua vez, indicam o que o indivíduo deve esperar em cada um de seus contatos com o mundo, sendo ele interno ou externo (Beck e Alford, 2000).

Como pode ser observado na Figura 11.1, as crenças da pessoa estão diretamente relacionadas com suas lembranças, uma vez que são o alicerce sobre o qual

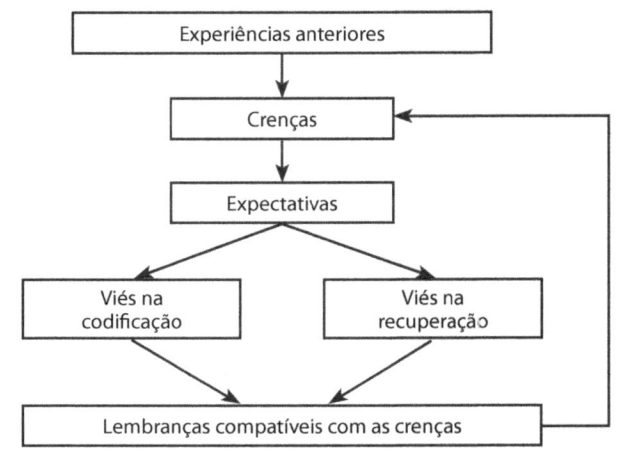

FIGURA 11.1
Relação entre a história de vida do indivíduo, suas crenças, expectativas e distorções da memória.

as expectativas são formuladas. As expectativas, vale ressaltar, não dizem respeito apenas ao ambiente externo – elas também determinam o que a pessoa espera encontrar dentro de si mesma, na sua própria memória. A relação entre crenças e lembranças é tão próxima que, na prática, é impossível separá-las (Jones, 1999). Em decorrência dessa relação íntima, é razoável supor que mudanças nas crenças levarão a alterações correspondentes na memória – e existem diversas evidências empíricas que apóiam essa hipótese (Hirt, McDonald e Markman, 1998).

O sofrimento psicológico apresentado pelos pacientes que procuram psicoterapia pode ser entendido como uma decorrência de suas convicções (crenças) disfuncionais. Por exemplo, um paciente, se tiver a convicção de ser um fracasso, terá grandes chances de sofrer de alguma perturbação emocional. Logo, a psicoterapia é, em grande medida, uma ferramenta para mudar crenças disfuncionais, propiciando, assim, maior conforto e bem-estar emocional às pessoas que buscam esse tipo de ajuda (Beck e Alford, 2000).

Uma vez que a psicoterapia visa a reestruturar as crenças dos pacientes, ela pode constituir-se em um cenário propício para distorções de memória. Conforme vimos recentemente, mudanças nas crenças levam a mudanças nas expectativas, as quais, por sua vez, levam a vieses na memória. O paciente em psicoterapia, portanto, percorre um contínuo processo de revisão das próprias convicções, fazendo com que ele passe a olhar seu passado de uma maneira diferente (Brainerd e Reyna, 2005).

> Uma vez que a psicoterapia visa a reestruturar as crenças dos pacientes, ela pode constituir-se em um cenário propício para distorções de memória.

Lembranças e sua influência no comportamento

Diante de cada situação que o indivíduo vivencia, existem infinitas maneiras pelas quais ele poderia se comportar. Dadas as múltiplas possibilidades de comportamentos alternativos para cada situação, uma pergunta de especial importância é a seguinte: por que a pessoa escolhe justamente o comportamento "x", se inúmeros outros seriam possíveis? Mais uma vez, a resposta recai sobre a memória. Dito de maneira diferente, as lembranças que o indivíduo acessa em determinada circunstância influenciarão seu comportamento nessa situação.

Considere o papel exercido pela memória na seguinte situação clínica: crise conjugal. Em casais que apresentam relacionamentos conflituosos, as distorções de memória contribuem para a perpetuação de brigas e discussões. Graças à memória, situações prévias, independente de serem recentes ou distantes, são trazidas à tona nos momentos de desentendimento. É comum que tais situações sejam recordadas de maneira distorcida durante a discussão, recebendo o "colorido" do momento, ou seja, as situações passadas parecem mais estressantes no momento da briga do que realmente foram quando aconteceram. Consequentemente, o motivo imediato desencadeador da discussão acaba sendo recoberto por uma quantidade de outros problemas, tornando impossível uma abordagem objetiva e resolutiva do conflito. Não raras vezes, durante uma briga, a quantidade de episódios estressantes do passado que é recordada é tão grande que o casal sequer consegue lembrar a razão pela qual iniciou a discussão (Pergher, Grassi-Oliveira, Ávila e Stein, 2006).

A memória também influencia os conflitos conjugais na medida em que leva a vieses na interpretação que cada parceiro faz do comportamento do outro. Considere a seguinte situação: em um domingo, depois do almoço, o marido avisa a esposa que vai sair para jogar futebol com os amigos. A esposa fica então esperando em casa, pois gostaria de fazer um passeio com o marido na parte da tarde. Contudo, o tempo vai passando e o marido chega em casa perto do anoitecer, e isso funciona como um gatilho para uma discussão calorosa que avança até a madrugada.

Será que a esposa tem justificativa para ficar braba com essa situação? Certamente. Entretanto, a intensidade da sua indignação (que fez com que a discussão se estendesse por horas) não foi causada apenas pela situação em si. Ela reagiu com fúria quando interpretou o atraso do marido como "ele *sempre* me deixa em segundo plano". Em outras palavras, a memória da esposa funcionou de maneira tendenciosa – só foram recordadas as situações em que o marido não a colocou em primeiro plano (Gelder, 1997). Essa recuperação seletiva, por sua vez, causou a impressão de que o marido era extremamente distante e ausente no relacionamento, algo que, nesse exemplo, não correspondia à realidade objetiva dos fatos.

Um padrão semelhante de tendenciosidades da memória também é observado em relações conflituosas de outras naturezas – entre pais e filhos, entre professor e aluno, entre chefe e subordinado e assim por diante. Em todos esses casos, uma verdadeira avalanche de lembranças do passado é cuidadosamente selecionada, editada e acrescida à situação imediata, tornando suas proporções muito maiores do que realmente deveriam ser (Beck, 1999).

COMPREENDENDO O CASO CLÍNICO:
O PACIENTE SOB A ÓTICA DO TERAPEUTA

A discussão até o momento focou-se nos vieses de memória apresentados pelos pacientes em uma variedade de situações clínicas. Conforme já apontado, a memória do paciente é um elemento central de qualquer psicoterapia. Contudo, não podemos nos esquecer que os terapeutas também possuem crenças e memórias, e estas estão igualmente sujeitas à distorção! Dessa forma, um terapeuta bem preparado deve estar ciente de seus próprios vieses, pois isso o habilita a reduzir os efeitos indesejados por eles provocados (Pergher e Stein, 2005). Esta seção do capítulo será dedicada a uma discussão acerca da influência que as crenças e lembranças do terapeuta exercem sobre o processo de psicoterapia.

> Um terapeuta bem preparado deve estar ciente de seus próprios vieses, pois isso o habilita a reduzir os efeitos indesejados por eles provocados.

Convicções do terapeuta e indução de falsas memórias

Considere o seguinte exemplo: um terapeuta está tentando ajudar uma paciente que apresenta queixas de ordem sexual. Mais especificamente, ela possui um transtorno da excitação sexual, ou seja, ela é incapaz de atingir ou manter as respostas corporais de excitação sexual que possibilitam uma relação prazerosa. Ao investigar as dificuldades da paciente, o terapeuta questiona como ela se sente durante as preliminares e no intercurso do ato em si. Prontamente ela responde: "não sei, parece que eu me sinto usada por ele, como se eu estivesse sendo abusada".

Na tentativa de conhecer em maior profundidade as dificuldades da paciente, o terapeuta investiga se a sensação de estar sendo usada está ocorrendo apenas agora, com seu atual namorado, ou se é um sintoma de mais tempo. Prontamente, mais uma vez, ela responde com convicção: "eu nunca dormi com alguém sem me sentir usada".

O terapeuta detectou acertadamente uma provável causa das dificuldades de excitação da paciente (a percepção que ela tem de estar sendo usada) e também identificou que estas ocorreram com todos os seus parceiros, desde que iniciou sua vida sexual. Além disso, um contato com a ginecologista da paciente descartou que quaisquer causas orgânicas pudessem explicar o quadro por ela apresentado.

O problema começa a surgir quando o terapeuta busca (de forma tendenciosa) as origens das sensações de abuso relatadas pela paciente. No entendimento de um terapeuta pouco preparado, as sensações descritas pela paciente só poderiam ter uma explicação: ela foi abusada sexualmente na infância! Isso faz muito sentido ao considerarmos o seguinte raciocínio: uma criança não está preparada para uma situação que envolva estimulação sexual. Portanto, se uma pessoa teve algum tipo de experiência sexual na infância, ela foi vítima de abuso. Consequentemente, é natural esperar que essa pessoa desenvolva uma associação entre a atividade sexual e a vivência de uma situação abusiva.

Esse raciocínio parece bastante razoável – em princípio não existe nada de errado com ele. Indivíduos que foram abusados sexualmente na infância, de fato, estão propensos a desenvolver problemas sexuais na vida adulta. Por outro lado, é um equívoco grosseiro acreditar que todos os adultos que apresentam problemas sexuais foram vítimas de abuso sexual na infância (Kendall-Tackett, Williams e Finkelhor, 1993; Rind, Tromovich e Bauserman, 1998). Infelizmente, se um terapeuta (ou qualquer outro profissional) possui crenças falaciosas como essa, ficam aumentadas as chances de que ele (mesmo na melhor das intenções) venha a implantar FM em seus pacientes (Davis e Loftus, 2006).

As crenças distorcidas dos terapeutas podem levar a uma sugestão de falsa informação, visto que levam a um viés confirmatório (Ceci e Bruck, 1995). O viés confirmatório pode ser definido como uma tendência do entrevistador a buscar e

> As crenças distorcidas dos terapeutas podem levar a uma sugestão de falsa informação, visto que levam a um viés confirmatório.

valorizar apenas as informações compatíveis com suas hipóteses, em vez de investigar objetivamente todos os fatos. No exemplo anterior, o terapeuta poderia ter assumido um viés confirmatório ao questionar sua paciente de maneira tendenciosa, com perguntas sistematicamente direcionadas para encontrar indícios de que ela foi abusada sexualmente na infância. Ao assumir um viés confirmatório, o terapeuta poderia, por exemplo, questionar: "me explica melhor como era esse jeito malicioso que o teu tio falava contigo", quando, na sessão, a paciente referiu apenas que não gostava na maneira que o tio falava com ela.

Na verdade, o viés confirmatório está presente em praticamente todas as situações em que uma pessoa faz uma busca por informações, como, por exemplo, quando um profissional da área forense entrevista uma testemunha. Entretanto, em grande parte das vezes, as hipóteses que o indivíduo levanta são adequadas, de modo que o viés confirmatório leva a confirmação de informações que são corretas de fato. O problema maior ocorre quando o viés confirmatório é calcado em crenças ou hipóteses equivocadas, pois estas favorecem a sugestão de falsa informação (Pergher e Stein, 2005).

O viés confirmatório é um processo que opera automaticamente, sem que as pessoas se deem conta (Loftus, Feldman e Dashiell, 1995). Dito de maneira diferente, não percebemos que direcionamos nossas perguntas para confirmar as hipóteses que possuímos. Antes disso, acreditamos que estamos fazendo uma investigação objetiva e imparcial dos fatos! Mesmo entrevistadores experientes apresentam uma tendência a buscar seletivamente por dados que apóiem suas versões sobre os fatos (Hall, 2002).

Muitas são as fontes das crenças distorcidas que levam a vieses confirmatórios potencialmente danosos. Essas fontes podem advir do ambiente externo. Os estereótipos sociais (p. ex., membros de torcidas organizadas são indivíduos violentos) e o senso comum (p. ex., quem ama seus filhos jamais faria algo que pudesse prejudicá-los) são bons exemplos de possíveis origens de crenças falaciosas. Por outro lado, a própria história de vida do terapeuta pode constituir-se numa fonte de vieses (Jackson e Nuttall, 1993). No Quadro 11.1 são apresentadas algumas concepções errôneas que podem conduzir o terapeuta a assumir um viés confirmatório. Os pressupostos apontados no quadro são considerados errôneos, visto que não são apoiados por evidências científicas. Portanto, caso um terapeuta utilize algum desses pressupostos para guiar suas intervenções, ele corre o risco de implantar FM em seus pacientes.

A possibilidade de um terapeuta implantar FM em seus pacientes não ocorre apenas quando este adota um viés confirmatório, sugestionando, direta e ativamente, alguma falsa informação. Determinados pressupostos, como aqueles apresentados no Quadro 11.1, por si só, são sugestivos por natureza. Em outras palavras, quando um terapeuta compartilha determinadas concepções falaciosas com seus pacientes, estas podem induzir FM por meio da autossugestão. Ou seja, o paciente passa a sugestionar a si próprio, baseado em pressupostos errôneos que aprendeu com o terapeuta. Nesses casos, o terapeuta não sugere uma falsa informação diretamente, mas cria uma atmosfera favorável à distorção mnemônica

QUADRO 11.1
Crenças falaciosas que podem levar terapeutas a induzirem falsas memórias

- "Um terapeuta experiente é capaz de distinguir as memórias verdadeiras das falsas memórias em seus pacientes"
- "É possível, a partir do desenho de uma criança, saber se ela foi abusada sexualmente"
- "Comportamento sexualizado em crianças é uma evidência inequívoca de que ela foi (ou está sendo) abusada sexualmente"
- "Qualquer memória pode ser recuperada intacta se forem adequadamente trabalhados os mecanismos de defesa que impedem sua lembrança"
- "As lembranças recuperadas sob hipnose são livres de distorções"
- "A confiança que a pessoa possui na exatidão das suas lembranças está positivamente correlacionada com a sua precisão objetiva"
- "Sintomas psicopatológicos são consequências de memórias reprimidas, as quais, quando recuperadas e trabalhadas, levarão à cura dos sintomas"
- "Se a recuperação de uma lembrança leva a uma melhora terapêutica, isso é um sinal de que a referida lembrança é verdadeira"

(Brainerd e Reyna, 2005). A sugestão é, pois, indireta. As vias de sugestão direta e indireta são representadas graficamente na Figura 11.2.

Suponha que um terapeuta faça a seguinte afirmação durante uma sessão de psicoterapia: "Temos que buscar a origem, ou seja, a real causa dos pensamentos obsessivos que estão lhe perturbando. Esses pensamentos não saem da sua cabeça porque eles estão a serviço de algo – eles impedem que você recorde algo de que você não quer se lembrar. Porém, quando você conseguir acessar e encarar essas lembranças, os pensamentos obsessivos que tanto lhe atrapalham não terão mais razão de existir. Essa busca pode ser longa e dolorosa, mas só assim você poderá se libertar para sempre dessa prisão de obsessões".

> A indução de falsas memórias por parte do terapeuta pode se dar pela sugestão direta ou indireta de falsa informação.

Nesse exemplo, o terapeuta não fez uma sugestão direta ao seu paciente, pois não citou nenhum evento específico que poderia ter ocorrido em seu passado. Contudo, ao compartilhar suas crenças falaciosas, o terapeuta transmitiu três ideias que, atuando em conjunto, potencializam as chances do paciente se autossugerir. As três mensagens transmitidas foram:

1. os sintomas estão diretamente associados a lembranças que o paciente não está conseguindo acessar no momento;
2. tais lembranças podem ser recuperadas;
3. a cura definitiva depende da recuperação das lembranças.

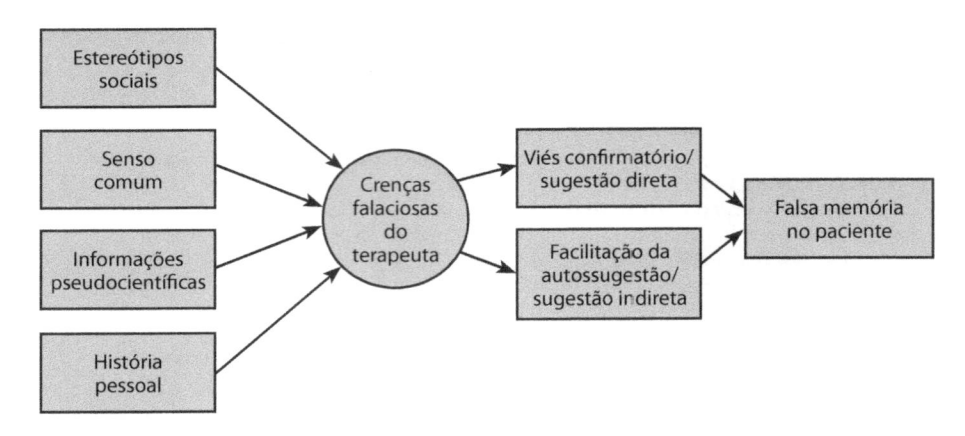

FIGURA 11.2
Fontes das crenças falaciosas dos terapeutas e sua relação com a sugestão de falsa informação.

Para perceber a maneira pela qual mensagens como essas criam um ambiente favorável à autossugestão por parte do paciente, basta fazer um raciocínio simples. A pessoa que procura terapia está em busca de alguma mudança e confia que o terapeuta irá ajudá-la nesse processo, visto que possui, em princípio, as competências para tal. Essa confiança no saber do terapeuta leva a uma disposição a seguir suas orientações. Logo, se o terapeuta afirma que é preciso recuperar memórias reprimidas para alcançar as mudanças desejadas, o paciente vai engajar-se no processo de busca dessas memórias, mesmo que elas não existam (Schacter, 1996).

Para evitar as consequências destrutivas potenciais de crenças enganadoras, recomendamos que os terapeutas façam o uso de uma regra simples, porém muito poderosa. Essa regra (um tanto quanto trabalhosa, mas importante) envolve o seguinte: especificar para si mesmo, inicialmente, todos os pressupostos em que sua prática clínica se baseia. Depois disso, diante de cada pressuposto listado, perguntar-se: "conheço evidências científicas que sustentem essa convicção"? Outra pergunta útil para avaliar seus próprios pressupostos é "eu saberia indicar uma referência de pesquisa científica em que esteja descrito isso que eu afirmo ser verdadeiro"? Ao fazer esse exercício, o terapeuta estará menos propenso a conduzir o processo de psicoterapia de maneira enviesada (Williams et al., 1997).

Outro exercício útil para minimizar a indução de FM envolve a busca constante por hipóteses alternativas em relação ao que está ocorrendo com o paciente. Determinado sintoma apresentado pelo paciente poderia ser explicado pela causa "A". Esse mesmo sintoma, contudo, poderia também ter sido provocado pelas causas "B" ou "C". Assim, antes que o terapeuta comece a desenvolver uma linha de trabalho baseada na hipótese "A", é importante que investigue outras hipóteses alternativas possíveis. Com esse exercício, ficam reduzidas as chances de que sua intervenção seja tendenciosa, o que poderia causar a implantação de FM.

É tarefa do terapeuta avaliar a acurácia da memória de seus pacientes?

A ideia de que o processo terapêutico poderia precipitar a recuperação de memórias traumáticas é extensamente difundida, porém não parece encontrar fundamentação científica. Por exemplo, Herman e Harvey (1997) realizaram uma pesquisa com 77 pacientes ambulatoriais de um serviço de saúde mental, os quais reportavam terem sido vítimas de experiências traumáticas na infância. Em seu estudo, identificaram que, na maioria dos casos, a psicoterapia não foi o fator que levou ao desbloqueio de memórias reprimidas. Antes disso, foi justamente a presença de lembranças dolorosas que levou os pacientes a buscarem ajuda psicoterapêutica.

Os resultados de Herman e Harvey (1997) sugerem que a maior parte dos pacientes com história de traumas não procura psicoterapia para recuperar mais memórias. Pelo contrário, os pacientes querem é ganhar mais controle sobre as lembranças intrusivas e involuntárias e tentar clarificar e entender possíveis emoções e comportamentos disfuncionais vinculados a essas memórias. Contudo, durante o processo de psicoterapia, o conteúdo das memórias pode sofrer edições, levando a criação de FM.

O terapeuta, portanto, deve ser cauteloso ao tentar averiguar a acurácia das memórias recuperadas no contexto da psicoterapia. Conforme as evidências científicas sugerem, é impossível avaliar com segurança a veracidade de uma lembrança sem que existam fontes independentes de informação que confirmem essas memórias (Loftus, 1993). Nesse sentido, os terapeutas traíam um benefício muito maior aos seus pacientes se centrassem seus esforços em não sugerir FM, em vez de tentarem constatar a veracidade das lembranças relatadas no decorrer da terapia (Martinez-Taboas, 1996).

CONSIDERAÇÕES FINAIS

Embora a memória seja um elemento central em todas as abordagens de psicoterapia, o estudo desse aspecto da cognição raramente recebe a devida ênfase nos cursos voltados à formação de psicoterapeutas, tanto em nível de graduação como de pós-graduação. Tendo em vista essa falta de tradição no estudo da memória por parte dos futuros psicoterapeutas, diversos profissionais recebem habilitação legal para oferecerem serviços de psicoterapia, apesar de possuírem uma importante lacuna em termos de conhecimentos científicos relevantes a esta prática (Jones, 1999).

A desinformação a respeito da memória pode se tornar especialmente problemática quando os terapeutas confundem a eficácia de uma determinada técnica com sua capacidade de ajudar o paciente a recuperar memórias acuradas. Em outras palavras, os terapeutas estarão mais propensos a implantarem FM em seus pacientes se mantiverem a crença falaciosa de que uma técnica que leva ao *insight* produz uma melhora dos sintomas na medida em que tal procedimento permite que o paciente tenha acesso a memórias anteriormente indisponíveis à consciência. Alternativamente, os benefícios proporcionados pela psicoterapia podem ser melhor compreendidos como o resultado de uma nova perspectiva de olhar para o passado e não como frutos da descoberta de um "novo" passado. Nas palavras de Nash: "(...) aquilo que nós chamamos de *insight* pode ser mais um processo de criação do que um processo de descoberta" (1998, p. 94).

As evidências científicas disponíveis até o momento permitem que seja dito muito pouco sobre a relação exata entre a precisão das memórias recuperadas na psicoterapia e a melhora no quadro apresentado pelo paciente. Nesse sentido, o questionamento acerca da veracidade das memórias recuperadas por meio da utilização de qualquer técnica psicoterápica não é sinônimo de questionar sua utilidade do ponto de vista terapêutico. Mesmo que evidências científicas indiquem que determinada técnica não é capaz de levar à recuperação de lembranças acuradas, isso por si só não diz nada a respeito de sua eficácia e não torna a técnica contraindicada. É sempre bom reforçar: a eficácia terapêutica de uma técnica e sua capacidade de levar à recuperação de lembranças precisas são atributos diferentes e independentes.

> A importância clínica de uma lembrança é indubitável, sua verdade histórica, porém, deve ser alvo de questionamentos.

O presente capítulo não se propôs a fazer nenhum tipo de avaliação sobre a utilidade clínica de qualquer técnica psicoterápica. A intenção foi a de alertar terapeutas atuantes e em formação sobre a possibilidade de distorções das memórias recuperadas no contexto da psicoterapia. Em síntese, a importância clínica de uma lembrança é indubitável, sua verdade histórica, porém, deve ser alvo de questionamentos.

REFERÊNCIAS

Beck, A. T. (1999). *Prisoners of hate: The cognitive basis of anger, hostility, and violence*. New York: Harper Collins.

Beck, A. T., & Alford, B. (2000). *O poder integrador da terapia cognitiva*. Porto Alegre: Artmed.

Brainerd, C. J., & Reyna, V. E. (2005). *The science of false memory*. New York: Oxford University Press.

Ceci, S. J., & Bruck, M. (1995). *Jeopardy in the courtroom: A Scientific analysis of children´s testimony*. Washington: American Psychological Association.

Davis, D., & Loftus, E. F. (2006). Internal and external sources of misinformation in adult witness memory. In M. P. Toglia, J. D. Read, D. F. Ross, & R. C. L. Lindsay. (Eds.), *The Handbook of Eyewitness Psychology: Vol. 1. Memory for Events*. (pp. 195-237). New Jersey: Lawrence Erlbaum.

Fleming, K., Heikkinen, R., & Dowd, E. T. (2002). Cognitive therapy: The repair of memory. In R. L. Leahy & E. T. Dowd (Eds.), *Clinical advances in cognitive psychotherapy: Theory and application* (pp. 148-169). New York: Springer.

Gelder, M. (1997). The scientific foundations of cognitive behaviour therapy. In D. M. Clark & C. G. Fairburn (Eds.), *Science and practice of cognitive behaviour therapy* (pp. 27-46). Oxford: Oxford University Press.

Hall, K. H. (2002). Reviewing intuitive decision-making and uncertainty: The implications for medical education. *Medical Education, 36*(3), 216-224.

Herman, J. L., & Harvey, M. R. (1997). Adult memories of childhood trauma: A naturalistic clinical study. *Journal of Traumatic Stress, 10*(4), 557-571.

Hirt, E. R., McDonald, H. E., & Markman, K. D. (1998). Expectancy effects in reconstructive memory: When the past is just what we expected. In S. J. Lynn & K. M. McConkey. (Eds.), *Truth in memory* (pp. 62-89). New York: Guilford Press.

Jackson, H., & Nuttall, R. (1993). Clinician responses to sexual abuse allegations. *Child Abuse and Neglect, 17*(1), 127-143.

Jones, J. L. (1999). *The psychotherapist's guide to human memory*. New York: Basic Books.

Kendall-Tackett, K. A., Williams, L. M., & Finkelhor, D. (1993). Impact of sexual abuse on children: A review and synthesis of recent empirical studies. *Psychological Bulletin, 113*, 164-180.

Loftus, E. (1993). The reality of repressed memories. *American Psychologist, 48*, 518-537.

Loftus, E. F., Feldman, J., & Dashiell, R. (1995). The reality of illusory memories. In D. L. Schacter (Ed.), *Memory distortion: How minds, brains and societies reconstruct the past* (pp. 47-68). Cambridge: Harvard University Press.

Martinez-Taboas, A. (1996). Repressed memories: Some clinical data contributing to its elucidation. *American Journal of Psychotherapy, 50*(2), 217-230.

Nash, M. R. (1998). Psychotherapy and reports of early sexual trauma: A conceptual framework for understanding memory errors. In S. J. Lynn & K. M. McConkey. (Eds.), *Truth in memory* (pp. 90-106). New York: Guilford Press.

Pergher, G. K., Grassi-Oliveira, R., Ávila, L. M., & Stein, L. M. (2006). Memória, humor e emoção. *Revista de Psiquiatria do Rio Grande do Sul, 28*(1), 61-68.

Pergher, G. K., & Stein, L. M. (2005). Entrevista cognitiva e terapia cognitivo-comportamental: do âmbito forense à clínica. *Revista Brasileira de Terapias Cognitivas, 1*(2), 11-20.

Pergher, G. K., Stein, L. M., & Wainer, R. (2004). Estudos sobre a memória na depressão: Achados e implicações para a terapia cognitiva. *Revista de Psiquiatria Clínica, 31*(2). 82-90.

Rind, B., Tromovich, P., & Bauserman, R. (1998). A meta-analytic examination of assumed properties of child sexual abuse using college samples. *Psychological Bulletin, 124*(1), 22-53.

Schacter, D. L. (1996). *Searching for memory: The brain, the mind and the past*. New York: Basic Books.

Thomas, A. K., Hannula, D. E., & Loftus, E. F. (2007). How self-relevant imagination affects memory for behaviour. *Applied Cognitive Psychology, 21*, 69-86.

Wainer, R. Pergher, G. K., & Piccoloto, N. M. (2004). Psicologia e terapia cognitiva: Da pesquisa experimental à clínica. In P. Knapp (Ed.), *Terapia cognitivo-comportamental na prática psiquiátrica* (pp.89-100). Porto Alegre: Artmed.

Williams, J. M. G. (1996). Memory processes and psychotherapy. In P. M. Salkovskis (Ed.), *Frontiers of cognitive therapy* (pp. 97-113). New York: Guilford Press.

Williams, J. M. G., Watts, F. N., Macleod, C., & Mathews, A. (1997). *Cognitive psychology and the emotional disorders* (2nd ed.). Chichester: John Wiley & Sons.

12

SÍNDROME DAS FALSAS MEMÓRIAS

Luciano Haussen Pinto
Juliana da Rosa Pureza
Luiza Ramos Feijó

> Beth Rutherford, uma norte-americana de 19 anos, buscou terapia por motivos de estresse no trabalho. Ao começar o tratamento, acreditava ter uma família maravilhosa e ter tido uma ótima infância. Entretanto, nos dois anos e meio seguintes de terapia, Beth começou, com a ajuda da terapeuta, a recuperar memórias de ter sido repetidamente abusada sexualmente por seu pai, dos 7 aos 14 anos, sendo a mãe cúmplice, segurando-a. Ela, então, acusou seu pai publicamente de ter abusado dela, além de tê-la engravidado duas vezes e a feito abortar com agulhas de tricô (Rutherford, 1998).

O caso acima ilustra um fenômeno surgido no início dos anos de 1990, nos Estados Unidos, quando muitos casos de pessoas adultas acusando seus pais de tê-las abusado sexualmente na infância começaram a aparecer de repente. Vários desses casos foram parar nos tribunais e na imprensa. Essas pessoas haviam passado anos de suas vidas sem recordar os abusos até que, muitos anos após, via psicoterapia, as lembranças afloraram. Entretanto, apesar de não serem histórias inventadas, mas sim "recordadas", foi provado em muitos casos que nenhum abuso havia ocorrido de fato, pois essas recordações tratavam-se de falsas memórias (FM). Esta situação chamou a atenção de pesquisadores da área da memória e passou a ser bastante investigada, e o fenômeno ficou então conhecido popularmente como Síndrome das Falsas Memórias (SFM) (Davis, 2005).

O tópico da SFM se distingue um pouco dos demais temas referidos ao longo dos capítulos anteriores por situar-se em um terreno repleto de debates polêmicos e acirrados. Além da carência de evidências científicas consistentes, não há consenso nem mesmo quanto à designação do termo "síndrome" dada ao fenômeno.

Discussão sobre o termo "síndrome"

O Manual Diagnóstico e Estatístico de Transtornos Mentais – DSM-IV-TR (APA, 2002, p. 772) define síndrome como "um agrupamento de sinais e sintomas com base em sua frequente coocorrência, que pode sugerir uma patogênese básica, curso, padrão familiar ou tratamento comuns". O fenômeno discutido neste capítulo não implicaria, necessariamente, na existência de uma síndrome, visto que não há dados científicos suficientes que o sustentem como tal. Existem poucos estudos acerca do assunto que se arriscam a sugerir, sem ressalvas, a existência de uma SFM (Gleaves et al., 2004). Sendo assim, muitos estudiosos argumentam não ser possível legitimar a SFM como um constructo a ser considerado no meio científico. Para estes, a SFM seria, portanto, uma denominação pseudocientífica, criada com a finalidade de defender pessoas de acusações, injustas ou não, de abuso infantil (Dallam, 2001).

A utilização do termo "síndrome", contudo, é defendida por outros autores (Kaplan e Manicavasagar, 2001), que propõem que a SFM seja diagnosticada como tal quando memórias de abuso sexual surgem no contexto da terapia, na ausência de qualquer outra evidência. Esses autores também salientam que o uso do termo síndrome não é exclusivo da medicina e, deste modo, sua definição médica não necessitaria ser literal (Kihlstrom, 1998).

Apesar da controvérsia sobre o termo, ele tem sido utilizado para definir a lembrança que um indivíduo traz acerca de um abuso sexual cometido contra ele na infância, sendo que posteriormente verifica-se que tal abuso não aconteceu (Raitt e Zeedyk, 2003). Geralmente, a pessoa afligida pelas lembranças acaba tendo sua identidade e seus relacionamentos interpessoais abalados devido à recuperação dessa traumática (e falsa) memória, e que crê fortemente ser verdadeira. Uma forma de terapia praticada nos Estados Unidos, que ficou especialmente conhecida por centrar seu tratamento na recuperação de memórias esquecidas por um longo período de tempo, foi a Terapia de Memórias Recuperadas (*Recovered Memory Therapy*) (Kaplan e Manicavasagar, 2001). Essa terapia ganhou maior destaque, de um modo geral, porque passou a ser vinculada à produção de FM. E, na verdade, acabou sendo ela a principal origem do que depois ficou sendo chamado de SFM.

> A Síndrome das Falsas Memórias diz respeito a lembranças que um indivíduo traz acerca de um abuso sexual cometido contra ele na infância, mas que na verdade não aconteceu.

COMO SURGIU A SÍNDROME DAS FALSAS MEMÓRIAS

Terapia das memórias recuperadas

Do que se trata a Terapia de Memórias Recuperadas (TMR)? O que seria exatamente uma "memória recuperada"? A memória recuperada refere-se à memória de abuso sexual na infância, esquecida por um longo intervalo de tempo, que somente na fase adulta é evocada (Kaplan e Manicavasagar, 2001). Essas memórias podem tanto ser verdadeiras quanto falsas (Gleaves et al., 2004). Entretanto, haveria maiores chances da memória ser falsa quando "recuperada" durante um tratamento psicoterápico, quando o indivíduo não possui nenhuma memória pré-

> A memória recuperada refere-se à memória de um abuso sexual na infância, esquecido por um longo tempo, que somente na fase adulta é evocada.

via de abuso e, no entanto, ela inesperadamente emerge no transcorrer da terapia (Wilsnack et al., 2001). Foi o caso de Beth Rutherford, o exemplo descrito no início do capítulo, no qual ela, durante muitos anos, não tinha memória alguma de abuso, até submeter-se à TMR.

A TMR buscou embasamento nos estudos de Freud sobre histeria, nos quais ele apontava que as memórias traumáticas eram reprimidas ao Inconsciente por serem muito dolorosas (Freud, 1896/1995). Foi chamada de Teoria da Sedução a ideia de que a histeria seria causada por memórias reprimidas de um abuso sexual verdadeiro sofrido na infância. Posteriormente, Freud abandonou essa teoria por concluir, entre outras coisas, que o trauma também poderia originar-se de fantasias, isto é, de situações não vivenciadas concretamente. A TMR postula que os eventos traumáticos de abuso sexual na infância levariam a uma dissociação na consciência. As informações sobre o evento se fragmentariam e, assim, impediriam a criação de uma representação mental do mesmo. Esse conteúdo seria então reprimido para o Inconsciente e, por consequência, não ficaria acessível à livre recordação. Entretanto, essas memórias traumáticas não seriam apagadas, permanecendo somente inacessíveis à consciência até que, por decorrência de algum processo psicoterápico, pudessem vir à tona (Koriat, Goldsmith e Pansky, 2000).

Técnicas polêmicas para recuperação de memórias

Os terapeutas que aplicavam a TMR nas décadas de 1980 e 1990 possuíam crenças que iam ao encontro da antiga Teoria da Sedução, pois partiam do pressuposto que problemas como depressão, alcoolismo, transtornos sexuais ou alimentares, assim como uma gama de outros quadros psicológicos e somáticos, seriam originados de um abuso sexual sofrido no passado. Baseados nessa premissa, os terapeutas passaram a implementar várias técnicas, as quais julgavam serem capazes de potencializar a memória e, assim, alcançar as remotas lembranças do suposto abuso que, presumivelmente, seriam essenciais para a resolução dos problemas do paciente (Davis, 2005; Gleaves et al., 2004; Kaplan e Manicavasagar, 2001). Algumas dessas técnicas eram as seguintes:

- Hipnose (técnica que tem sido identificada como potencialmente propícia para a produção de FM) (Loftus, 1997);
- Regressão (técnica em que o paciente retorna à idade em que o abuso teria ocorrido);
- Técnicas de imaginação ativa (reviver eventos traumáticos para poderem ser melhor elaborados/assimilados pelo paciente);

- Uso de drogas alucinatórias (como o *amital sódico*, vulgo "soro da verdade").

Essas técnicas, todavia, trazem consigo o risco de confundir memórias reais com confabulações (ideias criadas) e, se utilizadas de maneira errada, podem gerar FM (Goldstein, 1997; Memon e Stevenage, 1996).

Cabe ressaltar que desde 1995, a Associação Americana de Psicologia (APA) adverte que não há nenhuma evidência científica comprovando que um conjunto de sintomas seja capaz de indicar que uma pessoa foi abusada sexualmente na infância. No exemplo do início deste capítulo, a terapeuta de Beth utilizava hipnose, interpretação de sonhos e regressão para "trazer à tona" memórias de abuso. Beth relatou que a terapeuta lhe dizia que seus sonhos eram característicos de uma pessoa abusada sexualmente e que ela possuía diversos sintomas condizentes com isso, portanto, ela, com certeza, fora abusada quando criança.

Nessa época (início dos anos de 1990), a TMR tornou-se muito popular nos Estados Unidos. Diversos livros sobre o tema foram lançados, incluindo até mesmo livros com *check-lists* para sintomas que serviriam como indicadores da ocorrência de algum abuso sexual anterior. Um desses livros, *The courage to heal* ("A coragem de curar")

> A Associação Americana de Psicologia (APA) adverte que não há evidências científicas comprovando que um conjunto de sintomas possa indicar que uma pessoa foi abusada sexualmente na infância.

defendia que se uma pessoa tem sensações desconfortáveis sobre seu próprio passado, então deveria investigar a possibilidade de haver uma história de abuso sexual em sua infância (Bass e Davis, 1994). Muitas pessoas sugestionáveis, que apresentavam algum tipo de sofrimento psicológico e nunca haviam sido abusadas, começaram a acreditar que seus problemas eram causados por algum abuso esquecido, "inconsciente". Essas pessoas conseguiram recuperar tais memórias, coincidentemente, logo após lerem livros e assistirem programas de televisão sobre o tema e/ou de terem se submetido a terapias alternativas (McNally et al., 2000).

Foi nesse contexto que muitos "terapeutas do abuso" surgiram. Não significa dizer que eram mal-intencionados, porém eram profissionais mal-orientados que não tinham a preocupação de estudar a memória de forma científica como parte de sua formação. Portanto, sem qualquer base na ciência, acreditavam que em torno da metade das pessoas que haviam sofrido abuso sexual quando crianças teria uma amnésia sobre o fato, e que estas memórias poderiam e deveriam ser recuperadas por meio de terapia para solução de seus problemas ou sintomas atuais. Além disso, apoiavam a ideia de que os abusadores deveriam ser confrontados pelas vítimas (Davis, 2005; Kaplan e Manicavasagar, 2001). No caso de Beth, a terapeuta argumentou que ela só conseguiria conquistar sua plena saúde mental quando confrontasse os pais com suas memórias recuperadas. Em seu relato, Beth admitia se sentir, de algum modo, pressionada pela terapeuta a tomar tal atitude.

Com a intenção de contestar terapeutas da TMR que orientavam seus pacientes a rever antigos álbuns de fotos de família para, assim, poderem detectar pistas e suspeitas de memórias reprimidas de abuso na infância, Lindsay e colaboradores (2003) realizaram um estudo com 45 universitários baseado em fotografias antigas. Os estudantes foram perguntados sobre três eventos vividos na infância (um inventado e dois verdadeiros, segundo os pais dos participantes). Dos 45 universitários, 23 ainda tiveram a oportunidade de ter acesso às fotografias da época dos eventos como pistas para suas memórias. Como resultado, a taxa de FM relatadas foi mais elevada entre aqueles que tiveram a condição de olhar as fotos do que os que não viram foto alguma. Esses resultados sugerem que fotografias antigas podem trazer recordações de fatos realmente vividos já praticamente esquecidos, mas podem também, quando combinadas com sugestões e influências internas e/ou externas, contribuir para a formação de FM. O estudo evidencia o quão perigoso pode ser uma "técnica" como essa de insistir com o paciente que investigue em antigos álbuns de família possíveis fatos suspeitos do passado.

Fundação Síndrome das Falsas Memórias

Neste cenário, criado principalmente pela crescente prática da TMR, que muitos casos de acusações de abuso sexual na infância por parte de adultos (principalmente mulheres) atraíram as atenções nos Estados Unidos. Diversos casos, sustentados apenas por relatos de memórias recuperadas, foram a julgamento, muitos resultaram em condenações do(s) pai(s), mesmo sem existir qualquer prova contundente, apenas a memória recuperada recentemente pelo paciente e o testemunho de seu terapeuta (Kaplan e Manicavsagar, 2001). Após famílias sofrerem fortes abalos, os pais acusados por seus filhos(as) começaram a comunicar-se e a buscar descobrir o que afinal estava acontecendo. Das reuniões nasceu, em 1992, a False Memory Syndrome Foundation (Fundação Síndrome das Falsas Memórias), uma organização norte-americana que fornece apoio a famílias que sofreram e/ou sofrem com casos de SFM e que procura intervir e prevenir o problema.

CARACTERÍSTICAS DA SÍNDROME DAS FALSAS MEMÓRIAS

Apesar de não ser possível fazer um *check-list* para identificar se uma pessoa sofreu abuso na infância, como referido anteriormente, seria possível apontar características que, se reunidas, potencializariam a identificação do fenômeno da SFM (Kaplan e Manicavasagar, 2001; Pope, 1996).

Foram identificados alguns critérios em relação à veracidade das memórias que, por muito tempo, foram utilizados na avaliação de denúncias de abuso sexual no contexto de terapia (Pope, 1996). Um desses critérios tem o foco na análise das reações e comportamentos das pessoas que vivenciam memórias de abuso sexual. Fatores considerados indicadores de SFM seriam: não encontrar outras evidências que corroborem a memória (recordar ter sido queimada com cigarros e não ter nenhuma cicatriz, por exemplo); sentir uma espécie de mistura entre fantasia e realidade em suas memórias (admitir memórias não plausíveis com o contexto real de suas vidas, ou seja, com muito pouca probabilidade de serem realmente verídicas, como recordar ter sido obrigada pelos pais a participar de rituais satânicos, sendo que os pais são extremamente religiosos) e mudanças relevantes na vida da pessoa desde a evocação da memória (alterações significativas de humor, ansiedade e/ou comportamento). Outros critérios adotados para classificar memórias como provavelmente falsas seriam: a vítima não possuir nenhuma memória de abuso antes da terapia e ausência no acusado de qualquer outro indício que sugerisse alguma tendência à pedofilia (Pope, 1996). A diretora atual da Fundação Síndrome das Falsas Memórias, Pámela Freyd, defende ainda que entrevistar as famílias somente com as técnicas estritamente adequadas também serviria como um importante critério para ser utilizado, pois dessa forma as informações colhidas seriam, provavelmente, mais fidedignas. Cabe ressaltar que esses critérios para identificar a SFM foram desenvolvidos tendo por base pesquisas realizadas por essa fundação americana. Assim sendo, tem-se o risco de uma possível tendenciosidade dos resultados, o que os invalidaria cientificamente.

> A partir de uma série de casos estudados, foram agrupadas características que seriam indicativas da Síndrome das Falsas Memórias.

Kaplan e Manicavasagar (2001), a partir de uma série de casos estudados, agruparam algumas outras características que seriam indicativas da SFM, que também ainda não possuem legitimação científica:

1. Recuperação, durante a terapia, de memória inédita de abuso sexual na infância, sem qualquer lembrança prévia.
2. Recuperação súbita de memórias anteriores aos 4 anos.
3. Alegar participação em rituais satânicos.
4. Lembrança de um abuso sexual no qual não há nenhuma outra pessoa ou qualquer evidência que o ratifique.
5. Ausência de confirmação médica e/ou forense do abuso.
6. Presença de somatização, Transtorno de Personalidade Borderline ou Transtorno Dissociativo.
7. Possíveis métodos de sugestão durante terapia (uso de hipnose e/ou técnicas similares).
8. Crença de que o suposto abusador era algum familiar próximo.
9. Crença de que alguns membros da família facilitaram o abuso sexual e/ou foram negligentes.
10. Crença de que o abuso é o motivo para todos os problemas da vida da pessoa.

É possível constatar, a partir dessa última seção, que existem algumas tentativas na literatura para formalizar critérios sinalizadores da SFM, mesmo que mais comprovações ainda sejam necessárias. Para que esses critérios possam ser adotados de fato, é preciso que mais estudos, investigando essas características mais a fundo, sejam desenvolvidos. A seguir, serão descritos dois casos de SFM, os quais serão relacionados com algumas das 10 características listadas acima.

Descrição de casos

Alguns casos retratados na literatura são bastante ilustrativos para uma melhor compreensão da SFM, utilizando-se os critérios antes mencionados. Loftus (1997) relata o caso de uma enfermeira americana que procurou terapia. Ao longo do processo psicoterápico, a enfermeira passou a acreditar que havia sido abusada sexual e psicologicamente e que também havia participado de rituais satânicos em seu passado. Seu terapeuta utilizava técnicas sugestivas como a hipnose. Resumindo, após algum tempo, a enfermeira percebeu que os eventos que compunham as lembranças eram falsos e processou o terapeuta. Neste caso, pode-se identificar a característica número 1 apresentada na lista de critérios, ou seja, de que a enfermeira recuperou essas memórias de abuso no contexto terapêutico, sem possuir nenhuma recordação prévia dos acontecimentos. Também nota-se a característica 3, pois ela trouxe memórias relacionadas a rituais satânicos. Observa-se na literatura uma correlação entre a SFM e afirmações referindo participação em rituais desse gênero, denotando a importância investigar com cuidado casos de memórias que tragam esse tipo de conteúdo (Kaplan e Manicavasagar, 2001). Além disso, houve também uso de técnicas sugestivas (hipnose), tal como é descrita a característica 7.

Para melhor compreender a SFM e suas repercussões, abaixo há uma descrição mais detalhada do caso envolvendo Beth Rutherford (FMSF *Newsletter*, 1998) seguida de uma análise a partir das características relacionadas por Kaplan e Manicavasagar (2001):

> Beth Rutherford buscou terapia por motivos de ansiedade e estresse. Já nas primeiras sessões, a terapeuta perguntou a ela se alguma vez havia sido abusada sexualmente quando criança, ao que Beth respondeu, perplexa, que não. A terapeuta explicou que havia uma lista de sintomas de abuso sexual, e que Beth se encaixava em vários deles *(característica número 10 da lista de critérios – crença de que todos os problemas do paciente provêm de um abuso)*. O poder de sugestão da terapeuta era grande, logo Beth começou a relatar sonhos que tinha com seu pai. A terapeuta afirmava que os sonhos eram, na realidade, memórias e a análise destes reforçava sua suspeita de abuso sexual. Beth questionava o motivo para ela não se lembrar de nada daquilo e a terapeuta lhe dizia que reprimir aquelas lembranças fora a única maneira de conseguir sobreviver, já que eram muito dolorosas. Mas, daquele momento em diante, Beth só seria uma pessoa completa se recuperasse todas as

memórias e as trabalhasse para então elaborá-las de maneira sadia *(característica 7 – evidência de sugestão durante terapia)*. Outra técnica utilizada pela terapeuta era desqualificar e distorcer todas as lembranças boas da infância de Beth. Por exemplo, ela dizia que o incentivo dos pais de Beth para que ela fosse bem na escola era apenas uma forma de se

> "A terapeuta afirmava que seus sonhos eram, na realidade, memórias e a análise destes reforçava a suspeita de abuso sexual".

sentirem menos culpados pelo que haviam lhe causado. Após algum tempo, Beth começou a acreditar que tinha memórias erradas de sua infância e que a visão da terapeuta era a correta, pois lhe foi dito que pessoas com histórico de abuso tendem a distorcer a realidade. Após as sessões de hipnose, a terapeuta relatava para Beth os eventos de abuso que ela havia contado durante o transe *(característica 7 – risco de sugestionabilidade na utilização de hipnose)*. Havia momentos em que Beth chegava até mesmo a sentir dor física decorrente da recordação de um determinado episódio de abuso. Foi assim que ela passou a acreditar que havia sido abusada sexualmente pelo pai (com a cumplicidade da mãe) e engravidado duas vezes no período dos seus 7 aos 14 anos *(características 1, 4, 8 e 9 – recuperação de memória de abuso durante terapia, abuso recorrente sem conhecimento de mais ninguém e sem evidências validando a crença de que o abuso foi praticado e/ou facilitado por algum familiar próximo)*.

Um grande laço emocional se formou entre Beth e a terapeuta e então Beth foi convencida de que deveria denunciar seus pais e se afastar da família. Assim ela procedeu, passando muitos meses distante da família, bem como da terapia, até começar a ter "sentimentos estranhos". Beth começou a achar que havia algo de errado com aquelas lembranças de abuso e ao retomar contato com seus pais, gradualmente foi convencendo-se de que as memórias de abuso haviam sido implantadas pela terapeuta. Realizou-se um exame pericial no qual ficou provado que Beth era virgem e que nunca havia engravidado *(característica 5 – ausência de confirmação médica ou forense do abuso)*. Beth Rutherford e sua família processaram a terapeuta e receberam 1 milhão de dólares como indenização.

Ainda que tenha sido descrito o fenômeno da SFM em seus aspectos mais característicos (como a utilização da Terapia de Memórias Recuperadas), é importante ressaltar que a sugestão e a indução de FM por parte de terapeutas também podem ocorrer de formas bastante sutis e em qualquer abordagem psicoterápica. Mazzoni, Lombardo, Malvagia e Loftus (1999) postulam que a posição de poder em que o terapeuta se encontra e o pressuposto de ter o poder de "mudar" as pessoas poderiam, por si só, influenciar nas crenças pessoais do paciente. A hipótese de que uma interpretação de sonho feita por um terapeuta poderia incutir FM no paciente foi testado em um estudo. Experimentos foram realizados (sessões de miniterapia com estudantes universitários, nas quais o "terapeuta" fazia uma interpretação deliberada dos sonhos dos participantes). Os resultados apontaram que tais interpretações relativas aos sonhos geraram novas crenças nos participantes. As novas crenças, por sua vez, poderiam eventualmente causar FM (Mazzoni et al., 1999).

Este é apenas um exemplo de um estudo indicando o quanto a aplicação de certas técnicas em terapia podem ser sugestivas e capazes de induzir FM. Até mesmo um terapeuta bem orientado e treinado pode incorrer em erros e influenciar negativamente a vida do seu paciente (mais sobre o assunto no Capítulo 11).

FATORES ASSOCIADOS À SÍNDROME DAS FALSAS MEMÓRIAS

O impacto do fenômeno da SFM, representado pelo grande número de pessoas afetadas por ela, chegou a atingir proporções tão altas no final da década de 1990 que, na época, foi calculado que 4% dos casos envolvendo abuso sexual infantil nos Estados Unidos eram de SFM (Gow, 1998). Mas, por que essas pessoas estariam apresentando a SFM? Que fatores específicos estariam relacionados ao seu aparecimento? Apesar da literatura reforçar a ideia de que essa síndrome surge basicamente no contexto da terapia, muitos pesquisadores têm se mostrado atentos a outros possíveis fatores e situações de predisposição fora da terapia que possam estar relacionados ao desenvolvimento da SFM.

A influência de aspectos individuais e ambientais

Diversos aspectos, tanto individuais quanto sociais, exercem influência no desenvolvimento da SFM. Em 1998, Gow realizou uma revisão de alguns desses aspectos. Em relação às características do paciente que seriam mais suscetíveis à SFM, identificou-se a vulnerabilidade à sugestionabilidade, episódios de dissociação da consciência, pensamento crítico pouco desenvolvido, propensão à fantasia e expectativas distorcidas quanto à terapia. As pessoas seriam mais sugestionáveis no ambiente do consultório do terapeuta do que em outras situações (Mazzoni et al., 1999). É importante destacar a influência de determinadas crenças que o paciente geralmente traz consigo quando inicia uma terapia. Muitas dessas crenças dizem respeito ao poder que os sonhos teriam de revelar sobre a vida das pessoas. A *dinâmica familiar* também pode ser considerada um outro fator importante a ser considerado, pois situações familiares em que o paciente apresenta sentimentos de raiva, dor, decepção e ressentimento com o progenitor antes de chegar à terapia, teriam o potencial para desencadear uma FM de abuso como canalizadora desse sentimento. As pessoas também podem ser influenciadas pela mídia e pela literatura existente sobre o assunto (p. ex., crenças relacionadas aos sintomas indicativos de abuso sexual a partir da leitura de livros como o citado anteriormente: "A Coragem de

> As pessoas seriam mais sugestionáveis no ambiente do consultório do terapeuta do que em outras situações.

Curar"). Há algumas situações que aparentemente estariam correlacionadas ao surgimento da SFM, como: divórcios, disputa de custódia e desemprego.

Psicopatologias específicas estariam também associadas à SFM. Estes são os principais transtornos que parecem ter alguma relação: Transtorno do Estresse Pós-Traumático (TEPT), Transtornos de Personalidade (Histriônica e Borderline, principalmente), Transtornos Dissociativos e Transtornos Alimentares. Segundo Gardner (2004), muitas pessoas que relataram uma falsa experiência de abuso sexual apresentavam manifestações características do Transtorno de Personalidade Histriônico, tais como: passar a ver perigo onde não existe, comportamentos objetivando chamar a atenção para si, demasiada instabilidade emocional e diminuição do julgamento racional. O autor também ressalta que os sintomas se assemelhariam àqueles que compõem o diagnóstico para TEPT. Este transtorno se caracteriza por recorrentes e intrusivos pensamentos relacionados a um evento traumático, repetidos esforços na tentativa de suprimir tais intrusões e evitar situações que de algum modo possam propiciar lembranças do trauma (DSM-IV-TR, 2002). Da mesma forma, muitos pacientes com Transtorno de Identidade Dissociativa (antes denominado Transtorno de Múltiplas Personalidades) podem apresentar, já adultos, uma memória de abuso sexual infantil no contexto da terapia que pode não ser verdadeira (Merskey, 1995). É importante ressaltar que os terapeutas devem atentar não somente para os Transtornos Dissociativos, mas também a outros transtornos nos quais podem ocorrer processos dissociativos (p. ex., abuso e dependência de drogas, Transtornos Alimentares, Transtorno de Personalidade Borderline), pois nessas situações uma FM tenderia a ter maiores chances de ser produzida (Chefetz, 2006a, 2006b).

Em relação aos *aspectos do terapeuta*, as próprias crenças deste sobre a ocorrência da repressão de memórias traumáticas, como também na possibilidade de haver ocorrido um abuso sexual com aquele paciente, irão determinar sua escolha sobre quais técnicas terapêuticas utilizar. Esse aspecto relacionado às crenças do terapeuta é explorado no Capítulo 11, sobre as implicações clínicas das FM que aborda a importância do tema para a prática clínica no campo das psicoterapias.

A título de síntese, o Quadro 12.1 apresenta os fatores que aparecem na literatura como associados ao desenvolvimento da SFM.

Vale salientar que esses aspectos, que de alguma forma estariam relacionados à SFM, não podem ser considerados determinantes para "causar" a síndrome. Mesmo que possam haver correlações relevantes, ainda não há dados científicos consistentes que permitam validá-los. Logo, é necessária extrema cautela na avaliação de cada caso, principalmente naqueles envolvendo quadros psicopatológicos.

A Síndrome de Alienação Parental

Quando se levanta os possíveis fatores relacionados à SFM, outro fenômeno controverso aparece: a Síndrome de Alienação Parental (SAP). Diante de uma situação de abuso sexual, muitas vezes notam-se características muito semelhantes

QUADRO 12.1
Fatores associados à síndrome das falsas memórias

Fatores do paciente	Vulnerabilidade, propensão à fantasia, crenças equivocadas sobre o que é uma terapia, sugestionabilidade, dinâmica familiar problemática, influência da mídia e da literatura relacionadas ao tema.
Situações ambientais	Situações de divórcio, disputa de custódia.
Psicopatologias	Transtorno do Estresse Pós-Traumático, Transtornos de Personalidade (Histriônica e Borderline), Transtornos Dissociativos e Transtornos Alimentares.
Fatores do terapeuta	Abordagem e estratégia terapêutica tendenciosa, crenças pessoais sobre a existência de alta incidência de abuso sexual na infância, técnicas inadequadas.

entre a SFM e a SAP, gerando um grau de confusão que pode provocar graves consequências (Gardner, 2004). Por isso, uma clara distinção entre as duas síndromes precisa ser feita, visto que principalmente profissionais da área forense, nem sempre corretamente informados, podem conduzir equivocadamente um caso devido a essa confusão de conceitos.

Pode-se dizer que a SAP consiste em uma verdadeira "campanha" que um dos progenitores faz com o objetivo de desmoralizar o outro (Dias, 2006). Como previsível, essa situação aparece geralmente em casos de separação, brigas de custódia, situações em que, na maioria das vezes, a mãe intencionalmente passa a influenciar o(a) filho(a) na ânsia de vencer a disputa pela sua guarda. A mãe procura incutir na criança a ideia de que ela não deve de forma alguma manter-se próxima ao pai, uma vez que este teria cometido abusos contra ela ou então poderia vir a cometer. Vale a ressalva de que o inverso também pode acontecer, ou seja, a mãe ser vítima de acusações do pai.

Ainda que haja características em comum entre a SAP e a SFM, como a firme crença de ter sofrido abuso de um membro próximo da família quando era menor e/ou a recordação desse fato na terapia, a SFM é primariamente uma síndrome da idade adulta, enquanto a SAP classifica-se como uma síndrome da infância, uma vez que não se trata de uma FM "recuperada" na fase adulta (Gardner, 2004). Uma outra diferença fundamental é que a SFM surge a partir do contexto da terapia, ao passo que a SAP usualmente surge a partir de um contexto de desavença familiar.

Uma cuidadosa avaliação de cada caso é essencial, pois situações delicadas como essas podem ter implicações cruciais na vida das pessoas. Como já visto, uma FM de abuso sexual trazida por meio de terapia pode chegar aos tribunais, seja para acusar o suposto "abusador", ou mesmo para processar o próprio terapeuta por ter induzido uma FM (no caso relatado, em que Beth Rutherford recebeu cerca de 1 milhão de dólares de indenização no processo que moveu contra seu terapeuta). No âmbito jurídico, configura-se uma situação complicada para os juízes, visto que possuem a responsabilidade de tomar uma decisão imediata sobre algo tão delicado e que, pela sua peculiaridade, mobiliza sobremaneira as pessoas (Dias, 2006). O histórico mostra que a palavra da vítima tem um papel determinante na

> A Síndrome das Falsas Memórias surge a partir do contexto da terapia, enquanto a Síndrome de Alienação Parental, a partir de um contexto de desavença familiar.

maioria dos processos de crimes contra a liberdade sexual, já que em muitos casos o seu testemunho é a única "prova" de incriminação do réu. No entanto, sabe-se que esse testemunho pode não estar refletindo a realidade (Pisa e Stein, 2007). Conforme visto no capítulo sobre memórias autobiográficas (Capítulo 5), é sabido que inclusive as memórias mais vívidas de eventos da nossa vida podem conter distorções ou até mesmo serem falsas, independentemente do grau de certeza que se tem sobre delas. Esse dado dificulta ainda mais a análise de memórias baseadas exclusivamente em relatos individuais e aumenta as chances de que graves equívocos possam ocorrer em julgamentos criminais.

PESQUISAS, LIMITAÇÕES E MITOS DA ÁREA

Uma das críticas à SFM diz respeito à validade das pesquisas sobre o tema, mas como realizar pesquisas ética e metodologicamente adequadas capazes de obter resultados válidos sobre um tema tão intrincado? Ao longo dos últimos anos, foram desenvolvidas diversas metodologias experimentais de pesquisa em laboratório para investigar as FM em diversos contextos. Mas uma crítica à generalização dos resultados dos estudos se refere à dúvida sobre se seria cabível a comparação dos estímulos utilizados nas pesquisas com uma memória de abuso sexual. As pesquisas com memórias recuperadas de abuso, assim sendo, trazem consigo limitações importantes, visto que se torna complexa, muitas vezes impossível, a mani-

> As pesquisas com memórias recuperadas de abuso têm muitas limitações, visto que se torna complexa, às vezes impossível, a manipulação de contextos devido a questões éticas.

pulação de contextos compatíveis a uma situação de abuso devido a questões fundamentalmente éticas (p. ex., é totalmente inconcebível recriar em laboratório uma situação de abuso sexual). Dessa forma, as pesquisas realizadas até agora abordando a SFM contêm um enfoque mais naturalístico, deixando, portanto, uma carência em pesquisas básicas de laboratório. As pesquisas de laboratório são importantes, pois, de acordo com o que foi discutido no Capítulo 2, controlam variáveis que as pesquisas naturalísticas quase sempre são incapazes de controlar.

Uma possibilidade que vem sendo cada vez mais utilizada por alguns pesquisadores, como Howe (2007), para o estudo de memórias de abuso sexual é a manipulação de variáveis emocionais como a valência e o alerta de um estímulo (ver Capítulo 4). Dessa forma, tenta-se recriar um contexto em que ocorra a sugestão de uma informação falsa emocionalmente "negativa" e de "alto alerta" (como fosse uma memória de abuso sexual, por exemplo). Por meio da verificação e análise dos resultados, torna-se possível aproximar-se de uma melhor compreensão sobre os fatores que influenciariam o desenvolvimento da SFM. Os pesquisadores interessados em investigar a SFM devem sempre buscar desenvolver, aprimorar e questionar as metodologias de pesquisa para que mais confiabilidade possa ser concedida aos resultados obtidos. Somente assim pode ser que os pontos hoje ainda duvidosos e/ou desconhecidos sejam devidamente desvendados.

Foram estimadas em 5.000 o número de ações legais movidas desde 1997 contra terapeutas nos Estados Unidos. Destas, 800 são de famílias ou pacientes que acusam seus terapeutas de lhes "implantar FM" (Gow, 1998). Em 1992, a Fundação Síndrome das Falsas Memórias publicou um estudo descritivo realizado com famílias relatando que 90% das pessoas que apresentavam SFM eram mulheres. Em uma pesquisa com quase 900 terapeutas dos Estados Unidos e da Inglaterra, foi identificado que 25% deles acreditavam que a recuperação de memórias esquecidas seria uma importante etapa da terapia e que eles poderiam identificar memórias que estavam ocultas até mesmo em uma sessão inicial. Além disso, ainda reportaram usar uma ou mais técnicas para "ajudar" os pacientes a recordar memórias suspeitas de abuso sexual (Poole et al., 1995). Esses dados reforçam o quanto crenças sem fundamento científico estão disseminadas entre terapeutas. Com o tempo, imprudentemente, pressuposições assim vão se estabelecendo e ganhando ares de verdade. Atualmente espera-se que, com os avanços das pesquisas sobre o tema, essa situação possa ter se modificado no sentido de, entre outras coisas, os terapeutas terem adotado posturas mais cautelosas quanto às técnicas terapêuticas que utilizam, bem como uma maior conscientização quanto as suas próprias crenças e a influência que elas podem exercer em uma psicoterapia.

Todos os casos reportados e os estudos realizados até aqui dizem respeito a situações de SFM nos Estados Unidos e na Inglaterra. No Brasil ainda não existem pesquisas ou ocorrências que evidenciem casos de SFM. Segundo Callegaro (2006), os casos envolvendo os "implantes de memória" estão todos inseridos em um único tópico: o das FM, que ainda permanece muito pouco estudado e debatido no Brasil. Nos últimos anos, o tema da Síndrome de Alienação Parental (SAP) se tornou foco de atenção de muitos profissionais que trabalham na área forense (Dias, 2006). Entretanto, não encontramos discussões sobre a relação da SAP com a SFM. Embora o número de casos nos Estados Unidos tenha diminuído drasticamente desde o começo do século, em função do conhecimento gerado pelas pesquisas realizadas na área das FM e do número de processos jurídicos contra terapeutas, não há dados sobre sua real incidência no Brasil. Callegaro (2006) salienta que esse desconhecimento pode acarretar sérias implicações éticas e técnicas para os profissionais envolvidos na recuperação de memórias em tratamento de transtornos psicológicos e/ou no âmbito jurídico-forense.

> No Brasil a temática das falsas memórias ainda é pouco debatida, sendo que não há casos ou estudos que evidenciem a Síndrome das Falsas Memórias.

As divergências, dúvidas e polêmicas entre os que de algum modo se relacionam com a temática das FM e, em especial, com a SFM, levaram leigos, recém iniciados no assunto e pessoas com uma visão parcial, a criar e fomentar confusões entre o que seriam FM e o que seriam as memórias recuperadas. Com o passar do tempo, verdadeiros mitos difundiram-se sobre essas questões, por isso alguns esclarecimentos se fazem necessários. De acordo com a Sociedade Britânica de Falsa Memória (*British False Memory Society*) (2008), os principais mitos seriam os seguintes, apresentados a seguir, no Quadro 12.2.

Observando o Quadro 12.2, nota-se o quão antagônicas podem ser as interpretações sobre um mesmo fato e como situações podem ser distorcidas a ponto de tornarem-se, para algumas pessoas, verdades e pressupostos inquestionáveis. O fato é que, às vezes, o debate acerca das memórias recuperadas e das FM é tratado de uma maneira mais pessoal do que científica. Isso porque existem pessoas que tendem a preferir a ficção à realidade, ou seja, o que é mais fantasioso e espetacular não raramente atinge maior poder de impacto do que o que está no plano real. Porém, não se deve perder de vista a diferença fundamental que há entre opinião/crença e ciência. Por isso, a recomendação de, quando da defesa de uma teoria, apoiar-se sempre em pesquisas de caráter idôneo e científico (Scheflin, 1999). Somente pesquisas deste gênero possuem a capacidade de enfraquecer mitos e ideias preconcebidas que ao longo do tempo vão sendo criados sobre temas importantes como, nesse caso, a memória.

Com o intuito de enriquecer o debate, que parece infindável, acerca das memórias recuperadas de abuso sexual e à SFM, McNally e Geraerts (2009) recentemente propõem uma terceira interpretação para esse tipo de memória. Nessa visão eles evitam se debruçar inteiramente sobre os dois constructos divergentes: repressão e FM. Resumidamente, eles postulam que, de fato, podem haver memórias recuperadas de abuso genuínas (que não seriam FM), no entanto elas tampouco estariam vinculadas a mecanismos de defesa inconscientes (repressão). São propostos uma série de fatores que aumentariam as chances de uma memória recuperada de abuso sexual ser verídica:

- a pessoa trazer à tona a experiência como algo confuso, nojento ou assustador, porém não como um trauma terrível, insuportável;
- na época, a experiência não foi processada como sexual/abusiva, não sendo, também, traumática;
- ao longo do tempo, a pessoa foi bem-sucedida em evitar pensar no fato ocorrido;
- provavelmente o abuso aconteceu somente uma ou poucas vezes, e a posterior ausência de coisas que a fizessem lembrar promoveu o esquecimento;
- a recordação ocorre espontaneamente em resposta a algum estímulo (filme, reportagem), fora da psicoterapia.

Corroborando este último fator, Geraerts e colaboradores (2009) recentemente investigaram o perfil cognitivo de pessoas que recuperaram memórias de abuso

QUADRO 12.2
Explicações a respeito dos mitos existentes no debate entre falsas memórias e memórias recuperadas

Mito	Explicação
Apenas terapeutas inexperientes e/ou malpreparados podem provocar FM em seus pacientes	Qualquer profissional que já parta do princípio que os problemas do paciente se originam de um abuso sexual está correndo o risco de gerar falsas memórias, independente de sua experiência, abordagem teórica e/ou competência.
Casos de abuso sexual raramente têm condições de serem comprovados por meio de provas concretas, então não haveria problema em memórias recuperadas também não possuírem tais comprovações.	Existem muitos casos de abuso que foram comprovados por meio de outras evidências: fotos e/ou gravações de vídeos obscenos, confissões. Nesses casos não há notícia do envolvimento de memórias recuperadas.
Quando recuperadas fora do consultório propriamente dito, as memórias adquirem maior confiabilidade.	Não há como ter total garantia acerca da veracidade de memórias recuperadas em qualquer contexto. Outros estímulos, como televisão, livros de autoajuda, conversas com pessoas que tenham crenças favoráveis a memórias recuperadas, entre outros, podem predispor o indivíduo a recuperar falsas memórias.
Não é possível as pessoas imaginarem algo tão sério como um abuso sexual, se não houvesse realmente acontecido.	Apenas a imaginação pode sim gerar a sensação (e a memória) de que algo aconteceu de verdade. Além disso, imaginar frequentemente um mesmo conteúdo gera uma sensação de familiaridade capaz de influir no julgamento sobre se o conteúdo é real ou imaginário.
Recuperar memórias de forma fragmentada é um processo característico de lembranças de abuso sexual na infância. As memórias de abuso seriam evocadas dessa forma justamente devido ao seu conteúdo traumático.	Lembrar-se do passado pode resultar na recuperação de memórias que possuem lacunas. O contínuo esforço em completá-las, aliado a outras influências externas, pode levar a confabulações, distorções e/ou falsas memórias.
Memórias que despertam muita angústia, ansiedade e/ou sofrimento possuem mais chances de serem verdadeiras.	Como já foi visto no Capítulo 14, a emoção não funciona como uma medida de acurácia da memória; o que ela indica é o tipo de sentimento que uma determinada memória proporciona para quem a lembra.

(continua)

QUADRO 12.2
Explicações a respeito dos mitos existentes no debate entre falsas memórias e memórias recuperadas (*continuação*)

Mito	Explicação
Se alguém sempre lembrou de um abuso, então memórias recuperadas referentes a um outro abuso provavelmente são verdadeiras.	Muitas pessoas que têm falsas memórias podem lembrar episódios de abuso que de fato ocorreram. Porém, incentivadas por terapeutas a recordar outros possíveis episódios semelhantes, podem aumentar a extensão do abuso real ou até mesmo recordar outros que não aconteceram.
Se outro membro da família também recupera memórias, então é provável que as memórias sejam verdadeiras.	As memórias recuperadas não podem ser tachadas como verdadeiras baseadas nessa premissa, uma vez que o fato de uma pessoa recuperar tais memórias pode influenciar e até mesmo disparar o mesmo processo em outro familiar.

sexual na infância. Os pesquisadores verificaram o fato de indivíduos que recuperaram tais memórias gradualmente, durante terapia com técnicas sugestivas, mostrarem-se significativamente mais propensos à produção de FM, ao contrário daqueles que recordaram o abuso de forma espontânea, fora da terapia e daqueles que nunca se esqueceram do fato. Esse dado sugere que pessoas que trazem memórias recuperadas em terapias que buscam reconstruir o passado possuem uma tendência a incorporar a suas experiências passadas eventos que, na realidade, nunca viveram.

Realmente parece que memórias recuperadas de abuso podem, em alguns casos, serem genuínas, contudo elas não requerem o pressuposto de um evento traumático reprimido (pressuposto que até agora não resistiu ao escrutínio de estudos empíricos). Eventos percebidos como traumáticos, ao contrário, são altamente memoráveis, muitas vezes tão dramaticamente a ponto de instalar o Transtorno do Estresse Pós-Traumático, psicopatologia amplamente conhecida, tratada e investigada por psiquiatras e psicólogos. Sendo assim, recuperar uma memória remota não é sinônimo de recordar um trauma que fora reprimido devido a sua extrema gravidade e intensidade. De qualquer modo, o ponto de vista dos autores contribui no sentido de evitar uma interpretação dicotômica sobre o assunto e agrega informações importantes a serem levadas em conta nos casos de memórias de abuso sexual recuperadas após longo tempo.

CONSIDERAÇÕES FINAIS

Como se pode observar pela leitura deste livro, os diversos achados da Psicologia Experimental têm mostrado que a implantação de FM é um fenômeno relativamente fácil de ser produzido sob determinadas circunstâncias. Tendo-se por base esse conhecimento e por todas as questões discutidas até aqui, causa certa estranheza o número de terapeutas que ainda utilizam técnicas como da "revivência" de fatos passados, interpretações de sonhos, memórias recuperadas, entre outras, como procedimentos centrais de sua prática clínica. Por outro lado, também não significa que as FM sejam um fenômeno corriqueiro, tampouco devem ser usadas indiscriminadamente como alegação de defesa para acusados de abuso sexual. Sendo assim, trata-se de uma total falta de informação e até uma irresponsabilidade a adoção categórica de posturas radicais e simplistas, tais como: "eu acredito em FM" ou "eu acredito em memórias recuperadas".

Não se pretende afirmar que as memórias recuperadas sejam sempre falsas, no entanto, com o suporte das muitas evidências apresentadas ao longo deste livro, fica claro que a memória comete falhas por natureza. Erros de memória acontecem com todas as pessoas frequentemente, mas de modo geral, eles não causam grandes transtornos, cabendo lembrar, inclusive, que as FM não devem ser deliberadamente associadas sempre a eventos negativos e/ou traumáticos, visto que muitas vezes envolvem também conteúdos neutros e/ou positivos (Jones, 1999). Logo, sabendo-se das imperfeições inerentes à memória humana, deve-se ter o cuidado em não assumir posições completamente fechadas e definitivas sobre questões que a circundam.

Quando se trata de lidar com o testemunho de alguém sobre um crime, por exemplo, uma distorção de memória pode levar uma pessoa inocente à prisão (Loftus 2003). Portanto, é de bom senso pensar sobre o quão perigoso e injusto pode ser julgar e traçar o destino de um indivíduo baseado somente em memórias recuperadas, sem outras evidências que venham a convergir e sustentar essas memórias.

> No testemunho de alguém sobre um crime, uma distorção de memória pode levar uma pessoa inocente à prisão.

Inegavelmente, juízes diante de casos envolvendo a alegação de abuso sexual, nos quais não existem outras evidências periciais além da palavra da vítima, acabam ficando numa posição extremamente complicada. Os juízes, promotores, advogados que estão a par dos conhecimentos científicos produzidos nos últimos anos na área da Psicologia do Testemunho sabem que uma acusação apoiada somente em memórias não deve configurar-se em uma prova cabal, capaz de definir um caso por si só (Dias, 2005). Por outro lado, trata-se de um erro sério incorrer no exagero de atribuir FM como primeira possibilidade sempre que um relato não possui outras evidências comprobatórias concretas. Nesses casos ocorre o que poderia se chamar de "falsas" FM, ou seja, prontamente tachar de FM depoimentos que pouco ou mal foram investigados. Utilizando-se desse artifício é que muitos operadores da lei começaram a recorrer ao constructo das FM para argumentar em defesa de criminosos. Alguns profissionais da área, após tomarem conhecimento do fenômeno apenas superficialmente, passaram, mesmo de forma não intencional, a adotar a equivocada posição de superestimar a frequência, o poder e as repercussões das FM. São estes que, frente a um caso de abuso, logo já sugerem a suspeita de mais uma ocorrência de FM. Crenças e posturas como essas proporcionam grande prejuízo ao tema como um todo, pois banalizam o fenômeno e, sobretudo, terminam afetando de forma dramática a vida das pessoas envolvidas. Além disso, também alimentam antagonismos radicais e colaboram para que informações se difundam de maneira deturpada, terminando até por retirar um pouco da credibilidade das relevantes descobertas científicas referentes ao tema.

Enquanto persistir a disseminação de terapias alternativas (p. ex., regressão a vidas passadas, reencarcionista, aromaterapia, cromoterapia, etc) e as pessoas seguirem desinformadas quanto aos avanços da ciência sobre o funcionamento da memória, é provável que o fenômeno da SFM prossiga ocorrendo. Como todas as pessoas são sugestionáveis em algum grau, torna-se presumível que essa combinação – terapias alternativas + pessoas altamente sugestionáveis – continue gerando a chamada SFM. Também a crença inabalável de muitos terapeutas em memórias reprimidas de abuso que só tardiamente são recuperadas parece que, por enquanto, não perderá força (devido ao amplo espectro em que se alastrou). O que se pode concluir é que danos importantes, como os ocorridos a Beth Rutherford e sua família, não podem seguir sendo repetidos e tolerados, ainda mais em tempos de informação vasta, disseminada e acessível. A utilização adequada da ciência possui, entre vários de seus fins, o propósito de minimizar erros de julgamento e de interpretação da realidade, não permitindo, assim, que pessoas sejam vítimas nem que outras se aproveitem da falta ou da distorção do conhecimento científico.

REFERÊNCIAS

American Psychiatric Association. (2002). *Manual diagnóstico e estatístico de transtornos mentais* (4. ed). Revisada. Porto Alegre: Artmed.

American Psychology Association. (1995). *Questions and answers about memories of childhood abuse*. Acessado em 29 abr. 2008, de http://www.apa.org/pubinfo/mem.html

Bass, E., & Davis, L. (1994). *The courage to heal* (3rd ed.). New York: Harper & Row.

British False Memory Society (2008). Twelve myths about false memories. Acessado em 16 maio 2008, de http://www.bfms.org.uk/site_pages/myths_page.htm

Callegaro, M. M. (2006). Implantes de memória. *Psique Ciência e Vida, 7*, 37-45.

Chefetz, R. A. (2006a). Why should you read these articles on dissociative processes? *Psychiatric Clinics of North America, 29*(1), 15-23.

Chefetz, R.A. (2006b, September/October). Symptom lists and hidden memories: Beliefs that fueled the recovered memory phenomenon are alive and well. *False Memory Syndrome Foundation Newsletter, 15*(5). Acessado em 15 maio 2008, de http://www.fmsfonline.org/fmsf06.o03.html

Dallam, S. J. (2001). Crisis or creation: A systematic examination of false memory claims. *Journal of Child Sexual Abuse, 9*(3), 9-36.

Davis, J. E. (2000). Accounts of false memory syndrome: Parents, "retractors," and the role of institutions in account making. *Qualitative Sociology, 23*(1), 29-56.

Davis, J. E. (2005). Victim narratives and victim selves: False memory syndrome and the power of accounts. *Social Problems, 52*(4), 529-548.

Dias, M. B. (2006) Síndrome da alienação parental, o que é isso? *Jus Navigandi, 10,* (1119). Acessado em 01 abr. 2008, de http://jus2.uol.com.br/doutrina/texto.asp?id=8690

Freud, S. (1955). Estudos sobre histeria. In J. Strachey, *Edição Standard Brasileira das Obras Completas de Sigmund Freud* (vol. 2). Rio de Janeiro: Imago. (Trabalho original publicado em 1896).

Freyd, P., & Wakefield, H. (1992, April) Some preliminary survey results. *False Memory Syndrome Foundation Newsletter, 1*(2). Acessado em 27 mar. 2008, de http://www.fmsfonline.org/fmsf92.401.html.

Gardner, R. A. (2004). The relationship between the parental alienation syndrome (PAS) and the false memory syndrome (FMS). *The American Journal of Family Therapy, 32*(2), 79-99.

Geraerts, E., Lindsay, D. S., Merckekbach, H., Jelicic, M., Raymaekers, L., Arnold, M. M. (2009), Cognitive Mechanisms underlying recovered memory experiences of childhood sexual abuse. *Psychological Science*, 20, 92-98.

Gleaves, D. H., Smith, S. M., Butler, L. D., & Spiegel, D. (2004). False and recovered memories in the laboratory and clinic: A review of experimental and clinical evidence. *Clinical Psychology: Science and Practice, 11*(1), 3-28.

Goldstein, E. (1997). False memory syndrome: Why would they believe such terrible things if they weren't true? *The American Journal of Family Therapy, 25*(4), 307-317.

Gow, K. (1998). The complex issues in researching "false memory syndrome". *The Australasian Journal of Disaster and Trauma Studies, 2*(3), sem paginação especifica.

Jones, J. L. (1999). *The Psychotherapist's guide to human memory.* New York: Basic Books.

Kaplan, R., & Manicavasagar, V. (2001). Is there a false memory syndrome? A review of three cases. *Comprehensive Psychiatry, 42*(4), 342-348.

Kihlstrom, J. F. (1998). Exhumed memory. In S. J. Lynn & K. M. McConkey (Eds.), *Truth in memory* (pp. 3-31). New York: Guilford.

Koriat, A., Goldsmith, M., & Pansky, A. (2000). Toward a psychology of memory accuracy. *Annual Review Psychology, 51,* 481-537.

Lindsay, D. S., Hagen; L., Read, J. D., Wade, K. A., & Garry, M. (2003). True photographs and false memories. *Psychological Science, 15*(3), 150-154.

Loftus, E. (1997). Creating false memories. *Scientific American, 277,* 70-75.

Loftus, E. (2003). Our changeable memories: Legal and practical implications. *Nature Reviews Neuroscience, 4*(3), 231-233.

Mazzoni, G. A. L., Lombardo P., Malvagia, S., & Loftus, E. F. (1999). Dream interpretation and false beliefs. *Professional Psychology: Research and Practice, 30*(1), 45-50.

McNally, R. J., Clancy, S. A., Schacter, D. L., & Pitman, R. K. (2000). Cognitive processing of trauma cues in adults reporting repressed, recovered, or continuous memories of childhood sexual abuse. *Journal of Abnormal Psychology, 109*(3), 355-359.

McNally, R. J. & Geraerts, E. (2009). A new solution to the recovered memory debate. *Perspectives on Psychological Science,* 4(2), 126-134.

Memon, A., & Stevenage, S. (1996) Interviewing witnesses: What works and what doesn't? *Psycholoquy, 7*(6). Acessado em 27 abr. 2008, em http://www.cogsci.ecs.soton.ac.uk/cgi/psyc/newpsy?7.06

Merskey, H. (1995). Multiple personality disorder and false memory syndrome. *The British Journal of Psychiatry, 166*(3), 281-283.

Pisa, O., & Stein, L. M. (2007). Abuso sexual infantil e a palavra da criança vítima: Pesquisa científica e a intervenção legal. *Revista dos Tribunais, 96*(857), 456-477.

Poole, D., Lindsay, D., Memon, A., & Bull, R. (1995). Psychotherapy and the recovery of memories of childhood sexual abuse: U.S. and British practitioners' opinions, practices, and experiences. *Journal of Consulting and Clinical Psychology, 63*(3), 426-437.

Pope, K. S. (1996). Memory, abuse, and science: Questioning claims about the false memory syndrome epidemic. *American Psychologist, 51*(9), 957-974.

Raitt, F. E., & Zeedyk, M. S. (2003). False memory syndrome: Undermining the credibility of complainants in sexual offences. *International Journal of Law and Psychiatry, 26*(5), 453-472.

Rutherford, B. (1998, January/February). A retractors speak. *False Memory Syndrome Foundation Newsletter, 7*(1). Acessado em 29 abr. 2008, de http://www.fmsfonline.org/fmsf98.128.html

Scheflin, A. W. (1999). Gound lost: The false memory / recovered memory debate. *Psychiatric Times, 16*(11), sem paginação especifica.

Wilsnack, S. C., Wonderlich, S. A., Kristjanson, A. F., Vogeltanz-Holm N. D., & Wilsnack, R. W. (2002). Self-reports of forgetting and remembering childhood sexual abuse in a nationally representative sample of US women. *Child Abuse & Neglect, 26*(2), 139-147.

ÍNDICE

FM: falsas memórias
MA: memória autobiográfica

Abuso sexual 32, 89, 112, 134, 140, 157, 158, 164, 176, 177, 179, 180, 187-191, 195, 197-203, 233, 241-256
Acurácia da memória 79, 102, 237, 254
Alerta 48-50, 62, 90-92, 95-97, 118, 163, 251
Amnésia infantil 160-162
Amnésicos 80, 81, 121, 122
Armazenamento 30, 32, 34, 35, 44, 53, 54, 56, 62, 70, 72, 81, 94, 118, 121, 122, 128, 141, 141
Associação semântica 36, 47, 74, 95, 139, 141, 193
Autobiografia e FM. *Ver* Falsas memórias autobiográficas

Ciências cognitivas 117-121
Codificação 24, 30, 45, 51, 52, 61, 70, 72, 74, 77, 81, 94, 97, 107, 108, 120, 141, 142, 145, 216, 230
Controle experimental 42, 50, 62, 76, 104, 127
Crenças 93, 102, 106, 111, 112, 174, 209, 215, 219, 230-236, 238, 242, 245-250, 252-254, 256, 257
Crianças e FM 136-139, 157-181, 188-197. *Ver também* Diferenças individuais e FM

Depoimentos de crianças 202, 209. *Ver também* Testemunho infantil, sugestionabilidade e FM
Depoimentos, técnicas para minimizar FM. *Ver* Técnicas de entrevista para minimizar FM
Desempenho da memória 48-51, 53, 55-57, 59-63
Desenhos 121, 176, 177, 189, 235
Desenvolvimento humano e FM 135-145. *Ver também* Diferenças individuais e FM
Diários 105
Diferenças individuais e FM 133-150
  abusos 133, 140, 141, 149
  associação semântica 139, 141
  distorção da memória 136
  e desenvolvimento humano 135-145
  e sexo do indivíduo 144-145

e trauma 139-141
em crianças 136-139
em idosos 141-144
DRM 137, 139-141, 144, 145
e personalidade 145-149
erros de comissão 144
estratégias de *coping* 146, 149
FM espontâneas 136, 144, 149
FM sugeridas 136, 143
memória literal 137, 142
memória de essência 136, 137, 139, 140, 142, 143
modelo dos Cinco Grandes Fatores 147, 148
neuroticismo 135, 147-149
Psicologia Diferencial 134, 149
teoria do traço difuso 133, 136
teoria do monitoramento da fonte 133, 141-143, 145
Direito e 157-257
Distorção da memória 22, 23, 25, 26, 28, 30, 32, 35, 43, 52, 55, 62, 72, 81, 88, 89, 93, 94, 96, 101, 103, 105-113, 133, 135, 136, 139, 140, 142, 144-147, 149, 159, 163, 170, 180, 181, 186-188, 200, 203, 211, 219, 229-232, 234, 235, 238, 251, 254, 256, 257
Distrator crítico 44, 46, 48, 51, 60, 61, 75, 76, 79, 94, 96, 127, 128, 137
Distrator não relacionado 75, 76

Efeito de geração 52
Efeito de mera testagem 59, 63
Emoção e falsas memórias 48, 62, 87-97, 102, 130, 162, 163, 165, 166, 186, 254
  alerta 90-92, 95-97
  ANEW 91
  associação semântica 95
  atenção, mecanismos de 97
  bases neurais 97
  características 93-97
  carga emocional 90, 95
  cognição 87, 88
  distratores críticos 94, 96

DRM 94, 96
emocionalidade 90-94
esquecimento 87
estudo da 90-93
    alerta e valência 90-92
    emoção, humor e temperamento 92-93
eventos emocionais 88, 93, 97
eventos negativos 87
eventos positivos 89
fases experimentais 93
FM espontâneas 93
humor 92-93, 245
lista de palavras 88, 90
modelo bidimensional 95
Psicologia Experimental 89-91
processo de memorização 93
resposta fisiológica 88, 93
SAM 91, 92
seleção natural 93
sistema nervoso 88
temperamento 92-93
valência 90-92, 94-97
zeitgeist 88
Entrevista cognitiva 181, 210-223
Entrevistas, técnicas para minimizar FM. *Ver* Técnicas de entrevista para minimizar FM
Entrevista com crianças 172-178
Erros de comissão 144, 177
Erros de memória 23, 30, 34, 37, 38, 146, 166, 187, 189, 194, 195, 256
    tipos de 187, 189, 195
Esquecimento 33, 34, 36, 44, 45, 47, 54, 56, 60, 87, 137, 163, 180, 190, 198-202, 253
Esquecimento dirigido 47, 60
Estereótipos 106, 107, 118, 128-130, 173-175, 234, 236
Estratégias de *coping* 146, 149
Eventos emocionais repetitivos 186-204
    abuso sexual 187-191, 195, 197-203
    avaliação de credibilidade 187, 196, 199
    completude dos relatos 198, 199
    consistência dos relatos 200
    credibilidade de relatos 196, 199
    distorções 186-188, 200, 203
    erros de memória 187, 189, 195
        tipos de 187, 189, 195
    esquemas 190, 191
    falhas de memória 199, 201, 202, 204
    familiaridade 194, 196
    maus-tratos 188, 197
    memória das crianças para 188-197
    memória para experiências traumáticas repetitivas 197-203
    precisão 187, 189, 190, 191, 195, 197, 200, 202, 203
    Psicologia Forense 188, 195, 204
    qualidade da memória 196, 197
    qualidade do relato 203
    monitoramento da fonte 193-195
    sugestionabilidade infantil 188, 193, 195, 197, 204
    teoria do traço difuso 190, 192, 193, 195
    teoria dos esquemas 190, 192, 195
    traços literais 190
    traços de essência 190
    violência crônica 187, 188, 197, 203
Expectativas 24, 106, 107, 146, 165, 166, 215, 230, 231, 248

Falhas de memória 199, 201, 202, 204
Falsas memórias
    autobiográficas 101-113
        implicações dos estudos sobre 110-113
            falsas MA e psicoterapia 111-112
            falsas MA no contexto forense 112-113
        pesquisa da MA e suas distorções 102-105
            métodos de estudo 102-105
        teorias explicativas das 105-110
            modelo dos múltiplos traços 28
            teoria do monitoramento da fonte 108-110
                julgamento da fonte 32
            teoria dos esquemas 107-108
    espontâneas 25, 28, 29, 34, 35, 44, 46, 54, 55, 60, 93, 136, 144, 149, 164, 167, 193, 204
    implícitas 117, 120, 124-130
    sugeridas 23, 25, 26, 28-30, 34, 35, 44-46, 54, 55, 60, 61, 136, 143, 192, 193, 197
False Memory Syndrome Foundation. *Ver* Fundação Síndrome das Falsas Memórias
Fase de estudo 43-63, 73, 75, 78, 93, 95, 96, 125-129, 139, 142
Fase de teste 44-50, 52, 54-62, 72, 73, 78, 94, 96, 124, 126-128, 139
Fenômeno das falsas memórias, conceitualização 21-38
    histórico dos estudos 22-25
        efeito da sugestão de falsa informação 23, 24, 26, 32, 35, 36, 38
        sugestionabilidade 23
        teoria dos esquemas 23
    taxonomia do 25-27
        sugestionabilidade 25, 26
    teorias explicativas 27-37
        paradigma construtivista 27-31
            teoria construtivista 28-29
            teoria dos esquemas 29-31
        teoria do monitoramento da fonte 31-33
        teoria do traço difuso 33-37
            memória de essência 33, 35, 36
            memória literal 33-36
            traço de memória 35
Fundação Síndrome das Falsas Memórias 245

Grau de certeza 22, 30, 47, 60, 61, 79, 80, 251

Histórico dos estudos sobre FM 22-25
Humor 92-93, 245

Idosos e FM 141-144. *Ver também* Diferenças individuais e FM
Imaginação 32, 55, 109, 110, 149, 176, 177, 243, 254
Implicações clínicas das FM 228-238
    o paciente sob a ótica do terapeuta 232-237
        convicções do terapeuta e indução de falsas memórias 233-237
        avaliação da acurácia da memória dos pacientes 237
    visão do paciente da sua própria história 229

crenças e lembranças do paciente em psicoterapia 230-231
lembranças e sua influência no comportamento 231-232
Interação 38, 87, 88, 95, 97, 145, 168, 213
Intervalo de retenção da informação 45, 53, 54
Investigação das falsas memórias 42-63
   armazenamento 44, 53, 54, 56, 62
   codificação 45, 51, 52, 61
   controle experimental 42, 50, 62
   desempenho da memória 48-51, 53, 55-57, 59-63
   distrator crítico 44, 46, 48, 51, 60, 61
   efeito de geração 52
   efeito de mera testagem 59, 63
   esquecimento dirigido 47, 60
   grau de certeza 47, 60, 61
   imaginação 55
   intervalo de retenção da informação 45, 53, 54
   item-alvo 46
   lembrar / saber 61
   manipulação experimental 53, 62
   material-alvo 43-63
   material de sugestão 44, 47, 54, 55
   material-original. *Ver* Material-alvo
   método experimental para 43-62
      fase de estudo 45-
         apresentação do material-alvo 50-51
         características do material-alvo 45-50
         instruções sobre o material-alvo 52-53
      fase de teste da memória 56-
         apresentação do teste 58-59
         instruções sobre o teste 59-60
         medidas do teste 60-62
         tipos de teste 57-58
      intervalo de retenção 53-56
         sugestão de falsa informação 54-56
         tarefa de distração 53-54
   panorama geral dos estudos 42-43
   momento da testagem 47, 58
   nível de aprendizagem 47, 52
   paradigma DRM 24, 44
   pesquisa básica 43, 47, 62
   pesquisa de laboratório 42, 43, 63
   pesquisa naturalística 43, 50-52, 63
   Procedimento de Palavras Associadas 42, 44, 47, 48, 51, 53, 61-63
   Procedimento de Sugestão de Falsa Informação 45, 55
   procedimentos experimentais 52, 59, 63
   recuperação de experiências, palavras, informações 43, 48, 55-62
   span de dígitos 54
   sugestão 44, 45, 47, 53-56, 63
   tarefa de distração 45, 47, 53-54, 56, 58
   tempo de reação 47, 60, 61
   teste de memória 44, 45, 47, 48, 51, 52, 54-62
      reconhecimento 47, 57-62, 74-80, 94-96, 139, 142, 144, 166
         escolha simples 57, 59, 60
         múltipla escolha 57, 59
      recordação 47, 57-62, 129, 139
         com pistas 57-60
         livre 57-60

vividez da memória 47, 60
Item-alvo 46

Julgamento da fonte 32
Julgamentos e 157-257

Lembrar / Saber 61
Lista de palavras 24, 42, 44, 47-51, 53, 55, 60, 72, 76, 81, 88, 90, 96, 120, 121, 124-129, 137-139, 144, 148, 164

Manipulação experimental 53, 62, 193
Material-alvo 43-63, 96
Material de sugestão 44, 47, 54, 55
Material-original. *Ver* Material-alvo
Maus-tratos 140, 141, 157, 158, 188, 197
Medidas explícitas de memória 126
Medidas implícitas de memória 126-128, 130
Memória de crianças 63, 136, 139, 187-197, 203.
   Ver também Testemunho infantil, sugestionabilidade e FM
Memória de essência 33, 35, 36, 80, 81, 136, 137, 139, 140, 142, 143, 162
Memória de eventos traumáticos 23, 141, 147, 160, 163, 200, 242, 243
Memória explícita 119, 126
Memória literal 33-36, 137, 142, 143
Memória implícita e *priming* 117-130
   acesso lexical 120
   amnésicos 121, 122
   aprendizado da língua materna 120
   aprendizados emocionais 118
   atenção, manipulação da 125
   cerebelo 119
   ciências cognitivas 117-121
   complementação de palavras 121-123, 126, 127, 130
   condicionamentos 118
   conexionismo 122
   consciência, limiar de 123, 125
   controle experimental 127, 129, 130
   córtex pré-frontal 122
   decisão lexical 126, 127, 130
   efeito de intrusão 125
   emoções 120
   escolha-cega 126-128, 130
   estereótipos 118, 128-130
   falsas memórias implícitas 117, 120, 124-130
   fase de estudo 125-129
   fase de teste 126-128
   fobias 117
   gramática artificial 120
   grupo-controle 120-122
   grupo experimental 121
   habilidades motoras e sensoriais 118, 121
   hábitos e habituações 117, 118
   hipocampo 119
   hipótese da ativação implícita 125
   hipótese de propagação da ativação 122
   lesões neurológicas 119, 125, 129
   listas de palavras 120, 121, 124-129,
   mapas mentais 118
   medidas explícitas de memória 126
   medidas implícitas de memória 126-128, 130

memória explícita 119, 126
memória implícita e o efeito de *priming* 121-124
memória procedural 117
neuropsicologia 118-120
neuroquímica 119
núcleo caudado 119
prime 121, 123, 124, 127
memória implícita nas ciências cognitivas 118-121
paradigma experimental 121
paradigma DRM 124, 125, 129
preconceito 128-130
priming direto e indireto 123-124
priming indireto nas FMI 124-129
    listas de palavras associadas e o estudo das FMI 125-129
priming subliminar 123, 124
processamento cognitivo 117, 127, 129
processamento controlado 117
psicolinguística 118, 120
Psicologia Cognitiva 118, 120
Psicologia Evolucionista 118-120
reconhecimento 118, 125, 126
recordação livre e com pistas 125, 126
rede semântica ou associativa 125, 127-129
representação cognitiva 128
sentimentos 117, 118
sistemas de memória 122
tempo de exposição do estímulo 123
transtorno de estresse pós-traumático (TEPT) 119
transtorno de pânico 120
valência 120, 128
Memória não declarativa. *Ver* Memória implícita e *priming*
Memória procedural 69, 117
Memórias autobiográficas falsas. *Ver* Falsas memórias autobiográficas
Memórias precoces 160-161
Memórias recuperadas 28, 31, 35, 112, 150, 237, 238, 241-242, 244, 247, 251, 253-256
Memórias verdadeiras 21, 22, 58, 72, 75, 138, 142, 178, 195, 235,
Método BOLD 71
Modelo dos Cinco Grandes Fatores 147, 148
Modelo dos múltiplos traços 28
Momento da testagem da memória 47, 58
Monitoramento da fonte, teoria do. *Ver* Teoria do monitoramento da fonte

Neurociência cognitiva das FM 69-81
    atividade neural 71, 75-77, 80
    codificação 70, 72, 81
    córtex 73-75, 77, 79-81
        córtex parietal inferior 73
        córtex pré-frontal 75, 80, 81
    imagem cerebral 69
    lobo temporal 76, 77, 80, 81
    métodos de pesquisa 70-71
    método BOLD 71
    monitoramento da fonte, teoria do 80
    neuroimagem 69, 72, 75, 80, 81
    Potenciais Relacionados a Evento 71, 73, 76
    precuneus 73
    processamento auditivo 75
    processos de codificação e armazenamento das falsas memórias 72-74
    reativação sensorial 75, 76, 79
    recuperação de falsas memórias, processos de 74-80
    ressonância magnética 70, 71
    ressonância magnética funcional (RMf) 70, 71, 73, 76-80
    tomografia por emissão de pósitron 71
Neuroimagem 43, 69, 72, 75, 80, 81, 97, 119, 145
Neuropsicologia 80, 118-120
Neuroticismo 135, 147-149
Nível de aprendizagem 47, 52, 167, 189
    acidental 26, 32, 52, 167, 189
    advertência 52
    intencional 52, 167, 189

Paradigma construtivista 27-31, 32, 35, 37
Paradigma experimental 121
Paradigma DRM 24, 44, 75, 76, 79-81, 94, 96, 124, 125, 129, 137, 139-141, 144, 145, 167
Perguntas
    abertas 59, 192, 211, 213, 220, 221
    confirmatórias 211, 220
    fechadas 23, 166, 167, 170, 173, 211, 220, 221, 223
    múltiplas 57, 29, 60, 220
    sugestivas 23, 55, 173-176, 180, 203, 211, 220
Personalidade e FM 145-149. *Ver também* Diferenças individuais e FM
Pesquisa básica 43, 47, 62, 72, 94, 164
Pesquisa de laboratório 42, 43, 63, 102, 164, 211, 251
Pesquisa naturalística 43, 50-52, 63, 159, 251
Potenciais Relacionados a Evento 71, 73, 76
Precisão da memória. *Ver* Acurácia da memória
Primeiras lembranças 160-161
Priming. Ver Memória implícita e *priming*
Procedimento de Palavras Associadas 42, 44, 47, 48, 51, 53, 61-63, 73, 75-77, 80, 81, 96
Procedimento de Sugestão de Falsa Informação 24, 45, 55
Procedimentos experimentais 52, 59, 63, 164. *Ver também* Investigação das falsas memórias
Processamento cognitivo 33, 92, 110, 117, 127, 129
Processamento controlado 117
Processos criminais e 157-257
Psicologia Diferencial 134, 149
Psicologia Forense 133, 149, 158, 159, 162, 181, 188, 195, 204
Psicoterapia 111-112, 150, 228, 229-232, 235-238, 240-242, 245-253, 255

Qualidade da memória 44, 60, 159, 164, 196, 197

Rapport 211-214, 222
Recovered Memory Therapy. *Ver* Terapia de Memórias Recuperadas
Recriação de contexto 212, 213, 216-217
Recuperação de falsas memórias, processos de 74-80
Relato livre 170, 212, 213, 218, 221
Relatos infantis. *Ver* Testemunho infantil, sugestionabilidade e FM
Repetição da testagem 47, 59

Repressão 23, 249, 253
Ressonância magnética 70, 71, 73, 76-80, 140
ressonância magnética funcional (RMf) 70, 71, 73, 76-80

Sexo do indivíduo e FM 144-145. *Ver também* Diferenças individuais e FM
Síndrome de alienação parental 249-252
Síndrome das falsas memórias 240-257
   características 244-248
      descrição de casos 246-248
      discussão sobre o termo 240-241
   fatores associados 248-251
      influência de aspectos individuais e ambientais 248-249
      síndrome de alienação parental 249-252
   memórias recuperadas 241-242, 244, 247, 251, 253-256
   pesquisas, limitações e mitos 251-255
   surgimento 241-244
      Fundação síndrome das falsas memórias 244
      técnicas polêmicas para recuperação de memórias 242-244
      terapia das memórias recuperadas 241-242
Síndrome do pânico (SP) 120
Sistema de memória 28, 101, 121, 122, 135, 136, 142, 143, 161
Span de dígitos 54
Sugestão de falsa informação 23, 24, 26, 32, 35, 36, 38, 45, 47, 53, 54-56, 63, 104, 106, 139, 142, 233, 234, 236,
Sugestionabilidade 23, 25, 26, 143, 144, 146, 188-190, 192, 193, 195, 197, 203, 204, 223, 247, 248, 250. *Ver também* Testemunho infantil, sugestionabilidade e FM

Tarefa de distração 45, 47, 53-54, 56, 58
Taxonomia das falsas memórias 25-27
Técnicas de entrevista para minimizar FM 209-225, 38, 112, 139, 144, 171, 174, 180, 181
   entrevista cognitiva 210-212
      etapas 212-223
         construção do *rapport* 212-216
         fechamento 222-223
         narrativa livre 217-218
         questionamento 218-222
         recriação do contexto original 216-217
      histórico e caracterização 210-212
Temperamento 92-93, 171, 172
Tempo de reação 47, 60, 61, 124
Tendenciosidade 106, 111, 229, 232, 245
Teoria construtivista 28-29
Teoria do monitoramento da fonte 27, 28, 30-33, 37, 80, 107-110, 133, 141-143, 145, 171, 193-195
Teoria do traço difuso 38, 30, 33-37, 81, 125, 133, 136, 190, 192, 193, 195
Teoria dos esquemas 23, 29-31, 106, 107-108, 190, 192, 195
Terapia de Memórias Recuperadas 241-242, 247
Teste de memória 24, 44, 45, 47, 48, 51, 52, 54-62, 74-80, 94-96, 126, 129, 139, 142, 144, 166

reconhecimento 47, 57-62, 74-80, 94-96, 139, 142, 144, 166
   escolha simples 57, 59, 60
   múltipla escolha 57, 59
   recordação 47, 57-62, 129, 139
      com pistas 57-60
      livre 57-60
Testemunho infantil 136, 209. *Ver também* Testemunho infantil, sugestionabilidade e FM
Testemunho infantil, sugestionabilidade e FM 157-181
   abuso sexual 157, 158, 164, 176, 177, 179, 180
   amnésia infantil 160-162
   bonecos anatômicos 173, 176, 177
   capacidade das crianças para recordar eventos 160-166
   contribuições da psicologia ao direito 157-160
   deferência 170
   depoimentos 158, 162, 166, 172, 174, 175, 179, 181
   emoção 162, 163, 165, 166
   estereótipos 173-175
   evidência criminal 181
   maus-tratos 157, 158
   memória de crianças 160, 162-178
   memória de eventos estressantes 162-166
   memória de eventos traumáticos 160, 163
   memórias precoces 160-161
   precisão da memória 159, 162, 164, 166, 170, 172
   pressão dos pares 176
   primeiras lembranças 160-161
   proteção de crianças 157, 181
   Psicologia Forense 158, 159, 162, 181
   relatos infantis 157-160, 163-165, 167-170, 172-181
   sugestionabilidade infantil 166-178
      e características das crianças 168-172
         fatores desenvolvimentais 168-171
         fatores individuais 171-172
      e entrevista 172-178
   violência contra crianças 157, 158, 162, 164, 176, 178, 180. *Ver também* Eventos emocionais repetitivos
Tomografia por emissão de pósitron 71, 140
Traço de memória 35, 106
Transferência do controle 215
Transtorno de estresse pós-traumático (TEPT) 119, 140, 158, 249, 250, 255
Trauma e FM 139-141. *Ver também* Diferenças individuais e FM
Tribunais e 157-257

Valência 48-50, 62, 90-92, 94-97, 120, 128, 148, 163, 251
Validade ecológica 91, 103, 167, 189
Viés 32, 60, 61, 63, 95, 111-113, 219, 229-234, 236
Violência contra crianças 157, 158, 162, 164, 176, 178, 180. *Ver também* Eventos emocionais repetitivos
Vividez da memória 21, 37, 47, 60, 72, 73, 96